外 国 民 事 诉 讼 法 译 丛

主编 张卫平 齐树洁

GERMAN CODE OF CIVIL PROCEDURE

德国民事诉讼法

丁启明 译

厦门大学出版社

XIAMEN UNIVERSITY PRESS

国家一级出版社
全国百佳图书出版单位

图书在版编目(CIP)数据

德国民事诉讼法/丁启明译.—厦门:厦门大学出版社,2016.1(2021.12 重印)
(外国民事诉讼法译丛)
ISBN 978-7-5615-5742-6

Ⅰ.①德…　Ⅱ.①丁…　Ⅲ.①民事诉讼法－德国　Ⅳ.①D951.651

中国版本图书馆 CIP 数据核字(2015)第 219537 号

出 版 人	郑文礼
责任编辑	李　宁
装帧设计	李夏凌
责任印制	许克华

出版发行　*厦门大学出版社*

社　　　址	厦门市软件园二期望海路 39 号
邮政编码	361008
总 编 办	0592-2182177　0592-2181253(传真)
营销中心	0592-2184458　0592-2181365
网　　　址	http://www.xmupress.com
邮　　　箱	xmupress@126.com
印　　　刷	厦门集大印刷有限公司

开本	720mm×1000mm　1/16
印张	24.25
插页	2
字数	398 千字
版次	2016 年 1 月第 1 版
印次	2021 年 12 月第 2 次印刷
定价	150.00 元

本书如有印装质量问题请直接寄承印厂调换

厦门大学出版社
微信二维码

厦门大学出版社
微博二维码

总　序

张卫平

　　一个伟大的民族应该是最善于学习和借鉴的民族。中华民族欲实现自己文明的伟大复兴就必须向世界学习,吸取社会发展的知识,以人类的智慧丰富自己。除了自然科学知识之外,社会管理、法律治理的知识和制度也是我们必须学习和借鉴的。中华民族具有悠远、伟大、灿烂的文明历史,但对近现代的法治而言,中国才刚刚起步。在我们下定决心走向现代法治之路时,我们便应该以无限开放的姿态和观念,学习、借鉴、接纳国外发达法治国家的理论和制度的精华。他国的实践和经验是人类最有价值的共同财富。

　　诚然,各国的历史、文化、观念、政治等有所不同,每个国家都有自己走过的路,中国亦有自己特定的历史发展路径和社会背景。但是,人类发展过程中总是有许多共性,在法律治理、依法治国、纠纷解决方面总是会面临同样的问题。这是作为人的存在、社会的存在的必然。人类社会发展的价值观总是有诸多共同的面相。这些共同的价值观决定了人们在处理纠纷解决的问题时,在其制度建构方面具有同样的追求,因而会设计和构建出充分体现其聪明才智的制度。于此,我们没有理由拒绝这些智慧,单凭自己的想象走一条完全陌生的道路。可以说,所有的制度创新,其前提都是学习和借鉴。没有学习和借鉴,就不可能有所创新,有所创造,民事诉讼制度亦是如此。

　　在民事诉讼法的制度建构方面,我国已有长足的进步,但与发达国家相比,依然还有很大的差距。尤其是对程序和程序正义,我们在传统和观念方面尚无足够的重视。民事诉讼法的制度建构远不能与实体法制度的建构相比，远远滞后于实体法的制度建设。我们不得不面对民事诉讼法和民事诉讼程序还相当粗疏，尚有诸多缺失的现实。与此同时，我们却还常常质疑现代法律和程序的精致性。实质上这种精致和严密恰恰反映了人们对纠纷解决程序正义的追求，也体现了人类社会发展的大趋势。一个复杂的社会的纠纷解决机制不可能是简单和粗陋的。当然，我们没有必要将每一种程序都推向极致的严密，而应当从多元化、多样化角度考虑，使之呈现一种多元化和多样化的"树形"构建和布局。民事诉讼法的现代建构与现代农业的发展一样，离不开精细化的作业。

我们注意到，相对而言，实体法的发展更注意对先进制度的学习和借鉴，更充分地吸纳发达国家的实体法制度。由于司法制度的政治、历史原因，对域外民事诉讼法的学习和借鉴会遭遇更强烈的本土意识和传统意识的自觉抵制，因而更容易受到排斥。因此，我们更需要在观念上、心理上克服这种人为的封闭和自缚，以更开放的姿态学习和借鉴国外程序法制度的经验。只有这样，才能充分发挥我国在法治发展方面的"后发优势"，使我们的民事诉讼法成为一部先进的法典，成为一部最具现代法治精神和理念的民事诉讼法。

民事诉讼法典是民事诉讼规范的基本文本，对于域外民事诉讼制度的了解，重要的途径之一就是学习和研究该国的民事诉讼法典。对国外民事诉讼法典的学习和研究是我们了解国外民事诉讼制度的开端。厦门大学出版社组织翻译、出版这套外国民事诉讼法译丛无疑是有远见和气魄的。相信这套译丛的出版将对我国民事诉讼法学的发展和民事诉讼制度建设起到十分重要的作用。在此，我们要真诚地感谢厦门大学出版社。可以毫不夸张地说，厦门大学出版社已经成为我国民事诉讼法学发展的一个重要基地。

翻译是一种学术、艺术和科学的作为，更是一项十分辛苦的作业，尤其是在人们片面强调所谓创新，翻译作品不计入学术研究成果的当下，翻译对于青年学者更是缺乏进阶价值的作为。因此，从事法典的翻译无疑是一种牺牲和奉献。民事诉讼法典的翻译要做到严复先生提倡的"信、达、雅"，就绝不是语言的简单转换，必须准确理解诉讼制度的精神和结构,方能实现传意性、相似性和可接受性。其中既需要译者对域外诉讼制度的正确把握,也需要译者对我国诉讼制度的了解。为此,我们要向这些不计名利、辛苦劳作的译者们致敬。

就我国的近代历史而言,似乎呈现着这样一种现象,每当大量国外译介作品问世时,就有可能预示新一轮社会的改革和发展。我们相信,外国民事诉讼法典译丛的问世也将助推我国民事诉讼制度和民事诉讼法学新一轮的兴盛。

2015 年 8 月 6 日

(作者系清华大学法学院教授,中国民事诉讼法学研究会会长。)

译者前言

德国《民事诉讼法》颁布于 1877 年 1 月 30 日,至今已有 130 余年的历史。该法历经一百余次修订,尽管在外形上保持了原貌,立法结构和条文数量也未发生显著变化,但诸多条文的内容已经改变,该法所体现的立法意旨也与制定之初有诸多不同。"二战"后的民事诉讼法改革,特别是 2001 年的民事司法改革,使该法呈现出新的生命力。

一、德国民事诉讼法的沿革

(一)法律的制定及帝国时期的修订

德意志帝国成立之前,德国领土上的各邦国适用不同的法律。最先进行诉讼改革的普鲁士于 1793 年制定《普鲁士国家通用法院规则》,汉诺威(1850 年)、奥尔登堡(1857 年)、卢卑克(1862 年)、巴登(1864 年)等邦国也先后制定了民事诉讼法。1848 年,德国各地爆发革命,普鲁士于 1867 年建立北德意志联邦,并于 1870 年公布了《北德草案》。1871 年统一的德意志帝国建立,并于 1877 年连续制定公布了《法院组织法》《民事诉讼法》《刑事诉讼法》和《破产法》,这四部法律连同各自的实施法被称为《帝国司法法》。其中,《民事诉讼法》于 1877 年 1 月 30 日公布,并于 1879 年 10 月 1 日施行。这就是历经多次修订沿用至今的德意志联邦共和国民事诉讼法。

1898 年,《民事诉讼法》进行了第一次全面修订,其目的在于适应 1896 年颁布的《民法典》与次年颁布的《商法典》,以保证程序法与实体法的一致性。修订后条文由 872 条增至 1048 条,基本形成目前的规模。

（二）"一战"后共和国时期的修订

第一次世界大战后，战败的德国于1919年建立魏玛共和国，到1924年，对民事诉讼法进行了一次规模较大的修改（史称"埃明格尔修订法"）。修订对长期以来实行的纯粹自由主义原则进行了根本性的修正：增强了法官的诉讼指导权，限制了当事人的诉讼控制权，引入了集中审理原则、附理由上诉制度，并在州法院实行独任法官程序，在初级法院实行调解程序。同时，在民事审判机构的组成上，将州高等法院审判庭的组成人员由5人减为3人；帝国法院审判庭的审判人员由7人减为5人。[①]

1933年的修订参考1895年奥地利《民事诉讼法》，规定了当事人的真实义务及案件的集中审理，确立了证据调查的直接原则，并为遏制诉讼拖延规定了相应的措施。增设的真实义务包括完整陈述的义务与真实陈述的义务，即当事人应当全面真实地陈述案件事实，不允许主张自己明知不真实或不能确信的事实；在当事人知道以及明确对方陈述是真实的情况下，不允许反驳对方的主张。真实义务的引入，为诚实信用原则适用于民事诉讼领域奠定了基础，有助于排除非道德的、不正当的行为，维护商品经济和市民社会生活的正常秩序和安全。[②]

（三）"二战"后"两德"分立时期的修订

第二次世界大战后，战败的德国由美国、英国、法国、苏联四国占领，并由四国组成盟国管制委员会接管德国最高权力，柏林市也划分成四个占领区，各占领区适用不同的法律。1948年，美、英、法三国占领区合并。翌年，合并后的西部占领区成立了德意志联邦共和国（联邦德国），东部的苏占区成立了德意志民主共和国（民主德国），德国分裂为两个主权国家，适用不同的《民事诉讼法》。

1950年联邦德国颁布了《关于恢复法院组织、民事司法、民事程序和费用法领域法制统一的法律》（《法律统一法》），并重新公布了《民事诉讼法》的新文本，使第二次世界大战结束后，联邦德国被各盟国占领而陷入分裂的法制得到基本统一。新文本对纳粹时期所制定或修改的法律进行

---

① 廖中洪主编：《民事诉讼立法体例及法典编纂比较研究》，中国检察出版社2010年版，第103页。

② 齐树洁主编：《民事诉讼法》，厦门大学出版社2015年第9版，第77页。

了审查，并对诉讼制度进行全面整理，法典的体例、结构与 1877 年《民事诉讼法》基本相同。

1955 年，联邦德国成立民事诉讼法修订委员会，委员会于 1961 年提交长篇报告，对《民事诉讼法》的全面修订提出重要意见，特别强调了民事诉讼程序应当实现加快与集中审理。

1974 年的《审判籍修订法》旨在限制当事人对合意管辖的滥用，同年的《减轻州法院负担和简化法庭记录法》简化了法庭记录，并规定州法院在一审程序中可以引入独任法官的裁判，突破了传统的民事案件合议制原则。

"二战"后，随着经济的再次繁荣，德国民事法院案件负担过重、当事人拖延诉讼、法律救济耗时过多的老问题又重新出现了。[①] 经过广泛调研，意义重大的 1976 年《简化修订法》得以通过，改革以刑事诉讼高效的庭审为榜样，结合"斯图加特模式"的实践成果对民事诉讼程序进行了修改，内容涉及《民事诉讼法》的 150 余个条款。改革强调了审前的书面准备程序以实现言词辩论的加快与集中，引入了假执行制度和督促程序，简化了缺席审判程序和回复原状制度。改革后，民事诉讼程序通常得以在一次或两次辩论期日内即告终结，诉讼周期得到了明显改善。

1980 年的《诉讼费用救助法》与《对低收入公民提供法律咨询和代理的法律》旨在扫除公民获得司法救济的费用障碍，完善并发展了诉讼费用救助制度。

（四）"两德"合并后的修订

1990 年，分离四十余年的"两德"重新合并为德意志联邦共和国，原联邦德国的所有法律原则上适用于原民主德国范围，根据过渡条款，《民事诉讼法》进行了相应的调整。

1990 年的《司法简化法》以加速诉讼程序、简化法院工作以及完善替代性纠纷解决机制为修订中心，对程序细节进行了完善，并引入独立的证明程序，简化了督促程序。

1993 年的《司法减负法》提高了初级法院、控诉审法院、书面程序及小额程序的价额界限，并扩大了州法院独任法官的适用范围。

---

① ［英］阿德里安·A.S.朱克曼主编:《危机中的民事司法》，傅郁林等译，中国政法大学出版社 2005 年版，第 221 页。

1997 年的《仲裁程序法重构法》参考联合国国际法委员会制定的《国际商务仲裁示范法》,对《民事诉讼法》第十编仲裁程序作出了全新修订。本次修订基本顺应了国际仲裁立法的发展趋势,适应了国际经济贸易强势发展的需要。[①]

2000 年的《民事诉讼法施行法》规定,各州立法机关可以在一定的案件中适用类似法院调解的强制性前置调解程序,以便减轻法院负担。

(五)2001 年以来的修订

《民事诉讼法》的不断修订使得程序规则日益复杂,难以为普通人所理解。为了实现诉讼程序更加贴近民众以及高效、透明裁判的政治要求,2001 年,以德国《民法典》债法改革为契机,德国民事诉讼法经历了前所未有的重要改革,近 30 个法律修正案都涉及了民事诉讼制度,其中较为重要的有《民事诉讼改革法》《同居伴侣法》《租赁法改革法》及《改革诉讼程序中送达程序的法律》等。其中《民事诉讼改革法》所涉及、修改的条文达 100 余条,主要涉及六个方面:强化一审功能;导入和解辩论,使诉讼的和解思想制度化;强化法官的指示义务和释明义务;减少提起上诉价额制约的限制;重构控诉审使其成为监督和排除错误的工具;在州法院实行固有型独任法官制度等。[②]

2003 年的《欧共体证据调查执行法》就欧盟范围内证据调查与送达方面的司法协助作出了规定,德国以此为基础对《民事诉讼法》进行了补充。2004 年新增第十一编专门规定欧盟送达条例和执行条例等司法协助内容,主要就欧盟内民事司法统一的相关举措进行规定。随着欧洲一体化的深入及相关条例的增加,该编内容不断得到调整与丰富。

2004 年的《第一次司法现代化法》对 2001 年民事诉讼改革中存在的不足进行了修正,完善了证据规则,调整了司法从业人员的职责范围,改进了法院工作流程。同年的《关于侵犯法定听审请求权之法律救济的法律》对民事诉讼中当事人法定听审请求权的救济制度进行了修正。

2005 年的《关于在司法中使用电子交流形式的法律》在法院系统内全面引入了电子文档的使用,并明确了电子文件的效力。

---

① 张斌生主编:《仲裁法新论》,厦门大学出版社 2010 年第 4 版,第 344 页。
② 周翠编译:《2002 年〈德国民事诉讼法〉修订理由书》,载陈刚主编:《比较民事诉讼法》(2003 年卷),中国人民大学出版社 2004 年版。

2006 年的《第二次司法现代化法》以进一步提高诉讼效率为动因,为鉴定人提交鉴定书设定了期间,排除了法院和鉴定人进行的诉讼告知,并规定律师提出的督促程序申请一律采用机读格式。

2008 年颁布的《家事事件及非讼事件程序法》于 2009 年 9 月 1 日生效。据此,原本分别规定在《民事诉讼法》第六编和第九编的家事案件和公示催告程序适用专门法律,不再规定于《民事诉讼法》中。

2009 年的《账户扣押保护改革法》对强制执行中的扣押保护账户制度进行了修改。同年的《强制执行中的情况说明改革法》对债务人信息获取制度进行了改革,强化了执行员从特定数据库获取债务人信息的权限,力求解决强制执行程序中债务人财产信息获取的困难。

(六)相关法律

德国民事诉讼法分为十一编,共有 1109 条,内容相当广泛,有关强制执行程序与仲裁程序的规定均包含在内。但除民事诉讼法典外,仍有与民事诉讼法配套的或辅助性的重要法律,如《法院组织法》(1877 年 1 月 27 日)、《法院组织法实施法》(1877 年 1 月 27 日)、《民事诉讼法施行法》(1877 年 1 月 30 日)、《强制拍卖与强制管理法》(1897 年 3 月 24 日)、《关于债务人名簿的法令》(1994 年 12 月 15 日)、《支付不能程序法》(1994 年 10 月 5 日)、《司法法》(1969 年 1 月 5 日)、《法官法》(1972 年 4 月 19 日)、《司法助理员法》(1969 年 11 月 15 日)、《关于证人和鉴定人的损失补偿的法律》(1969 年 10 月 1 日)、《诉讼费用法》(1975 年 12 月 15 日)、《司法适应法》(1992 年 6 月 26 日)、《律师收费法》(2004 年 5 月 5 日)、《家事事件及非讼事件程序法》(2008 年 12 月 17 日)、《调解法》(2012 年 7 月 21 日)等。其中,《调解法》为 2012 年颁布的新法,《法官法》与《强制拍卖与强制管理法》近年来修改较为频繁,具有较强的代表性,因此作为附录并在本书之中,以利于读者参考。

二、德国民事诉讼法的基本原则

大陆法系各国的民事诉讼程序立法,多采用特定法条及专门规定的形式,对法典的基本原则进行较为宏观的规定。如法国、日本、我国的民事诉讼法等,都有对基本原则进行专门规定的法律条文。德国《民事诉讼法》没有抽象性的关于基本原则的专门规定,但仍存在具有普遍指导意义的基本原则,这些原则涉及法院和当事人的职责分担、证据的提出与认定、诉讼的推进等问题,贯穿于整部法典之中,是宪法原则延展到特定程序中加以适用的程序主义。① 相关原则的确定受特定时期法律政策的影响,在不同阶段体现了不同的特征。了解这些程序原则,有助于分析法律条文内容的真正含义,理解立法者对整个诉讼程序以及法律制度进行设计的原因。

(一)处分原则

处分原则,指民事诉讼程序的启动与持续等方面由当事人主导,以及当事人拥有处分诉讼标的的自由的原则。即是否启动程序、是否改变诉求、是否终止法律争议或者以何种方式终止争议、是否将诉讼程序在较高的审级继续进行下去等等,原则上都由当事人来掌握。②

处分原则是德国《民事诉讼法》的一项基本权利,贯穿于民事诉讼程序始终,主要体现在第 269 条、第 306 条至第 308 条、第 330 条、第 515 条、第 536 条等条文中。主要内容包括:诉讼依申请开始,双方当事人的申请对法院裁判具有决定意义;双方当事人不经主诉中的判决也可通过诉之撤回、终结声明或者诉讼和解而结束诉讼;双方当事人可通过舍弃和任诺使法院不经对争议材料进行审查而进行实体裁判;双方当事人有权在符合法律规定的情况下申请上级法院对不利裁判进行审查等。

(二)辩论原则

辩论原则,指法院裁判的事实依据只能由当事人提出,以及未经辩论的事实不能作为法院裁判事实基础的原则。辩论原则与处分原则不同,处分原则强调当事人对诉讼标的的处分,而辩论原则强调诉讼材料的收集。

在德国民事诉讼中,法院收集材料称为调查原则或者纠问原则,当事人收集材料称为辩论原则或者提出原则。③ 调查原则与辩论原则相对,前者是指对于裁判基础,法院有责任将重要事件引入诉讼程序中,并且寻找证据证明情况的真实性。随着法官诉讼领导权的扩张,特别是 1976 年

---

① [德]汉斯-约阿希姆·穆泽拉克:《德国民事诉讼法基础教程》,周翠译,中国政法大学出版社 2005 年版,第 60 页。

② 邵建东主编:《德国司法制度》,厦门大学出版社 2010 年版,第 120 页。

③ [德]罗森贝克等:《德国民事诉讼法》,李大雪译,中国法制出版社 2007 年版,第 524 页。

及 2001 年的民事司法改革对法官释明义务的修订，辩论原则受到一定限制，但仍然作为德国民事诉讼程序中普遍适用的基本原则发挥重要作用。

辩论原则可由第 138 条、第 288 条、第 292 条推知，主要包括两个方面的内容：一是原则上法院应将裁判建立在当事人提供的事实基础上；二是没有争议的事实或自认的事实不需要证据，原则上被法院当作事实处理，法院对事实真实性的审查应当在双方当事人确定的界限内进行。

（三）法定听审请求权原则

法定听审请求权原则指每个当事人都享有平等的使用诉讼的权利以及要求法院通过司法程序对权利予以保护的原则，该原则是根据德国《基本法》第 103 条所衍生，并在近年的司法改革中得到强化，相关规定主要体现在第 136 条、第 139 条、第 225 条、第 283 条及第 335 条等条文中。

德国《基本法》第 103 条规定了公民的公平审判权。联邦法院将这一原则视为具体程序中有关法定听审原则的宪法依据，普通法对法定听审请求权没有规定或规定不充分时，则依据《基本法》进行救济。在民事诉讼领域，法定听审请求权被视为法治国家程序规则中不可或缺的组成部分，是最重要的程序原则之一。德国民事诉讼中的法定听审请求权原则主要体现在四个方面：一是获得程序通知的权利；二是提出事实主张和提供相应证据的权利；三是知悉对方当事人有关事实与法律问题的攻击防御方法，以及对这些攻防进行争辩的权利；四是知悉和听取法庭调查或者被法院直接考虑的事实和证据的权利。

法院侵害当事人的法定听审请求权的行为，不仅意味着程序瑕疵，也构成程序错误。在 2001 年《民事诉讼改革法》颁布之前，被侵犯法定听审请求权的当事人只能向联邦宪法法院提起宪法抗告。立法者认为应使当事人提出异议时可以将侵犯法定听审权的行为在同一审级内部进行纠正。据此，2001 年《民事诉讼法》改革新增的第 321 条之 1 规定，判决侵犯法定听审权时，当事人可以提出异议要求一审程序继续进行，一审法院可通过自我纠正的方式来主动改变一审裁判。此后，2003 年 4 月 30 日联邦宪法法院在一个全席裁定中，根据法治国家原则和法定听审原则，要求法院在侵犯当事人法定听审权的各种情形下，在审级内启动法律救济程序。据此，立法机关于 2004 年 12 月制定了《关于侵犯法定听审请求权之法律救济的法律》，进一步修改了第 321 条之 1 的规定。修改后的条文将"判决"改为"裁判"，并取消了一审的限制，只要当事人认为法院的裁判侵犯了法定听审权,则在任何审级都可提出异议,并要求在本审级继续诉讼。

(四)直接审理原则

直接审理原则是指裁判法官必须亲自参加法庭审理、证据调查以及听取当事人之间有关案件事实的辩论的原则。

德国民事诉讼中有关直接审理原则的内容,主要体现在第 128 条、第 309 条、第 355 条等条文中,其主要内容包括:一是审理的直接性(又称言词辩论的直接性),即当事人之间的言词辩论应当在受诉法院进行;二是调查证据的直接性,即有关案件事实证据的调查应当由受诉法院进行,《民事诉讼法》规定将调查证据委托给受诉法院的成员或委托给其他法院进行的除外;三是裁判主体的直接性,即案件的判决,应当由主持和参与了对判决具有重要意义的言词辩论的法官作出。立法者认为,只有亲历了整个程序,亲自听取了当事人的陈述并参与了证据调查的人,才能够准确地对法律争议作出裁判。

(五)诚实信用原则

诚实信用原则又称禁止谎言原则,指当事人在作出程序性行为时必须客观真实,禁止虚假欺诈的原则。德国《民事诉讼法》中包含大量禁止当事人在民事诉讼程序中进行欺诈和作出不法行为的规定。如第 138 条列举的当事人真实义务,第 114 条规定的滥诉时拒绝提供诉讼费用救助,以及第 93 条规定的起诉并非因为被告行为引起时,法律争议的费用由胜诉的原告负担。此外,第 263 条、第 269 条规定的言词辩论之后诉的变更和撤回变更的限制性条件,第 296 条、第 296 条之 1 以及第 530 条规定的逾时提出攻击防御方法的不利法律后果,也体现了诉讼法中的诚实信用原则。

这些具体规定表明,《民事诉讼法》并非没有对诉讼中诚实行为的规定,而是试图以具体的方式实现对诚实信用原则的追求。对诉讼法未规定的欺诈规制,绝大部分的学说和判例也类推适用了诚实信用原则。①

---

① [德]罗森贝克等:《德国民事诉讼法》,李大雪译,中国法制出版社 2007 年版,第 14 页。

(六)言词原则与书面原则

《民事诉讼法》第128条将言词原则与书面原则进行了结合,但其出发点仍然是言词原则。在法律制定之初,言词原则的全面引入废除了德国普通法时期所崇尚的书面主义,体现了1877年颁布法律时立法者的初衷,即当事人在法院的言词辩论,最适合于公正、清晰、迅速地说明法律争议。因此,当事人应当在审理案件的法院就全部法律争议进行言词辩论,而只有经过言词辩论的内容,法院才予以评判。由于这种绝对的言词原则在实践中严重影响了审判效率,因此改革中逐渐对其进行了限制和弱化。尤其是2001年的改革对第128条再次作出修改,改革后,法院在得到双方当事人同意后,可以不经言词辩论而作出裁判;但如诉讼情况有重大变更时,当事人可以撤回其同意;仅就费用进行的裁判,以及除判决以外的法院决定可以不经言词辩论作出。

目前,德国《民事诉讼法》体现了言词原则与书面原则的融合。首先,当事人的言词辩论内容应当作成笔录。其次,当事人在言词辩论之前,原则上要经过一个书面准备的过程,使得法院和对方当事人都知晓争议的内容,并加快言词辩论的进程。特别是在言词辩论的过程中,当事人可以使用自己的或者对方的书面材料的内容,而不再进行言词重复。最后,法律要求部分诉讼程序行为应当采取书面形式,这包括对原告起诉、被告答辩以及采取法律救济手段的书面要求。[①]

三、德国民事诉讼法的特征与改革趋势

德国《民事诉讼法》以罗马教会法和日耳曼法为渊源,在产生之初和发展之中分别受法国法和奥地利法的影响,呈现出复杂性及独特性。其发展历史显示了言词主义与书面主义,快速解决争端与彻底解决争端,当事人主导诉讼与法官主导诉讼积日累久的斗争。[②] 这种调整是与德国一百余年来社会情况、立法政策、法律思想的变化相适应的。[③]

1877年德国《民事诉讼法》制定之初,民事诉讼制度与当时的自由资

---

① 邵建东主编:《德国司法制度》,厦门大学出版社2010年版,第123~124页。

② [德]罗森贝克等:《德国民事诉讼法》,李大雪译,中国法制出版社2007年版,第18页。

③ 谢怀栻译:《德意志联邦共和国民事诉讼法》,中国法制出版社2001年版,第4页。

本主义经济制度相协调,以当事人进行主义为根本原则,强调法官应秉承消极中立的地位进行居间裁判。到 19 世纪末期,随着西方经济社会进入垄断资本主义时期,社会结构发生了巨大变化,政府对自由经济进行必要限制的同时,民事诉讼中的当事人进行主义也逐步受到限制,个人意志不再是决定诉讼程序的唯一标准,法官的诉讼领导逐渐得到强化。21 世纪以来,社会经济的发展以及案件数量的剧增,使民事诉讼程序的简化与加快,以及减轻法院负担成为民事司法改革的主要内容。

(一)当事人主义与职权主义的协调运作

1.当事人主义的诉讼传统

最初制定的德国民事诉讼法受当时的法国民事诉讼法的影响,实行绝对的当事人进行主义,言词辩论原则得到了彻底贯彻,法院的驳回权限受到严格限定,整个诉讼的主动权掌握在当事人手中,如证人的传唤、期日的指定及书状的送达等均属于当事人权限。这种自由主义的诉讼模式在德国产生了不良的效果,过度的言词辩论牺牲了程序效率,当事人故意拖延诉讼的情况使得合议庭负担日渐繁重,诉讼周期越来越长。人们对寻求法律保护的漫长过程多有不满,限制当事人主义,增强法官主动性的呼声日渐高涨。

2.职权主义的发展

1895 年的《奥地利民事诉讼法》摆脱了自由主义诉讼模式的桎梏,体现了社会民事诉讼思想,认为民事诉讼不仅是当事人解决私人纠纷的平台,更是国家维护社会秩序、进行社会管理的手段。在该法影响下,德国在 19 世纪末 20 世纪初进行了一系列民事诉讼改革,对当事人主义进行了必要限制,自由主义的诉讼思维逐渐弱化。如 1909 年的修订赋予了法院就案件事实和争议的法律关系与当事人进行讨论的权力,并规定法院有权采取一系列的准备措施,如勘验、传唤证人、补充准备书状等。改革中提出了这样一种观点:民事诉讼程序不能完全建立在当事人自由的基础上,而是应当把当事人对抗作为实现诉讼目的的权宜手段而加以限制。1924 年的修订进一步强化了法官的权限,并强调了程序的集中。有关法官准备义务的规定被扩展到州法院程序中,当事人指定期间与期日的权利被取消。对当事人故意延迟提出攻击和防御方法的情况,规定了法官不受限制的予以驳回的权力。此后历次关于传唤、送达等制度的改革,也都体现了职权主义的发展。

3.修正的辩论主义

在当事人主义的诉讼模式中,法官处于消极的中立地位,当事人对提出诉讼主张和证据资料享有主导权;而在职权主义的诉讼模式中,法官对控制诉讼程序及确定诉讼证据享有主动权,可以不受当事人主张的约束确定案件事实。一般认为,过分地强调当事人作用会导致诉讼周期增长、诉讼成本增加,进而导致诉讼实质上的不公;而过分强调法官的职权作用,则可能产生对法官中立性的质疑。因此,两大法系国家均在不断调整法官与当事人在诉讼中权限的分配。

在德国,随着民事诉讼法由自由的民事诉讼转变为社会的民事诉讼,既强调当事人基本诉权保障,又强调法官权力控制的,修正的辩论主义的诉讼图景得以呈现。一方面,法官的释明,由法官的询问权修改为法官的询问义务,再进一步修改为法官的释明义务,使法官的诉讼领导不断得到强化。特别是2001年的改革再次扩充了释明义务的规模,规定法官应通过正确的指令将法院的意见告知讼争当事人,以使当事人更清楚地掌握诉讼进程,并针对重要争点进行攻击防御。① 此次改革为集中高效的法庭审理提供了基础,可以说,法官诉讼指挥义务的完善和强化,是整个德国民事审判方式改革的核心所在。② 另一方面,当事人的真实义务和诉讼促进义务不断得到强化。1933年的修订首次规定了当事人的真实义务,1976年的修订规定了当事人应当谨慎地、考虑诉讼促进任务地实施诉讼,并规定对违反一般性诉讼促进义务的当事人,法院可以处以违警罚款等。此外,关于证据失权、缺席审判的规定也强调了当事人的合作义务。2001年的改革修正了关于当事人在控诉审法院是否可以提出新的攻防方法的规定,强调了第一审中当事人的诉讼促进义务。

(二)程序的简化与法院的减负

诉讼程序的简化与加快是各国民事司法改革的总体趋势,德国民事诉讼法的历次重要修改均体现了对效率的追求。如1976年的改革引入当事人合意的书面诉讼程序,简化督促程序,扩大法官在言词辩论期日前提取证言的权力,并规定当事人不及时提出攻击防御方法的不利后果;

---

① 齐树洁主编:《民事司法改革研究》,厦门大学出版社2006年第3版,第530页。
② 赵秀举:《德国民事审判程序的改革和借鉴》,载《人民法院报》2015年6月19日第8版。

2001 的民事司法改革引入言词辩论前的强制和解辩论,强调庭外调解等替代性纠纷解决机制,将合议庭与独任法官的功能进行划分,进一步提升独任法官在民事诉讼中的作用等。

1. 独任法官制度的嬗变

德国民事诉讼法规定的审判组织形式为独任制与合议制,简单的民事案件由独任法官审判,复杂的案件由合议庭审判。最早的独任法官制度在 1924 年的修订中得到确立,但被限定为权力有限的"准备型独任法官",其权力仅限于将案件尽可能的充分准备以便由合议庭进行最后的审理,在当事人同意的情况下将财产纠纷案件审理完毕,以及主持双方当事人签订终止诉讼的并适宜于强制执行的诉讼和解协议。[①] 1974 年的《减轻州法院负担和简化法庭记录法》规定州法院在一审程序中可以引入独立审判的独任法官,突破了传统的民事案件合议制原则。1993 年《司法减负法》扩大了独任法官审理的范围。此后,一方面,法官专业水平和道德修养的不断提高,使得独任法官制度的公正性越来越受到社会大众的认可,扩大独任法官审理的范围成为可能;另一方面,民事诉讼案件数量逐年增长,以及司法资源不足带来巨大的审判压力也使更多案件由独任法官审理成为必要。

在此背景下,2001 年的《民事诉讼改革法》进一步改革了独任法官制度,将合议庭与独任法官的功能进行划分,并将独任法官分为"固有型独任法官"和"强制型独任法官",改革后诉讼原则上由独任法官审理,在法定的特殊情况下方由合议庭进行裁判。同时,改革也扩展了二审程序中独任法官制度的适用范围,规定一审判决是由独任法官作出的案件或者是在事实和法律方面都没有特殊困难的案件可由独任法官进行裁判。[②] 立法者希望通过提升独任法官在民事诉讼中的作用,实现提高诉讼效率、减轻法院负担、给予当事人充分司法救济的目的。

2. 和解制度的艰难发展

和解制度的发展在德国经历了一个较为曲折的过程,早期的民事诉讼程序实行任意和解制度,该制度在 1924 年的法律修订中被取消,代之以强制和解制度。1950 年的法律改革又废除了强制和解,规定了诉讼的

---

① 常怡主编:《外国民事诉讼法新发展》,中国政法大学出版社 2009 年版,第 172 页。

② 刘彦辛、许英杰:《德国民事诉讼制度改革十年综述》,载齐树洁主编:《东南司法评论》(2011 年卷),厦门大学出版社 2011 年版。

"友好解决",1976 年的修订法进行了调整,但主要精神仍保持不变。传统上,德国民事诉讼中的调解文化并不发达,当事人合意解决矛盾的调解程序遭遇了消极的法律、政治和社会环境。因此,2001 年的民事诉讼改革规定了法定调解,在言词辩论前增设了和解辩论程序并强调庭外调解。修改后的和解辩论的一般程序如下:除法律另有规定外,通常应先进行和解辩论;当事人双方均未到场的,裁定中止诉讼,一方当事人到庭的直接进入言词辩论程序;达成和解协议的,以和解终结诉讼,未达成和解协议的,进入言词辩论程序;当事人接受法院外调解建议的,裁定停止诉讼,法院外调解未达成协议的,进入言词辩论程序。

改革后的强制和解辩论程序主要有三个特点:一是和解辩论程序适用于所有一审民事诉讼程序,除非法律另有规定,法院不得以自由裁量拒绝适用;二是强制和解辩论程序一定情况下可以在法院外的联邦司法行政所设立的或承认的其他调解机构中进行;三是和解辩论程序中,法官应当与双方当事人就争议的状态进行探讨,包括就事实情况与可能的法律适用情况进行意见交换与探讨。

2012 年,为完善调解制度,德国颁布了《调解法》,界定了调解制度的含义及调解员的法律地位,确立了调解过程中案件信息的公开与秘密处理原则,强调以自愿作为执行调解协议的前提条件,规定了调解员的培训与反馈机制。[1] 本次立法强化了调解程序的适用以及调解协议的效力,旨在提升普通社会民众及司法职业人群对调解的感知与认识,以此改变德国法律文化传统中悠久、浓厚的辩争色彩。

多元化的纠纷解决机制有利于过滤争议案件,提高诉讼效率,减轻法院负担。作为有效解决社会纠纷、恢复社会秩序的一种重要手段,和解制度在德国民事诉讼中的发展值得进一步关注。

3.审前程序的发展

审前程序的出现,是集中审理的要求。[2] 1924 年的法律修订规定了民事诉讼程序中的集中审理原则,明确言词辩论原则上只举行一次,并引入对言词辩论进行准备的审前程序。实施审前程序的独任法官有下述两项权利:一是有权要求当事人在期间内实施须承担法律后果的诉讼行为;二是有权帮助当事人整理争点并审查证据,以便在案件缺乏早期终结的

---

[1]　张泽涛、肖振国:《德国〈调解法〉述评及其启示》,载《法学评论》2013 年第 1 期。
[2]　廖中洪主编:《民事诉讼体制比较研究》,中国检察出版社 2008 年版,第 71 页。

条件时做好开庭审理准备,并移交合议庭进行正式审理。1933年的修订引入的关于当事人真实义务的规定,则进一步促进了案件的集中审理。对审前程序作出最重要改革的是1976年的《简化修订法》,改革再次强化了集中审理原则,带来了审前程序的重大革新,规定法院有义务尽量将程序集中到唯一的一次期日,并规定了全面的言词辩论准备期日和解决争议的主期日。为完成准备工作,法官可以选择适用先期首次期日程序或书面准备程序,或者交叉适用两种程序。

选择先期首次期日程序时,受诉法院的审判长或审判长所指定的法院成员可以为被告确定期间,要求被告提出书面答辩状,或者要求被告将他要提出的防御方法立即通过他所选任的律师以书状提交给法院。如果先期首次期日未能终结诉讼,法院可以对诉讼继续进行准备工作,要求当事人对书状进行补充或详细说明,澄清存疑事项,或命令当事人本人到场等。法院应在首次期日为被告指定书面答辩期间,如果原告针对被告的答辩需要进行再答辩,法院应为原告指定再答辩期间。

选择书面程序时,法院应当在向被告送达起诉状时要求其在两周的不变期间内以书面形式表明答辩意愿,并另外为被告指定至少两周的书面答辩期间。如果被告承认原告的诉讼请求,则法院作出认诺判决;如果被告未依法答辩,则法院依原告申请作出缺席判决;如果被告答辩,则法院为原告指定对答辩状发表意见的期间。

通过将程序集中到最少的审理期日,州法院的一审程序实现了简化与加快,德国民事诉讼程序在集中审理、口头审理、分阶段审理等方面迈出了一大步。[1]

4.独立的证据程序

1976年的司法改革之前,德国《民事诉讼法》只规定了证据保全程序,在实践中产生了一些问题。首先,在申请人指定鉴定人的程序中,相对方要求鉴定人回避的情况频发,导致程序的延迟和证据方法的灭失,影响了证据保全程序目的的实现。其次,相对方就同一鉴定申请新证据保全的现象多发,加重了法院的司法负担。最后,在证据保全结果的运用方面,由于法律在提出攻击防御方法上实行当事人主义,规定由当事人自行决定是否在本案诉讼中采用证据保全的结果,因此当事人可以在诉讼中

---

[1] 齐树洁、李辉东:《中国、美国、德国民事审前程序比较研究》,载江伟主编:《比较民事诉讼法国际研讨会论文集》,中国政法大学出版社2004年版。

对同一证明问题提出新的证据方法,导致诉讼延迟。

据此,1976 年的《简化修订法》有针对性地对传统证据保全程序进行了重大修改,设置了独立的证据程序。改革后的证据程序具有证据保全、证据开示、早期争点整理的作用,其目的是便于当事人在诉前实施更广泛的证据调查,尽早明确引起法律纠纷的事实关系,促使当事人在诉前或审前达成和解,避免增加不必要的诉讼成本,减轻法院的司法负担。

改革后独立的证据程序主要适用于两个方面:一是以证据保全为目的的证据调查,此部分系对传统证据保全程序功能的保留;二是非以证据保全为目的的证据调查,此部分为 1976 年的法律修订所增设,立法目的在于通过诉前书面鉴定这一证据调查方法,对当事人之间争议的事实关系进行查明,促成当事人达成和解,起到案件分流的作用。改革后的证据保全仍然实行当事人进行主义,法院不得依职权进行证据保全。当事人可以在诉前和诉讼开始后向法院提出申请,申请应至少满足下列条件之一:当事人的申请已经得到相对方当事人的同意;被申请的证据方法有灭失的可能;如果不进行保全,证据方法可能变得难以使用。

1976 年的改革还完善了诉前书面鉴定程序,该程序的主要目的是通过诉前书面鉴定了解本案提起诉讼后所要查明的事实,使当事人在诉前对本案的事实情况进行了解,从而尽可能在诉前达成和解,避免本案诉讼的实际发生。修改后的《民事诉讼法》规定,首先,诉讼尚未系属于法院时,一方当事人可以申请由鉴定人进行书面鉴定,鉴定依当事人申请开始。其次,申请书面鉴定的对象仅限于法定的三种情形,即确定人身状态或物的价值的状况,确定人身伤害、物的损害或物的缺失是否发生,确定为排除人身伤害、物的损害或物的缺失所支出的费用。再次,当事人必须与上述三种情形之间存在法律上的利益关系。最后,诉前的书面鉴定原则上只进行一次,以防在诉前出现相互矛盾的书面鉴定。作为例外,法院在认为已作出的鉴定不充分的情况下,可以命令同一鉴定人或其他鉴定人进行新的鉴定;如果鉴定人在鉴定完毕后被准许回避,法院可以命令另一名鉴定人作出新的鉴定。

此外,改革后独立的证据程序不仅适用于诉前证据保全,也适用于诉讼证据保全,赋予了当事人在独立证据程序中达成的和解以执行力,还允许当事人在诉讼中,将由独立证据调查程序获得的结果运用到诉讼中。这种立法设置虽然仍是基于"主张先行"这一辩论主义的基本原理,但相关程序设计使得作为证明对象的要件事实得以特定化,有利于减轻现代新型纠纷中处于弱势的受害方当事人的举证负担。

(三)各审级功能的明确与强化

德国民事诉讼中的普通法院分为四级：初级法院、州法院、州高等法院和联邦最高法院。审级制度实行四级三审制，根据诉讼金额和案件性质，一个案件可能一审终审、二审终审或者三审终审。在历次修订中，为不断适应新的社会需要，审级制度也随之进行了局部调整与完善。

1.围绕纠纷解决强化第一审

德国的第一审法院为初级法院和州法院。初级法院负责争议标的额较小的案件和一些特殊程序案件，如督促程序和儿童案件等。争议标的额超过一定界限的，当事人可以向州法院提起诉讼。

同各国一审法院一样，德国一审法院负责全面审理案件，正确适用法律，尽可能一次性地解决纠纷，保障当事人权利的实现。改革中，立法者一度通过提高控诉额的手段使更多的案件在一审中得到解决，并辅以强化诉讼促进义务及纠纷和解等方法，加强一审的纠纷解决功能。

2.围绕排除错误重构第二审

德国的第二审称为控诉审，控诉审法院为州法院或州高等法院，其主要任务是监督和排除一审错误。1924年和1933年的修订排除了控诉审中的新陈述，目的在于使当事人尽量在一审中完全提出诉讼资料。1976年的修订进一步强化了这种排除规定，以提高一审程序的司法威信，阻止当事人将诉讼重心拖延至控诉审程序。1991年的改革曾试图引入许可控诉制，但未获通过。直到2001年的重要改革重新构建了控诉审程序，再次强化了控诉审监督和排除一审错误的核心功能。

一是修改控诉的合法性要件。控诉申请必须具备的合法性要件包括控诉期间、控诉状、控诉理由书以及控诉利益。2001年的改革修改了控诉审的上诉利益额，将其由1500马克改为600欧元(约合1200马克)，并规定了许可上诉的情形。改革通过降低控诉利益额，扩大许可当事人提起控诉的范围，使许可控诉要件与许可上告要件相同，以此强化控诉审法院的法律审职能。

二是规定第一审认定的事实原则上约束控诉审法院。改革新增第529条，规定控诉审法院原则上受第一审法院事实认定的约束。为避免在控诉审中的新主张遭遇失权后果，当事人必须在一审中提出其全部主张并进行相关举证。这种规定有助于将案件审理的重心集中在第一审程序中,使更多的案件可以通过一审终结,当事人只有对于一审判决的法律问题存有争议时方可控诉。当然,控诉审法院如果有具体理由认为一审法院对于裁判上的重要事实认定不正确或不完整时,可以不受一审法院事实认定的约束,对事实进行重新认定。

三是限制新的攻击防御方法的提出。关于当事人能否在控诉审法院提出新的攻击防御方法,改革前的规定较为宽松:(1)当事人在第一审中未在期间内提出的新的攻防方法,如果依法院的自由心证,认为不致拖延诉讼的终结,或者当事人非因过失而逾期时,准其提出。(2)新的攻防方法在第一审中违反期间规定而未及时通知的,如果依法院的自由心证,认为不致拖延诉讼的终结,或者当事人非因重大过失而未提出时,准其提出。即在第一审中当事人有诉讼促进义务,应当适时提出攻防方法,以防止对对方当事人造成法律突袭。然而,在实践中,一方面控诉审法院很少以拖延诉讼终结或当事人过失导致逾期为由而驳回新的攻防方法,当事人为了达到拖延诉讼的目的或者为了给对方当事人造成法律突袭,可以在诉讼策略上将案件的审理重心拖延至控诉审中。另一方面当事人在一审中由于过失而逾期提出攻防方法可能被法院以失权为由驳回申请,因此当事人倾向在控诉审中方提出新的攻防方法,控诉审法官经审查认为当事人虽有过失,但依法院的自由心证认为不致拖延诉讼的,可以准许当事人提出新的攻防方法。上述两个方面的问题造成了民事案件审理重心向控诉审转移的倾向,因此2001年的改革作出了补充规定,即非因当事人过失,在第一审中未提出的攻防方法,当事人方可在控诉审中提出。改革后当事人如果在第一审言词辩论终结后方发现新的攻防手段,或者因法院的原因未能在第一审中提出攻防方法,则当事人没有过失,方可以在控诉审中提出主张并进行相关举证。

四是控诉理由提出的严格化。改革前当事人提交的控诉理由书中应当记明对判决不服到何种程度,分别列举声明不服的理由,以及将要提出的新事实、新证据等。为了与控诉审由"第二次事实审"向法律审的转变相协调,2001年的改革对控诉理由书的要求更加严格。修改后的控诉理由书必须包含对判决不服及要求变更的声明,判决违反法律的情况及与应当被撤销的因果关系,怀疑此前法院在判决中事实认定的正确性或完整性并因此必须重新认定的具体根据,以及可以提出新的攻击防御方法的理由。如前文所述,2001年控诉审的改革以实现功能向法律审转移为目标,且一审的事实认定原则上约束控诉审法院的事实认定,因此,控诉理由书的严格化对于控诉审制度的协调性十分重要。

3.围绕保障法律统一改革第三审

德国的第三审称为上告审,联邦最高法院为三审法院,对不服州高等法院在控诉审中所作的判决进行审理与裁判。在 2001 年改革之前,上告审具有保障个体权利和维护公共利益的双重功能,既要维护当事人在个案中获得公正裁判的权利,又要保障法律续造和司法统一,并对实体法进行解释和适用,对上告的提起采取上诉利益和许可上告双轨制。这种规定在实践中造成了部分具有原则性意义的案件由于未能达到上告利益的标准而未被准许上告,而较多无原则性异议的案件则占用了联邦最高法院大量的司法资源。因此 2001 年的改革修改了准许上告的标准,通过第 543 条的规定建立了完全许可上告制,强化了第三审维护公共利益的功能,弱化了个案权利保护的功能。改革后,联邦最高法院仅负责解释法律、发展法律和保障司法统一。①

此外,第 542 条第 1 款还扩大了能够提起上告的范围,包括经初级法院一审、州法院控诉审作出第二审终局判决的案件都可能向第三审法院提起上告。② 改革后,如果二审法院在判决中不许可当事人提起上告,则当事人可以向联邦最高法院提起不许可抗告,联邦最高法院经审查许可上告的,案件直接进入上告审程序。

(四)抗告程序的重组与简化

德国民事诉讼程序中的抗告是对附属裁判、本案中的裁定和决定不服而提起的独立上诉手段。抗告导致对事实和法律问题的重新审查,但相较控诉程序而言,更为简便、快速。作为独立的上诉手段,抗告可以附随对终局裁判的控诉和上告提起,也可以不依赖它们而单独提起,根据抗告作出的裁判独立的发生法律效力。2001 年的民事司法改革对此前较为复杂的抗告程序进行了重组,将抗告简化为即时抗告和法律抗告,并对二者的提起都规定了一定的时间限制。本次改革的基本理念是将即时抗告和法律抗告分别作为对应于控诉审和上告审的法律救济手段,如果说控诉审和上告审所针对的是与案件实体问题有关的判决,那么抗告则旨

---

① 李大雪:《二战后德国民事诉讼法之改革研究》,西南政法大学 2007 年博士学位论文,第 40 页。

② 邵建东主编:《德国司法制度》,厦门大学出版社 2010 年版,第 179 页。

在解决与程序相关的裁定和处分问题。如法院作出的与程序相关的行为，书记官在职权范围内作出的决定，以及司法协助员作为执行人在强制执行程序中所作的决定等。

1.即时抗告

即时抗告只能针对初级法院和州法院作为一审法院所作出的裁判提出。针对法院的某些裁判，如果法律明确规定了当事人或者其他参与人可以采取即时抗告的救济手段，则可当然地提起抗告。例如，第三人申请作为辅助参加人加入诉讼，而当事人一方要求驳回该申请，法院对此应当作出中间判决，对此中间判决不服的，当事人可以提出即时抗告。再如，对于法院作出的关于诉讼费用的裁定，当事人一般不可采取上诉手段，但如果法院的裁定是以当事人任诺为基础的，则可以针对费用的裁定提起即时抗告。其他可以提出即时抗告的情形主要有：不服法院关于诉讼费用的裁定；不服法院推迟诉讼的裁定；不服法院就撤诉的法律后果作出的裁定；不服法院就证人拒绝作证是否合法或鉴定人违反鉴定义务的法律后果作出的裁定等。此外，如果当事人提出了一个涉及程序问题的请求，而法院的裁定未经言词辩论，则当事人可以针对此项裁定提起即时抗告。

抗告人可以选择向作出裁定的原法院或者直接向抗告法院提起即时抗告。如果抗告人选择前者，而且原法院经过审查认为即时抗告是被允许且成立的，则应当对原裁判进行纠正，否则应当立即将抗告移送至抗告法院。除非抗告针对的是关于审判秩序和强制措施的裁定等法定情形，即时抗告的提起原则上不导致原裁定暂缓生效。但是，即使法律没有规定应当延缓裁定生效的特殊情况，原审法院和抗告法院也可以根据实际情况决定暂时停止原裁定的执行。

对于即时抗告，抗告法院可以以裁定的形式予以驳回，也可以支持抗告而撤销原裁定。在后一种情况下，抗告法院可以自行作出新的裁定，也可以发回原法院要求其重新作出裁定。

2.法律抗告

对于法律抗告，2001年的民事诉讼法改革将其作为与上告审并列的程序进行设计，因此法律抗告审与上告审在程序上有诸多相似之处，规定法律抗告的条文也多有援引上告审的有关条文。

首先，法律抗告程序也是单纯的法律审上诉手段，其所依据的事实受前审法院裁判的拘束。其次，起诉标准，审查法律抗告是否被允许的标准也与上告审相同，即所涉及的问题是否具有原则性意义，或是否对保障司法统一与法律续造有重要意义。最后，法律抗告只能以违反法律为依据，但前审法院的管辖问题不可作为法律抗告审的理由。上告审中违反法律的绝对原因也同样适用于法律抗告审。

与上告审一样，法律抗告审的管辖法院也是联邦最高法院。除部分例外情况，抗告人应当通过有资格专门在联邦最高法院从事诉讼代理服务的律师在裁定送达后一个月的期间内，以书面形式提起法律抗告，并在规定期间内说明理由。与即时抗告不同，法律抗告不能向作出原裁定的法院提出。

可以对某项裁定提起法律抗告主要包括两种情形。一是法律的明文规定，如《民事诉讼法》第522条规定，当事人不服控诉法院因控诉不被允许而将其驳回的裁定可以提起法律抗告。二是法律没有明文规定不得对某项裁定声明不服，则原审的控诉法院、前审的即时抗告法院，以及特殊情况下作为一审的州高等法院可以在自己的裁定中明确准许提起法律抗告。这种准许对法律抗告法院具有拘束力，但法律明文规定可以提起法律抗告，或者明文禁止声明不服的除外。上述两种情形下是否允许法律抗告的标准，都是争议是否具有原则性的意义，或者是否对保障司法统一及法律续造具有重要意义。

与即时抗告不同，法律抗告人对其异议成立的进一步说明十分重要。首先，法院的审理范围以抗告人要求的范围为准，所以抗告人必须具体表明要求在什么范围内撤销原裁定。其次，抗告人必须对法律抗告的理由进行说明，其内容与上告审的要求相同。虽然法律规定法律抗告审法院对案件的审查不受抗告人说明内容的限制，但是没有对异议成立的进一步说明将会导致法律抗告因不被允许而不予受理。

如果不存在法律抗告因不被允许而不予受理或被驳回的事由，则法院应当对法律抗告是否成立进行审查。法院不仅需要审查原裁定所依据的理由是否错误，还需要审查裁定结果是否存在错误。如果原裁定的理由是错误的，但出于其他理由，原裁定的结果是正确的，则法律抗告同样不成立。

经审查符合法律抗告条件的案件，法律抗告法院以裁定的形式撤销原裁定，同时可以根据情况自行作出新的裁定，或者发回原法院并令其作出新的裁定。

外国民事诉讼法译丛

德国民事诉讼法

(五)再审程序的分设

德国民事诉讼法将再审分为两种类型,即无效之诉和回复原状之诉,是一种较为特殊的立法体例。[①] 两种诉讼以法条中列举的理由为限。无效之诉基于违反程序规定的行为提出,无效理由将直接导致再审;回复原状之诉基于事实错误提出,回复原状的理由只在对判决有重大意义的情况下方可提起。如果同一当事人或不同当事人同时提起了两种诉,则在对无效之诉作出判决之前,推迟对恢复之诉的审理。

作为无效之诉基础的程序错误,主要涉及审判庭的组成、法官资格和法官回避以及当事人的诉讼行为是否由合格的人员代理等问题。与上告审程序一样,违反基本的程序规则将导致判决被撤销。

回复原状之诉的理由可分为两种主要情况,其共同之处是使原判决结果所依据的基础发生变化。一种是基于伪造了原审依据或者提供了不正确的原审依据,且该行为已经受到了生效刑事判决的认定,或刑事诉讼程序因欠缺证据以外的原因不能开始或进行;另一种是其他生效判决使原判决的基础发生了根本动摇,或者当事人找到其他对自己有利的、足以从根本上改变原判决的书证。对于这些情况,当事人必须非因自己的过错,在前审程序中或采取上诉手段时无法提出。

再审之诉主要针对最终判决,即最后审级的最终判决,至于是程序性判决还是实体性判决,是给付判决、确认判决还是形成判决,或者是否为缺席判决等在所不论。如果最终判决以此前的一个裁判为基础,而再审原因涉及该裁判,则这种原因也可以用以作为对抗最终判决的理由。由于督促程序中的执行决定被视为可暂时执行的缺席判决,因此,也可以针对它提出再审请求。

再审程序分三个阶段完成。一是诉的合法性审查,即诉的提起是否符合允许起诉的一般要件。二是诉的正当性审查,即审查再审之诉是否成立。在无效之诉中,只要当事人可以证明确实存在严重的程序错误即可;而在回复原状之诉中,当事人除需要举证证明确实存在提起回复之诉原因中的事实外,法院还要判断这些事实是否对判决结果产生了影响。如果审查的结果是肯定的,则法院可以先作出中间判决,宣布撤销原判,

---

[①] 日本旧民事诉讼法采用了相同的立法体例,但新法则采用当前大陆法系各国通用的单一再审之诉的立法体例,将二者合并为"再审之诉"。

也可以将此问题在最终判决的理由中加以说明。三是本案的重新审理，即处理原审的法律争议。法院并非一定要将原审过程完全重复，而是应当针对撤销原判的原因，确定举证、言词辩论及审查的范围。如果判决内容只是部分被撤销，则审理的过程只涉及该部分的内容。如果无效之诉中的程序错误贯穿原审过程各个环节，则整个过程都应当重新进行。

经过审理证明原判错误的，法院应当以判决的形式宣布撤销原判，并对原法律争议作出新的判决。如果当事人申请撤销原判的理由成立，但原判决本身并无错误，法院也应当撤销原判决，作出与原判结果相同的，但修正了裁判理由的新判决。

不服法院在再审过程中作出的判决，是否可以采取法律救济手段以及采取何种法律救济手段，需要根据作出再审判决的法院所处的审级来确定。例如，再审之诉所针对的是第二审上诉的判决，则审理程序按照该程序规则进行，不服该判决的上诉手段应当是第三审上诉。同时，在符合条件的情况下，针对再审法院作出的判决，仍然可以再次提起再审之诉，但再次提起的撤销判决的理由或事实不能与前一次相同。

（六）当事人诉权保障的强化及诉讼环境的改善

1.诉讼费用救助制度的发展

诉讼费用救助制度是司法领域的社会救济，德国奉行的社会法治国家原则要求，贫穷的当事人也能够以一种符合武器平等原则的方式进入法院，因此对弱势群体提供诉讼费用救助的制度在德国由来已久。最初的诉讼费用救助是以"穷人法"来规范的，当事人通过社会机构颁发的凭证来证明自身的贫穷。1980年的《诉讼费用法》以"诉讼费用救助"取代了带有歧视意味的"穷人法"的表述，当事人不再需要凭借凭证来证明贫穷，而是由有资格审理案件实质问题的法官审查申请者的条件，决定是否可以批准诉讼费用救助。此外，改革还引入了当事人分期缴纳诉讼费用制度，并规定了被指定提供法律援助的律师可以获得较为低廉的律师费用。1994年的《修改诉讼费用救助规定的法律》简化了分期支付诉讼费用的表格，其标准根据《联邦社会救助法》每年进行重新确定。该法还取消了计算被扶养人人数的规定，以便与变化了的经济状况相适应。改革后获得诉讼费用救助的案件持续增长，更多的当事人通过诉讼费用救助接近法院。另外，根据欧盟关于跨国纠纷中诉讼费用救助最低标准的指令，2004年的《民事诉讼法》修订就跨国诉讼中当事人获得诉讼费用救助的权利作出了规定。

2.引入电子信息技术改善诉讼环境

德国 20 世纪以来的民事司法改革受到了电子信息技术发展的重要影响。1975 年实施的《减轻州法院负担和简化法庭记录法》规定了以录音方式进行法庭记录。1976 年的《简化修订法》引入了督促程序中的电脑审查方法,规定了自动化督促程序。1992 年的修订规定以电子资料交换方式和远距离资料传输方式申请自动化督促程序的当事人,如果确定支付令的申请系经申请人同意向法院提出,则无须亲笔签名。2001 年的改革规定当事人可以以电子文档的形式向法院递交文书,法院可以以电子文档的形式向诉讼参与人送达;明确了电子签名在民事证据方面的地位,规定电子签名与私文书有同等的法律效力;规定了在法庭审理中可以使用电视会议技术,使当事人、诉讼代理人、辅佐人、证人、鉴定人可以在法庭以外的地点通过图像和声音传输技术实施程序行为。2005 年的修订进一步推进了现代通信技术在民事诉讼中的利用力度,就法院电子文件的适用、以电子方式进行卷宗管理以及运用电子文档作为证据手段等进行了规定,旨在使电子交流形式获得与传统书面文件相同的效力。可以预见的是,引入、扩大电子信息技术在民事诉讼程序中的使用将是未来不变的发展趋势。

(七)民事诉讼法的欧洲化

欧洲一体化进程对欧盟各国的法律均产生巨大影响,成员国必须调整本国法律以使各成员国之间的法律实现统一与协调,并有义务将共同体的指令转化为国内法。1968 年欧洲经济共同体成员国签订的《关于民商事案件的管辖和裁判执行的公约》对诉讼管辖的革新开启了欧洲民事诉讼法统一的第一个领域,1997 年的《阿姆斯特丹条约》赋予了欧共体在民事诉讼法领域制定法规的原始立法权限。随着欧盟成员国之间法律合作的日益紧密,2001 年《关于成员国法院在证据调查方面合作的法规》、2003 年《欧盟证据调查执行法》、2007 年《关于送达民商事案件中诉讼和非讼文书的法规》、2004 年《欧盟诉讼费用救助指令》和《欧盟执行决定指令》、2006 年《欧盟督促程序指令》、2007 年《欧盟小额诉讼程序指令》、2008 年《欧盟调解指令》的有关规定,都对德国民事诉讼法的修订产生了直接作用。

目前欧洲委员会制定的有关协调各成员国国内诉讼程序的远期规划

包括:完善诉讼费用救助制度;诉讼行为的标准化与统一化;消费者纠纷与商事纠纷方面诉讼程序的简化与加快;其他特殊纠纷程序上的简化与加快等。随着欧洲一体化进程的不断深化以及欧盟内部相关法律的协调与同化,包括德国在内的欧盟成员国仍将继续调整国内立法。

四、几点评析

德国《民事诉讼法》是大陆法系各国民事诉讼法中的一部极具影响力、最具代表性的法典。德国法学家思维严谨、逻辑缜密的特点,与德国发达的法律思想与法律文化铸就了德国《民事诉讼法》精确的概念和细腻的规定,该法制定后的历次重要改革对大陆法系各国的民事诉讼立法也产生了巨大影响。德国民事司法改革体现的"追求妥协"与"分配正义"的指导思想,①以及其兼收并蓄的改革经验对于我国司法改革具有借鉴意义。

(一)改革何以正当

接近法院并获得公正的司法救济,是衡量一国诉讼制度水准高低和法治程度的重要标尺。以当事人诉权保障为根本原则,是民事诉讼法改革的正当性源泉。"二战"后,随着诉权理论的研究逐渐纵深,许多国家将接受司法裁判权确立为由宪法保障的公民基本权利,对诉权的保障呈现出显著的国际化趋势,德国的民事诉讼法改革也体现了这一特征。德国1949 年颁布的《基本法》在一般基本权利目录之外赋予司法性基本权利的重要意义被不断强化,司法保障请求权的影响力在实践中得到扩张。②恰如民事诉讼法对侵犯法定听审请求权的救济方式不断完善一样,关于法官释明义务的强化也都源于宪法规定的基本司法权利。此外,随着宪法对民事诉讼法改革的辐射效应不断增强,平等原则和公正程序请求权也通过宪法法院的判例,以多种方式影响着民事诉讼程序的完善。

在我国,2012 年 6 月,国务院新闻办公室发布的《国家人权行动计划(2012—2015 年)》将民众获得公正审判的权利作为人权的重要内容,纳入宪法保护的范畴,并提出以诉讼程序为载体切实保障当事人诉权,我国

---

① 齐树洁:《德国民事司法改革及其借鉴意义》,载《中国法学》2002 年第 3 期。

② [德]迪特尔·莱波尔德:《德国民事诉讼法 50 年:一个亲历者的回眸》,吴泽勇译,载徐昕主编:《司法》(第 4 辑),厦门大学出版社 2009 年版。

的民事诉权已经超越了单纯的诉讼法意义而实现了向宪法诉权的转型。[①] 根深则本固,抓住这一重要契机,顺应诉权理论的发展规律,在推动民事诉讼外部机制完善的同时,将当事人诉权保障作为改革的内化动力,方能确保我国法律制度的遐迩一体。

(二)改革何以有效

20世纪以来,民事诉讼制度不能适应社会经济发展的需要已经成为一个全球性的问题,并由此引发了世界范围内民事司法改革的浪潮。[②] 然而相似的司法制度在改革中却产生了不同的效果,德国、日本、荷兰等国诉讼程序的公信力与满意度较高,而意大利、希腊等国的司法制度则运行效果不佳,究其根本,在于诉讼法改革能否与一国社会经济发展情况及本国制度土壤相适应。

在德国的历史上,司法制度的修正与变革总是以司法实践的需要为前奏的。当日耳曼习惯法不能适应新领地复杂的社会关系与社会冲突时,德国法学界将大量的罗马法基本原则、概念和制度引入德国法中;当社会发展需要国家加强对社会经济生活的干预时,法官的诉讼指挥权逐渐得到扩张;[③] 当信息技术的洪流席卷司法领域时,立法者及时引入了对电子信息技术的利用并对其进行规范。凡此种种,无不体现了德国民事诉讼法着眼于不断变化的社会需要,积极调整与完善诉讼制度的敏锐性。

综观德国民事诉讼法的改革过程,可以发现一个现象,即德国对域外法的吸收总是深深根植于本国的法律传统。无论是受法国法的影响,抑或对奥地利法的借鉴,改革中都体现了鲜明的德意志特征。21世纪以来,德国对债法现代化改革的争论基本围绕比较法的论据展开,[④] 而相较于实体法,立法者在民事诉讼改革中对域外经验的借鉴持有更为审慎的态度。有德国学者指出,"不加批判的接受不适当的形式将会扼杀制度的

① 齐树洁:《司法改革与诉权保障》,载张卫平主编:《民事程序法研究》(第九辑),厦门大学出版社2013年版。

② 齐树洁、黄斌:《德国民事诉讼法改革的新动向》,载《人民法院报》2002年2月22日第3版。

③ 李大雪:《德国民事诉讼法的历史嬗变》,载《西南政法大学学报》2005年第2期。

④ [德]伯克哈特·汉斯·敏茨伯克:《德国民事诉讼法的修改——发展与展望》,周翠译,载陈光中、江伟主编:《诉讼法论丛》(第8辑),法律出版社2003年版。

精神实质"①。正是改革前大量的实证研究与必要的现实模拟,改革中的层层推进,分段评估以及不断总结与修正确保了德国"外法内化"的顺利展开。这种实证的调查方法,以及"评估/纠正"一体的改革方式值得我国借鉴。

---

① [德]米夏埃尔·施蒂尔纳编:《德国民事诉讼法学文萃》,赵秀举译,中国政法大学出版社 2005 年版,第 14 页。

凡　例

一、序号体例

本书使用的序号体例如下：

以黑体字表示"条"，如"第一条"；

以"（X）"表示"款"，如"（2）"表示"第二款"；

以"X."表示"项"，如"4."表示"第四项"。

上述"一""（1）""1."的序号体例，与常见的"一""1.""（1）"的序号体例之所以不同，主要是考虑到国内已出版的德国法律翻译丛书，以及包括德国民事诉讼法在内的德国重要的法律文本均使用本书中的序号体例。沿用这种编号方式，以确保各法之间互引法条时不致产生歧义。

二、标点使用

1. 句号的使用

本书中"句子"的指代，以句号为判断标准。各项之间是以分号连接，而非以句号连接的，此均为一句。

【例一】　第七十九条第三款所述"第二款第二句第一项至第三项"，指代的内容为"1. 团体或公司的雇员（《股份公司法》第十五条），公共机构、公法法人，包括它们为履行公共职责而组成的合作团体可由其他公共机构、公法法人、包括它们为履行公共职责而组成的合作团体的雇员代理诉讼；2. 如果代理并非有偿活动，则成年的家庭成员（《税法》第十五条、《同居伴侣法》第十一条），具有司法资格的人，以及共同诉讼人可以代理；3. 消费者中心及其他政府资助的消费者组织,有权在其业务范围内集合消费者的主张;"

【例二】 第七十二条第二款所述"第七十三条第二句",指代的内容为"书状应送达第三人,并应使用副本通知诉讼告知人的对方。"

2. 分号的使用

本书中"半句"的指代,以分号为判断标准。"前半句"指代句子中分号以前的部分,"后半句"指代句子中分号以后的部分。

【例一】 第七百条第六款所述"第三百三十一条第一款、第二款前半句"中,"第二款前半句"指代的内容为"如果认为诉之申请为正当,即依其申请而作出判决;"

【例二】 第八百一十一条之一第四款所述"依第一款第一句后半句实施交换扣押时",指代的内容为"如果及时提交代偿物对债权人是不可能的或不可指望的,就只能在执行时从卖得的价金中将购置代偿物所必要的款项提交给债务人时,才能交换扣押。"

目录

外国民事诉讼法译丛·**德国民事诉讼法**

● **目 录** ●

德意志联邦共和国民事诉讼法

1877 年 1 月 30 日颁布

1950 年 9 月 12 日文本

最后一次修改:2014 年 8 月 7 日

第一编 总则[①]

第一章 法院

第一节 法院的事物管辖与价额规定

第一条【事物管辖】[②]

法院的事物管辖,由法院组织法规定。

第二条【价额的意义】

按照本法或《法院组织法》的规定,依诉讼标的、声明不服的标的、上告不服的标的或判决给付的标的的价额决定管辖时,适用以下各条的规定。

第三条【自由裁量确定价额】

价额由法院依自由裁量权进行确定;法院也可以依申请命令调取证据,依职权命令勘验或鉴定。

第四条【价额的计算;附属的请求】

(1)关于价额的计算,以起诉时为准;在上诉审中,以提起上诉时为准;在判决时,以判决所依据的言词辩论终结时为准。果实、收益、利息与

---

① 本编内容主要有三部分:一是对民事审判主体,即法院及其管辖范围作出规定。二是对于作为诉讼主体的当事人作出规定。三是对于民事诉讼程序中一些根本性问题,如言词主义、当事人真实义务、法官的释明义务,以及一些共性问题,如送达、传唤、期日、诉讼程序的中止与中断作出规定。

② 在德国民事诉讼法中,影响管辖的因素主要有三:一是与法院空间效力范围的关系,即地域管辖;二是法院处理案件的种类,即事物管辖;三是法院对业务范围内的案件所采取活动的种类,即职能管辖。

费用,作为附属请求进行主张时,不予计算。

(2)对于《票据法》规定的票据而发生的请求,在汇票金额之外提出的利息、费用与手续费,视为附属请求。

第五条【多个请求】

以一诉主张多个请求时,合并计算价额;但本诉与反诉的标的,不合并计算。

第六条【占有;担保;质权】

价额以如下规则确定:关于物的占有的诉讼,依物的价额确定诉讼价额;关于担保或质权的诉讼,依债权额确定诉讼价额。如质权标的物的价额较低时,以物的价额为准。

第七条【地役权】

地役权的价额,依要役地因地役权而增加的价额确定;但供役地因地役权而减少的价额较高时,依此较高的价额确定。

第八条【使用租赁关系和用益租赁关系】

关于使用租赁关系和用益租赁关系的诉讼,其诉讼价额依争议期间的租金总额计算;如一年租金的 25 倍的数额少于租金总额时,依 25 倍的数额计算。

第九条【定期收益或定期给付】

以定期收益或定期给付为标的的权利的价额,按其一年收入的 3.5 倍的价额计算。收益权有确定期间而将来收入的总额少于3.5倍的价额时,依将来收入的总额计算。

第十条【废除】

第十一条【基于管辖错误产生的裁判的拘束力】

根据法院事物管辖的规定而宣告管辖错误的裁判如果已经宣示并产生效力,该裁判对于以后该事件系属的法院有拘束力。

第二节 审判籍①

第十二条【普通审判籍;定义】

某人的普通审判籍所在地的法院,是管辖对他提起的一切诉讼的法院,但以未确定专属审判籍的诉讼为限。

---

① 根据不同的分类方法,德国民事诉讼中的地域管辖可分为普通审判籍与特别审判籍;人身审判籍与事物审判籍;专属审判籍与非专属审判籍等。

第十三条【依住所确定普通审判籍】

人的普通审判籍，依其住所确定。

第十四条（删除）

第十五条【享有治外法权的德国人的普通审判籍】

（1）享有治外法权的德国人，以及在外国从事公务的德国人，保留其在国内的最后住所地的审判籍。如果没有这种住所，以联邦政府所在地为其普通审判籍。

（2）此项规定不适用于名誉领事。

第十六条【无住所人的普通审判籍】

无住所人的普通审判籍，依其在国内的现在居住地确定，如现在居住地不明时，依其最后住所地确定。

第十七条【法人等的普通审判籍】

（1）地方团体、公共团体，可作为被告的公司、合作社或其他社团，以及可作为被告的基金会、公益组织和财产集合体的普通审判籍，依其所在地确定。在无其他情况时，其事务所所在地即为其所在地。

（2）矿山合作社的普通审判籍为矿山所在地的法院，能作为被告的官厅的普通审判籍为办公地的法院。

（3）除按本条规定所定的审判籍外，也可用章程或其他方法另行规定审判籍。

第十八条【国库的普通审判籍】

国库的普通审判籍依在该诉讼中有代表国库的权限的官厅所在地确定。

第十九条【官厅所在地跨越数个法院管辖区】

官厅所在的地区跨越数个法院管辖区时，第十七条、第十八条中所定的官厅所在地，如为联邦官厅，由联邦司法部长命令决定，如为其他官厅，由州司法行政机关命令决定。

第十九条之一【对支付不能管理人的诉讼的普通审判籍】

对支付不能管理人因涉及支付不能财产而提起的诉讼，依支付不能法院所在地确定。

第二十条【现在居住地的特别审判籍】

对于因工作性质而长时期留居某地的人，特别是家庭佣工、工人、营业雇工、大学生、中小学生、徒工等，因财产权的请求而提起诉讼时，其现在居住地的法院有管辖权。

第二十一条【营业所的特别审判籍】

(1)对于因从事工业、商业或其他营业而有直接经营业务的营业所的人,关于其营业所的业务的一切诉讼,可以向营业所所在地的法院提起。

(2)营业所的审判籍,也适用于作为所有人、用益人或用益租赁人而经营管理附有住宅或农业用建筑物的地产的人,但以与该项地产的经营管理有关的法律关系的诉讼为限。

第二十二条【社员资格的特别审判籍】

地方团体、公共团体、公司、合作社或其他社团的普通审判籍所在地的法院,对于上述各种团体根据成员或社员资格对所属成员或社员提起的诉讼,或成员相互间根据成员资格而提起的诉讼,有管辖权。

第二十三条【财产和诉讼标的的特别审判籍】

对于在国内无住所的人,因财产上的请求而提起的诉讼,该项财产或诉讼中请求标的位于某一法院管辖区时,该法院有管辖权。如为债权时,以债务人的住所地视为财产所在地。如该债权有担保物时,以担保物所在地视为财产所在地。

第二十三条之一(废除)

第二十四条【不动产的专属审判籍】

(1)主张所有权、主张物权的负担或主张物权负担之解除的诉讼、经界诉讼、分割的诉讼,以及占有之诉,以关于不动产的为限,专属于不动产所在地的法院管辖。

(2)关于地役权、物上负担或先买权的诉讼,依供役地或承受负担的土地的所在地确定管辖。

第二十五条【不动产上牵连事件的审判籍】

在关于抵押权、土地债务或定期土地债务的诉讼中,附带提起债务诉讼时;在关于抵押权、土地债务或定期土地债务的涂销登记或权利消灭的诉讼中,附带提起对人义务免除的诉讼时;在关于确认物上负担的诉讼中,附带提起请求迟延给付的诉讼时,都可以向有不动产审判籍的法院提起,但以附带的诉讼是对同一被告提起的为限。

第二十六条【不动产上对人诉讼的审判籍】

对于不动产的所有者或占有者,基于其所有者或占有者的资格,而提起对人诉讼时,因侵害土地而提起诉讼时,以及因征收土地而提起损害赔偿之诉时,都可以向有不动产审判籍的法院提起。

第二十七条【继承关系的特别审判籍】

（1）以确认继承权、继承人对遗产占有人的请求、基于遗赠或其他死因处分行为而提出的请求、关于应继分的请求或分割遗产的请求为诉讼标的的诉讼，可以向被继承人死亡时有普通审判籍的法院提起。

（2）被继承人是德国人而死亡时在国内无普通审判籍的，前款所列诉讼可以向被继承人在国内的最后住所所在地的法院提起；如果被继承人没有这种住所，则适用第十五条第一款第二句的规定。

第二十八条【继承关系的扩大审判籍】

其他有关遗产债务的诉讼，也可以向前条中的有继承关系特别审判籍的法院起诉，但以遗产的全部或部分在该法院管辖区域内，或者现存的数名继承人仍作为连带债务人而负责时为限。

第二十九条【履行地的特别审判籍】

（1）因契约关系而发生的诉讼，以及关于契约关系存在与否的诉讼，由有争议的债务的履行地法院管辖。

（2）关于履行地的合意，只在契约双方当事人是商人、公法上的法人或公法上的特别财产时，才有决定法院管辖的效力。

第二十九条之一【租赁案件的专属审判籍】

（1）确认住房的租赁契约或转租契约存在或不存在的诉讼，关于履行这种契约的诉讼，因不履行或适当履行这种契约而请求赔偿损害的诉讼，专属于住房所在地的初级法院管辖。

（2）前款中的住房，如系属于《民法典》①第五百四十九条第二款第一项至第三项②所指的住房，不适用前款的规定。

第二十九条之二（废除）

第二十九条之三【室内交易的特别审判籍】

（1）依据《民法典》第三百一十二条提起的营业场所外缔结的合同之

---

① 本文中的《民法典》是指《德意志联邦共和国民法典》，"民法"则是指一般民事法律。

② 《民法典》第五百四十九条第二款规定："关于提高使用租金的规定和关于在住房使用租赁关系终止时以及在住宅区分所有权成立时的承租人保护的规定，不适用于下列情形的关于住房的使用租赁关系：1.仅为临时使用而出租的房屋；2.属于出租人自己所居住的住宅的部分，且须主要由出租人安置设备的住房，但以住房非为持续使用而被交给承租人及其家庭或与之长期有共同家计的人为限；3.公法上的法人或得到承认的负责福利护理的私人为将之交给迫切需要住房的人而出租的住房，但以出租人在合同订立时向承租人提示住房的用途和对上述规定的排除为前提。"

诉,由提起诉讼时消费者住所地的法院管辖;如果没有这种住所,由提起诉讼时消费者经常居住地的法院管辖。在对消费者提起的诉讼中,由上述法院专属管辖。

(2)第三十三条第二款的规定不适用于另一方反诉。

(3)订立合同后,消费者的住所地或经常居住地迁移至本法效力范围之外的,或提起诉讼时消费者的住所地或居留地不明的,允许作出与第一款规定不一致的合意管辖。

第三十条【运输的审判籍】

(1)因货物运输提起的诉讼,收货地或指定交货地的法院均有管辖权。对实际承运人或承运人提起的诉讼,也可由实际承运人或承运人所在地的法院管辖。对实际承运人或承运人提起的诉讼,也可由实际承运人或承运人执行运输地的法院管辖。

(2)因船舶客运及行李运输提起的诉讼,由运输合同中约定的起运地或目的地法院管辖。在造成乘客死亡或人身损害、行李毁损或延迟送达的事故发生前,作出与第一款规定不一致的合意管辖的,合意无效。

第三十条之一【搜救赔偿的审判籍】

对船舶或其他资产进行水上搜救的行为引发的诉讼,被告在德国没有审判籍的,原告普通审判籍的法院有管辖权。

第三十一条【财产管理的特别审判籍】

关于财产的管理,主人对管理人或管理人对主人提起的诉讼,由财产管理地的法院管辖。

第三十二条【侵权行为的特别审判籍】

关于侵权行为的诉讼,由侵权行为地的法院管辖。

第三十二条之一【环境案件的专属审判籍】

对于《环境责任法》附录一中所列举的设施的所有人提起的诉讼,对其主张由于环境影响发生的损害请求赔偿的,专属于该设施的环境影响事件发生地区的法院管辖。但该设施在国外者,不适用此规定。

第三十二条之二【虚假、误导、遗漏披露公共资本市场信息的专属审判籍】

(1)原告提出下列主张时,如果该主张针对或至少针对证券发行商、要约公司、受要约公司提出,而证券发行商所在地、其他资本投资的要约公司所在地、受要约公司所在地在德国境内的,上述所在地的法院有专属管辖权:

1.因虚假、误导、遗漏披露公共资本市场信息而提出的损害赔偿;

2.因使用虚假、误导披露公共资本市场信息或因未能就公共资本市场虚假、误导披露作出必要澄清提出的损害赔偿;

3.根据《有价证券收购法》规定的要约签订的合同提出主张。

(2)如果有助于确定程序的事物管辖或加快诉讼程序,州政府有权发布法律性命令,将第一款中规定的诉讼指定给数个州法院中的某一法院管辖。州政府也可以将权限转授给州司法机关。

第三十三条【反诉的特别审判籍】

(1)反诉,可以向本诉的法院提起,但以反诉请求同本诉中主张的请求或者同对本诉请求提出的防御方法有牵连关系者为限。

(2)如果依照第四十条第二款,法院对于根据反诉请求的诉讼的管辖,不许以合意决定时,不适用前款的规定。

第三十四条【本诉讼的特别审判籍】

诉讼代理人、辅佐人、送达代收人与执行员,为报酬和垫款而提起的诉讼,由本诉讼的法院管辖。

第三十五条【数个审判籍的选择】

有管辖权的法院有数个时,原告可以选择其一。

第三十五条之一(废除)

第三十六条【法院指定管辖】

(1)在下列情况中,由直接上级法院指定管辖法院:

1.本来有管辖权的法院在个别情况下,因法律上或事实上的障碍,法官不能行使职务;

2.由于各法院管辖区域的境界关系,以致管辖该诉讼的法院不明确;

3.数人在各法院有普通审判籍,作为有普通审判籍的共同诉讼人而被诉,但就诉讼并无共同的特别审判籍;

4.根据不动产的审判籍提起诉讼,而不动产位于数个法院辖区之内;

5.数法院就一个诉讼,通过确定裁判,均宣布其有管辖权;

6.数法院虽已通过确定裁判宣布无管辖权,而其中一法院就诉讼有管辖权。

(2)直接上级共同法院为联邦最高法院时,由最先受理该案件的法院所在地区的州高等法院指定管辖法院。

(3)州高等法院在指定管辖法院时,在法律问题上与另一州高等法院或联邦最高法院的判决有分歧时,应将该案件于附加理由说明其法律见解后提交联邦最高法院。在此情形,由联邦最高法院裁判。

第三十七条【法院指定的程序】

（1）对于申请指定管辖法院的裁判，以裁定作出。

（2）对于法院指定管辖的裁定，不得声明不服。

第三节　关于法院管辖的合意①

第三十八条【管辖合意的许可】

（1）本来没有管辖权的第一审法院，可以因当事人之间明示的或默示的合意而取得管辖权，但以契约双方当事人是商人，是公法上的法人或公法上的特殊财产时为限。

（2）如契约当事人至少有一方在国内无普通审判籍，第一审法院的管辖也可以以合意确定。此种合意应以书面作出，如以口头约定，则应以书面证明。当事人一方在国内有普通审判籍时，只能选择该当事人在国内的普通审判籍或有特别审判籍的法院。

（3）此外，对法院管辖的合意，只在满足下列条件之一时，可以用明示和书面的方式订立：

1.争议发生后订立的；

2.在诉讼中提出请求的一方当事人在订立契约后将其住所或居住地迁出本法施行地区以外，或在起诉时其住所或居住地不明的。

第三十九条【由于不责问的辩论而产生的管辖】

在第一审法院，被告不主张管辖错误而进行本案的言词辩论时，也可以产生管辖权。但未依第五百零四条的规定而告知时，不得适用本条的规定。

第四十条【无效的和违法的合意管辖】

（1）关于管辖的合意，如非就一定的法律关系以及由此法律关系而生的诉讼作出的，不产生法律效力。

（2）诉讼所涉及的系可以不顾其诉讼标的额而分配给初级法院的非财产权的请求，或对诉讼定有专属审判籍的，不得成立管辖的合意。此种

---

①　管辖合意的合法性前提如下：(1)管辖合意只能就一个整体的普通法院的管辖权形成合意，合意不能限定于特定审判组织，如不能特别选定某一法院内的商事法庭管辖案件；(2)可以在地域管辖和事物管辖方面形成合意，但不能在职能管辖方面形成合意；(3)不能就某些特定法律关系进行管辖合意；(4)可以对财产请求权进行管辖合意，而对非财产请求权，在法律争议可以不论诉讼标的额而被分配至初级法院的情况下不得进行管辖合意；(5)不存在专属管辖。

情形,也不得由于不责问地进行本案辩论而产生管辖权。

第四节　法院职员的依法回避和申请回避

第四十一条【法官的依法回避】

有下列情形之一时,法官依法不得执行其职务:

1.在该案件中,法官自己是当事人,或者法官与当事人间有共同权利人、共同义务人或偿还义务人的关系;

2.该案件关系到法官的配偶,婚姻关系已解除时亦同;

2A.该案件关系到法官同居伴侣,伴侣关系消失时亦同;

3.该案件的当事人之一是法官的直系血亲或直系姻亲,或三亲等内的旁系血亲,或二亲等内的旁系姻亲;

4.在该案件中,法官现在受任为或曾经担任当事人一方的诉讼代理人或辅佐人,现在或曾经具有为当事人一方的法定代理人的权限;

5.在该案件中,法官曾经作为证人或鉴定人而受讯问;

6.在当事人提出不服的案件中,法官曾参与其前审或仲裁程序中的裁判,但仅执行受命法官或受托法官的职务者不在此限;

7.在因法院程序过长为由提起的赔偿之诉中,法官曾参与原程序所在之审判;

8.在该案件中,法官曾参与调解程序或其他替代性纠纷解决程序。

第四十二条【申请法官回避】

(1)法官依法不得执行职务时,或法官有不公正的可能时,可以申请其回避。

(2)因法官有不公正的可能而申请其回避,需要有一定的原因足以认定该法官确系不公正,方可提出。

(3)申请回避的权利,在任何情形,均属于当事人双方。

第四十三条【申请回避权的丧失】

当事人不主张其所知悉的申请回避原因而在法官前进行辩论或提出声明时,不得再以法官有不公正的可能而申请其回避。

第四十四条【要求回避的申请】

(1)要求回避的申请,应向法官所属的法院提出;这种申请也可以向书记官陈述,由书记官作成记录。

(2)申请回避的原因应说明;当事人不得作出代宣誓保证。可以引用被申请回避的法官的证言以供说明。

（3）被申请回避的法官对于申请回避的原因可以发表职务上的意见。

（4）如果当事人已在法官前进行辩论或提出申请后，又以有不公正的可能申请法官回避时，应当说明申请回避的原因是发生在后的，或者是当事人知悉在后的。

第四十五条【法官回避的裁判】

（1）要求回避的申请，由被申请回避者所属的法院裁判，被申请回避的法官不得参与该裁判。

（2）初级法院的法官被申请回避时，由该法院另外的法官作出裁判。如果被申请回避的法官认为回避申请有理由的，可以不需要裁判。

（3）应作出裁判的法院因被申请回避的人员不能执行职务而无法裁判时，由直接上级法院裁判。

第四十六条【裁判和上诉】

（1）对申请回避的裁判，以裁定作出。

（2）对于宣告申请回避有理由的裁定，不得上诉；对于宣告申请回避无理由的裁定，可以提起即时抗告。

第四十七条【急迫的职务行为】

（1）被申请回避的法官，在对回避申请作出决定前，对于非急迫的行为，不得进行。

（2）如果申请回避是在案件审理中提出，且对申请回避的裁判需要使审理延期，则可以在被申请回避的法官参与下继续审理。申请回避被批准后，提出申请后进行审理的部分应当重新审理。

第四十八条【自行回避；依职权回避】

虽未提出回避申请而法官自行提出回避为正当时，或因其他事由，法官应否回避存疑时，由对回避申请作出决定有管辖权的法院裁判。

第四十九条【书记官的回避】

本节规定准用于书记官；此时由书记官所属的法院裁判。

第二章　当事人

第一节　当事人能力　诉讼能力

第五十条【当事人能力】

（1）有权利能力者，有当事人能力。

(2)无权利能力的社团可以被诉;在诉讼中,该社团具有有权利能力的社团的地位。

第五十一条【诉讼能力;法定代理;诉讼上的授权】

(1)当事人自己进行诉讼的能力,无诉讼能力的当事人由他人(法定代理人)代理,以及进行诉讼所必要的特别授权,除以下各条另有规定外,依民法的规定。

(2)法定代理人的过失,等于是当事人的过失。

(3)没有诉讼能力的当事人是成年的自然人,有效书面授权另一自然人代理诉讼的,如果授权适于依《民法典》第一千八百九十六条第二款①规定的不必要照管的情形,则被授权人具有法定代理人的地位。

第五十二条【诉讼能力的范围】

人在其依契约负担义务的限度内有诉讼能力。

第五十三条【因照顾或保护而无诉讼能力】

有诉讼能力的人在诉讼中由保护人代理时,其在诉讼中的地位与无诉讼能力人相同。

第五十三条之一(废除)

第五十四条【对诉讼行为的特别授权】

依民法的规定需要特别授权的各个诉讼行为,在有一般的进行诉讼的授权时,或虽无此项授权而许可进行诉讼时,即使无特别授权,该行为也有效。

第五十五条【外国人的诉讼能力】

外国人虽然依其本国法为无诉讼能力人,但依受诉法院的法律有诉讼能力时,视为有诉讼能力。

第五十六条【法院调查;暂时许可】

(1)法院对于当事人能力、诉讼能力、法定代理人的资格以及进行诉讼的必要授权是否合法,应依职权进行调查。

(2)如果迟延将对当事人发生危害,可以准许当事人或其法定代理人保留对能力欠缺的补正而进行诉讼。终局判决应在为补正欠缺而定的期

---

① 《民法典》第一千八百九十六条第二款规定了法律上照管的要件:"……(2)照管人仅得就这样的职责范围被选任:在该职责范围内,照管是必要的。以该成年人的事务可由不属于第一千八百九十七条第三款所称之人的一定代理人,或由法定代理人未为之而被选任的其他辅助人处理得恰如由照管人处理一样好为限,照管即是不必要的……"

限届满后作出。

第五十七条 【特别代理人】

(1)无诉讼能力的当事人在无法定代理人的情况下被诉时,如果迟延将发生危害,受诉法院的审判长可以在当事人的法定代理人就任前,依申请为无诉讼能力的当事人选任特别代理人。

(2)在第二十条规定的情形下,无诉讼能力人在其居住地的法院被诉时,审判长也可以选任特别代理人。

第五十八条 【因无主土地或船舶而指定的诉讼代理人】

(1)依《民法典》第九百二十八条[①],土地经原来的所有人抛弃而又未被先占权利人取得时,如果有人在诉讼中主张此种土地上的权利,受诉法院的审判长应当依申请选任代理人,代理人在新所有人登记前应在诉讼中对于由所有权所发生的各项权利和义务负责。

(2)依 1940 年 11 月 15 日的《对于已登记的船舶和在建船舶的权利的法律》第七条,已登记的船舶或建造中船舶经原所有人抛弃,而又未被先占权利人取得时,如有人在诉讼中主张此种已登记的船舶或建造中船舶的权利,准用前款的规定。

第二节　共同诉讼

第五十九条 【基于共同权利或同一事实及法律关系的共同诉讼】

数个当事人对于诉讼标的有共同权利,或根据同一事实上及法律上的原因而享有权利或负担义务时,可以作为共同诉讼人共同起诉或共同被诉。

第六十条 【基于同种类请求的共同诉讼】

诉讼标的的请求或义务是同种类的,并且是由基本上同种类的事实上及法律上原因而引发的,数个当事人也可以作为共同诉讼人共同起诉或被诉。

第六十一条 【共同诉讼的效力】

除民法和本法另有规定外,各共同诉讼人相互独立地与其对方相对

---

① 《民法典》第九百二十八条规定了因所有权的抛弃与国库的先占导致的土地所有权的取得和丧失:"(1)通过土地所有人向土地登记处表示抛弃土地所有权,且该项抛弃被登记于土地登记簿,土地所有权可以被抛弃。(2)被抛弃土地的先占权,归属于土地所在州的国库。国库因使自己作为所有人登记于土地登记簿而取得所有权。"

立,共同诉讼人中的一人的行为,其利害不及于他人。

第六十二条【必要的共同诉讼】

(1)争议的权利关系只能对全体共同诉讼人统一确定,或者因其他原因共同诉讼成为必要时,如共同诉讼人中的个别人有迟误期日或期间者,其迟误者视为被未迟误的共同诉讼人所代理。

(2)迟误的共同诉讼人也可以在以后的程序中加入。

第六十三条【诉讼程序的进行;传唤】

进行诉讼程序的权利属于每一共同诉讼人;在所有期日中,应传唤全体共同诉讼人。

第三节　第三人参加诉讼

第六十四条【主参加】

某人对于他人间已系属的物或权利①的全部或一部分,为自己有所请求时,在该诉讼受到确定裁判前,有权在该诉讼所系属的第一审法院,对诉讼双方当事人提起诉讼而主张自己的请求。

第六十五条【本诉讼的中止】

本诉讼可以因当事人的申请,在对主参加诉讼作出确定裁判前中止。

第六十六条【辅助参加】②

(1)在他人间已系属的诉讼中,因当事人一方的胜诉而有法律上的利益的人,可以为辅助该当事人而参加诉讼。

(2)辅助参加,可以在诉讼判决确定前的任何阶段内提出,也可以与提起上诉合并进行。

第六十七条【辅助参加人的法律地位】

辅助参加人应当按其参加时的程度进行诉讼;辅助参加人有提出各种攻击和防御方法,并且有效地作出一切诉讼行为的权利,但其陈述和行为不得与主当事人的陈述和行为相抵触。

---

① 此处的"物或权利"是指诉讼标的。

② 辅助参加极少是第三人主动提出的,通常是第三人根据诉讼告知而参加。辅助参加的目的并非帮助当事人实施诉讼,而是在于防止主当事人的败诉后影响到主当事人与辅助参加人的法律关系,即防止败诉后果导致主当事人与辅助参加人之间的二次诉讼。例如,在诉讼中,被告否认公证文书的形式效力,则作出公证文书的公证员可以作为辅助参加人参加原告一方进行诉讼,公证员对原告的胜诉"有利益",因为如果诉讼由于形式瑕疵被驳回,则公证员可能被原告提起追偿诉讼。

第六十八条【辅助参加的效力】

辅助参加人在他对于主当事人的关系上,不得主张主当事人提出于法官的诉讼的裁判为不当;辅助参加人由于他参加时的诉讼程度,或者由于主当事人的陈述和行为,而不能提出攻击和防御方法的,或者当事人因故意或重大过失不提出辅助参加人所不知的攻击和防御方法的,辅助参加人可以主张主当事人进行的诉讼有缺陷。

第六十九条【共同诉讼的辅助参加】

按照民法的规定,主诉讼中所作出的裁判对于辅助参加人与其对方的法律关系上发生既判力时,辅助参加人视为第六十一条规定的主当事人的共同诉讼人。

第七十条【辅助参加人的参加申请】

(1)辅助参加人申请参加诉讼,应向受诉法院提出书状。参加如与提起上诉合并进行时,向上诉法院提出书状。参加书状应送达双方当事人并应表明下列事项:

1.双方当事人名称与诉讼案件;

2.对辅助参加人有一定利益的说明;

3.参加的表示;

(2)此外,关于准备书状的一般规定也适用于参加书状。

第七十一条【辅助参加的许可与驳回】

(1)驳回申请辅助参加时,应经当事人与辅助参加人间的言词辩论而作出裁判。辅助参加人如能说明其利害关系,许可其参加。

(2)对于中间判决,可以提出即时抗告。

(3)不准参加的裁判尚未确定时,参加人可以参与主诉讼程序。

第七十二条【诉讼告知的要件】

(1)当事人认为,如诉讼结果对自己不利,自己可以对第三人提出担保或赔偿请求,或者第三人可以向自己提出请求时,即可在诉讼的判决确定前,将诉讼告知该第三人。

(2)法院和法院指定的鉴定人不可作为本条规定的第三人。第七十三条第二句的规定于此不适用。

(3)第三人有权再作出诉讼告知。

第七十三条【诉讼告知的方式】

欲作出诉讼告知的当事人,应提出载明诉讼告知的理由与诉讼程度的书状。书状应送达第三人,并应使用副本通知诉讼告知人的对方。诉讼告知在送达第三人时生效。

第七十四条【诉讼告知的效力】

（1）第三人参加于诉讼告知人一方时，第三人对于当事人的关系，依照关于辅助参加的原则确定。

（2）第三人拒绝参加或不作表示时，诉讼即不顾第三人而继续进行。

（3）在本条各种情况下，对于第三人适用第六十八条的规定，但参加的时间改为因诉讼告知而可以参加的时间。

第七十五条【争权诉讼】

第三人对于在诉讼中主张的债权，为自己有所请求，作为债务人的被告将诉讼告知该第三人，因而第三人参加诉讼时，如被告为提出争议的债权人的利益，将债权额提存，并抛弃其取回权，因被告的请求，可以判令他负担因他所为的无理由的异议所发生的费用，然后准许他脱离诉讼。关于债权归属的争议的诉讼，即在互相争议的债权人间进行。此后，提存的款额归于胜诉人，而判令败诉人将被告所付出的非因其无理由的异议所产生的费用以及提存费用，偿还给被告。

第七十六条【因占有关系的本人指名参加】

（1）被告是物的占有人，主张自己是根据《民法典》第八百六十八条①所列的一类法律关系而占有的，可以在关于本案的辩论前，提出书状指明间接占有人，并提出诉讼告知书，请求传唤间接占有人出场陈述。在被指名人陈述前，或被指名人可以陈述的期日终止前，被告可以拒绝进行关于本案的辩论。

（2）被指名人对被告的主张有争议或不陈述时，被告有权应允诉讼中原告的请求。

（3）被指名人承认被告的主张是正当时，被指名人在得到被告同意后，有权代替被告承受诉讼。只有在原告提出的请求与被告根据第一款中所列举的一类法律关系而实行的占有并无关系时，才需得到原告的同意。

（4）被指名人承受诉讼后，被告可以申请脱离诉讼。但在物的方面的裁判对于被告仍然有效，并有执行力。

---

① 《民法典》第八百六十八条对间接占有作了规定："某人作为用益权人、质权人、用益承租人、使用承租人、保管人或在其据以对他人而暂时有权利占有或由义务占有的类似关系中占有物的，该他人也是占有人。"

第七十七条【因请求排除妨害之诉的本人指名】

物的所有权人或具有物上权利的人,以其所有权或物上权利受到妨害为理由,而提起请求排除妨害的诉讼或预防妨害的诉讼,如果被告主张其妨害行为是行使第三人的权利时,准用第七十六条的规定。

第四节　诉讼代理人和辅佐人

第七十八条【律师诉讼】①

(1)当事人在州法院、州高等法院、依据《法院组织法实施细则》第八条设立的州最高法院,及联邦最高法院必须由律师作为诉讼代理人代行诉讼。在联邦最高法院进行诉讼的,必须由联邦最高法院许可的律师代行诉讼。

(2)公共机构、公法法人,包括它们为履行公共职责而组成的合作团体,可以由其具有司法资格的雇员代理,或由其他公共机构、公法法人,包括它们为履行公共职责而组成的合作团体的具有司法资格的雇员进行代理。

(3)前两款的规定不适用于在受命法官或受托法官前的诉讼程序,以及在书记官前所作的诉讼行为。

(4)以上第一款、第二款可以代理的律师,可以代理自己。

第七十八条之一(废除)

第七十八条之二【指定律师】

(1)受诉法院命令须由律师代为诉讼,而当事人没有可以代理他的律师,以致他无从伸张权利或防卫权利时,受诉法院可以依当事人的申请在该审级中为其指定律师以保卫其权利。

(2)对于驳回指定律师的申请的裁定,可以提起抗告。

第七十八条之三【律师的选任】

(1)依第七十八条之二指定的律师,由法院审判长从受诉法院所许可的律师名单中选任。

(2)被指定的律师,可以以当事人预付报酬为条件而接受委任,报酬数额依《律师收费法》确定。

---

① 2000年以前,德国律师诉讼实行"职业权地方化",将代理能力严格限定于许可法院。但自2000年起,在一个州法院获得从业许可的律师可以在所有州法院和初级法院代理;2002年起,在一个州高等法院获得许可的律师可以在其他州高等法院代理。但在联邦最高法院的所有程序中,当事人仍然必须由联邦最高法院许可的律师代理。

（3）对于第一款的命令，当事人和律师都可提起抗告。法院审判长驳回撤销指定的申请（《律师收费法》第四十八条第二款）时，律师也可以提起抗告。

第七十九条 【当事人诉讼】

（1）不必要律师代理诉讼时，当事人可以自己进行诉讼。当事人向第三方主张金钱债权，或受委托依金钱债权向他人账户提出主张的，必须由诉讼代理人代理，除非当事人系根据第二款的规定，被授权代表债权人，或者当事人是提出主张的原债权人。

（2）当事人可以以律师作为诉讼代理人。下列各项也可作为诉讼代理人代理诉讼：

1.团体或公司的雇员（《股份公司法》第十五条），公共机构、公法法人，包括它们为履行公共职责而组成的合作团体可由其他公共机构、公法法人、包括它们为履行公共职责而组成的合作团体的雇员代理诉讼；

2.如果代理并非有偿活动，则成年的家庭成员（《税法》第十五条、《同居伴侣法》第十一条），具有司法资格的人，以及共同诉讼人可以代理；

3.消费者中心及其他政府资助的消费者组织，有权在其业务范围内集合消费者的主张；

4.托收服务的提供者（根据《法律服务法》第十条第一款第一句第一项的规定已注册）在将案件送交给受诉法院前的督促程序中，在因金钱债权对动产申请宣告强制执行的案件中，包括接受代宣誓保证和申请签发拘捕令的程序中有代理权，除非该程序性行为将引起法律争议。

诉讼代理人不是自然人的，通过机构及指定的代理人进行诉讼。

（3）根据第二款的规定无权代理的人，法院不允许其代理；对这种裁定不得声明不服。无权代理人的诉讼行为、向无权代理人的送达与通知，在法院不允许其代理之前有效。第二款第二句第一项至第三项中规定的诉讼代理人如果对案件事实、争议及当事人关系缺乏适当的陈述能力，法院可以以不可声明不服的裁定终止其代理。

（4）法官不得在其所在的法院受理的案件中作为诉讼代理人。非在第二款第二句第一项规定的情形下，名誉法官不得在其所在的法院受理的案件中作为诉公代理人。第三款第一句和第二句于此准用。

第八十条 【诉讼委任】

诉讼代理人应以委任状证明其代理权，并将书状交出，附于诉讼记录中。委任状可补交，法院可就补交规定期间。

第八十一条【诉讼代理权的范围】

诉讼代理人有权进行一切诉讼行为,包括在反诉、再审、强制执行中的诉讼行为;有权选任代理人以及上诉的代理人;有权进行和解、舍弃诉讼标的或认诺对方所提出的请求而终结诉讼;有权受领对方或国库所偿付的费用。

第八十二条【附随程序中的代理权】

主诉讼中的诉讼代理权包括有关主参加、假扣押或假处分程序中的诉讼代理权。

第八十三条【诉讼代理权的限制】

(1)对于诉讼代理权的法定范围加以限制者,其限制只在以和解、舍弃诉讼标的或认诺对方的请求而终结诉讼的范围内,对对方当事人有法律上的效力。

(2)不必要律师代为诉讼行为时,可以就各个诉讼行为授予代理权。

第八十四条【多数诉讼代理人】

诉讼代理人有数人时,数代理人有权共同或个别代理当事人。对代理作不同规定的,对于对方当事人不发生法律上的效力。

第八十五条【诉讼代理人行为的效力】

(1)诉讼代理人所作的诉讼行为,与当事人所作的诉讼行为同样,使当事人负担义务。关于自认和其他事实上的陈述,如未经同时在场的当事人即时对之撤回或更正,也适用此规定。

(2)诉讼代理人的过失视同为当事人的过失。

第八十六条【委任人的死亡等】

诉讼代理权不因委任人的死亡,也不因委任人的诉讼能力与法定代理有所变化而消灭;但诉讼代理人在诉讼中止后又为承受人进行诉讼时,应提交其委任状。

第八十七条【授权的解除】

(1)授权契约终止时,须将委任解除的事实通知对方当事人,如在律师诉讼中,须将已另行选定律师的事实通知对方当事人后,其授权契约终止始对对方当事人发生法律上的效力。

(2)诉讼代理人虽已自行终止委任,但在委任人尚未能以其他方法防卫自己权利时,仍应为委任人的利益而进行诉讼行为。

第八十八条【代理权的欠缺】

(1)代理权有所欠缺时,不问诉讼在何程度,对方当事人均可提出责问。

（2）在诉讼代理人不是律师时，法院对于代理权有无欠缺，应依职权进行调查。

第八十九条【对无权代理人的暂时许可】

（1）因无权管理而代理当事人，或未经授权而以诉讼代理人名义为当事人进行诉讼者，可以在他就进行诉讼的费用和损害提出担保后，或不提担保，暂时许可其进行诉讼。但必须在规定他提出追认的期间届满后，才能作出终局判决。如果在作出终局判决时，仍未提出追认，应判令暂行诉讼的人偿付对方当事人由于准行诉讼而支出的费用；并判令其赔偿对方当事人由于准行诉讼造成的损害。

（2）当事人虽仅在口头上授与代理权，或者明示或默示的对代为诉讼表示追认时，对于诉讼进行仍应负责。

第九十条【辅佐人】

（1）不必要律师代理诉讼时，当事人可以以任何有诉讼能力的人作为辅佐人而与之共同到场。如果符合诉讼目的，且案件情况表明确有需要，法院可允许他人担任辅佐人。第七十九条第三款第一句、第三句，第七十九条第四款的规定于此准用。

（2）辅佐人的陈述，如未经当事人即时对之撤回或更正，视为当事人的陈述。

第五节 诉讼费用①

第九十一条【负担费用的原则与范围】

（1）败诉的当事人应当负担诉讼的费用，尤其是应当偿付对方当事人为达到伸张权利或防卫权利的目的而支出的必要费用。应偿付的费用也包括对方当事人必要的旅费，以及对方当事人因必须遵守期日而花费时间所受的损失。此时准用对证人偿付费用的规定。

---

① 诉讼费用指当事人进行诉讼的直接支出，包括法院费用和庭外费用。如聘请律师的费用、聘请其他代理人和辅助人的费用、准备程序的费用、出庭费用、委托法院执行员的费用等。在起诉和被告应诉前，当事人的律师应当对可能产生的诉讼费用风险进行估计，并将相关情况告知当事人。在诉讼开始之时，由各方当事人负担己方的诉讼费用，尤其是提出申请和实施诉讼所产生的法院费用、执行员费用及律师费用。如果法院裁判由其负担费用，则当事人最终负担相应费用。如果法院判处对方负担诉讼费用，则当事人享有向对方当事人的偿付请求权。诉讼费用原则上由败诉一方负担，但也存在一些例外。

（2）胜诉当事人对于律师的法定报酬和支出费用,在各种诉讼中均应偿付。律师如果是未经受诉法院许可的,并且是未住在受诉法院所在地的,其旅费只在为达到伸张权利或防卫权利的目的所必要的限度内予以偿付。胜诉当事人对于经受诉法院许可的律师,因其住所或办事处不在受诉法院或该法院的分院所在地而支出的额外开支,不予偿付。律师有数人时,其费用以不超过一人的费用为限,或以律师必须更换时为限予以偿付。律师在办理自己的案件时,关于报酬和费用的收取,以其作为受委托的律师所能收取的报酬和费用为限。

（3）第一款与第二款中的诉讼费用,也包括在由州司法行政部门所建立的或认可的调解所进行的调解程序中支付的报酬;但自调解程序终结至起诉已逾一年者,不适用此规定。

（4）第一款所规定的诉讼费用,包括诉讼中胜诉方支付给败诉方的费用。

第九十一条之一【本案终结时的费用】

（1）当事人双方在言词辩论中或提交书状或由书记官作成记录表示本案诉讼业已终结的,法院就现在的案情和争议情况加以调查后,通过公平裁量,以裁定对费用作出裁判。原告宣布终结诉讼后,如果被告没有在收到书面申请后的两周的不变期间内提出反对,且被告已事先被告知法律后果的,适用上述规定。

（2）对裁定可以提起即时抗告。本案价额同于或低于第五百一十一条所规定价额的,不适用上述规定。对抗告作出裁判前应讯问对方当事人。

第九十二条【部分胜诉时的费用分担】

（1）当事人各方部分胜诉、部分败诉时,其费用互相抵销,或按一定的比例负担。费用互相抵销时,由双方当事人各半负担。

（2）如果对方当事人所多要求的部分在比例上极其微小,并且也不致发生特殊费用,或者对方当事人的要求额是由法官的裁量所决定,或由鉴定人核定,或由相互计算所得出,此时,法院可以命当事人一方负担诉讼费用的全部。

第九十三条【即时认诺时的费用】

起诉并非因被告的行为引起,被告对于诉讼中的请求即时认诺的,诉讼费用由原告负担。

第九十三条之一（废除）

第九十三条之二【迁房诉讼的费用】

（1）被告根据《民法典》第五百七十四条[1]、第五百七十四条之二[2]要求继续租赁关系，由于原告的合法利益，被告的请求无理由，而致原告提起迁出住房的诉讼时，如果被告在提出一定理由后要求继续租赁关系，而原告根据以后发生的原因胜诉（《民法典》第五百七十四条第三款），法院可以命原告负担全部或部分的费用。要求继续租赁关系的诉讼被驳回的，准用上述规定。

（2）原告提起迁出住房的诉讼，被告根据《民法典》第五百七十四条至第五百七十四条之二要求继续租赁关系得到许可，而致原告的诉被驳回，被告在原告要求时不立即提出自己的抗辩理由的，法院可命被告负担全部或部分的费用。如果提出的是继续租赁关系的诉讼，准用上述规定。

（3）在迁出住房的诉讼中，被告即时认诺诉讼请求，但要求一定的搬迁期间，如果被告在起诉前就已请求继续租赁关系或请求给予按情况的相当的搬迁期间而原告不同意时，法院可以命原告负担全部或部分的费用。

第九十三条之三（废除）

第九十三条之四（废除）

第九十四条【受移转的请求的费用】

原告就其受移转的请求权提起诉讼，如在起诉前未将受移转的事实

---

① 《民法典》第五百七十四条规定了期间不确定的使用租赁关系中承租人对通知终止的异议："（1）就承租人、其家庭或属于其家计的其他人而言，使用租赁关系的终止会意味着即使在评价出租人正当利益的情况下也不能证明为正当的苛刻的，承租人可以就出租人的通知终止提出异议，并向出租人请求延续使用租赁关系。存在使出租人之特别的、即时的通知终止正当化的原因的，不适用前句的规定。（2）不能按可合理期待的条件设法取得合适的替代性住房的，构成苛刻。（3）在评价出租人的正当利益时，只考虑第五百七十三条第三款所规定的通知终止函所说明的原因，但原因系事后出现的除外。（4）使承租人受不利益的不同的约定不生效力。"

② 《民法典》第五百七十四条之二规定了期间不确定的使用租赁关系中，承租人对通知终止提出异议的形式和期间："（1）承租人对通知终止的异议，必须以书面表示。承租人应根据出租人的请求，不延迟的就异议的原因答复询问。（2）承租人不最迟在使用租赁关系终止前两个月向出租人表示异议的，出租人可以拒绝延续使用租赁关系。出租人不在异议期间届满前，适时提出异议的可能性及其形式和期间的，承租人在搬迁诉讼的第一个期日仍可以表示异议。（3）使承租人受不利己的不同的约定，不生效力。"

通知被告,也没有因被告的请求就受移转的事实提出证明,被告因未受通知或未得到证明而对该项请求权进行争议时,因此而生的诉讼费用由原告负担。

第九十五条【因迟误或过失而产生的费用】

当事人迟误期日或期间,或因自己的过失而使期日变更、延期辩论、为续行辩论而指定期日、延长期间时,负担因此而产生的费用。

第九十六条【无益的攻击或防御方法的费用】

当事人主张无益的攻击或防御方法的,即使其在本案中胜诉,也可以命其负担因此而产生的费用。

第九十七条【上诉费用】

(1)当事人提起无益的上诉的,其上诉费用由提起上诉的当事人负担。

(2)当事人在上诉审中,因提出新的主张而胜诉,如果此种主张在前审中即能提出,上诉费用由胜诉当事人负担全部或部分。

(3)(废除)

第九十八条【和解费用】

约定和解的费用,在当事人间没有其他合意时,视为互相抵销。因和解而终结诉讼的,在其费用未经确定裁判前,准用上述规定。

第九十九条【对于费用裁判的不服】

(1)对于就费用所作出的裁判,非对于本案的裁判提起上诉,不得声明不服。

(2)本案是根据认诺而判决终结者,对于就费用所作出的裁判,可以提起即时抗告。本案价额同于或低于第五百一十一条所规定价额的,不适用上述规定。对抗告作出裁判前,应讯问对方当事人。

第一百条【共同诉讼的费用负担】

(1)败诉方有数人时,平均偿付费用。

(2)数人对于诉讼的关系有显著差异时,依法院的裁量,以各人对诉讼的关系为标准分担费用。

(3)共同诉讼人中的一人主张特别的攻击或防御方法时,其他共同诉讼人对于由此而生的费用不负责任。

(4)数被告作为连带债务人而受到败诉的判决时,对于费用的偿付,仍为连带债务人,但不妨碍第三款的适用。民法中关于第三款中的费用应负责任的规定不受影响。

第一百零一条【辅助参加的费用】

（1）因辅助参加而产生的费用，如依第九十一条至第九十八条的规定，应由所辅助的主当事人的对方负担时，即由对方负担；如非此种情况，即由辅助参加人负担。

（2）辅助参加人是主当事人的共同诉讼人（第六十九条）时，适用第一百条的规定。

第一百零二条（废除）

第一百零三条【费用的确定原则；申请】

（1）偿付诉讼费用的请求，只能根据强制执行名义主张。

（2）关于确定偿付数额的申请，应向第一审法院的书记官提出。费用计算书、通知对方当事人的费用计算书副本，以及说明各个事项的证明书，均应一并提出。

第一百零四条【确定费用的程序；异议】

（1）对于确定费用的申请，由第一审法院裁判。对于确定的费用，自提出申请时起，或在第一百零五条第三款规定的情形中自判决宣示时起，依申请在《民法典》第二百四十七条规定的基准利率①之上附加 5％ 的利息。对于申请的全部或部分予以准许的裁判，应依职权将费用计算书的副本一并送达申请人的对方当事人。对于申请人，在其申请的全部或部分被驳回时，才依职权将裁判送达；在其他情形，不依一定的方式通知即可。

（2）对于申请的调查，只需说明。关于律师所支出的邮费、电报费、电话费的垫款，由律师对此类支出作出保证即可。考虑销售税支出时，只需由申请人就该项支出不能作为预付税而扣除作出说明即可。

（3）对于裁判可以提起即时抗告。抗告法院可以停止程序的进行，直到支持确定费用申请的裁判生效为止。

第一百零五条【简易的费用确定方式】

（1）在提出申请时，尚未交付判决正本，并且不致因而迟误正本的交付时，可以将确定费用的决定附记于判决和判决正本中。法院确定费用

---

① 《民法典》第二百四十七条规定了基准利率："(1)基准利率为 3.62％。每年 1 月 1 日和 7 月 1 日，基准利率按关联利率从基准利率最后一次变动以来所上升或下降的百分点发生变动。关联利率是指在相关半年的第一个历日以前，欧洲中央银行最新的主要再融资行动的利率。(2)德意志联邦银行在第一款第二句所称时间过后，不延迟地在《联邦公报》上公布现行基准利率。"

的决定如果是以第一百三十条之二规定的方式作出,决定以单独的电子文档记载。该文档应与判决并在一起。

（2）第一款规定的情形,不必另作正本并送达确定费用的决定。应将费用计算书的副本送达申请人的对方当事人。确定费用的申请,法院只准许一部分时,不得将确定费用的决定与判决并在一起。

（3）当事人在宣示判决前,已经提出费用的计算时,即无须再提出确定费用的申请;此时应依职权作出应向对方当事人通知的费用计算书的副本。

第一百零六条【按比例分配】

（1）诉讼费用的全部或部分按比例分配时,书记官在提出确定费用的申请后,应催告对方当事人将其费用计算书于一周内提交书记官。第一百零五条的规定不适用。

（2）对方当事人经过一周而不提出费用计算书的,可以不问其费用而作出裁判,但不妨碍对方当事人以后提出偿付请求的权利。以后程序中所增加的费用,由对方当事人负担。

第一百零七条【因诉讼价额变动的新的费用确定】

（1）费用确定后,作出确定诉讼标的价额的裁判时,如果此裁判与确定费用所根据的价额计算有所不同,可以因申请而对确定的费用作适当的改变。对此项申请,由第一审法院的书记官裁判。

（2）前款中的申请应在一个月期间内向书记官提出。此期间自确定诉讼标的价额的决定送达时开始。无须送达时,自宣示时开始。

（3）第一百零四条第三款的规定于此准用。

第六节　担保①

第一百零八条【担保的种类和数额】

（1）设定诉讼上的担保时,关于应提供的担保的种类和数额,由法院依自由裁量决定。法院未作规定,并且当事人也没有其他合意时,应当由

---

① 担保是指为他人设定债权或物权,为其所享有权利遭到侵犯时提供的保障。在实体法上,提供担保通常是为履行相应的法定义务或合同义务,或者是为开启某一权限或预防行使某一权限。在诉讼法中,担保只有在第八百九十条第三款规定的情形中是为了履行损害赔偿义务,在其他情形中都是为了开启或预防某些权限,间接地保障当事人的费用偿付或者损害赔偿请求权,尤其是保障由于实体上没有合法实施某一判决、假扣押、假处分而产生的,或者由于推迟实施而产生的债务人请求权。

有权在国内营业的信贷机构以书面形式提供不可撤回的、无条件和无期限的担保，或者通过提存金钱或提存《民法典》第二百三十四条第一款、第三款①所规定的适于提供担保的有价证券，以为担保。

（2）《民法典》第二百三十四条第二款和第二百三十五条②的规定于此准用。

第一百零九条【担保物的返还】

（1）提供担保的原因消灭时，命供担保或许为担保的法院应依申请确定期间，命因担保而受利益的当事人表示同意返还担保物，或者证明他已就其请求提起诉讼。

（2）如果不能证明在期间内已提起诉讼，期间经过后，法院应依申请命令返还担保物；如果是用保证的方式作出担保，法院应命令解除保证。上述命令在有确定力之后开始生效。

（3）申请和对取回担保物的同意向书记官陈述，并作成记录。裁判以裁定作出。

（4）驳回第一款中的申请的裁定，申请人可以提起即时抗告。对于第二款中的裁判，双方当事人可以提起即时抗告。

第一百一十条【提供担保】

（1）原告在欧盟任一成员国或者在欧洲经济共同体条约的任一签约国没有经常居所时，因被告的要求，应就诉讼费用提供担保。

（2）在下列情形，无提供担保的义务：

1.依照国际法上的条约不要求提供担保的；

2.依据国际法上的条约对被告的偿付诉讼费用的判决可以执行的；

3.在国内的原告有足够偿付诉讼费用的不动产或有物上担保的债权的；

4.反诉；

---

① 《民法典》第二百三十四条规定了适于提供担保的有价证券："(1)有价证券仅在它们是不记名、有市场价格且属于可将被监护人的金钱对之投资的种类时，才适于提供担保。附空白背书的指示证券，与无记名证券相同。(2)利息证券、定期金证券、红利证券和更新证券，必须连同有价证券一并提存。(3)以有价证券提供担保，只能以市场价格的四分之三为数额。"

② 《民法典》第二百三十五条规定了提供担保中的调换权："以提存金钱或有价证券的方式提供担保的人，有权以合适的有价证券调换所提存的金钱，或以其他合适的有价证券或金钱调换所提存的有价证券。"

5.由于公共的请求而提起的诉讼。

第一百一十一条【追加的担保】

如果应当提供担保的条件在诉讼进行中才发生,并且原告的请求中足供担保的部分并非无争议时,被告也可以要求提供担保。

第一百一十二条【担保的数额】

(1)应提供的担保的数额,法院以自由裁量确定。

(2)确定担保额,以被告大概应支出的诉讼费用总额为准。被告因反诉而发生的诉讼费用不计入。

(3)诉讼进行中,已提供的担保发生不足时,而原告的请求中足供担保的部分尚有争议,被告可以要求提供补充担保。

第一百一十三条【提供担保的期间】

法院在命令原告提供担保时,应规定期间,命其在期间内提供担保。期间经过后,如到裁判时仍未提供担保,因被告的申请,宣告诉讼撤回;由原告上诉而已进行辩论的,驳回其上诉。

第七节　诉讼费用的救助与诉讼费用的预交①

第一百一十四条【要件】

(1)当事人如果按照其个人情况和经济情况,不能负担其进行诉讼的费用,或仅能负担一部分,或仅能分期支付的,如果他要进行的伸张权利或防卫权利是有希望得到结果的,并且不是轻率的,可以通过申请而得到诉讼费用的救助。对欧盟领域内跨国纠纷的诉讼费用救助,本节未作规定的,适用第一千零七十六条至第一千零七十八条的规定。

(2)审慎权衡个案情况后,如果即便有希望得到结果,当事人未能获得诉讼费用救助也会导致其停止伸张权利或者防卫权利,则伸张权利或

---

① 国家诉讼费用救助作为社会救助在司法领域的特殊形式,旨在确保当事人以平等的方式接近司法。本节的标题及条文系 1976 年 6 月 14 日法律增订,经 1980 年 6 月 13 日《诉讼费用救助法》修改,于 1981 年 1 月 1 日生效。本节标题最初为"受救助权",后改为"受救助权与诉讼费用的预交",1980 年改为目前使用的"诉讼费用的救助与诉讼费用的预交"。1980 年的诉讼费用救助改革为救助制度奠定了新的基础,带有歧视性的概念"穷人法"被取代,住所地社区需要出具贫困证明的规定被取消,诉讼费用救助的经济条件和自己可能承担的费用在灵活的表格体系中予以确定。此后,1994 年 10 月 10 日的法律对表格中的金额进行了调整,使之适应新的经济情况。自此以后,自付金额根据社会救济法对救助基本数额进行确定,相关费率根据市场情况进行调整与更新。

防卫权利是轻率的。

第一百一十五条【应计算的收入和财产】

(1)当事人应对其收入作出计算。收入包括金钱的和有金钱价值的一切所得。下列各项应从收入中扣除：

1.

A.《社会法典》第十二卷第八十二条第二款中规定的款项；

B.对有工作收入的当事人,扣除《社会法典》第十二卷第二十八条附表第一阶规定标准确定的未婚、单亲人士收益按最高原始费率或最新费率所定数额的50％；

2.

A.对当事人及其配偶或同居伴侣,扣除《社会法典》第十二卷第二十八条附表第三阶至第六阶规定标准确定的未婚、单亲人士收益按最高原始费率或最新费率所定数额,对每一受扶养权人,扣除上述数额的10％；

B.有其他依法扶养义务的扶养支付时,扣除《社会法典》第十二卷第二十八条附表第3阶至第6阶规定标准确定的扶养责任人收益按最高原始费率或最新费率所定的数额,对每一受扶养权人,扣除上述数额的10％；

3.住宿费用与取暖费用,但以该项费用从当事人的生活情况看来并非显然不适当的为限；

4.《社会法典》第二卷第二十一条、第十二册第三十条规定的其他支出；

5.考虑到当事人的特殊负担认为适当的其他支出；《民法典》第一千六百一十条之一①的规定于此准用。

数额,以法院准许诉讼费用救助之时为准。联邦司法部在联邦法律公报上公布本款第一项B和第二项中所适用的原始费率及最新费率。如果该数额不是整数欧元,按照四舍五入的方法,将小于或等于0.49欧元的部分舍去,将大于或等于0.5欧元的部分加为整数。依本款第二项扣除的扶养金额,按受扶养权人自己的收入予以减少。计算养老金时,按

---

① 《民法典》第一千六百一十条之一规定了确定扶养费额度"在以受到损害为条件支出额外费用的情形下的抵偿推定"："就因身体损害或健康损害而支出的费用,社会保障给付被请求的,在确定扶养请求权时,推定所支出的费用不低于这些社会保障给付的金额。"

其数额作为免除金额予以扣除。

（2）扣除相应款项后，当事人按照应当列入的收入的一半按月支付；按月支付的数额以整数欧元计算。每月付款额在 10 欧元以下的，停止按月支付。应当列入收入超过 600 欧元的，当事人每月应当支付的款项为 300 欧元加上收入中超过 600 欧元的数额。无论法院审级高低，当事人都应按月支付款项，最多缴纳四十八个月。

（3）当事人应将其将要取得的财产计入财产之中；《社会法典》第十二卷第九十条的规定于此准用。

（4）如果当事人进行诉讼的费用预计不超过四个每月应付份额与从财产中可以缴纳的部分款额，不准许诉讼费用救助。

第一百一十六条【职务上的当事人；法人；有当事人能力的社团】

下列情况下，可以申请诉讼费用的救助：

1.因职务而充任当事人的人，如果诉讼费用不能从他管理的财产中取得，也不能从对诉讼标的有经济上利益关系的人处取得时；

2.所在地在德国的、在欧盟成员国的或在《欧洲经济区协议》签署国的法人或有当事人能力的社团，如果诉讼费用不能从它自己，也不能从对诉讼标的有经济上利益关系的人处取得，并且不伸张权利或防卫权利就有悖于公共利益。

于此准用第一百一十四条的规定。如果只能支付费用的一部分或者部分款额时，应支付适当的款项。

第一百一十七条【申请】

（1）申请诉讼费用救助，向受诉法院提出；也可以向书记官陈述，由其作成记录。在申请中应提出证据方法以说明诉讼关系。申请强制执行的诉讼费用救助，向管辖强制执行的法院提出。

（2）申请中应附对当事人个人情况和经济情况（家庭亲属关系、职业、财产、收入和负担）的说明，以及相当的证据。此项说明及证据，经当事人同意后，方可提供给对方当事人，对方当事人依民法有权被通知申请人收入的情形除外。在将说明提供给对方当事人之前，应允许申请人陈述意见。将说明提供给对方当事人的，应将该情况通知申请人。

（3）联邦司法部为简化并统一程序，在得到联邦议院的批准后，有权发布法律性命令，颁布申请格式以作说明用。格式包括第一百二十条之一第二款第四句规定的内容。

（4）有格式规定时，当事人必须适用格式规定。

第一百一十八条【准许程序】

（1）在准许诉讼费用的救助之前，应给予对方当事人发表意见的机会，但有特殊原因不宜这样做时除外。对方当事人发表意见可以向书记官陈述，并作成记录。如果法院预期可以取得一致意见，可以向双方当事人进行口头讨论；此时可以进行和解并制作法庭上的记录。因此而生的费用可以不偿付对方当事人。按照第二款第三句讯问证人和鉴定人而生的垫付费用应算作诉讼费用，由应负担诉讼费用的当事人负担。

（2）法院可以要求申请人说明其所陈述的事实。法院可以调查证据，特别是可以命令提供证明文书，要求说明。除非用其他方法不能判明伸张权利或防卫权利是有希望得到结果的，并且不是轻率的，证人和鉴定人就可以不必讯问；不得举行宣誓。如果申请人不能在法院所定的期间内说明其个人情况和经济关系，或者对一定的问题不作回答或回答得不能令人满意，法院应对其诉讼费用救助的申请予以拒绝。

（3）前两款所规定的措施，由审判长或者由他所委托的法庭成员执行。

第一百一十九条【在各审级中及在动产的强制执行中的准许】

（1）诉讼费用救助的准许，在各审级中分别作出。在上级审时，对于当事人伸张权利或防卫权利是否有希望得到结果和是否是轻率的，即使对方当事人提起上诉，也无须调查。

（2）对关于动产的强制执行程序的诉讼费用救助的准许，及于执行法院的一切执行行为，包括交付代宣誓用的担保物。

第一百二十条【确定份额；暂停付款】

（1）准许诉讼费用救助时，法院应确定应支付的每月应付份额，以及从财产中可以抽出的部分款项。法院根据第一百一十五条第一款第三句第五项考虑到特殊负担而从收入中扣除款项，并且认为，该项负担在四年内可以全部或部分消除时，法院应同时确定，如不考虑或在较小程度上考虑该项负担时应支付的款项，并应决定支付的时间。

（2）如果诉讼费用救助在下级审级中没有得到准许，应当向州金库缴款，诉讼在联邦法院时，向联邦金库缴款。

（3）在下列情况下，法院应决定暂停付款：

1.可以看出，当事人的付款足以抵偿费用；

2.当事人、为其指定的律师，或者联邦金库和州金库，可以对于其他诉讼参加人请求诉讼费用。

（4）（废除）

第一百二十条之一 【缴付款额的修改】

（1）如果据以决定诉讼费用救助的个人情况和经济情况有重大变化，法院可以改变应缴付款额的裁判。改变根据第一百一十五条第一款第三句第一项 B 和第二项决定的款额，只能依申请，并且只能在不能支付每月份额时才予以考虑。当事人应法院的要求，应当就其个人情况和经济情况有无变化作出说明。在判决确定后或诉讼因其他原因而终结后已满四年者，不得作出不利于当事人的改变。

（2）在第一款第四句规定的时限前当事人经济情况发生显著改善的，或当事人地址变更的，当事人应立即通知法院。当事人的经常性月收入提升的，只有在总收入的变化高于 100 欧元，且该变化并非偶发时，方可被视为重大变化。当事人应付款项消灭时，准用第二句的规定。当事人提出申请时，应告知其上述规定，以及不当使用第一百一十七条第四款所规定格式的后果。

（3）因伸张权利或者防卫权利获得利益，可能使当事人经济情况显著改善。在判决确定后或诉讼因其他原因终结后，法院应考虑是否基于当事人因伸张权利或者防卫权利获得的利益而修改缴付款额。如果当事人因权利伸张或者权利防卫获得的利益已被支付或按期给付，但当事人仍然符合准许诉讼费用救助而无须分期缴付的标准，则法院不得裁判修改缴付款额。

（4）依据第一款第三句作出的关于个人情况和经济情况变化的说明，准用第一百一十七条第三款规定的格式。法院对个人情况和经济情况作出审查时，准用第一百一十八条第二款的规定。

第一百二十一条 【指定律师】

（1）如果规定应由律师代理进行诉讼，当事人可以选定一名现任律师作为代理人。

（2）在未规定应由律师代理进行诉讼时，如果由律师代为诉讼有必要或者对方当事人是由律师代理的；当事人可以通过申请，选定一名现任律师作为代理人。

（3）受诉法院所未准许的律师，只在不会因而增加诉讼费用时，才能指定。

（4）在特殊情况有所必要时，当事人为了遵守在受托法官前调查证据的期日，或者同诉讼代理人进行联系，可以通过申请，选定一名现任律师为代理人。

(5)当事人不能选定一个现任律师为代理人时,审判长依申请为其指定一名律师。

第一百二十二条【诉讼费用救助的效力】

(1)诉讼费用的救助生效后:

1.联邦金库或州金库就下列费用,只能在法院作出决定后,才能向当事人提出请求:

A.未付的与继续发生的裁判费用和执行员费用;

B.被指定的律师对当事人提出的请求;

2.当事人可以免除对诉讼费用提供诉讼担保的义务;

3.被指定的律师不得向当事人提出报酬的请求。

(2)准许原告、控诉人、上告人得到诉讼费用的救助,并且没有规定其向联邦金库或州金库缴款时,联邦金库或州金库应暂时免除对方当事人第一款第一项 A 的费用。

第一百二十三条【费用的偿付】

准许诉讼费用救助,不影响偿付对方当事人所产生费用的义务。

第一百二十四条【准许的撤销】

(1)有下列情况时,法院可以撤销对诉讼费用救助的准许:

1.当事人对诉讼案情作不当陈述,虚构取得诉讼费用救助所必要的条件;

2.当事人故意或因重大过失对于其个人情况和经济情况作不当说明;或者对第一百二十条之一第一款第三句中法院要求的说明,不予提交;

3.没有提出为诉讼费用救助所必要的有关个人的或经济的条件;但自判决确定后或诉讼因其他原因而终结后已满四年者,不得再撤销;

4.当事人违反第一百二十条之一第二款第一句至第三句的规定,故意或因重大过失,未将个人情况和经济情况的重大变化、地址变更通知法院,或错误通知;

5.当事人已经超过三个月均未付清他每月应付份额或应付的其他款额。

(2)法院准许诉讼费用救济时,当事人申请调查证据未充分证明有希望得到结果或申请轻率的,法院可以撤销对诉讼费用救助的准许。

第一百二十五条【裁判费用的补收】

(1)判令对方当事人支付诉讼费用的判决已经确定者,即可向对方当事人征收诉讼费用和执行员费用。

(2)对方当事人暂时免付的裁判费用,如果判令他支付诉讼费用的判决已确定,或者诉讼未经判决而其诉讼费用部分已终结时,即可向他征收。

第一百二十六条【律师费的补收】

(1)为当事人指定的律师,有权以自己的名义,向判决负担诉讼费用的对方当事人收取律师的报酬和垫付款项。

(2)当事人不得根据其个人自身的事由而提出抗辩。依照在该诉讼中关于费用的裁判,应由当事人偿付的费用,对方当事人可以与之抵销。

第一百二十七条【裁判;上诉】

(1)对于诉讼费用救助的裁判,不经言词辩论作出。第一审法院有管辖权;诉讼系属于上级审的,该审级的法院有管辖权。裁判中如有关于当事人的个人情况和经济情况的说明,未经当事人同意,不得将裁判通知对方当事人。

(2)准许诉讼费用救助,只能依第三款声明不服。其他情形,可以提起即时抗告;本案诉讼价额不超过第五百一十一条确定数额的,不适用上述规定,除非法院认为当事人个人情况或经济情况不得准许诉讼费用救助。抗告期限为一个月。

(3)准许诉讼费用救助而未确定每月应付份额,也未确定从财产中应支付的款项者,国库可以对之提起即时抗告。这种抗告,只在当事人按其个人情况和经济情况应当支付时,予以支持。裁判作出后,一个月内可提起抗告。裁判宣示满三个月后,不得提起抗告。裁判未宣示的,以裁判经署名后交付书记官之时为宣誓时。裁判可以不依职权通知国库。

(4)抗告程序的费用不予偿付。

第一百二十七条之一(废除)

第三章　诉讼程序

第一节　言词辩论

第一百二十八条【言词主义的原则;书面程序】

(1)当事人应在作出判决的法院就诉讼案件进行言词辩论。

(2)法院在得到双方当事人同意后,可以不经言词辩论作出裁判;但如诉讼情况有重大变更时,当事人可以撤回其同意。不经言词辩论时,法院应即规定提出书状截止的时刻与宣示判决的期日。当事人同意后逾三个月的,不得再作出不经言词辩论的裁判。

(3)仅就费用进行的裁判,可以不经言词辩论而作出。

(4)除另有规定外,法院除判决外的裁判可以不经言词辩论而作出。

第一百二十八条之一【使用图像和声音传输技术的言词辩论】[①]

(1)法院可以依当事人、诉讼代理人、辅佐人的申请,或依职权,允许当事人、诉讼代理人、辅佐人在言词辩论期间置身其他地点,并实施程序行为。图像和声音应当在该地点与法庭实时播放。

(2)法院可以依申请,允许证人、鉴定人、参加人在讯问期间置身于其他地点。图像和声音应当在该地点与法庭实时播放。根据第一款第一句的规定,当事人、诉讼代理人、辅佐人置身其他地点的,证人、鉴定人、参加人接受讯问的图像和声音应当在当事人、诉讼代理人、辅佐人言词辩论的地点实时播放。

(3)对图像与声音的传输不作记录。对根据第一款第一句、第二款第一句作出的决定,不可声明不服。

第一百二十九条【准备书状】

(1)必须由律师代理进行的诉讼,准备言词辩论以书状进行。

(2)在其他情况,法官可以命令当事人,或者以书状准备言词辩论,或者向书记官陈述后由其作成记录,以准备言词辩论。

第一百二十九条之一【申请与陈述】

(1)凡是准许向书记官作出的申请与陈述,可以向任一初级法院的书记官作出,由其作成记录。

(2)书记官应立即将记录送交该申请或陈述所应提交的法院。在记录送达该地时,该诉讼行为才生效。记录也可以由请求将申请或陈述作成记录的人转送,但需得到他的同意。

第一百三十条【书状的内容】

准备书状的内容如下:

---

① 本条的规定突破了传统的言词辩论形式,规定辩论可通过远程同步图像、声音传输技术进行。身处异地的相关人员可通过该技术参与庭审,避免了诉讼参与人无法到庭引起的程序迟延。而对于居住较远的证人和鉴定人而言,传统的取证方式是通过司法协助等方式委托其他法院进行询问,但该做法明显影响证词的证明力,本条的规定有效地解决了这一问题。

1.载明当事人及其法定代理人的姓名、身份或职业、住所与当事人的诉讼地位,载明法院与诉讼标的,附属文件的件数;

2.当事人拟在法院开庭时提出的申请;

3.作为声明理由的事实关系;

4.对于对方当事人所主张的事实的陈述;

5.当事人用来证明或反驳事实主张的证据方法,以及对于对方当事人提出的证据方法的陈述;

6.书状责任人的签名;如果书状通过传真(电传)发送,签名应当显示在副本中。

第一百三十条之一【电子文档】[①]

(1)要求以书面形式提交的准备书状及附件,当事人的申请及说明,信息、证言、鉴定以及第三方声明,如果以电子文档的形式记载,文档应当符合本条的规定,适于法院处理。书状责任人提交电子文档,应当载有符合《电子签名法》规定的电子签名。如果传输的电子文档不适于法院处理,应立即通知发件方,并说明适用的技术条件。

(2)联邦政府和州政府在其各自的职责范围内发布法律性命令,规定自何时起可将电子文档提交给法院,并规定适于法院处理的电子文档的形式。州政府也可以作出法律性命令,将权限转授给州司法机关。电子文档形式的许可也可限定于个别法院或程序。

(3)自电子文档被收件法院特定设备记录之时起,电子文档视作已提交。

第一百三十条之二【司法电子文档】

本法规定法官、高级司法官、书记官或执行员应亲手署名的,电子文档记录应当载有书状责任人的名字以及合格的电子签名。

第一百三十一条【附加文书】

(1)当事人所持有的各种文书的原本或副本,凡准备书状中所引用者,均应附于准备书状。

(2)文书中仅部分内容相关的,将包括开头、事实部分、结尾、日期及署名的抄本附上即可。

---

① 德国 2001 年颁布的《关于私法和其他法律行为形式规定适应现代法律行为交往的法律》,赋予电子形式的诉讼文书法律效力。2002 年《送达改革法》又规定了电子形式文件的送达。2005 年颁布的《关于在司法中使用电子交流形式的法律》,进一步推进了现代通信技术在民事诉讼中的利用。本条就电子文档的规定体现了相关立法意旨。

（3）对方当事人已经知悉该文件或文件的主要部分时，只需详细指出文件并表明请其阅览该文件即可。

第一百三十二条【提出书状的期间】

（1）载有新事实或其他新说明的准备书状，至少应于言词辩论一周前送达。有关中间争点的书状，不适用上述规定。

（2）载有对于新说明的答辩的准备书状，至少应于言词辩论三日前送达。有关中间争点的书面答辩，不适用上述规定。

第一百三十三条【副本】

（1）当事人在向法院提出书状时，应按送达所必要的份数，附具书状及附件的副本。向对方当事人提出附件的原本或副本的，不适用此规定。

（2）如果是由律师向律师送达（第一百九十五条），当事人应在送达后，将受诉法院所指定的准备书状副本附件，留交书记科。

第一百三十四条【阅览文书】

（1）当事人在相当时间内经过催告后，应将其持有的、曾在准备书状中引用的文书，在言词辩论前交给书记科，并且通知对方当事人。

（2）对方当事人有三日期间阅览文书。此期间可由审判长依申请予以延长或缩短。

第一百三十五条【律师间文书的交换】

（1）律师可以凭收据自由交换文书。

（2）律师未在规定期间内将其收受的文书交还时，法院可以在言词辩论后依申请而判令其立即交还。

（3）对于此种中间判决，可以提起即时抗告。

第一百三十六条【审判长的诉讼指挥权】

（1）审判长命令开始言词辩论并指挥其进行。

（2）审判长可以准许发言，并可以禁止不服从其命令的人发言。

（3）审判长应注意使案件得到充分的讨论并使辩论能持续进行，直到终结；必要时，为继续言词辩论，应即时决定下次开庭时间。

（4）法院认为案件已得到充分讨论时，审判长结束言词辩论，并宣示法院的判决和裁定。

第一百三十七条【言词辩论的进行】

（1）言词辩论，因当事人提出申请而开始。

（2）当事人以言词自由地进行说明；说明中应包括事实方面与法律方面的争议情况。

（3）当事人没有异议并且法院认为适当时，可以引用文书。至于宣读文书，则只限于词句内容的必要的部分。

（4）在必须由律师代理进行诉讼时，除律师外，根据当事人的申请，也可准许他本人发言。

第一百三十八条【对于事实的说明义务】①

（1）当事人应就事实状况作出完全而真实的陈述。

（2）当事人对于对方当事人所主张的事实，应作出陈述。

（3）没有明显争议的事实，如果从当事人的其他陈述中不能看出有争议时，即视为已经自认的事实。

（4）对于某种事实，只有在它既非当事人自己的行为，又非当事人自己所亲自感知的对象时，才准许说"不知"。

第一百三十九条【法官的释明义务】②

（1）在必要时，法院应与当事人共同从事实上和法律上两方面对于事实关系和法律关系进行释明并且提问。法院应当使当事人就一切重要的事实作出及时、完整的说明，特别在对所提事实说明不够时要使当事人加以补充，表明证据方法，提出有关申请。

（2）如果当事人一方对某一法律观点明知而忽略，或认为是无关紧要的，在该观点不是仅关系到附属请求时，法院应就该事实进行提示，并提供机会对该事实发表意见，否则不得以该法律观点为基础作出裁判。法院与双方当事人对观点有不同认识的，适用上述规定。

（3）法院应提示当事人注意法院依职权调查的事项中的疑点。

----

① 本条系借鉴奥地利《民事诉讼法》规定的当事人真实义务，其立法目的在于打击诉讼谎言。当事人的真实义务包括真实陈述的义务与完全陈述的义务，二者虽然独立且并列地存在，但完全义务是为真实义务服务的。从真实义务规定的对象来看，真实义务只涉及当事人对事实情况的表示，不涉及当事人无须主张的法律引述。当事人的代理律师亦不可歪曲法律状态，只能在正当的法律框架内为当事人主张利益。负担真实义务的人包括当事人及其代理人、辅佐人等。

② 2001年《民事诉讼改革法》强化了法官的释明义务。立法者认为，为提高裁判的透明性，应尽量使当事人对裁判结果不感到意外。因此程序设计应有助于当事人了解法院对案件事实和法律适用的评价，并且赋予当事人表达意见的机会。在形式方面，改革将对法官释明义务的规定整合在第一百三十九条中，进一步明确了法官释明义务的作用。在内容方面，其变动体现在如下四点：一是规定法院与双方当事人对事实的认定均不同时也需要释明；二是要求法官尽可能早地作出释明；三是规定释明记录的实施；四是规定当事人无法对法院释明发表意见时可在法定期间内补充说明。

（4）本条规定的法院释明应尽早作出，并书面记录。法院是否已作出释明，只能由记录的内容证明。能够证明记录是伪造时，方可否定记录中关于法院释明的内容。

（5）如果当事人不能立即就法院的释明作出说明，法院应依当事人申请设定期间，当事人在期间内于书状中补充说明。

第一百四十条【对于诉讼指挥或发问的异议】

参与辩论的人，如果认为审判长关于指挥诉讼的命令或者审判长或法院成员所提的发问违法而提出异议时，由法院裁判。

第一百四十一条【命令当事人亲自到场】

（1）为释明案件所必要时，法院应命双方当事人到场。当事人一方因距离遥远或其他重大原因不能强使其遵守期日的，法院可不令其到场。

（2）已命令当事人到场时，应依职权传唤。即使当事人有诉讼代理人，仍应通知当事人本人；传唤无须送达。①

（3）当事人在期日内不到场时，可以同在讯问期日内不到场的证人一样，对他处以罚款。如果当事人派代理人参与辩论，而此代理人有权说明案件中的事实、作必要的说明，特别是有权进行和解时，不适用上述规定。当事人不到场的结果，应在传唤书中指出。

第一百四十二条【命令提出文书】

（1）法院可以命令当事人一方或第三人提出他所持有的而由一方当事人引用的文书，以及家谱、地图、设计图纸和其他图纸等。

（2）除非提交文书并非合理要求，或者第三人根据第三百八十三条至第三百八十五条的规定享有拒证权，否则第三人有义务提交上述文书。第三百八十六条至第三百九十条的规定于此准用。

（3）法院可以命令将外国文的文书交由州行政部门依据州法律规定授权或指定的翻译人员，或具有同等资质的人员译出。翻译人员认证的译本方可被视为真实完整。译本中应载明翻译人员对译本的确认，翻译的地点与时间，翻译人员的授权、指定或同等资质，并加载翻译人员的签名。当事人可以举证证明译本是错误的或不完全的。本款第一句规定的命令不得向第三人作出。

第一百四十三条【命令提出文件】

法院可以命令当事人提出他所持有的、与本案件的辩论及裁判有关

---

① "无须送达"是指不必以法定方式送达，以不拘形式的通知即可。

的文书中的各种文件。

第一百四十四条【勘验；鉴定】

（1）法院可以命令进行勘验，并可命令鉴定人进行鉴定。法院可以要求当事人或第三人在一定期限内将勘验对象提交给法院。法院可以要求当事人容忍第一句规定的对勘验或鉴定对象的察看，只要这种察看不是在住所中进行。

（2）除非提交或者容忍并非合理要求，或者第三人根据第三百八十三条至第三百八十五条的规定享有拒证权，否则第三人有义务提交或容忍。第三百八十六条至第三百九十条的规定于此准用。

（3）此程序依照因申请而命令勘验或鉴定的规定进行。

第一百四十五条【诉之分离】

（1）基于正当理由，法院可以命令将在一个诉讼中提出的数个请求，分别在不同的诉讼程序中进行辩论。分离的裁判以裁定作出，裁定中应载明裁判理由。

（2）被告提起反诉，并且反诉中的请求与本诉中的请求在法律上没有牵连关系时，适用前款的规定。

（3）被告主张以其反对债权与原告在本诉中主张的债权相抵销，而二者在法律上并无牵连关系时，法院可以命令将本诉与抵销分别辩论；此时准用第三百零二条的规定。

第一百四十六条【攻击与防御方法的限制】

关于同一请求，提出数个独立的攻击或防御方法（起诉原因、抗辩、再抗辩等）时，法院可以命令先限制在一个或数个攻击或防御方法进行辩论。

第一百四十七条【诉之合并】

系属于同一法院的同一当事人或不同当事人的数个诉讼，如果作为诉讼标的的请求在法律上有牵连关系，或者是可以在一个诉讼中主张的，法院为了同时辩论和同时裁判，可以命令将数个诉讼合并起来。

第一百四十八条【因其他裁判的中止】

诉讼的裁判，全部或部分地决定于某一法律关系的成立或不成立，而此法律关系是另一已系属的诉讼的标的，或者是应由行政机关确定的，法院可以命令，在另一诉讼终结前或在行政机关作出决定前中止辩论。

第一百四十九条【因犯罪嫌疑的中止】

（1）在诉讼进行中，如有犯罪嫌疑，其调查对于裁判有影响时，法院可以命令在刑事诉讼终结前中止辩论。

（2）如果中止辩论已满一年，依当事人申请，法院应当恢复辩论。除非有重要原因表明中止应当继续。

第一百五十条【诉讼指挥裁定的变更】

法院对于其所发出的关于诉讼的分离、合并或中止的命令，可以撤销。第一百四十九条第二款规定的情形不在此限。

第一百五十一条（废除）

第一百五十二条【因婚姻撤销而中止】

诉讼的裁判取决于婚姻是否撤销而已提起撤销时，法院应依申请中止诉讼程序。撤销程序终结后，已中止的诉讼程序继续进行。

第一百五十三条【因否认父亲身份而中止】

诉讼的裁判取决于一名其父亲身份在否认之诉中被否认的男人是否为子女的父亲时，准用第一百五十二条的规定。

第一百五十四条【因婚姻或亲子关系的争议而中止】

（1）在诉讼进行中，当事人间就婚姻的成立或不成立存有争议，而诉讼的裁判取决于这个问题的裁判时，法院应依申请，在婚姻成立或不成立的争议以确认之诉解决前，中止诉讼程序。

（2）在诉讼进行中，当事人间就亲子关系存在或不存在，或就当事人一方对另一方有无亲权存有争议，而诉讼的裁判取决于这些问题的裁判时，准用前款的规定。

第一百五十五条【中止的取消】

第一百五十一条至第一百五十三条的情形下，作为中止原因的诉讼在进行中发生迟误的，法院可以依申请取消中止诉讼的命令。

第一百五十六条【辩论的再开】

（1）法院可以命令再开已终结的辩论。

（2）有下列情形之一者，法院应当再开辩论：

1.法院违反了诉讼程序中有关诉讼行为方式的规定（第二百九十五条），特别是违反了法官向当事人释明案件事实的义务（第一百三十九条），或是侵犯了当事人的法定听审请求权；

2.再开辩论基于的事实以适当方式向法院补交并充分证实（第五百七十九条和第五百八十条）；

3.在言词辩论期日终止与审理评议期日终止之间的期间，法官退休的（《法院组织法》第一百九十二条至第一百九十七条）。

第一百五十七条【审理中的授权】

在当事人诉讼中,诉讼代理人可以授权被指派给他的、参加见习服务的见习律师进行工作。

第一百五十八条【因诉讼指挥命令而缺席】

因维持法庭秩序而命令参与辩论的人退庭时,可以依申请,对此人与他任意退庭时作同样处理。

第一百五十九条【制作记录】

(1)对言词辩论和调查证据,应制作记录。应记录的事项、特别复杂的事实以及其他重大的事实,由书记官记录。

(2)在法庭以外而在初级法院法官前、在受命法官或受托法官前进行辩论时,准用前款的规定。只有在双方当事人一致申请时,和解辩论或依据第二百七十八条第五款在调解法官前进行的进一步争端解决尝试,才能被记录。

第一百六十条【记录的内容】

(1)记录应包括下列事项:

1.辩论地点与日期;

2.法官、书记官的姓名,有译员时,译员的姓名;

3.诉讼案件;

4.出庭的当事人、辅助参加人、法定代理人、诉讼代理人、辅佐人、证人以及鉴定人的姓名,在第一百二十八条之一的情形下,上述人参加庭审的地点;

5.关于辩论公开或不公开的记载。

(2)辩论的重要过程应予记载。

(3)记录中应明确记载下列事项:

1.认诺、请求的舍弃、和解;

2.请求;

3.规定应当记明的自认和关于请求讯问当事人的陈述以及其他陈述;

4.证人和鉴定人的陈述,以及当事人被讯问时的陈述;在再次讯问时,其陈述仅以与前陈述有不同者为限,记入记录;

5.勘验的结果;

6.法院的裁判(判决、裁定和命令);

7.裁判的宣示;

8.诉或上诉的撤回；

9.舍弃上诉；

10.调解的结果。

（4）参与辩论的人可以请求将某些情况或发言记入记录。法院认为明确这些情况或发言并无必要时，可以不准许。对于这个裁定，不得声明不服；此裁定应记入记录。

（5）将文书附于记录，并在记录中予以记明的，此时文书中的记载等于是记录中记载。

第一百六十条之一【暂时的记录】

（1）记录的内容可以用通用的速记方式，用他人可以了解的缩写字，或者在音响或文件存储设备中暂时予以记载。

（2）在此情形，应在闭庭后立即制作正式记录。第一百六十条第三款第四项与第五项所规定应予明确的事项，如果是用录音设备暂时记下的，应当将其完全记入记录中。如果有一名当事人在诉讼程序确定终结前提出请求，或者上诉法院要求时，应即将记录补充明确。如果第一百六十条第三款第四项规定应予明确的事项是直接采用的并且是临时记载其主要陈述内容的，就只能要求就陈述的主要内容加以补充。

（3）应当将暂时记录作成诉讼文卷。如不适于作成诉讼文卷时，由书记官将暂时记录同诉讼文卷一同保存。关于录音的记录，在下列情况下方可删除：

1.开庭后已制成记录，或已将临时记录补充明确，双方当事人在收到副本后一个月内并未提出异议；

2.诉讼程序已确定终结。

法院有中央数据存储设备的，暂时的记录存储在该设备中，而不以本款第一句所规定的方式保存。

（4）最终记录可以以第一百三十条之二规定的形式作出。

第一百六十一条【简略记录】

（1）在下列情况下，第一百六十条第三款第四项与第五项所明确的事项，不必记入记录：

1.受诉法院进行的讯问或勘验，而对该诉讼案件的终局判决并未提起控诉或上告时；

2.撤回起诉，对提起的请求认诺或舍弃，舍弃上诉，或诉讼因和解而终结。

（2）讯问当事人或实施勘验的事实,应记入记录之中。此时准用第一百六十条之一第三款的规定。

第一百六十二条【记录的认可】

（1）记录中依第一百六十条第三款第一项、第三项、第四项、第五项、第八项、第九项应明确记载的事项,或记入记录中的申请,应向参与辩论人宣读或使之阅览。记录内容系暂时记载的,只需向参与辩论人朗读,或放出录音即可。上述手续应在记录中记明,并应记明记录已被认可或者经参与辩论人提起异议。

（2）依第一百六十条第三款第四项明确记载的事项,如系参与辩论人在场时直接录入的,不用放出录音;但被录下其陈述的参与辩论人可以要求放出录音。依第一百六十条第三款第四项与第五项明确记载的事项,如系在参与辩论人在场时所口述的,如果他否认这些记载,可以放出他的录音,向他朗读或者使他阅览;此时应在记录中记入他曾否认过。

第一百六十三条【署名】

（1）记录应由审判长和书记官署名。如果记录内容的全部或部分是用录音机临时录下的,书记官应当查明笔记的内容是否正确,并署名予以确认;即使书记官没有出席法庭,也应当这样做。

（2）审判长因故不能署名时,由最年长的陪席法官代为署名;如果只有一名法官出庭而他也因故不能署名时,由制作记录的书记官署名。书记官因故不能署名时,可以仅由法官署名。不能署名的原因应在记录内记明。

第一百六十四条【记录的更正】

（1）记录中的错误,任何时候都可以更正。

（2）在更正之前,应讯问双方当事人;更正第一百六十条第三款第四项中应明确记载的事项时,还应讯问其他参与辩论的人。

（3）更正应记入记录;更正后,与原记录有关的附属文件作废。在更正记录上,应由原来曾在记录上署名的法官或只参与此次工作的法官署名;法官不能署名时,由制作记录的书记官署名。

（4）以第一百三十条之二规定的形式作出的更正,更正以单独的电子文档记录。该文档应与判决并在一起。

第一百六十五条【记录的证明力】

关于是否遵守为言词辩论所规定的方式,只能用记录来证明。只有在能证明记录是伪造时,方可否定记录中关于辩论方式的内容。

外国民事诉讼法译丛

德国民事诉讼法

第二节　送达程序[①]

第一目　依职权的送达

第一百六十六条【送达】

(1)"送达"是指将书状以该名义所规定的形式告知某人。

(2)依法或依法院裁定送达的书状,除另有规定外,依职权送达。

第一百六十七条【送达的溯及力】

如因送达而遵守期间、中断时效或依《民法典》第二百零四条[②]的规

① 2001年6月25日的《送达改革法》将送达概念重新定义(第一百六十六条第一款),《民事诉讼法》以此为基础对送达程序进行了重新构建。首先,改革送达体系。德国民事诉讼中的送达分为依职权送达和依当事人要求送达,改革前依当事人要求送达是一般情形,改革后依职权送达成为主要的送达方式。应当依职权进行的送达却依当事人要求进行,或者应当依当事人要求进行的送达依职权进行均使送达无效,将造成无法启动期间等法律后果。改革还简化了送达体系,将法院书记科作为统一的送达机关(第一百六十八条第一款),只有在其无法送达时,才由执行员或其他官厅实施送达(第一百六十八条第二款)。其次,增设送达方式。如规定可以通过附回执的挂号信进行送达(第一百七十五条),引入电子送达方式(第一百七十四条第三款)等。另外,改革扩展了补充送达的范围,取消了在营业场所内送达的营业时间限制,扩展了接收代理人的范围。改革后的送达程序更加简化,操作性增强。

② 《民法典》第二百零四条规定了消灭时效因权利追及而停止的情况:"(1)消灭时效由于下列原因而停止:1.提起给付之诉或请求权确认之诉,或诉请发给执行条款或发布执行判决;2.在关于未成年人扶养的简易程序中送达申请;3.在督促程序中送达督促通知,或依据欧盟第1896/2006号条例在欧洲督促程序中送达欧洲支付令;4.使递交给州司法行政机关设立或承认的调停机构的和解申请被通告,或者在双方当事人一致进行协商尝试的情形下,使递交给其他从事争议解决的调停结构的和解申请被通告;递交申请后旋即通告的,在递交申请时发生消灭时效的停止;5.在诉讼中主张请求权的抵销;6.送达诉讼告知;6A.送达为在格式程序申请书中所称请求权而提交的申请书,但以这些请求权与格式程序的确认目标系基于同一生活事实,且在格式程序有法律效力的终结后三个月以内,给付之诉或申请书中所称请求权的确认之诉被提起为限;7.送达进行独立证明程序的申请;8.所约定的鉴定程序开始;9.送达要求发布扣押、假处分或假命令的申请或者申请不被送达的,递交申请,但以假扣押命令、假处分或假命令自宣布或送达于债权人时起,一个月内被送达于债务人为限;10.在支付不能程序中或在航运法上的分配程序中申报请求权;11.仲裁程序开始;12.将申请递交机关,但以准许诉讼与否取决于机关的事先裁定,且在申请被处理后三个月以内提起诉讼为限;此规定准用于须在法院或第四项所称调停机构提出的、其是否被准许取决于机关的事先裁定的申请;13.将申请递交给上级法院的,但以上级法院须确定有管辖权的法院,且在申请被处理后三个月以内提起诉讼或提出须为之而确定审判籍的申请为限;14.使要求给予诉讼费用救助或程序费用援助的最初申请被通告;递交申请后旋即通告的,在递交时发生消灭时效的停止。(2)在确定裁判或已开始的程序以其他方式终结后,第一款所规定的停止状况经过六个月而结束。因双方当事人不进行程序致使程序处于休止状态的,以双方当事人、法院或其他处理程序的机构最终的程序行为代替程序的终结。当事人之一继续进行程序的,停止重新开始。(3)第一款第六项A、第九项、第十二项和第十三项的期间,准用第二百零六条、第二百一十条和第二百一十一条的规定。"

定延长时效,并且随即送达,法院对申请或声明的接收使之生效。

第一百六十八条【法院书记科的职责】

(1)法院书记科依第一百七十三条至第一百七十五条的规定实施送达。书记科也可以委托《邮政法》第三十三条第一款规定的企业,或其他司法公务员送达。书记科应将委托合同加具在专用的表格上。

(2)如果第一款规定的送达方式均无法送达,审判长或者由审判长委托的法庭成员,可以委任法院执行员或者其他官厅实施送达。

第一百六十九条【送达时间的证明;认证】

(1)书记科依申请对送达的时间进行确认。

(2)送达书状的认证由书记科进行。书记科在律师没有认证时进行认证。

(3)书面送达的副本也可通过机械方法进行认证。认证应加具法院印章,无须亲笔签名。副本以传真方式送达的,适用上述规定。

(4)文书可以作为经认证的电子副本送达。副本应载有书记官合格的电子签名。

(5)第一百三十条之二规定的司法电子文档可以作为正本送达;司法电子文档无须认证。

第一百七十条【向代理人送达】

(1)当事人无诉讼能力的,向其法定代理人送达。向无诉讼能力的当事人送达的,送达无效。

(2)受送达人不是自然人的,向其负责人送达。

(3)法定代理人或负责人有多人时,向其中一人送达。

第一百七十一条【向授权受送达人送达】

向通过法律行为选任的代理人送达,视为向被代理的当事人送达。在送达代理人时,代理人应提供书面委托书。

第一百七十二条【向诉讼代理人送达】

(1)在未决程序中,各审级的受送达人是该审级的诉讼代理人。下述程序行为影响该审级法院诉讼的,适用上述规定:提出异议,法院判决被撤销,程序再开,依据第三百二十一条之一的规定提出反对,强制执行程序中向法院提出新主张。执行法院的程序是第一审级程序。

(2)对于开启新审级的上诉状,受送达人是前审的诉讼代理人。如果已经为上诉程序选任了诉讼代理人,则向该代理人送达。当事人没有诉讼代理人,向其本人送达。

第一百七十三条【在工作地实际送达】

书状可以在受送达人或受送达人通过法律行为选任的代理人的工作地向其当面送达。此种送达应在书状与案卷中注明系实际交付,并注明送达日期;在向代理人送达时,应注明实际受领人的名字;依据第一百七十一条第二句的规定对书面委托书进行确认应予注明。进行交付的司法公务员应在注明中签字。

第一百七十四条【凭受领证书送达】

(1)向律师、公证员、法院指定的执行员、税务顾问,及其他因职业享有更高信赖的公共机构、法人或公法法人的送达,凭受领证书送达。

(2)对第一款规定的人群也可以通过传真送达书状。传真抬头应当标注"凭受领证书送达"的字样,并标明发送人,受送达人的名字和地址,负责传输的司法公务员的名字。

(3)对第一款规定的人群也可以通过电子文档送达。受送达人可包括其他明确同意这种传输方式的程序参与人。该文档必须加具电子签名并且防止第三人的无权察看。采用该方法进行传输的,应使用《De-mail电子邮件法》第一条规定的 De-Mail 服务。①

(4)法院收到寄回的受领证书上加具受送达人签名和日期的,送达有效。寄回受领证书可以采用书面形式、传真形式或者电子文档出具的形式(第一百三十条之一)。以电子文档寄回的,应当载有符合《电子签名法》规定的电子签名。

第一百七十五条【通过附回执的挂号信执行送达】

可以通过附回执的挂号信进行送达。有回执的,送达有效。

第一百七十六条【送达书状的方式】

(1)邮局、司法公务员、法院执行员被委任送达的,或其他机构被要求执行送达的,法院书记科应将待送达文书以信封密封,与填写完整的送达回证一并交付送达。

(2)送达应当符合第一百七十七条至第一百八十一条的规定。

第一百七十七条【送达的地点】

送达可以在遇到受送达人的任何地点进行。

---

① 2011 年 4 月 28 日颁布的《De-mail 电子邮件法》对 De-mail 电子邮件供应商的服务规范作出规定,其性质属于行政法律。

第一百七十八条【在住宅、营业场所、机构中的补充送达】①

(1)受送达人不在住所、营业场所、机构的,按下列方法送达:

1.如果在受送达人住所没有遇见受送达人,可以在其住所将书状送达给成年的家庭成员、家中雇佣的人员或者成年的长期共同居住人;

2.受送达人有营业场所的,可以向在该处工作的任何一个人补充送达;

3.受送达人在机构②中的,可以向该机构的领导或者被授权接收的代理人补充送达。

(2)第一款规定的人如果系诉讼对手,送达无效。

第一百七十九条【拒绝收受送达】

如无法律上的理由而拒绝受领送达,应即将应交付的书状留置于住所或营业场所。受送达人没有住所或营业场所的,送达的书状将会退回。在此种情况下,书状视为已送达。

第一百八十条【投入信箱的补充送达】

如果依据第一百七十八条第一款第一项或第二项规定的方法未能成功送达,可以将书状留置于住房或者营业场所所属的信箱或者类似的适合保存信件的地点。将书状投入信箱或类似地点即为送达。执行送达的人应将送达的时间在信封上注明。

第一百八十一条【留置的补充送达】

(1)第一百七十八条第一款第三项或者第一百八十条规定的补充送达不可能时,送达方可留置在送达辖区的初级法院书记科。委托邮局送达书状时,留置在该地邮局为此种情况所指定的地方。留置的情形应作成书面通知,依通常寄信方法,按受送达人的地址发出,如果无从寄发,可将书面通知张贴于该住所、营业场所或机构。书面通知一经发出即为送达。执行送达的人应将送达时间在信封上注明。

(2)留置书状应当保留三个月备取。三个月之后未被取走的书状,寄回寄件人。

---

① 第一百七十八条至第一百八十一条规定了补充送达。如果当事人、代理人或当事人领导无法找到、拒绝接受或无法接受而不能受送达,则进行补充送达,补充送达中的送达受领人均作为受送达人的法定代理人接受送达。在实践中,补充送达非常常见,半数以上的送达都是通过补充送达进行的。

② 这里的"机构"是指受送达人居住的某一共同场所,如养老院、培训中心、营房、收容所、医院、监狱等,但受送达人居住的酒店等不是共同场所。

第一百八十二条【送达回证】

（1）以第一百七十一条，第一百七十七条至第一百八十一条规定的方式送达的，回证以相应的格式制成。第四百一十八条的规定于此适用。

（2）送达回证必须包括：

1.受送达人的名字；

2.接受移交文书人的名字；

3.在第一百七十一条规定的情形下，说明委托书的提供；

4.在第一百七十八条至第一百八十条规定的情形下，选择特定送达方式的原因，根据第一百八十一条的规定作出的送达中，应记明以何种方法实施该条的规定；

5.在第一百七十九条规定的情形下，记明拒绝接受的事实，以及将书状留置送达处所或寄回寄件人的事实；

6.装有书状的信封上注明的送达日期；

7.送达的地点，日期，法院书记科认为必要的，注明送达的时间；

8.执行送达的人的姓名、签名，受委托的企业的名称，被要求执行送达的公共机构的名称。

（3）送达回证的原件或电子件应立即交回法院书记科。

第一百八十三条【在国外的送达】

（1）在国外的送达应当符合国际条约的约定。如果国际条约的约定允许，采用附回执的挂号信送达；否则，诉讼法院的审判长嘱托外国的官厅送达。

（2）根据第一款的规定无法送达的，德国驻该国的领事或公使或其他主管的公共机构送达。特别是在国际条约没有约定时，外国适格送达主体不愿提供司法协助的，或特殊情况需要的，适用本款第一句的规定。

（3）向在外国的享有豁免权的德国领馆人员或使馆人员送达时，诉讼法院的审判长嘱托德国驻该国的领事或公使送达。

（4）根据第一款第二句第一段的规定进行的送达，回执可证实送达生效，根据第二款和第三款的规定进行的送达，进行送达的公共机构提交的书证可证实送达生效。

（5）欧盟第 1393/2007 号条例的规定，2007 年 11 月 13 日的欧盟理事会《关于送达民商事案件中诉讼和非讼文书的法规》的规定，以及欧盟第1348/2000 号条例的规定于此不受影响。第一千零六十八条第一款和第一千零六十九条第一款的规定于此适用。

第一百八十四条【授权的受送达人;邮寄送达】

(1)依据第一百八十三条规定的方式进行送达时,法院指令当事人在合理期间内指定授权的受送达人,授权的受送达人不是诉讼代理人的,应在德国有住所或营业场所。没有授权受送达人的,以后直到授权为止的送达都可以按照当事人的地址交付邮局进行送达。

(2)交付邮局两周后,送达发生效力。法院可设定更长的期间。依据第一款作出指令时,法院应当向受送达人指出相应的法律后果。为证实书状的送达,案卷中应注明交付邮局的时间和书状邮寄的地址。

第一百八十五条【公告送达】

在下列情形下,书状可通过公告的方式送达:

1.受送达人居留地不明,且无法向代理人、授权受送达人送达;

2.应当在商业注册处登记国内营业地的法人,无法向其登记的地址、登记的授权受送达人的地址或者非经调查获取的其他国内地址送达;

3.在国外的送达无法实施或者预计不能成功;

4.因向依《法院组织法》第十八条至第二十条不受司法管辖的人的住所进行送达而无法实施。

第一百八十六条【公告送达的命令和实施】

(1)公告送达由受诉法院不经言词辩论作出裁判。

(2)公告送达通过在法院公告栏张贴通告,或在法院公开访问的电子信息系统公布通告而实施。也可在法院为公布通告建立的电子信息通信系统中进行公布。通告应载明下列各项:

1.送达人;

2.受送达人和受送达人最后的地址;

3.日期,书状文号,诉讼标的;

4.可以查看书状的地点。

通告必须包含对公告送达的提示,对送达启动期间的提示以及与此相关的法律不利。在公告传唤参加期日时,指出迟误期日的法律不利后果。

(3)张贴和取下通告的日期都应当在案卷中注明。

第一百八十七条【通告的公布】

受诉法院也可以决定在联邦公报或其他出版物上一次或数次公布通告。

第一百八十八条【公告送达的生效时间】

公告送达中,通告张贴满一个月的,发生送达效力。受诉法院可以规定更长的期间。

第一百八十九条【送达瑕疵的补正】

不能证明进行了符合形式规定的送达或者书状的接收违反了强制性送达规范的,书状在其实际到达相关人的时候视为送达,只要以前依法向该人进行过送达或者可以依法向其送达。

第一百九十条【送达的标准格式】

联邦司法部为简化并统一送达程序,在得到联邦议院的批准后,有权发布法律性命令,颁布格式以作说明用。

第二目 因当事人要求的送达

第一百九十一条【因当事人要求送达】

允许因当事人要求送达的,准用依职权送达的规定,本法另有规定的除外。

第一百九十二条【法院执行员的送达】

(1)因当事人要求的送达,由第一百九十三条、第一百九十四条规定的执行员进行。

(2)当事人将待送达书状连同需要的副本交给执行员。法院执行员应认证副本;执行员也可自行准备不足的副本。

(3)在初级法院的程序中,当事人可通过受诉法院书记科使执行员送达书状。此时书记科指示执行员进行送达。

第一百九十三条【送达的实施】

(1)法院执行员应在待送达书状的原件或用以附在原件后的表格上注明书状依据第一百八十二条第二款送达,并注明要求送达人的名字。以邮寄送达的,应注明邮寄的日期和地址。

(2)法院执行员应在交付的书状上注明送达的日期,执行员交付认证的送达回证副本的除外。

(3)送达回证由要求送达的当事人取得。

第一百九十四条【委托邮局送达的实施】

(1)如果法院执行员委托邮局进行送达,执行员应在待送达书状上注明要求送达的人。法院执行员应在待送达书状的原件或移交的附表上注明邮件已交付邮局,并注明受送达人的地址,法院执行员的名字及书状文号。

(2)邮局应立即将送达回证交回法院执行员。

第一百九十五条【律师向律师的送达】

(1)双方当事人都由律师代理时,书状的送达可以由律师将书状转交给另一方律师(律师向律师的送达)。依本法的规定应依职权送达的书状,如果法院没有同时向对方当事人发出命令,也可以由律师向律师送达。书状应当包含由律师向律师送达的表示。如果法院必须在送达后方可作出裁判,此种送达须通知法院。第一百七十四条第二款第一句、第三款第一句和第三句于此准用。

(2)受送达的律师出具的载有签名和日期的受领证书,可证明送达。第一百七十四条第二款第二句和第三句的规定于此准用。应受领人的要求,实施送达的律师应当对送达出具反证明。

第一百九十六条至第二百一十三条(废除)

第三节　传唤　期日　期间

第二百一十四条【传唤】

传唤于期日到场,依职权进行。

第二百一十五条【在传票中催告指定律师】

(1)传唤到场进行言词辩论时,应告知被传唤人不到场的法律后果(第三百三十条至第三百三十一条之一)。告知应包含第九十一条和第七百零八条第二项所规定的法律后果。

(2)在律师诉讼中,如果不是对律师进行送达,应在进行言词辩论的传票中,附有命当事人指定律师的催告。

第二百一十六条【指定期日】

(1)对于当事人提出的申请或陈述,必须经过言词辩论后方可裁判,或者法院命令进行言词辩论时,这种言词辩论的期日,依职权指定。

(2)审判长应立即指定期日。

(3)非有紧急情况,不得在星期日、一般节日或星期六指定期日。

第二百一十七条【传唤期间】

在已系属的案件中,传票送达后至指定的期日之间的期间(传唤期间),在律师诉讼中至少为一周,在其他诉讼中至少为三天。

第二百一十八条【免除传唤】

在宣示判决时指定期日的,无须传唤当事人,但第一百四十一条第二款的效力不受影响。

第二百一十九条【期日地点】

(1)除到现场进行勘验,讯问不能到法院出庭的人,以及不能在法庭内进行的其他行为外,期日内的行为在法庭内进行。

(2)联邦总统没有亲自到法院出庭的义务。

第二百二十条【案件开启;迟误期日】

(1)期日以该案件的开启为开始。

(2)当事人直到期日终结,不进行辩论者,即为迟误期日。

第二百二十一条【期间的开始】

裁判上的期间,在决定期间时没有其他规定的,从指定期间的书状送达时开始进行;无须送达的,从宣示期间时开始。

第二百二十二条【期间的计算】

(1)关于期间的计算,适用《民法典》的规定。

(2)期间的最后一日是星期日、一般的节日或星期六时,期间在其下一个工作日届满时终结。

(3)以小时确定期间的,在计算期间时,星期日、一般的节日和星期六均不计入。

第二百二十三条(废除)

第二百二十四条【期间的缩短和延长】

(1)除不变期间外,期间可以由当事人达成的合意缩短。不变期间仅指本法规定为不变期间的期间。

(2)法定期间与裁判上的期间,在说明重大理由后,可以申请延长或缩短。但法定期间的延长或缩短,以有特别规定者为限。

(3)延长期间时,除各情形另有规定外,新的期间从原期间届满时起算。

第二百二十五条【改变期间的程序】

(1)申请缩短或延长期间,可以不经言词辩论而裁判。

(2)缩短或再次延长,必须在讯问对方当事人后,方可准许。

(3)对驳回申请延长期间的裁定,不得声明不服。

第二百二十六条【申请期间的缩短】

(1)应诉期间、传唤期间、为送达准备书状所规定的期间,可以因申请而缩短。

(2)应诉期间和传唤期间,即使因其缩短而不能准备言词辩论的书状,仍得缩短。

（3）审判长在指定期日时，无须预先讯问对方当事人和其他关系人，即可命令缩短期间；此命令应以副本通知关系人。

第二百二十七条【期日的改变】

（1）有重大理由时，可以取消期日或变更期日，也可以延期辩论。但下列各项不得作为重大理由：

1.当事人不出场或预告不出场，而法院认为，当事人不能出场并非无过失；

2.当事人没有充分理由而欠缺准备；

3.当事人双方自行谅解。

（2）在审判长的要求下，对重大理由应予说明；在法院要求下，对申请延期辩论应予说明。

（3）定在 7 月 1 日至 8 月 31 日之内的期日，除宣示裁判的期日外，如在发出传票或决定期日后一周内提出申请，可予以延期。但此项不适用于：

1.假扣押案件、假处分案件或暂时命令的案件；

2.关于转让、使用、搬迁或交付住房或者根据《民法典》第五百七十四条至第五百七十五条之二①继续住房租赁关系的诉讼案件；

3.（废除）

4.票据或支票案件；

5.就已开始的建筑工程的继续发生争议的建设案件；

6.基于向未取得物之抵押的人转让或交付该物而发生的诉讼；

7.强制执行程序；

8.仲裁案件中的执行宣告程序或实施法官的行为。

在多数请求中，只要有一个请求具备上述要件即可。程序需要特别加快时，对延期申请不予准许。

（4）期日的取消和延展由审判长不经言词辩论作出裁判；辩论的延期由法院裁判。裁判应附有简短理由。对此裁判不得声明不服。

---

① 《民法典》第五百七十四条至第五百七十五条之二分别规定了承租人对通知终止的异议，提出异议使用租赁关系的延续，异议的形式和期间，发生意料外情况时使用租赁关系的进一步延续，限定期间的适用租赁合同以及遵守法定期间的特别通知终止。

第二百二十八条(删除)

第二百二十九条【受命法官或受托法官】

本节内所定法院和审判长的权限,在由受命法官或受托法官决定期日和期间时,由受命法官或受托法官行使。

第四节　迟误的结果　迟误的补救　回复原状

第二百三十条【迟误诉讼行为的结果】

迟误诉讼行为的一般结果是当事人不得再进行该项诉讼行为。

第二百三十一条【不发警告;补行诉讼行为】

(1)因迟误而发生的法定结果,无须预先警告;除了依本法的规定,需经过申请始能发生的失权以外,当然发生失权的结果。

(2)在前款后段规定的情形下,尚未提起申请,而且关于申请的言词辩论尚未终结的,可以补行所迟误的诉讼行为。

第二百三十二条【对补救措施的说明】

所有可以声明不服的法院裁判都应当对可为的救济进行说明,如异议、反对、抗议等,应说明受理救济的法院,受理救济法院的所在地,以及救济的形式要件和期限。当事人必须由律师代理的诉讼不适用上述规定,除非是作出关于异议或反对的说明或者是向证人、鉴定人作出说明。关于飞跃上告,无须说明。

第二百三十三条【回复原状】

当事人非因过失而未能遵守不变期间、提出控诉或上告的理由的期间、提出抗告理由的期间或第二百三十四条第一款的期间,可以准其申请回复原状。如果未对可用的法律救济作出说明,或说明不充分的,视为非因当事人过失。

第二百三十四条【回复原状期间】

(1)回复原状,应在两周以内申请。当事人未能遵守提出控告、上告、对不许可上告的抗告、法律抗告的理由的期间,申请回复原状应在一个月以内提出。

(2)回复原状期间自障碍消失之日开始。

(3)迟误期间已满一年的,不得再申请回复原状。

第二百三十五条(删除)

第二百三十六条【回复原状的申请】

(1)回复原状的申请的形式,依对迟误的诉讼行为所适用的规定。

（2）申请中应载明回复原状的理由；此点应在提出申请时或在作出声明的程序中说明。在申请期间应补行已经迟误的诉讼行为；如果已补行迟误的诉讼行为时，也可以不经申请而准许回复原状。

第二百三十七条【回复原状的管辖】

对回复原状的申请，由裁判补行的诉讼行为的法院裁判。

第二百三十八条【回复原状的程序】

（1）申请回复原状的程序与应补行的诉讼行为的程序，合并进行。但法院可以先将程序限制在对申请的辩论与裁判上。

（2）关于准许申请与否的裁判，以及对裁判申请不服，适用关于补行的诉讼行为的规定。提起申请的当事人不得提出异议。

（3）对回复原状不得声明不服。

（4）回复原状的费用，以非因对方当事人提出无理由的异议所产生的为限，由申请人负担。

第五节　诉讼程序的中断和中止

第二百三十九条【由于当事人死亡的中断】

（1）当事人一方死亡时，在承继人承受诉讼以前，诉讼程序中断。

（2）承继人迟延承受时，依对方当事人的申请，应传唤承继人命其承受诉讼并同时进行本案辩论。

（3）传票应与申请书状一并送达承继人本人。传唤期间由审判长确定。

（4）承继人在期日不出庭时，依申请，应视为承继人已自认所主张的诉讼承继，并即进行本案辩论。

（5）继承人在承认继承前，没有续行诉讼的义务。

第二百四十条【由于支付不能程序的中断】

对一方当事人的财产宣告支付不能程序时，在依关于支付不能的规定而承继诉讼或支付不能的程序终结之前，关于支付不能的财团的诉讼程序中断。在对债务人财产的管理和处分的权能被移交给支付不能程序中的临时管理人时，亦同。

第二百四十一条【由于无诉讼能力的中断】

（1）当事人一方丧失诉讼能力，或当事人的法定代理人死亡或法定代理人的代理权消灭而当事人尚无诉讼能力时，在法定代理人或新法定代理人将其就任法定代理人的事实通知法院之前，或者在对方当事人将其续行诉讼的意图通知法院而法院将这种通知依职权送达前,诉讼程序中断。

(2)法定代理人的通知,应送达他所代理的当事人的对方当事人;对方当事人的通知应送达代理人。

(3)本条的规定,在任命遗产管理人时准用。

第二百四十二条【由于后顺位继承的中断】

在先顺位继承人与第三人间就属于后顺位继承的标的物进行的诉讼中,后顺位继承开始时,如果先顺位继承人有权不经后顺位继承人同意而处分该标的物,关于诉讼程序的中断和承受,准用第二百三十九条的规定。

第二百四十三条【遗产保护与遗嘱执行】

在诉讼程序由于当事人一方死亡而中断时,如果法庭选任了遗产管理人,或者有能够进行诉讼的遗嘱执行人时,关于诉讼程序的承受,准用第二百四十一条的规定,如果遗产宣告破产,准用第二百四十条的规定。

第二百四十四条【由于律师欠缺的中断】

(1)在律师诉讼中,当事人一方的律师死亡或者不能继续代理当事人时,在新选定的律师将其被选任的事实通知法院并由法院依职权将通知送达于对方当事人之前,诉讼程序中断。

(2)前项通知有迟延时,依对方当事人的申请,应传唤当事人本人进行本案言词辩论,或者催告当事人在审判长所定期间内选任新律师。当事人不执行此项催告时,视为其已经承受诉讼程序。在当事人以后通知选任新律师之前,所有书状向负有通知义务的当事人送达。

第二百四十五条【由于司法停止的中断】

由于战争或其他事故,法院停止工作时,在这种状态继续期间,诉讼程序中断。

第二百四十六条【在第二百三十九条、第二百四十一条、第二百四十二条情形中的中止】

(1)在当事人死亡、丧失诉讼能力、法定代理人欠缺、任命遗产管理人或后顺位继承开始(第二百三十九条、第二百四十一条、第二百四十二条)的情形,如果有诉讼代理人时,诉讼程序不中断;但受诉法院依诉讼代理人的申请,应命令中止诉讼程序,在当事人死亡与后顺位继承的情形中,应依对方当事人的申请而命令中止诉讼程序。

(2)中止期间的长短,与诉讼程序的承受,依照第二百三十九条、第二百四十一条至第二百四十三条的规定;在当事人死亡与后顺位继承的情形,传票与申请传唤的书状应送达诉讼代理人。

第二百四十七条【因交通中断而中止】

由于官厅的命令、战争或其他事变,当事人所在地与受诉法院交通隔绝时,法院也可以依职权在阻碍消除前中止诉讼程序。

第二百四十八条【中止的程序】

(1)中止诉讼程序的申请,向受诉法院提出;也可以向书记官陈述,由其作成记录。

(2)裁判可以不经言词辩论作出。

第二百四十九条【中断和中止的效果】

(1)诉讼程序中断或中止后,各种期间停止进行,在中断或中止终结后,全部期间重新开始。

(2)在中断或中止期间,一方当事人就本案所进行的诉讼行为,对于另一方当事人不发生法律上的效力。

(3)在言词辩论终结后发生中断时,不妨碍根据这种言词辩论所作出的裁判的宣示。

第二百五十条【承受和通知的形式】

中断或中止的诉讼程序的承受,与本节所规定的通知,将提交给法院的书状予以送达即可。

第二百五十一条【诉讼程序的中止】①

当事人双方请求中止诉讼程序,或者当事人双方在和解中,或有其他重大理由,法院认为命令中止为适当时,应命令中止诉讼程序。命令中止诉讼程序,对于第二百三十三条中的期间的进行,不生影响。

第二百五十一条之一【当事人双方迟误;依记录而裁判】

(1)当事人双方在期日不到场或不进行辩论,法院可以依现存的记录而裁判。

(2)只有在此前的一个期日中进行过言词辩论,方可依现在的记录作出判决。此种判决至少要在两周后宣示。法院应将宣示判决的期日不拘形式地通知未出庭的当事人。如果当事人至迟在宣示判决期日前第七天

---

① 修改前本条第二款规定在诉讼中止的三个月内,当存在重要情形并经法院同意时,程序方可继续进行。修改后将该条款删除,因为该期间不存在客观的正当理由,且三个月的中止期间对法院诉讼安排并非必要。

提出申请,并且说明其不出庭并非由于自己的过失而且不能及时请求变更期日,法院即指定新的言词辩论期日。

（3）如果法院未依现存的记录作出裁判,也没有按照第二百二十七条的规定予以延期,法院应命令中止诉讼程序。

第二百五十二条【上诉】

根据本节规定,或者根据其他的法律规定而命令中止诉讼程序或拒绝中止诉讼程序时,对于命令或拒绝的裁判,可以提起即时抗告。

第二编　第一审程序[①]

第一章　州法院诉讼程序

第一节　判决前的程序

第二百五十三条【诉状】

（1）起诉，以书状（诉状）的送达进行。

（2）诉状应记明下列各点：

1.当事人与法院；

2.提出的请求的标的与原因，以及一定的申请。

（3）此外，诉状还应说明：

1.在提起诉讼前，是否进行调解或适用其他替代性纠纷解决机制，是否存在不采取上述程序的理由；

2.在法院管辖决定于诉讼标的价额，而诉讼标的并不是一定的金额时，诉状应记明诉讼标的的价额；

3.是否有不能将案件交付独任法官的原因。

（4）除此之外，关于准备书状的一般规定，也适用于诉状。

（5）应当送达的诉状和当事人的其他声明与陈述，都应当用书面提出，并且按照其送达或通知所需要的份数，附具副本提交给法院。电子文档形式的诉状无须提交副本。

第二百五十四条【阶段诉讼】

在提起请求计算之诉、请求提出财产目录之诉或请求为代替宣誓而提供担保之诉时，合并提起请求被告交付因各原因法律关系而应交付的物的诉讼时，在通知计算结果、提出财产目录或提供代替宣誓的担保之

---

① 本编对州法院和初级法院第一审民事诉讼的步骤、顺序、方式和方法等基本程序作出规定，内容涉及第一审民事诉讼的起诉方式、诉状要件、诉之种类、诉之变更与撤回、当事人攻击和防御方法、自由心证、审判上的自认、判决的形式与期日、判决的内容、独任法官程序、证据调查的一般规定、证据手段等内容。从立法体例与结构上看，本编与其他国家的民事诉讼程序立法存在两点主要差异：一是以州法院的诉讼程序为民事第一审中的基本程序，二是将有关证据调查及证据手段的内容规定在州法院的第一审程序中。

前,原告可以暂不提出其所请求的给付而保留以后提出的权利。①

第二百五十五条【在判决中规定期限】

(1)原告在被告不于所定期间届满前履行原告提出的请求时,如果有权请求不履行的损害赔偿或解除契约,可以请求在判决中规定期限。

(2)原告在被告不于所定期间届满前提供原告请求的担保时,如果有权请求命令管理,或者在《民法典》第二千一百九十三条第二款②规定的情形,原告有权要求规定履行负担的期间,在这两种情形原告都可以请求在判决中规定期间。

第二百五十六条【确认之诉】

(1)确定法律关系成立或不成立的诉讼,承认证书的诉讼,或确定证书真伪的诉讼,只在法律关系的成立与否、证书的真伪由法院裁判并即时确定、对于原告有法律上的利益时,原告方可提起。

(2)在诉讼进行中,原告和被告就法律关系的存在或不存在存有争议,而该诉讼的裁判的全部或一部分是以此法律关系为据时,原告可以在作为判决基础的言词辩论终结前,提起原诉讼申请的扩张、被告可以提起反诉,申请以裁判确定该项权利关系。

第二百五十七条【将来给付之诉】

原告主张没有对待给付的金钱债权,或请求迁让土地,或请求迁让非供居住的场所时,如果这些请求是限于一定的历日期③的,原告可以提起将来给付或迁让的诉讼。

第二百五十八条【反复给付之诉】

在定期反复给付的情形,对于作出判决后到期的给付,也可以提起将来支付的诉讼。

第二百五十九条【因可能不履行的诉讼】

除第二百五十七条、第二百五十八条规定的情形外,根据情况,债务人有到期不履行的可能时,也可以提起将来给付的诉讼。

---

① 即原告在起诉时可暂不提出给付种类和确定数额,待有计算结果后再行提出。此时诉讼分为两个阶段进行,所以称为阶段诉讼。

② 《民法典》第二千一百九十三条规定了受益人的确定及执行期间,第二款规定:"被加重负担者享有确定权的,如其被有既判力地判决执行负担,则原告可以向被加重负担者指定适当的执行期间;在期间届满后,该项执行未适时发生的,原告有权作出确定。"

③ "历日期",即约定到来的日期。

第二百六十条【请求的合并】

原告对于同一被告有数请求，各请求虽系基于不同的原因，但只要都属于受诉法院管辖，又可按同一种诉讼程序进行时，可以合并为一个诉讼。

第二百六十一条【诉讼系属】

（1）诉讼案件于起诉时即发生诉讼系属。

（2）在诉讼进行中提起的请求，如该请求是在言词辩论中提起的，即发生诉讼系属；或者在符合第二百五十三条第二款第二项的要件的书状送达时发生诉讼系属。

（3）诉讼系属有下列效力：

1.在诉讼系属期间，当事人双方都不能使该诉讼案件另行发生系属关系；

2.受诉法院的管辖不因决定管辖的情况有变动而受影响。

第二百六十二条【诉讼系属的其他效力】

民法中关于诉讼系属的其他效力的规定，不受影响。这些效力以及民法中所规定的因诉的提起、诉讼通知或审判上的诉讼告知、被告的传唤与应诉而生的一切效力，都从起诉时开始发生，第一百六十七条的规定于此不适用。

第二百六十三条【诉之变更】①

诉讼系属发生后，在被告同意或法院认为有助于诉讼时，准许作出诉之变更。

第二百六十四条【不视为诉之变更】

如果不变更诉的原因，下列各种行为不视为诉之变更：

1.补充或更正事实上或法律上的陈述；

2.扩张或限制关系本案或附属请求的诉讼申请；

---

① 1877年的《民事诉讼法》规定，一审中只有在被告同意的情况下才允许诉的变更，在二审中完全不予允许。由于存在较多被告恶意利用这一规定的情况，造成实质上的有失公允，1898年的修订法作出了修改，规定如果诉的变更不会极大地增加被告防御的难度，则允许在一审中进行诉的变更。1924年的修订法允许任何有利于查明事实的诉的变更，但仍然局限于一审程序之中。1933年的修订法将诉的变更扩展到第二审。第三次、第四次简化修订法参考《奥地利民事诉讼法》第四百三十八条第三款的规定明确控诉审中诉的变更不合法。1950年的《法律统一法》恢复了1933年修订法的相关规定。2001年《民事诉讼改革法》又极大地限制了第二审中诉的变更（第五百三十三条）。

3.因事后发生的情事变更而请求其他诉讼标的或利益,以代替原来所请求的诉讼标的。

第二百六十五条【系争物的转让】

(1)诉讼系属发生后,当事人一方或他方仍有转让系争物或移转其所主张的请求权的权利。

(2)转让或移转对诉讼不生影响。在未经对方当事人同意时,承继人无权代替原权利人作为主当事人而承受诉讼或提起主参加。承继人为从参加人而参加诉讼时,不适用第六十九条的规定。

(3)原告已作出转让或移转后,依第三百二十五条判决对承继人不生效力时,被告可以向原告提起抗辩,主张原告再无权主张其请求。

第二百六十六条【土地的转让】

(1)关于就土地有所请求的权利的存在与否,或者附着于土地上的义务的存在与否,在占有人与第三人之间,发生诉讼系属时,如土地经转让后,承继人在诉讼的现在程度有权作为主当事人而承当诉讼,如经对方当事人申请,承继人并有义务承受诉讼。关于在已登记的船舶或建造中船舶上的义务的存在与否的诉讼,准用此规定。

(2)前款的规定,如果违反了民法中为从无权利人受权利之移转的人的利益而作的规定时,不适用。在此种情形,如果原告转让其权利,适用第二百六十五条第三款的规定。

第二百六十七条【对诉之变更的同意的推定】

被告对于诉之变更,不表示异议而就变更后的诉进行言词辩论的,视为同意诉之变更。

第二百六十八条【不得声明不服的裁判】

对于认为无诉之变更的裁判或准许诉之变更的裁判,不得声明不服。

第二百六十九条【诉之撤回】

(1)原告只能在被告未就本案开始言词辩论前,可以不经被告同意而撤回诉讼。

(2)撤回诉讼以及使撤回生效的必要的被告的同意,应向法院表示。未在言词辩论中表示的撤回诉讼,须提出书状表示。如果撤回诉讼生效以被告同意为必要,书面申请应当送达被告。如果被告已预先被告知下述法律后果,则书面申请送达被告之日起两周的不变期间内,被告对撤回诉讼没有提出反对的,视为被告同意撤回诉讼。

(3)诉讼撤回后,视为未发生诉讼系属;如判决已经宣示而尚未确定,判决失其效力,无须经过明示的撤销。关于诉讼费用,如未经生效判决确定或被告由于某种原因应当负担费用,则原告有费用承担义务。如果诉之动因在诉讼系属之前被取消因而诉被立即撤回,则费用承担义务在考虑此前案件事实和争议情况的基础上根据公平裁量进行裁判;诉未被送达时,亦同。

(4)对第三款规定产生的影响,法院依申请作出裁定。准许被告获得诉讼费用救助的,法院依职权确定费用。

(5)本案诉讼价额高于第五百一十一条规定之数额的,可以即时抗告。确定费用的裁定已经发生既判力的(第一百零四条),不得抗告。

(6)诉在撤回后被重新提起时,被告在收到诉讼费用的偿付前可以拒绝应诉。

第二百七十条【不拘形式的送达】

如果起诉状或者书面申请涉及实体请求,书面申请及其他当事人声明不能采用不拘形式的通知,除非法院决定为之。通过邮局寄送的,如果当事人的住宅在当地投递范围之内,则通知在交付邮局的下一个工作日生效,其他情况在交付邮局后的第二个工作日生效,除非当事人说明没有收到通知或是在较迟的时间收到。

第二百七十一条【诉状的送达】

(1)诉状应立即送达。

(2)送达诉状时,应同时要求被告,如果他要向原告提出防御方法,应即选任律师。

第二百七十二条【加快诉讼程序】

(1)诉讼通常应当在一次经充分准备的言词辩论期日(主期日)结束。

(2)审判长或者指定一次终结的言词辩论期日(第二百七十五条),或者就命令进行书面准备程序(第二百七十六条)。[①]

(3)言词辩论应尽早举行。

(4)迁房诉讼的事项有优先权,应加快诉讼程序。

第二百七十三条【期日的准备】

(1)法院应及时地采取必要的准备措施。

(2)为进行任何一种期日的准备,受诉法院的审判长或他所指定的法院成员可以:

1.命令当事人对其准备书状加以补充或解释,命令当事人提出文书并将其他适当的标的物交存于法院,特别是定一期间命当事人对应予说明的一定争点加以说明;

2.嘱托官厅或担任公职的人使其向法院说明文书的内容或提出官方报告;

3.命令当事人本人到场;

4.传唤当事人所举出的证人和鉴定人,进行言词辩论,并依第三百七十八条发出命令;

5.依第一百四十二条和第一百四十四条发出命令。

---

① 审前程序的出现,是集中审理的要求。1924 年的法律修订规定了民事诉讼程序中的集中审理原则,明确言词辩论原则上只举行一次,并引入对言词辩论进行准备的审前程序。实施审前程序的独任法官有下述两项权力:一是有权要求当事人在期间内实施必须承担法律后果的诉讼行为;二是有权帮助当事人整理争点并审查证据,以便在案件缺乏早期终结的条件时做好开庭审理准备,并移交合议庭进行正式审理。1933 年的修订引入的关于当事人真实义务的规定,则进一步促进了案件的集中审理。对审前程序作出最重要改革的是 1976 年的《简化修订法》,改革再次强化了集中审理原则,带来了审前程序的重大革新,规定法院有义务尽量将程序集中到唯一的一次期日,并规定了全面的言词辩论准备期日和解决争议的主期日。为完成准备工作,法官可以选择适用先期首次期日程序或书面准备程序,或者交叉适用两种程序。选择先期首次期日程序时,受诉法院的审判长或审判长所指定的法院成员可以为被告规定期间,要求被告提出书面答辩状,或者要求被告将他要提出的防御方法立即通过他所选任的律师以书状提交给法院。如果先期首次期日未能终结诉讼,法院可以对诉讼的继续进行准备工作,要求当事人对书状进行补充或详细说明,澄清存疑事项,或命令当事人本人到场等。法院应在首次期日为被告指定书面答辩期间,如果原告针对被告的答辩需要进行再答辩,法院应为原告指定再答辩期间。选择书面程序时,法院应当在向被告送达起诉状时要求其在两周的不变期间内以书面形式表明答辩意愿,并另外为被告指定至少两周的书面答辩期间。如果被告承认原告的诉讼请求,则法院作出认诺判决;如果被告未依法答辩,则法院依原告申请作出缺席判决;如果被告答辩,则法院为原告指定对答辩状发表意见的期间。

（3）第二款第四项、第五项的事项，只在被告已对诉讼声明提出异议时，才命令办理。对根据第二款第四项发出的命令，准用第三百七十九条的规定。

（4）以上各种命令，均应通知双方当事人。命令当事人本人到场时，适用第一百四十一条第二款、第三款的规定。

第二百七十四条【传唤当事人；应诉期间】

（1）指定言词辩论期日后，应即由书记科传唤当事人。

（2）法院指定一次终结辩论期日后，应将传票与诉状一并送达被告。

（3）从送达诉状到言词辩论期日，至少应有两周的期间（应诉期间）。在外国送达时，应诉期间由审判长在指定期日确定。

第二百七十五条【言词辩论的先期首次期日】

（1）为准备言词辩论的先期首次期日，受诉法院的审判长或他所指定的法院成员可以给被告规定期间，命其提出书面答辩状。或者应当要求被告将他要先提出的防御方法立即通过他所选任的律师以书状提交给法院。第二百七十七条第一款第二句于此准用。

（2）在言词辩论的先期首次期日，诉讼程序不能终结时，法院应就为准备主期日发出必要的各种命令。

（3）被告对于原告之诉没有提出答辩或没有提出足够的答辩，并且也没有按第一款的规定对被告规定期间时，法院在期日内应规定提出书面答辩的期间。

（4）法院在期日内或收到答辩状后应规定期间命原告对答辩提出书面意见。审判长也可以在期日外规定期间。

第二百七十六条【书面准备程序】

（1）如果审判长没有指定言词辩论的先期首次期日，则在将诉状送达被告时，应当催告被告，如果被告要对原告提起的诉讼为自己辩护，则应当在诉状送达后两周的不变期间内以书面形式向法院提出；此项催告，应通知原告。同时，还应再规定至少两周期间命被告提出答辩状。诉状如在国外送达时，审判长应依第一句规定期间。

（2）在催告时，应向被告告知迟误第一款第一句所定期间的结果，并告知被告，如果他要对原告之诉提出抗辩，只能通过他所选任的律师进行。依第三百三十一条第三款对缺席审判的告知应当包括对第九十一条和第七百零八条第二项规定的法律后果。

（3）审判长可以规定期间命原告对答辩提出书面意见。

第二百七十七条【答辩】

(1)被告应当按照诉讼的程度和程序上的要求,在答辩中提出为进行诉讼所必要与适当的防御方法。答辩中还应表明,是否有不能将案件交付独任法官的原因。

(2)应当告知被告,答辩应当通过他选任的律师向法院提出,并告知迟误期间的结果。

(3)按照第二百七十五条第一款第一句与第三款提出书面答辩的期间至少为两周。

(4)对于答辩所提出的书面意见,准用第一款第一句和第二款、第三款。

第二百七十八条【诉讼的友好解决;和解辩论;和解】①

(1)不问诉讼到何程度,法院应当注意使诉讼或各个争点得到友好的解决。

(2)为使诉讼得到友好的解决,法院在言词辩论之前应首先召开和解辩论,除非当事人在庭外调解所已进行过和解尝试或者诉讼外和解明显无望。和解辩论中,法官应就案件事实与法律争议状态与当事人进行讨论,不受限制地评估全部情况并在有需要时对当事人发问,应听取出席的

---

① 2001年的民事司法改革修改了本条规定。修改前的条文如下:"(1)不问诉讼到何程度,法院应注意诉讼或各个争点得到和好的解决。法院为试行和解,可以把当事人移交给受命法官或者受托法官。(2)为了试行和解,可以命当事人本人到场。如命本人到场的,适用第一百四十一条第二款的规定。"和解制度的发展在德国经历了一个较为曲折的过程,早期的民事诉讼法实行任意和解制度,该制度在1924年的法律修订中被取消,代之以强制和解制度。1950年的法律改革又废除了强制和解,规定了诉讼的"友好解决",1976年的修订法进行了调整,但主要精神仍保持不变。传统上,德国民事诉讼中的调解文化并不发达,当事人合意解决矛盾的调解程序遭遇了消极的法律、政治和社会环境。因此2001年的民事诉讼改革规定了法定调解,在言词辩论前增设了和解辩论程序并强调庭外调解。修改后的和解辩论的一般程序如下:除法律另有规定外,通常应先进行和解辩论;当事人双方均未到场的裁定中止诉讼,一方当事人到庭的直接进入言词辩论程序;达成和解协议的,以和解终结诉讼,未达成和解协议的,进入言词辩论程序;当事人接受法院外调解建议的,裁定停止诉讼,法院外调解未达成协议的,进入言词辩论程序。改革后的强制和解辩论程序主要有三个特点:一是和解辩论程序适用于所有一审民事诉讼程序,除非法律另有规定,法院不得以自由裁量拒绝适用;二是强制和解辩论程序一定情况下可以在法院外的联邦司法行政部门所设立的或承认的其他调解机构中进行;三是和解辩论程序中,法官应当与双方当事人就争议的状态进行探讨,包括就事实问题与可能的法律适用问题进行意见交换与探讨。

各方当事人发表的意见。

（3）法院应命令当事人亲自参加和解辩论或其他和解尝试。第一百四十一条第一款第二句、第二款和第三款的规定于此准用。

（4）双方当事人均不出席和解辩论的，中止诉讼程序。

（5）法院可将当事人的和解辩论和进一步的纠纷解决尝试交由不作出裁判的受命法官（调解法官）进行。调解法官可采用包括调停在内的全部纠纷解决方法。

（6）法院内和解也可以通过当事人向法院提交载明如何解决纠纷的书面和解建议或者当事人以简短的声明表示接受法院制作的书面和解建议而达成。法院通过裁定确定根据第一句作出的和解协议的生效及内容。第一百六十四条的规定于此准用。

第二百七十八条之一【调解；替代性纠纷解决】

（1）法院可建议当事人寻求调停或其他替代性纠纷解决程序。

（2）当事人决定寻求调停或其他替代性纠纷解决程序的，法院裁定中止诉讼程序。

第二百七十九条【言词辩论期日】

（1）一方当事人未出席和解辩论或者和解辩论未能达成和解的，随即进行言词辩论（早期首次辩论期日或主期日）。否则，应立即确定言词辩论期日。

（2）在主期日，双方辩论后，应当随即调查证据。

（3）调查证据结束后，法院在此阶段应尽可能就案件事实、争议情况、调查证据的结果再与当事人讨论。

第二百八十条【就诉的合法性进行单独辩论】

（1）法院可以命令对于诉之合法与否进行单独辩论。

（2）对于诉之合法与否所作的中间判决，在上诉时视为终局判决。但法院可以依申请命令进行本案辩论。

第二百八十一条【因管辖错误的移送】

（1）根据关于法院的土地管辖和事物管辖的规定，已经宣告管辖错误时，如果收受诉讼案件的法院可以指定管辖法院时，收受案件的法院应依原告的申请以裁定宣示自己无管辖权，并且将该诉讼案件移送于有管辖权的法院。如数法院有管辖权时，移送于原告所选定的法院。

（2）关于法院管辖的申请和说明可以向书记官作出。对此项裁定不得声明不服。诉讼案件在案卷送到后即系属于裁定所指向的法院。此项裁定对被指定的法院有拘束力。

(3)在收受诉讼案件的法院所产生的诉讼费用,当作是在裁定所指定的法院中所产生的费用的一部分。原告即使在本案中胜诉,仍应负担因此而增加的费用。

第二百八十二条【攻击和防御方法】

(1)当事人各方都应当在言词辩论中,按照诉讼的程度和程序上的要求,在进行诉讼所必要的与适当的时候,提出他的攻击和防御方法,特别是各种主张、否认、异议、抗辩、证据方法和证据抗辩。

(2)声明以及攻击和防御方法,如果对方当事人不预先了解就无从对其有所陈述时,应当在言词辩论前,以准备书状通知对方当事人,使对方当事人能得到必要的了解。

(3)关于诉之合法与否的责问,被告应在同时并在本案言词辩论前提出。如果在言词辩论前,已经规定有命被告答辩的期间,被告应在此期间内提出责问。

第二百八十三条【对于对方当事人的主张作出陈述的期间】

当事人一方由于没有在期日前及时收到关于对方当事人提出的主张的通知,因而不能在言词辩论中有所陈述时,法院可以依该当事人的申请确定一个期间,命其以书状补行陈述;同时并可规定宣示裁判的期日。法院在裁判时,对于按期提出的陈述,应予考虑,对于逾期提出的陈述,可予考虑。

第二百八十三条之一【法院对担保的裁定】

(1)迁房诉讼和支付诉讼因同一法律关系并在一起时,受诉法院可以依原告申请,裁定被告为诉讼系属发生后的金钱债权提供担保,如果:

1.该诉讼极有希望获得结果;

2.综合考虑双方当事人的利益,裁定将能够防止原告遭受特殊的不利。双方的利益向法院说明即可。

诉讼中原告提高对金钱债权主张的数额的,法院关于提供担保的裁定不作相应的提高。对法院提供担保的裁定,可以即时抗告。

(2)被告应提交证据,证明其在法院规定的期间内提供了担保。

(3)如果原告胜诉,终局判决或其他方式中止诉讼的文书中应载明原告有权从上述担保中获得清偿。

(4)根据终局判决或其他方式中止诉讼的文书,原告无权就上述担保的数额主张权利的,应当赔偿被告因提供担保而遭受的损失。第七百一十七条第二款第二句于此准用。

第二百八十四条【调查证据】

调查证据,以及通过证据裁定而命令施行特别的调查证据程序,依第五节至第十一节的规定进行。经双方当事人同意,法院可以以其认为合适的方式调查证据。合意可以限定为对特定证据的调查。只有在诉讼情况发生重大变化时合意方可撤销;撤销须在开始合意调查证据之前作出。

第二百八十五条【调查证据后的辩论】

(1)当事人双方应就证据调查的结果,进行辩论以说明诉讼关系。

(2)调查证据如果不是在受诉法院进行的,当事人应当根据有关证据辩论的记录而陈述其结果。

第二百八十六条【自由心证】

(1)法院应当考虑言词辩论的全部内容以及已有的调查证据的结果,经过自由心证,以判断事实上的主张是否可以认为真实。作为法官心证根据的理由,应在判决中记明。

(2)法院只在本法规定的情形,才受关于证据的法律规定的约束。

第二百八十七条【调查损害和其他类似情况】

(1)当事人对于是否有损害、损害的数额以及应赔偿的利益额存有争议时,法院应考虑全部情况,经过自由心证,对争点作出判断。是否依申请而调查证据、是否依职权进行鉴定以及调查和鉴定进行到何程度,都由法院酌情决定。法院就损害和利益可以讯问举证人;此时准用第四百五十二条第一款第一句、第二款至第四款的规定。

(2)在财产权的诉讼以及其他情形,当事人对于债权额有争议,如果要完全说明一切有关情况有困难,而此种困难与债权争议部分的价值比较起来很不相称时,准用第一款第一句、第二句的规定。①

第二百八十八条【审判上的自认】

(1)当事人一方所主张的事实,在诉讼进行中经对方当事人于言词辩论中自认,或者在受命法官或受托法官前自认而作成记录时,无须再以证据证明。

(2)审判上的自认的效力,不以对方当事人的许诺为必要。

---

① 如果通过调查证据等方法了解一切有关情况,将花费大量人力、物力或存在其他困难,这种花费甚至超过双方争议债权额的,将有悖于诉讼经济。在此种情况下法院可以结合案件具体情况,依自由心证作出判断,决定不调查证据等。

第二百八十九条 【对自认的附加】

(1)对于审判上的自认,附加有包含独立的攻击或防御方法的陈述的,不影响自认的效力。

(2)在法院所作的让步的陈述,即使有其他附加的或限制的主张,应当在何种程度上视为自认,由法院按照具体情况决定。

第二百九十条 【自认的撤回】

当事人撤回其在审判上的自认,只限于他证明其自认与真实不符,而且其自认是由于错误而发生时,撤回才影响自认的效力。在此种情形中,自认失去效力。

第二百九十一条 【显著的事实】

法院已经掌握的事实,不需要证据。

第二百九十二条 【法律上的推定】

对于一定事实的存在,法律准许推定时,如无其他规定,许可提出反证。这种证明,也可以依第四百四十五条申请讯问当事人而进行。

第二百九十二条之一(废除)

第二百九十三条 【外国法;习惯法;自治法规】

外国的现行法、习惯法和自治法规,对于不被法院掌握的部分,应当予以证明。在调查这些法规时,法院应不以当事人所提出的证明为限;法院有使用其他调查方法并为使用的目的而发出必要的命令的权限。

第二百九十四条 【说明】

(1)对于某种事实上的主张应当说明的人,可以使用一切证据方法,也准许以保证代宣誓。

(2)不能即时进行的证据调查,不得采用。

第二百九十五条 【对程序的责问】

(1)当违反了诉讼程序,特别是违反了有关诉讼行为的方式的规定时,如果当事人抛弃了遵守这些规定的要求时,或者如果他在基于这种程序而举行的最近一次言词辩论中或在与这种程序有关的最近一次言词辩论中,曾经到场并且知道这种违反的情形或者可以知道而不提出责问时,就不得再提出责问。

(2)如果对于某种规定的遵守是不能由当事人抛弃的,那么对于违反这种规定的情形,不适用第一款的规定。

第二百九十六条 【逾期提出的攻击防御方法和责问】

(1)已逾各有关的法定期间(第二百七十三条第二款第一项、第五项,

第二百七十五条第一款第一句、第三款、第四款,第二百七十六条第一款第二句、第三款,第二百七十七条)而提出攻击和防御方法时,只有在法院依其自由心证认为准许提出不至于延迟诉讼的终结或当事人就逾期无过失时,方可准许。

(2)违反第二百八十二条第一款而未及时提出攻击或防御方法,或者违反第二百八十二条第二款而未及时通知对方当事人,如果法院依其自由心证认为逾时提出或通知足以延迟诉讼的终结并且当事人就其逾期有重大过失时,可以予以驳回。

(3)关于诉是否合法的责问和被告可以抛弃的责问,如果逾期提出时,只在被告就逾期无过失时,方可准许。

(4)在第一款和第三款规定的情形中,法院应要求当事人就其无过失加以说明。

第二百九十六条之一【言词辩论终结后的攻击防御方法】

在作为判决基础的言词辩论终结后,不得提出攻击和防御方法。但第一百三十九条第五款、第一百五十六条、第二百八十三条的规定不受影响。

第二百九十七条【提出申请】

(1)申请,应根据准备书状予以宣读。如申请未包括在准备书状中,应根据附于记录的书状宣读。审判长也可以准许当事人陈述其申请,作成记录。

(2)当事人不得以引用包括有申请的书状代替宣读。

第二百九十八条【放入卷宗的打印文本】

(1)电子文档(第一百三十条之一和第一百三十条之二)应当予以打印并加入文卷。

(2)打印文本应注明:

1.对文档的完整性进行校验的结果;

2.经验证的签名的签名人;

3.签名的文档验证签名的时间。

(3)电子文档应当至少保存到诉讼程序确定终结时。

第二百九十八条之一【电子文卷】

(1)法院的诉讼文卷可以以电子文卷的形式保存。联邦政府和州政府在其职权范围内发布法律性命令,规定电子文卷的保存时间,创建、维护和存储电子文卷的组织及技术框架。州政府也可以通过法律性命令将权限转授给州司法机关。电子文卷的许可也可限定于特定法院或程序。

（2）所有书状及其他书面文件按原件替换为电子格式。书状和文件仍然需要以书面形式保存的，书面文件应当至少保存到诉讼程序确定终结时。

（3）电子文档应当注明文书在何时，由何人转换成电子格式。

第二百九十九条【阅读文卷；副本】

（1）当事人可以阅读诉讼文卷，并且可以请求书记科付与他正本、节本和副本。

（2）第三人如能说明他有法律上的利害关系时，法院可以不经当事人同意，准许第三人阅读文卷。

（3）法院文卷是电子形式的，阅读文卷时法院书记科以将文卷调用到电脑屏幕上的方式或将文卷作为电子文档进行传输的方式提供文件的拷贝件。审判长可以依自由裁量允许作为律师协会成员的诉讼代理人以电子方式获取文件内容，并确保只有诉讼代理人可以获取文件。在文件传输中，文件应加载合格的电子签名并且防止他人的无权查看。

（4）判决、裁定和命令的草稿，为准备判决、裁定和命令所作的文稿，以及有关评议的文件，既不许阅览，也不许将其副本付给他人。

第二百九十九条之一【用数据存储设备复制诉讼文卷】

法院可以依正当程序原则将诉讼文卷以替代原件的方式传输到图像存储设备或其他数据存储设备中，并作成书面证明，证明复制品与原件相同，然后将复制品的正本、节本和副本交予当事人。在此种情形，应当在原本上所作的说明，可以附在该书面证明上。

第二节 判决

第三百条【终局判决】

（1）诉讼达到可作出终局判决的程度，法院应当以终局判决作出裁判。

（2）为了同时辩论、同时裁判而合并在一起的数个诉讼，其中的一个达到为终局裁判的程度，也适用前款规定。

第三百零一条【部分判决】

（1）在以一诉所主张的数个请求中的一个请求，或者一个请求中的一部分，或者在提起反诉后，只有本诉或反诉达到作出终局裁判的程度的，法院应当以终局判决（部分判决）作出裁判。

(2)法院依案件的程度认为不宜于作出部分判决时,可以不作出部分判决。

第三百零二条【保留判决】

(1)被告主张以其反对债权与原告在诉讼中所主张的债权相抵销,如果只有关于债权的辩论达到裁判的程度,可以保留关于抵销的裁判,而只对于债权进行裁判。

(2)如果判决中没有说明保留,可以依照第三百二十一条的规定申请作出补充判决。

(3)保留关于抵销的裁判的判决,关于上诉与强制执行的,视为终局判决。

(4)关于在裁判中保留的抵销的诉讼,其诉讼系属关系仍然存在。如果在以后的诉讼程序中,原告的请求无理由,即应撤销前判决,驳回原告的请求,对诉讼费用另行裁判。如果被告因判决的执行或因防止判决的执行而有所给付时,原告应赔偿被告因此所产生的损害。被告可以在已系属的诉讼中请求损害赔偿;被告提出请求后,这种请求视为在支付时或给付时即已系属于法院。

第三百零三条【中间判决】

中间争点可以裁判的时候,可以以中间判决作出裁判。

第三百零四条【对于原因的终局判决】

(1)对于请求的原因和数额都有争议时,法院可以先就原因进行裁判。

(2)这种判决关于上诉,视为终局判决;但法院认为请求有理由时,可以依申请命令就数额进行辩论。

第三百零五条【保留有限责任的判决】

(1)继承人依《民法典》第二千零一十四条、第二千零一十五条①而主张抗辩权,并不妨碍对继承人为保留其有限责任而为其败诉的判决。

---

① 《民法典》第二千零一十四条规定了最初三个月的延期抗辩权:"继承人有权拒绝清偿遗产债务,直至接受遗产之后最初三个月经过时,但不超过遗产清册编制之时。"第二千零一十五条规定了第五编"继承法"中公示催告程序的抗辩权:"(1)继承人已在接受遗产一年以内提出开始对遗产债权人的公示催告程序的申请,且该申请已获得准许的,继承人有权拒绝清偿遗产债务,直至公示催告程序终结之时。(2)(已废止)(3)除权裁定被发布,或发布除权裁定的申请被驳回,仅在该裁定发生既判力时,公示催告程序始得视为终结。"

外国民事诉讼法译丛

德国民事诉讼法

（2）在继续的共同财产制的情形,生存的配偶依《民法典》第一千四百八十九条第二款①与第二千零一十四条、第二千零一十五条而主张抗辩权时,也适用前款的规定。

第三百零五条之一【保留海商法中责任限制的判决】

（1）被告在诉讼中依照《商法典》第六百一十一条第一款或第三款、第六百一十二条至六百一十六条主张的限制责任的请求败诉,被告又主张的请求同时满足下列两项规定的情形时:

1.根据同一事件被告具有可以限制责任的其他请求;

2.请求总额超过了《有限责任协议》(《商法典》第六百一十一条第一款第一句)第六条或第七条或《商法典》第六百一十二条、第六百一十三条或第六百一十五条所规定的这些请求的责任最高额;

如果依照法院的自由心证,由于不确定理由或其他请求的数额而对结束诉讼增加了不少困难,法院在裁判中对限制责任的权利可以不予考虑。同样,被告在诉讼中依照《内河航运法》第四条至第十五条之十三主张的限制责任的请求受到败诉,被告主张,根据同一时间具有可以限制责任的其他请求并且这些请求的总额超过了《内河航运法》第五条之五至第五条之十一所规定的责任最高额,也适用上述规定。

（2）法院对限制责任的权利不予考虑时,判决如下:

1.在第一款第一句的情形中,如果按照《有限责任协议》已经建立了基金或者在主张限制责任的权利时建立了基金,判决被告可以保留主张限制责任的权利;

2.在第一款第二句的情形中,如果依照《内河航运法》第五条之四已经建立了基金或者在主张限制责任的权利时建立了基金时,判决被告可以保留主张限制责任的权利。

第三百零六条【舍弃】

原告在言词辩论中舍弃他所提出的请求时,如被告申请驳回,即应根据舍弃而驳回原告的请求。

第三百零七条【认诺】

当事人一方在言词辩论中认诺对自己提出的请求的全部或一部分,

---

① 《民法典》第一千四百八十九条第二款规定了对共同财产债务的个人责任:"以生存配偶只因延续的财产共同制的开始而负个人责任为限,准用关于继承人对遗产债务的责任的规定;遗产由在延续的财产共同制开始时所具有的状态下的共同财产代替。"

即应依申请按认诺的情况判决其败诉。

第三百零八条【当事人申请的拘束力】

（1）法院无权将当事人未申请的事项判给当事人。特别是果实、利息和其他附属请求，亦应如此。

（2）关于负担诉讼费用的义务，即使没有申请，法院也应宣告。

第三百零八条之一【租赁关系的继续】

（1）在出租人与承租人或承租人与次承租人之间的迁出住房的诉讼中，如果因为承租人依《民法典》第五百七十四条至第五百七十四条之二①的规定可以请求继续租赁关系，法院认为请求迁出无理由时，即使未经申请，法院也应在判决中宣示，在怎样的期间内和契约条件如何变更后，租赁关系应予继续。在宣示前，应讯问当事人。

（2）对此项宣示，可以单独声明不服。

第三百零九条【作出判决的法官】

判决，只能由曾参与作为判决基础的言词辩论的法官作出。

第三百一十条【宣判期日】

（1）判决应当在言词辩论终结的期日或随即指定的期日宣示。指定的宣判期日，除有重大理由，特别是由于案情复杂困难而有必要时外，不得确定在三周以外。

（2）判决不在言词辩论终结的期日宣示时，判决在宣示时应作成完全的形式。

（3）依照第三百零七条、第三百三十一条第三款而作出的认诺判决和缺席判决，以送达判决书代替宣判。对缺席审判异议的驳回（第三百四十一条第二款）于此适用。

第三百一十一条【宣判的形式】

（1）判决，以人民的名义作出。

（2）宣示判决时，朗读判决主文。双方当事人在宣判期日均未出席的，可以以引用代替朗读。缺席判决、根据认诺作出的判决，以及因撤回诉讼或舍弃诉讼请求作出的判决，即使在判决主文尚未写成时，也可宣示。

（3）宣示判决时，如认为适当时，可以朗读裁判理由或口述理由的主要内容。

---

① 参见第二百二十七条的注释。

(4)判决未在言词辩论终结的期日宣示的,审判长可以在受诉法院的其他成员缺席时宣示。

第三百一十二条【当事人出庭】

(1)宣示判决的效力,与当事人的出庭与否无关。判决的宣示对于在期日未出庭的当事人也发生效力。

(2)当事人根据已宣示的判决的理由续行诉讼程序的权利,或者当事人以其他方式利用判决的权利,除本法另有规定外,与送达对方当事人与否无关。

第三百一十三条【判决书的内容】

(1)判决书应记载:

1.当事人,其法定代理人与诉讼代理人;

2.法院,参与裁判的法官的姓名;

3.言词辩论终结的日期;

4.判决主文;

5.事实;

6.裁判理由。

(2)"事实"项下,应特别载明提出的申请,并简略地叙明提出的请求以及所用攻击防御方法的主要内容。因案件和诉讼的不同情况,应当引用书状、记录和其他文件。

(3)"裁判理由"项下,应简略地、扼要地记载从事实和法律两方面作出裁判所依据的论据。

第三百一十三条之一【事实与裁判理由的省略】

(1)对于判决确定不会提起上诉的,判决可以不记载事实。如果当事人表示不必记载判决理由,或其主要内容已经体现在法庭记录内,判决也可以不记载理由。

(2)宣示的判决是终局判决的,如果双方当事人均放弃上诉,则判决不需要记载事实和裁判理由。只有一方当事人有权对判决声明不服的,该方放弃上诉的声明即可导致判决不需要记载事实和裁判理由。

(3)根据第一款、第二款规定的放弃,可在判决宣示前声明,且必须在自言词辩论结束之日起一周内向法院作出。

(4)第一款、第三款的规定不适用于一方当事人可能被判令履行将来到期的定期给付的情形,或判决将在国外执行的情形。

(5)预期将要在国外主张判决的;如果未记载事实和裁判理由的判决

要在国外主张时,准用关于对缺席判决和认诺判决进行补足的规定。

第三百一十三条之二【缺席判决、认诺判决和舍弃判决】

(1)宣告缺席判决、认诺判决或舍弃判决,不需要事实和裁判理由。判决中应表明其为缺席判决、认诺判决或舍弃判决。

(2)判决可以依照第一款以简短的形式,记载于文卷中所存的诉状的原本或副本,或者记载于与之连接的纸张之上。判决中可以不记载法官的姓名。关于当事人,其法定代理人和诉讼代理人,只在与诉状中的记载有不同时,才予记载。如果判决是依原告的申请而宣告的,可以在判决主文中引用诉状。如果判决是记在与诉状连接的纸张之上,在连接外应加具法院印章,或者用线连接再加盖印章。

(3)如果预期缺席判决或认诺判决将要在国外主张时,不适用第一款的规定。

(4)如果诉讼文卷系电子文档形式,不适用第二款的规定。

第三百一十四条【事实的证明力】

判决书中记载的事实,关于当事人的口头陈述的部分,可作为证据。这种证据,只能根据法庭记录,才能失去其证明力。

第三百一十五条【法官的署名】

(1)判决书应由参与裁判的法官厅署名。法官因故不能署名的,由审判长在判决书上记明其事并记载不能署名的原因,审判长因故不能署名时,由最年长的陪席法官记明其事并记载不能署名的原因。

(2)在言词辩论终结的期日宣示的判决,应当自宣示之日起,在三周内完成判决书,交付书记科。在特殊情况下不能完成时,应当在此期间,由法官在不载明事实和裁判理由的判决书上署名,交付书记科。在此种情形,判决中的事实和裁判理由,应在其后随即写成,由法官另行署名并交付书记科。

(3)书记官应在判决书上记明宣判日期或依第三百一十条第三款送达的日期,并就此附记署名。法院文件以电子文档保存的,书记官应在单独的文档中记明上述事项。该文档应与判决并在一起。

第三百一十六条(删除)

第三百一十七条【判决的送达与作成正本】

(1)判决应送达双方当事人,已宣示的缺席判决,只送达败诉当事人。在第三百一十条第三款的情形中,只要送达即可。双方当事人一致申请时,审判长可以将已宣示的判决送达推迟到宣示后五个月之后。

（2）判决在未经宣示、未经署名时，其正本、副本和节本均不得交付。依当事人申请而付与的判决正本，无须记载事实与裁判理由；但当事人申请要求完全的正本时除外。

（3）以第二百九十八条规定的方式而作出的判决文本是电子文档形式的（第一百三十条之二），可以以正本、节本、副本交付。

（4）在判决的正本与节本上，应由书记官署名并盖法院印。

（5）书面判决的正本、节本、副本可以以传真印件或电子文档（第一百三十条之二）的形式交付。传真印件应由书记官署名并盖法院印。电子文档应载有书记官合格的电子签名。

（6）依第三百一十三条之二第二款作成的简短形式的判决，也可以用同样方式利用诉状的经认证的副本作成，或者在判决上加上记载第三百一十三条第一款第一项至第四项规定事项的纸张而作成一个完全的判决书。诉状的副本可以由书记官或由原告的律师认证。

第三百一十八条【对法院的拘束力】

法院在其宣示的终局判决与中间判决中所作的裁判，对该法院有拘束力。

第三百一十九条【判决的更正】

（1）判决中如有误写、误算或类似的明显错误，法院得依职权随时更正。

（2）宣示更正的裁定，应在判决书及其正本中附记。更正的裁定如果是以第一百三十条之二规定的方式作出的，裁定以单独的电子文档记载。该文档应与判决并在一起。

（3）对于驳回更正申请的裁定，不得上诉。对于宣示更正的裁定，可以提起即时抗告。

第三百二十条【事实的更正】

（1）判决的事实部分有不属于前条规定的错误、脱落或矛盾之处时，可以在两周期间内提出书状申请更正。

（2）此期间从送达完全形式的判决时起算。申请可以在期间开始前提出。在判决宣示后已经满三个月的，不得再对事实部分申请更正。

（3）申请后，应即指定言词辩论期日。

（4）法院裁判时，无须调查证据。只有参与原判决的法官，才能参与裁判。如有一法官不能参与而表决时双方人数相同时，由审判长决定，审判长不能参与时，由最年长的法官决定。对此裁定，不得声明不服。宣告更正的裁定,应在判决与其正本上附记。更正的裁定如果是以第一百三十条之二规定的方式作出的,裁定以单独的电子文档记载。该文档应与判决并在一起。

(5)对事实部分所作出的更正,不得使判决的其他部分发生变动。

第三百二十一条【判决的补充】

(1)如果当事人一方依最初提出的或以后更正的事实所主张的主请求或附属请求的全部或一部分,或者在裁判时的费用的全部或一部分有遗漏的,可以依申请作出追加裁判对原判决予以补充。

(2)请求作出追加裁判,应当在原判决送达两周后的期间内,提出书状申请。

(3)申请后应立即指定言词辩论期日。在为该期日而传唤申请人的对方当事人时,应同时送达提起申请的书状。

(4)言词辩论只以诉讼中未终结的部分为其标的。

第三百二十一条之一【对侵犯当事人法定听审请求权的救济】①

(1)因裁判遭受不利的当事人提交责问状的,诉讼继续,如果:

1.对裁判没有可寻求的上诉救济或其他法律救济,且;

2.法院侵犯了当事人的法定听审请求权,该种侵犯对裁判的作出有重要影响。

对终局裁判前的裁定不得责问。

(2)责问状应当在两周的不变期间内提交,该期间自当事人知道其法定听审请求权受到侵犯之时起计算,该时间应当予以证实。作出裁判满一年的,不得提交责问状。

自交付普通递送起满三日的,不拘形式的通知被视为已交付。责问状以书面形式向作出裁判的法院提出。责问状应注明责问的裁判,并说

---

① 在 2001 年《民事诉讼改革法》颁布之前,被侵犯法定听审请求权的当事人只能向联邦宪法法院提起宪法抗告。立法者认为应使当事人提出异议时可以将侵犯法定听审权的行为在同一审级内部进行纠正。据此,2001 年民事诉讼法改革新增的第三百二十一条之一规定,判决侵犯法定听审权时,当事人可以提出异议要求一审程序继续进行。一审法院可通过自我纠正的方式来主动改变一审裁判。2003 年 4 月 30 日联邦宪法法院在一个全席裁定中,根据法治国家原则和法定听审原则要求法院在侵犯当事人法定听审权的情形下在审级内启动法律救济程序。据此,立法机关于 2004 年 12 月制定了《关于侵犯法定听审请求权之法律救济的法律》,进一步修改了第三百二十一条之一的规定。修改后的条文将"判决"改为"裁判",并取消了一审的限制,只要当事人认为法院的裁判侵犯了法定听审权,则在任何审级都可提出异议,并要求在本审级继续诉讼。

明其责问符合第一款第一句第二项规定的条件。

（3）如有需要，对方当事人可以发表意见。

（4）法院依职权审查是否许可责问本身，责问是否按照规定形式、在规定时间内提交。上述要求有一项未被满足的，驳回责问。责问缺少正当理由的，驳回责问。裁判以不可申明不服的裁定作出。该裁定所依据的理由，应当简要说明。

（5）如果责问正当，法院应当启动救济程序继续诉讼。诉讼回复到言词辩论结束前的状态。第三百四十三条的规定于此准用。在书面程序中，诉讼回复到提交书状的日期。

第三百二十二条【实质的确定力】

（1）判决中，只有对于以诉或反诉而提起的请求所作出的裁判有确定力。

（2）被告主张反对债权的抵销，而裁判反对债权不存在时，在主张抵销的数额内，判决有确定力。

第三百二十三条【变更之诉】①

（1）在判令履行将来到期的定期给付时，当事人各方均可申请变更。只有在原告提交的事实导致法院判决依据的事实关系和法律关系发生了重大变化时，才能提起变更之诉。

（2）请求变更之诉所根据的原因发生在言词辩论终结之后，因而不能主张异议时，方可提起请求变更判决之诉。

（3）只有在起诉后的日期，才能对判决加以变更。

（4）如果事实关系和法律关系发生了重大变化，判决的变更应保持原判决所依据的未变基础。

第三百二十三条之一【对和解协议和可执行的文书的变更】

（1）第七百九十四条第一款第一项规定的和解协议，或具有执行效力

---

① 1898年修订法在引入第二百五十八条"反复给付之诉"时，也引入了本条"变更之诉"。因为法院对未来的给付义务不是根据封闭的案件事实，而是根据对未来发展的预测作出命令。在发生疑问时，假定最后一次言词辩论时的状况持续不变。如果实际情况与法院预测有巨大差异，相关当事人能够主张变更这种偏差是实体正义的要求。在法律性质方面，变更之诉是诉讼上的形成之诉。在变更之诉中，同意判决对已经存在的、关于未来给付义务的名义进行修改，并且取消相应部分的执行力。变更之诉是提出与判决所依据的预测之间形成的事实上偏差的唯一诉讼手段。根据不同的请求，变更之诉可以同时是给付之诉或者确认之诉，也可以作为分级诉讼提起。

的证书规定了将来到期的定期给付,各方当事人均可申请变更。只有当事人提交了证据证明应修改时,才允许变更之诉。

(2)变更的具体条件和范围依民事法律的规定。

第三百二十三条之二【加重责任】

在《民法典》第八百一十八条第四款①规定的情形下,要求减少的变更之诉的未决,等同于偿付金额之诉的未决。

第三百二十四条【追加请求提供担保之诉】

依《民法典》第八百四十三条至第八百四十五条②或第一千五百六十九条至第一千五百八十六条之二③的规定,判决支付定期金,但未命提供担保时,如果义务人的财产情况显著恶化,权利人仍然可以要求提供担保;在同样条件下,也可以请求增加判决中所定的担保。

第三百二十五条【既判力与承继人】

(1)确定判决的效力,其利与不利,及于当事人、在诉讼系属发生后当事人的承继人以及作为当事人或其承继人的间接占有人而占有系争物的人。

(2)民法关于为保护从无权利人受让权利的人所作的规定,准用于此种情况。

(3)关于由已登记的物上负担、抵押权、土地债务或定期土地债务而生的请求权的判决,在该项附有负担或债务的土地移转于他人后,即使承继人不知有诉讼系属,有关土地的判决仍对承继人发生效力。对于在强制拍卖中受让土地的买受人,判决也有效力,但以诉讼系属至迟发生在拍卖期日催告其交付报价之前的为限。

(4)关于由已登记的船舶抵押权而生的请求权的判决,准用第三款第一句的规定。

---

① 《民法典》第八百一十八条规定了不当得利返还请求权的范围,其第四款规定:"自诉讼系属发生时起,受益人依一般规定负责。"这意味着从诉讼系属发生时起,受益人负加重责任。法条中的"一般规定"援引较为复杂,其参见关于诉讼利息的《民法典》第二百九十一条、关于在负有返还义务的情形下的责任的第二百九十二条,第二百九十二条又援引了第九百八十七条以下规定的"关于所有人和占有人之间的关系的规定"。

② 《民法典》第八百四十三条规定了金钱定期金或一次性的资金补偿;第八百四十四条规定了在致人死亡的情形下第三人的赔偿请求权;第八百四十五条规定了因所失劳务而发生的补偿请求权。

③ 《民法典》第一千五百六十九条至第一千五百八十六条之二规定了离婚配偶扶养的原则、受扶养权、给付能力和顺位、扶养请求权的形成以及扶养请求权的终止。

第三百二十五条之一【示范案例判决的法律效果】

《资本市场示范案例法》的规定适用于示范案件判决的法律效力。

第三百二十六条【后顺位继承时的既判力】

(1)在先顺位继承人与第三人之间,关于向先顺位继承人作为继承人所提出的请求的判决,或关于后顺位继承的标的物的判决,以其为后顺位继承开始前所确定者为限,对于后顺位继承人也有效力。

(2)在先顺位继承人与第三人之间,关于后顺位继承的标的物所作出的判决,如果先顺位继承人有权不经后顺位继承人同意而处分该标的物时,对于后顺位继承人也有效力。

第三百二十七条【遗嘱执行的既判力】

(1)在遗嘱执行人与第三人之间,关于属于遗嘱执行人管理的权利所作出的判决,不论对继承人有利或不利,均对继承人发生效力。

(2)在遗嘱执行人与第三人之间,关于对遗产提出的请求的判决,如果遗嘱执行人有权进行诉讼时,不论对继承人有利或不利,均对继承人发生效力。

第三百二十八条【对外国判决的承认】

(1)外国法院的判决有下列情形之一者,不承认其效力:

1.依德国法律,该外国法院所属的国家的法院无管辖权;

2.被告没有应诉,并且开始诉讼的书状也没有按规定及时送达,以致被告不能为自己进行防御;

3.该判决同已作出的或被承认的一个在先的外国判决相矛盾,或者该判决所依据的诉讼程序同在先系属的诉讼程序相矛盾;

4.承认该判决结果,与德国法律的重大原则显然相矛盾,特别是承认该判决与《基本法》相矛盾;

5.没有相互的保证。①

(2)如果判决是关于非财产权的请求,并且依照德国法律在国内没有审判籍,前款第五项的规定不妨碍对该判决的承认。

第三百二十九条【裁定和命令的宣示与送达】

(1)法院经过言词辩论而作的裁定应予宣示。第三百零九条、第三百一十条第一款和第三百一十一条第四款的规定,准用于法院第三款的裁定。第三百一十二条、第三百一十七条第二款第一句和第三款至第五款

---

① "相互的保证"指"对等原则"。

的规定,准用于法院作出的裁定,准用于审判长、受命法官或受托法官所为的命令。

（2）未宣示的法院裁定,未宣示的审判长、受命法官或受托法官的命令,应当不拘形式地通知当事人。如果裁判中定有期日或定有期间的,应予送达。

（3）可以作为执行名义的裁判,或者可以提起即时抗告或可以依第五百七十三条第一款在一定期间内声明异议的裁判,应予送达。

第三节　缺席判决

第三百三十条【对原告的缺席判决】

原告于言词辩论期日不到场,应依申请作出缺席判决,驳回原告之诉。

第三百三十一条【对被告的缺席判决】

（1）被告在言词辩论期日不到场,原告申请作出缺席判决时,原告所作的关于事实的言词陈述,视为得到被告的自认。但此点不适用于第二十九条第二款与第三十八条的关于法院管辖的陈述。

（2）如果认为诉之申请为正当,即依其申请而作出判决;认为不正当时,驳回其诉。

（3）如果被告没有依第二百七十六条第一款第一句和第二款及时提出他对原告之诉要进行辩护时,法院依原告的申请不经言词辩论而作出裁判;但如在法官署名的判决交付给书记官之前,被告的书面声明到达时,不适用此规定。原告也可以在诉状中即提出申请。如果认为附属请求之申请不正当,且在作出裁判前,原告已被告知相关后果,则法院可以不经言词辩论而作出裁判。

第三百三十一条之一【依现存记录裁判】

言词辩论期日中,当事人一方未到场,对方当事人可以不申请作出缺席判决,而申请依现存的记录作出裁判;如果案情已充分明白,可以作出此种裁判时,应准许其申请。此时准用第二百五十一条之一第二款的规定。

第三百三十二条【辩论期日的意义】

前条所规定的言词辩论期日,也包括言词辩论延期后的辩论期日,以及证据裁定宣示前或宣示后为续行辩论所指定的期日。

第三百三十三条【到场当事人不进行辩论】

当事人于期日虽到场而不进行辩论,视为未到场。

第三百三十四条【部分辩论】

当事人于期日虽进行辩论,但对于事实、证书或申请讯问当事人不作陈述时,不适用本节规定。

第三百三十五条【不可作出缺席裁判】

(1)有下列情形之一的,如申请为缺席判决或依现存记录而作出判决,应予驳回:

1.到场的当事人,对于法院应依职权调查的事项,不能提出必要的证明;

2.对未到场的当事人,未能适当地、特别是未能及时地传唤;

3.对未到场的当事人,未能及时地将以言词陈述的事实或申请以书状通知;

4.在第三百三十一条第三款的情形,未将第二百七十六条第一款第一句的期间通知被告,或者未依第二百七十六条第二款告知被告;

5.在第七十九条第三款规定的情形下,对当事人自我代理或代理继续的禁止,仅在言词辩论中作出的,或者没有及时通知未到场当事人的。

(2)如果辩论延期,应传唤未到场的当事人于新期日到场。

第三百三十六条【申请被驳回时的上诉】

(1)对于驳回请求作出缺席判决的申请的裁定,可以提起即时抗告。裁定被撤销时,在新期日不传唤未到场的当事人。

(2)请求依现存记录而作出裁判被驳回时,不得声明不服。

第三百三十七条【依职权延期】

法院认为审判长所定应诉期间或传唤期间太短,或者认为当事人非因过失而不到场时,对于请求作出缺席判决或依现存记录为裁判的申请,准予延期进行辩论。此时应传唤未到场的当事人于新期日到场。

第三百三十八条【异议】

受缺席判决的宣示的当事人,可以对判决声明异议。

第三百三十九条【异议期间】

(1)声明异议的期间为两周;此期间为不变期间,从送达缺席判决之日起计算。

(2)如需在国外送达或需进行公示送达,法院应在缺席判决中,或在以后宣示的专门的裁定中,另定声明异议的期间。

第三百四十条【异议书状】

(1)声明异议,应向受诉法院提出异议书状。

（2）异议书状应载明下列事项：

1.对之声明异议的判决；

2.对该判决提起异议的说明。

如对该判决只有一部分不服，应表明其不服的部分。

（3）当事人应在异议书状中陈明其攻击防御方法，以及关于诉是否合法的责问，但攻击防御方法以按照诉讼的程度和程序上的要求为进行诉讼所必要的与适当的为限。如果审判长依其自由心证认为延期并不致使诉讼拖延，或者当事人提出重大理由时，审判长可以依申请延长期间。第二百九十六条第一款、第三款与第四款于此准用。在送达缺席判决时，应指出迟误期间的后果。

第三百四十条之一【异议书状的送达】

异议书状应送达对方当事人。同时应通知送达缺席判决的时间与提起异议的时间。送达异议书状时并应附具按当事人的人数所必要的副本份数。上述规定不适用于以电子文档形式传输异议书状的情况。

第三百四十一条【异议的调查】

（1）法院应依职权就异议应否准许、异议是否依法定方式并在法定期间内提起，进行调查。如欠缺这些要件之一，异议为不合法，应即驳回。

（2）裁判可以不经言词辩论，以裁定作出。

第三百四十一条之一【言词辩论期日】

异议未经裁定认为不合法而驳回的，应即确定期日，就异议与本案进行言词辩论，并应通知当事人。

第三百四十二条【异议合法的效果】

异议为合法时，原诉讼被提出异议的部分，回复到发生缺席之前的状态。

第三百四十三条【新的裁判】

基于新的辩论所作出的裁判，如果与缺席判决中的裁判相同时，宣示维持原裁判。不具备此项条件时，在新的判决中撤销缺席判决。

第三百四十四条【迟误费用】

只要缺席判决是按照法定方式作成的，因迟误而生的费用，以非因对方当事人提出无理由的异议而生者为限，即使因声明异议而作出了改变缺席判决的裁判，仍由迟误的当事人负担。

第三百四十五条【第二次缺席判决】

提出异议的当事人，在进行言词辩论而定的开庭日或延期辩论的开庭日,再次不到场或不进行本案辩论时,对于驳回异议的缺席判决,不得再提出异议。

第三百四十六条【异议的舍弃和撤回】

关于异议的舍弃与撤回,准用关于舍弃上诉与撤回上诉的规定。

第三百四十七条【反诉与中间争点的程序】

(1)本节规定对于反诉的程序,准用于对于就已确定原因的请求再确定其数额的程序。

(2)如果期日是为终结一个中间争点进行辩论而定的,因此而生的缺席程序和缺席判决就也限于终结此中间争点。本节规定于此准用。

第四节　独任法官审理的程序①

第三百四十八条【固有型独任法官】

(1)民事庭可以将诉讼案件委托给一名庭员,由他担任独任法官进行裁判,但下列情形不适用:

1.庭员是见习法官,依据民事法律规定的法院业务分配计划履行审判业务未满一年的;

2.法院业务分配计划规定下列领域的案件由合议庭管辖:

2-1.因印刷品、各种影音录放内容的出版发行而产生的请求权争议,特别是报纸、电台、电影和电视中的曝光;

---

① 德国《民事诉讼法》规定的审判组织形式为独任制和合议制,简单的民事案件由独任法官审判,复杂的案件由合议庭审判。最早的独任法官制度在 1924 年《民事诉讼法》的修订中得到确立,但被限定为权力有限的"准备型独任法官"。1974 年的《减轻州法院负担和简化法庭记录法》规定州法院在一审程序中可以引入独立审判的独任法官,突破了传统的民事案件合议制原则。1993 年《司法减负法》扩大了独任法官审理的范围。随着民事诉讼案件数量逐年增长,司法资源不足带来巨大的审判压力使更多案件由独任法官审理成为必要,2001 年的《民事诉讼改革法》进一步改革了独任法官制度,将合议庭与独任法官的功能进行划分,并将独任法官分为"固有型独任法官"(第三百四十八条)和"强制性独任法官"(第三百四十八条之一)。改革后诉讼案件原则上由独任法官审理,在法定的特殊情况下方由合议庭进行裁判。传统上,人们认为独任法官制的优点在于可以提高法官的责任感、加快程序以及更加低廉。与之相反,赞成合议制的人则认为合议制可以恰当地顾及不同的意见,因而能够纠正独任法官可能产生的片面的或仓促的观点。出于这种原因,合议制原则上优于独任制,但由于合议制造成法官更长的工作时间,也产生了更高的裁判费用,因此立法机关在一审中及控诉审中将合议制的适用限制在重大纠纷中。立法者希望通过提升独任法官在民事诉讼中的作用,实现提高诉讼效率、减轻法院负担、给予当事人充分司法救济的目的。

2-2.因银行和金融业务产生的争议；

2-3.因建筑、建筑师以及工程师合同产生的争议，只要与建筑成果有关联；

2-4.因律师、专利律师、公证员、税务咨询师、税务代理人、经济审计师和宣誓会计师的职业活动所产生的争议；

2-5.因治疗处理产生的争议；

2-6.商事案件（根据《法院组织法》第九十五条）；

2-7.因运费、运输和仓储业务产生的争议；

2-8.因保险合同所产生的争议；

2-9.因版权和出版权产生的争议；

2-10.因通信技术和信息技术产生的争议；

2-11.不考虑其争议金额应当分配给州法院的案件。

（2）对于案件是否符合第一款规定的争议，由法院作出不可声明不服的裁判。

（3）在下列情况下，独任法官将案件提交给合议庭，由合议庭决定是否接管案件：

1.案件在事实上或法律上有特殊困难；

2.案件具有原则性意义；

3.双方当事人一致申请。

符合本款第一句第一项或第二项规定的条件时，合议庭接管案件。决定以裁定作出。合议庭不得再将案件交给独任法官。

（4）对关于提交或者接管的肯定性或者否定性裁判不能提起上诉。

第三百四十八条之一【强制型独任法官】

（1）非第三百四十八条第一款所规定的独任法官裁判的案件，合议庭可以作出裁决，将案件交给一名庭员作为独任法官裁判，移交前提是：

1.案件在事实上或者法律上没有特殊困难；

2.案件不具有原则性意义；

3.案件在民事庭没有在主期日中经过法庭审理，除非其间作出了保留判决、部分判决或中间判决。

（2）在下列情况下，独任法官将案件提交给合议庭，由合议庭决定是否接管案件：

1.发生重大的变化，使案件产生事实上或法律上的特殊困难或者原则性问题的；

2.双方当事人一致申请。

符合本款第一句第一项规定的条件时，合议庭接管案件。法庭在听取当事人意见后以裁定作出决定。合议庭不得再将案件交给独任法官。

（3）对关于提交或者接管的肯定性或者否定性裁判不能提起上诉。

第三百四十九条【商事庭的庭长】

（1）商事庭庭长应当促使案件只在商事庭经过一次言词辩论而终结。庭长如果准许提出证据，只能在一定限度之内，即不需要名誉法官的特殊专门知识，而且通过调查证据，可以无须直接了解即足以正确判断证据结果时，才提出证据。

（2）下列事项，由审判长裁判：

1.诉讼案件的移送；

2.关于诉之合法与否的责问，但以单独辩论者为限；

3.诉讼程序的中止；

4.撤回诉讼，舍弃已提出的请求，或对请求的认诺；

5.当事人一方或双方迟误期日；

6.依第九十一条之一决定诉讼费用；

7.关于对诉讼费用救助给予准许的程序；

8.票据诉讼与支票诉讼；

9.关于命令提供担保的种类；

10.暂时停止强制执行；

11.诉讼标的的价额；

12.诉讼费用、报酬和费用。

（3）经双方当事人同意后，审判长也可以就其他事项代商事庭作出裁判。

（4）第三百四十八条、第三百四十八条之一不适用于本条情形。

第三百五十条【上诉】

不服独任法官的裁判（第三百四十八条、第三百四十八条之一）和商事庭审判长的裁判（第三百四十九条），分别适用对民事庭和商事庭的裁判不服的规定。

第三百五十一条至第三百五十四条(删除)

第五节　调查证据的一般规定①

第三百五十五条【调查证据的直接原则】

(1)调查证据,由受诉法院进行。只在本法另有规定时,才能将调查证据委托给受诉法院的成员或委托给其他法院。

(2)对于命令进行某一种或另一种调查证据的裁定,不得声明不服。

第三百五十六条【提供证据的期间】

因为有不定期的障碍致使不能调查证据,法院应规定一定期间,如在该期间内仍不能调查,则只有在法院依其自由心证认为不致拖延诉讼程序时,方可在期满后使用该证据方法。

第三百五十七条【当事人公开;法定期日的通知】

(1)当事人可以参与调查证据。

(2)如果将调查证据委托给受诉法院的一名成员或另一法院,如法院没有命令送达时,应即将决定的期日不拘以何种形式通知双方当事人。在交付邮局递送时,如当事人住在当地投递区范围内,通知在交付邮局的次一个工作日即生效;如在其他情形,通知在交付邮局后的第二个工作日生效;但如当事人能说明,他没有收到通知或是在较迟的时间收到的不在此限。

第三百五十七条之一(废除)

第三百五十八条【证据裁定的必要】

调查证据,如果必须进行特殊的程序,应作出证据裁定。

第三百五十八条之一【言词辩论前的证据裁定】

法院在言词辩论前就可以作出证据裁定。裁定中命令作出下列行为

---

① 在1976年修法之前,法律只规定了证据保全程序,导致实践中存在一些问题。一是在申请人指定鉴定人的程序中,相对方要求鉴定人回避的情况频发,导致程序的延迟和证据方法的灭失,影响了证据保全程序目的的实现。二是相对方就同一鉴定申请新证据保全的现象多发,加重了法院的司法负担。三是在证据保全结果的运用方面,由于法律在提出攻击防御方法上实行当事人主义,规定由当事人自行决定是否在本案诉讼中采用证据保全的结果,因此当事人可以在诉讼中对同一证明问题提出新的证据方法,导致诉讼延迟。为此,1976年《简化修订法》对传统的证据保全程序进行了重大修改,修改后独立的证据调查程序具有证据保全、证据开示、早期争点整理和促成当事人在审前通过和解方式解决纠纷的作用。目的在于方便当事人在诉讼前实施更广泛的证据调查,尽早明确引起法律纠纷的事实关系,避免增加不必要的诉讼成本以及减轻法院的司法负担。

时,也可以在言词辩论前予以实施:

1.在受命法官或受托法官前调查证据;

2.收集官方的报告;

3.依第三百七十七条第三款收集证人的书面报告;

4.命行鉴定;

5.命行勘验。

第三百五十九条 【证据裁定的内容】

证据裁定中应载明:

1.应证明的系争事实;

2.表明其证据方法,应讯问的证人和鉴定人或应讯问的当事人的姓名;

3.引用证据方法的当事人。

第三百六十条 【证据裁定的变更】

在证据裁定执行终结以前,当事人双方都不能根据以前的辩论,要求变更证据裁定。但是如果得到对方当事人同意,或者只是为了对证据裁定中记载的证明事实加以更正或补充,或为了对证据裁定中的证人和鉴定人以外的证人和鉴定人进行讯问,法院可以依申请或依职权不经过新的言词辩论,而变更证据裁定。受命法官或受托法官也有同样的职权。对当事人应先予讯问,并且在任何情形,都应立即将变更事项通知当事人。

第三百六十一条 【在受命法官前调查证据】

(1)如果由受诉法院的一名成员调查证据,审判长在宣示证据裁定时,应即指定受命法官并指定调查证据的期日。

(2)如果没有指定期日,由受命法官确定;如该受命法官因故不能工作,审判长可另行指定其他成员。

第三百六十二条 【在受托法官前调查证据】

(1)如果应由另一法官调查证据,审判长应发嘱托书。

(2)受托法官应将调查证据的讯问记录的原件送交受诉法院的书记科;书记科立即将此事通知当事人。

第三百六十三条 【嘱托在外国调查证据】

(1)应在外国调查证据时,审判长嘱托主管官厅进行。

(2)调查证据可以由联邦领事进行的,嘱托领事进行。

(3)2001 年 5 月 28 日就成员国民商事案件调查证据在法院系统间

的合作进行规定的欧盟第 1206/2001 号条例（欧盟官方公告 L174，第 1 页）于此不受影响。第一千零七十二条、第一千零七十三条的规定于此适用。

第三百六十四条【当事人参加在外国调查证据】

（1）嘱托在外国调查证据时，审判长可以命令举证人制作嘱托书并协作完成该嘱托事项。

（2）法院可以只限于命令举证人提出关于调查证据的符合外国法律规定的公证书。

（3）在以上两种情形，在证据裁定中都应规定一定的期间，命举证人在该期间内将公证书交给书科。如期间届满后未交该项证书时，只在不致拖延诉讼的条件下，方可仍使用该项证书。

（4）举证人应尽可能使对方当事人及时知悉调查证据的地点与时间，以便对方当事人能够以适当方法行使其权利。如不通知时，法院应考虑举证人是否有权使用该项证据调查记录，或能使用到何种程度。

第三百六十五条【受托法官的转托】

如果以后发生了某种原因，调查证据由另一法院实施更为适当时，受命法官或受托法官有权嘱托该法院调查证据。此事应使当事人知悉。

第三百六十六条【中间争点】

（1）调查证据时在受命法官或受托法官前发生争议，不解决此种争议就不能继续调查证据，而受命法官或受托法官又无权裁判时，受诉法院应解决此项争议。

（2）就中间争点进行言词辩论的期日应依职权确定，并应通知当事人。

第三百六十七条【当事人不在场】

（1）当事人一方或双方于调查证据的期日不到场，依案件情况调查证据仍能进行时，即仍进行。

（2）如果不致拖延诉讼，或者当事人能说明对前次期日不到场并无过失时，法院可以依申请，在据以作出判决的言词辩论终结前，命令追行调查证据；如果当事人能说明，因其未到场调查证据有重大遗漏时，法院也可依申请，在据以作出判决的言词辩论终结前，命令补充调查证据。

第三百六十八条【新的证据期日】

为调查证据或为继续调查证据，有必要确定新期日时，即使举证人或双方当事人在前次期日未到场，法院亦可依职权确定此期日。

第三百六十九条【外国的调查证据】

外国官厅所进行的证据调查,符合受诉法院所适用的法律,而依外国法律有欠缺的,不得提出异议。

第三百七十条【续行言词辩论】

(1)调查证据如在受诉法院进行时,调查证据的期日可以同时定为续行言词辩论的期日。

(2)如果在证据裁定中,命令应在受命法官或受托法官前调查证据时,可以同时指定在受诉法院前续行言词辩论的期日。如未同时指定的,调查证据结束后,可以依职权指定期日并通知当事人。

第六节　勘验

第三百七十一条【提出证据】

(1)申请勘验,应表明勘验标的并提出应证明的事实。以电子文档作为勘验标的的,文档应当作为证据提交或传输。

(2)举证人宣称电子文档未被本人占有的,法院可以依申请设定期间,在规定期间内取得该证据,或根据第一百四十四条的规定发出命令。第四百二十二条至第四百三十二条的规定于此准用。

(3)当事人破坏应当容忍的勘验的,对方当事人关于勘验对象特性的陈述可以被视为得到了证明。

第三百七十一条之一【电子文档的证明力】

(1)如果私电子文档载有合格的电子签名,则关于私文书证明力的规定于此准用。对于根据《电子签名法》审查作出的电子形式的真实性声明,关于签名密钥持有者声明的事实足以引起严重怀疑时,方能动摇其真实性。

(2)自然人安全登录仅授权给他本人的 De-mail 电子邮件账户(《De-mail 电子邮件法》第四条第一款第二句),且根据《De-mail 电子邮件法》第五条的规定作出了发件人身份验证,则对于从该账户发出的电子信息的真实性,关于发件人信息内容的事实足以引起严重怀疑时,方能动摇其真实性。

(3)如果电子文档由公共机构在其职权范围内,或由具有公信权限的人在授权的事务范围内,依正规方式制作(公电子文档),则关于公文书证明力的规定于此准用。如果文档载有公共机构或具有公信权限的人合格的电子签名,第四百三十七条的规定于此准用。验证服务提供者代表制作文档的公共机构或具有公信权限的人,为文档签发《De-mail 电子邮件法》第五条第五款规定的合格的电子签名,并对制作文档的公共机构、使用德国电子邮件账户的人或者具有公信权限的人进行身份验证的,适用上述规定。

第三百七十一条之二【公文书扫描件的证明力】

如果公文书由公共机构或由具有公信权限的人,使用现有技术手段转换成电子文档,并且出具确认书证明电子文档在显像上和内容上均与原件保持真实一致,则关于公文书证明力的规定于此准用。如果文书和确认书载有合格的电子签名,第四百三十七条的规定于此准用。

第三百七十二条【调查证据】

(1)受诉法院可以命令鉴定人一人或数人参与勘验。

(2)受诉法院可以委托其成员一人或委托其他法院进行勘验,也可以嘱托其指定参与勘验的鉴定人。

第三百七十二条之一【确定血统的检查】

(1)为确定血统,每个人都应受检查,特别是抽取血样以检查其血型,除非这种检查因不合理而不能被受检人容忍。

(2)第三百八十六条至第三百九十条的规定于此准用。无正当理由而再次拒绝检查时,可以直接予以强制,特别是为了检查可以命令拘传。

第七节　证人[①]

第三百七十三条【提出证据】

申请证人,应表明证人姓名,并提出应向证人讯问的事实。

第三百七十四条(删除)

第三百七十五条【由受命法官或受托法官调查证据】

(1)如果自始就认为,受诉法院在调查证据的过程中,对证据结果不能得到直接印象,无从对之作出适当的判断,并有下列情形之一的,才能委托受诉法院的成员或另一法院向证人调查证据:

1.为发现真实,以在现场讯问证人为适当时,或者依法律规定不应在法院讯问而应在其他场所讯问证人时;

---

① 证人义务是每个人负担的一般公法义务。对每个人来说,证人义务产生于法院要求该人作为证人接受讯问的命令和合法的传唤,其内容包括出庭的义务、作证的义务和对其作证进行宣誓的义务等。

2.证人因故不能到受诉法院,且证人不是以第一百二十八条之一规定的方式接受讯问时;

3.证人居住于远离受诉法院的地方,从他的证言的重要性看来,不能预期其能到场,且证人不是以第一百二十八条之一规定的方式接受讯问时。

(1A)如果由受诉法院的成员讯问证人,较受诉法院讯问更为简便,并且自始就认为,受诉法院在调查证据的过程中,对证据结果不能得到直接印象,无从对之作出适当的判断时,可以委托受诉法院的成员向证人调查证据。

(2)讯问联邦总统,应在其住所讯问。

第三百七十六条 【讯问从事公务的人】

(1)以法官、公务员或其他从事公务的人为证人时,讯问关于其职务上应守秘密的事项,以及许可其作证的问题,适用公务员法的特别规定。

(2)对于联邦议会、州议会、联邦或州的政府的成员,适用有关的特别规定。

(3)在第一款和第二款的情形,对许可作证,由受诉法院提出要求,并通知证人。

(4)联邦总统,如果因他作证对联邦或某一州有所不利时,可以拒绝作证。

(5)以上各款的人,即使不再从事公务,或者不再担任某一部门的公务员,或者其委任终止后,但如证言涉及他在从事公务、担任公务员或受委任时发生的事情,或这些事是他在从事公务、担任公务员或受委任期间知悉的,也适用以上的规定。

第三百七十七条 【传唤证人】

(1)对证人的传票,应由书记科根据证据裁定作成,并依职权送达。如法院未命令送达时,即不拘方式送交。

(2)传票中应记载:

1.双方当事人的姓名;

2.讯问事项;

3.应于期日按时到指定地点陈述证言,否则将依本法给予制裁。

(3)如果考虑到作证中问题的内容与证人的人格,法院认为由证人提出书面回答已足,可以命令证人提出书面回答。证人应当表示,他可以接受传唤以备讯问。如果法院认为有必要命证人就作证中的问题作进一步陈述时,法院可以命令传唤证人。

第三百七十八条【对证言有用的资料】

(1)为了便于就所知悉的事实作出证言,证人在认为可能并必要时,可以将有关的文件和其他资料于期日内带来查阅。第一百四十二条、第四百二十九条于此不受影响。

(2)证人不按照法院的一定的命令履行前款的义务时,法院可以采取第三百九十条所定的措施;此点应预先告知证人。

第三百七十九条【费用预付】

法院可以命令举证人就国库因讯问证人而生的费用,预先垫付,否则不予传唤证人。如果不在规定期间内预付费用,而以后补行偿付,依法院的自由心证,再传讯证人足以拖延诉讼时,即不予传唤。

第三百八十条【证人不到场的后果】

(1)经合法传唤而不到场的证人,可以不经申请而命其负担因不到场而生的费用。同时可以对他处以违警罚款,不纳罚款时,对他科以违警拘留。

(2)如证人再次不到场,即再次给以违警制裁,也可以命令拘传证人。

(3)对此项裁定,可以提起抗告。

第三百八十一条【非因过失而不到场】

(1)如果证人说明,他没有及时收到传唤,或者他不到场并非由于他的过失,就不对他处以违警制裁或命其负担费用,亦不对其执行拘传。如果这种说明或对无过失的说明是以后补行的,对证人所作的命令即予取消。

(2)证人的此项陈述和申请,可以以书面作出,也可以在书记科进行,作成记录,也可以在新定的讯问期日内口头作出。

第三百八十二条【对部长与议员的讯问】

(1)对于联邦政府或州政府的部长,在他们的办公处所讯问,如不在办公处所时,在他们的所在地讯问。

(2)对于联邦议院、联邦参议院、州议院或州第二院的议员,当他们在集会地点时,在该地点讯问。

(3)如不依前两款的规定办理,对联邦政府的部长,应经联邦政府许可;对州政府的部长的讯问,应经州政府许可;在各级议员,应经各该议院许可。

第三百八十三条【因个人原因而拒绝作证】

(1)下列各项情形有权拒绝作证:

1.是当事人一方的未婚配偶的；

2.是当事人一方的配偶，包括婚姻关系已不存在的；

3.现在是或者过去是当事人一方的直系血亲或直系姻亲，或三亲等以内的旁系血亲，或二亲等以内的旁系姻亲；

4.教会的人员关于在教会工作中受人信赖而被告知的事项；

5.由于职业上的原因，现在从事于或过去曾经从事过定期刊物的编辑、出版或发行工作，或广播工作的人，关于文稿和资料的著作人、投稿人或提供材料的人的个人情况，以及关于这些人的活动的内情，但以这些都是涉及编辑工作中的文稿、资料和报道的为限；

6.由于职务、身份或职业上的关系而知悉一定事项的人，由于从事情的性质上或依法律规定应保守秘密的事项。

（2）对于前款第一项至第三项的人，在讯问前应告知其有拒绝作证的权利。

（3）对于第一款第四项至第六项的人，即使其不拒绝作证，对于非违反其保密义务就不能明了的事项，也不应讯问。

第三百八十四条【因案情的原因而拒绝作证】

在下列各种情形，可以拒绝作证：

1.对于某些问题的回答，将会对证人或与证人有第三百八十三条第一款第一项至第三项所列各种关系的人，直接发生财产权上的损害；

2.对于某些问题的回答，将会对证人或对第三百八十三条第一款第一项至第三项中所列的证人的亲属，引起不名誉或使其因犯罪或违警行为而有受追诉的危险；

3.对于某些问题，证人非将其技术上或职业上的秘密公开就不能回答的。

第三百八十五条【不得拒绝的作证义务】

（1）在第三百八十三条第一款第一项至第三项和第三百八十四条第一项的情形，对下列事项，证人不得拒绝作证：

1.关于他自己曾经作为证人而参与过的法律行为的成立与法律行为的内容；

2.关于家庭成员的出生、婚姻或死亡情况；

3.关于因家庭关系而发生的财产情况；

4.其曾经作为一方当事人的前任或代理人而就争议的法律关系所作出的行为。

（2）第三百八十三条第一款第四项和第六项中的人，如果已被免除其保密义务时，不能再拒绝作证。

第三百八十六条【对拒绝作证的说明】

（1）拒绝作证的证人，应当在讯问他的期日之前，以书面方式或以在书记科作成记录的方式，或者在该期日内，提交他拒绝作证的原因并就原因作出解释。

（2）在第三百八十三条第四项、第六项的情形，只需引用其职务上的宣誓而作保密即可。

（3）证人已经以书面方式或以在书记科作成记录的方式说明他拒绝作证后，即可在讯问期日内不到场。

（4）书记科收到证人的说明，或就其说明作成记录后，应即通知双方当事人。

第三百八十七条【关于拒绝作证的中间争点】

（1）对于拒绝的合法与否，受诉法院于讯问当事人后裁判。

（2）证人没有使律师代理自己的义务。

（3）对此项中间判决，可以提起即时抗告。

第三百八十八条【关于书面拒绝作证的报告】

证人以书面方式或以在书记科作成记录的方式说明他拒绝作证，并且在期日未到场时，受诉法院的成员应即根据证人的说明提出报告。

第三百八十九条【在受命法官或受托法官前拒绝作证】

（1）证人在受命法官或受托法官前拒绝作证，如果证人并未以书面方式或以书记科作成记录的方式说明时，应将证人的说明与当事人的陈述一并记入记录。

（2）法院应依职权传唤证人与双方当事人到受诉法院进行言词辩论。

（3）受诉法院的成员应根据证人和当事人的陈述提出报告。在报告人提出报告后，证人和当事人都可发言说明自己申请的理由；此时不得提出新事实和新的证据方法。

第三百九十条【强制作证】

（1）证人并未提出理由，或者经宣誓确定其理由不充分时，而仍拒绝作证或拒绝履行宣誓手续，即可不经过申请，命证人负担因其拒绝而生的诉讼费用。同时对证人处以违警罚款，不能缴纳罚款时，处以违警拘留。

（2）证人再次拒绝作证时，依申请命令拘留，以强制其作证，但不得超过在该审级中诉讼终结的时刻。强制执行程序中关于拘留的规定于此准用。

（3）对此项裁定，可以提起抗告。

第三百九十一条【宣誓】

法院考虑证言的重要性，并且为了使证人作出真实的证言，认为有必要命证人宣誓时，在双方当事人都未舍弃宣誓的情形下，证人应当宣誓，但第三百九十三条的情形除外。

第三百九十二条【讯问后宣誓；誓词】

宣誓应在讯问后进行。多数证人可以同时宣誓。誓词中应表明证人应按照自己的良心为真实的陈述，毫不隐瞒。

第三百九十三条【不宣誓而讯问】

对于在讯问时尚未满十六岁的人，或者因智能欠缺或智能薄弱而不能充分理解宣誓的实质和意义的人，都不经宣誓而讯问。

第三百九十四条【分别讯问】

（1）对各证人应分别讯问，讯问时不能使以后要讯问的证人在场。

（2）证言相互矛盾的数个证人，可以使之互相对质。

第三百九十五条【查明人身的讯问】

（1）在讯问前，应告知证人应作出真实的陈述，并且要向其指出，证人在法定情形下，依事情的状况应就自己的证言宣誓。

（2）开始讯问时，讯问证人的姓名、年龄、身份、职业与住址。必要时，应就证人在该案件中的信用情况向其发问，特别应就其与当事人的关系发问。

第三百九十六条【关于案件的讯问】

（1）应当使证人就他对讯问事项所知道的全部进行陈述。

（2）为使证人的证言明白而且完全，并且为了查考证人知识的来源，必要时应再发问。

（3）法院的成员提出要求时，审判长应许其发问。

第三百九十七条【当事人的发问权】

（1）为了说明案件或证人的各种关系，当事人在认为适当时，有权向证人发问。

（2）审判长可以准许双方当事人直接向证人发问，在当事人的律师要求时，应准律师直接向证人发问。

（3）关于发问的合法与否有异议时，由法院裁判。

第三百九十八条【再度讯问和补行讯问】

（1）受诉法院依裁量，可以命令对证人再度讯问。

（2）受命法官或受托法官在讯问时，如一方当事人提出要求发问而被拒绝，受诉法院可以命令对证人就该问题补行讯问。

（3）在对证人再度讯问或补行讯问时，法官可以命证人不再宣誓，而引用原来的宣誓以保证其证言的正确。

第三百九十九条【舍弃证人】

当事人可以舍弃他已提出的证人；但对方当事人可以要求讯问已到场的证人，如果讯问已经开始，可以要求将讯问继续下去。

第四百条【法官的职权】

受委托进行调查证据的法官，在证人未到场或拒绝作证时，有权作出法律上的处分，并且在合乎法律规定时，即使在受托任务终结后也可取消该处分，还有权对于向证人提出的发问是否合法暂时作出裁判，也有权对证人再次讯问。

第四百零一条【证人费用的补偿】

对证人依照《关于证人和鉴定人的损失补偿的法律》予以费用的补偿。

第八节　鉴定

第四百零二条【关于证人的规定的适用】

除以下各条另有规定外，关于证人的规定适用于鉴定。

第四百零三条【提出证据】

申请鉴定，必须表明应鉴定的事项。

第四百零四条【选任】

（1）鉴定人的选定与其人数，均由受诉法院决定。受诉法院可以只任命一个鉴定人。受诉法院也可以任命另一鉴定人以代替先前任命的鉴定人。

（2）就特定种类的鉴定工作，已有由政府任命的鉴定人时，只有在特殊情况有必要时，才另行选任他人为鉴定人。

（3）法院可以要求当事人指定适于为鉴定人的人。

（4）当事人一致同意某特定人为鉴定人时，法院应即听从其一致意见；但法院可以将当事人的选定限制在一定的人数。

第四百零四条之一【对鉴定人工作的指导】

（1）法院应对鉴定人的工作给予指导并可对鉴定人工作的种类和范

围给予指示。

(2)在个别情况需要时,法院在拟定应证明的问题前应讯问鉴定人,使之明悉其任务,在鉴定人要求时,还应向之释明其受委托的事项。

(3)关于有争议的事项,法院应决定鉴定人应以哪些事实作为其意见的根据。

(4)在必要时,法院应决定,在何种范围内鉴定人有权限对要证明的问题作出证明,在何种情况下鉴定人需与双方当事人共同进行工作,以及在何种鉴定人可允许当事人参与鉴定工作。

(5)应将给予鉴定人的指示通知双方当事人。如在特定期日对鉴定人给予指示,应允许双方当事人参加。

第四百零五条 【由受命法官或受托法官选任】

受诉法院可以授权被委任调查证据的法院任命鉴定人。在此情形,法官具有第四百零四条、第四百零四条之一所规定的受诉法院的职权与义务。

第四百零六条 【鉴定人的回避】

(1)鉴定人也可以因与法官回避的同样原因,而实行回避。但鉴定人曾作为证人而受讯问的,不得作为回避原因。

(2)申请回避,应在讯问鉴定人之前向任命鉴定人的法院或法官提出,至迟应在任命裁定宣示或送达后两周内,在上述时间以后,申请人必须说明之前不能主张回避的理由,不是由于其过错,才可提出回避申请。回避申请可以向书记科陈述,由其作成记录。

(3)回避原因,必须予以说明;当事人不得作出代宣誓保证。

(4)申请鉴定人回避,由第二款中的法院或法官裁判。

(5)对于宣示回避有理由的裁定,不得提起上诉,对于宣示回避无理由的裁定,可以提起即时抗告。

第四百零七条 【从事鉴定的义务】

(1)被任命为鉴定人的人,如果原来就是被政府任命从事于特种鉴定工作的人,或者是公开营业从事于具备鉴定所需知识的科学工作、技术工作的人,必须接受鉴定任务。

(2)向法院表示承诺进行鉴定工作的人,也有进行鉴定的工作义务。

第四百零七条之一 【鉴定人的其他义务】

(1)鉴定人应迅速确认,受委托事项是否属于他的专业领域,能否不借助其他鉴定人而完成任务。如果不是这样,鉴定人应立即向法院报告。

（2）鉴定人不得将委托事项转交给他人。如果需要使用他人参与工作，而这工作不是次要的辅助工作，鉴定人应说明该人的姓名及其工作的范围。

（3）鉴定人如对委托事项的内容与范围存有疑义，应立即请法院作出说明。如果发生与诉讼标的价格无关的费用，或者显然超过原定金额的费用，鉴定人应及时对之加以说明。

（4）在法院提出要求时，鉴定人应立即将一切文件及其他有关鉴定的资料以及研究成果交付或通知法院。鉴定人不履行此项义务时，法院得命令其交出。

（5）法院应就鉴定人的义务发出指示。

第四百零八条【拒绝鉴定的权利】

（1）鉴定人具备证人拒绝作证的同样原因时，也有权拒绝进行鉴定工作。法院也可以因其他理由而免除鉴定人作鉴定的义务。

（2）以法官、公务员或其他从事公务的人作为鉴定人而讯问，适用对公务员的专门法律的规定。对联邦政府或州政府的成员，适用关于他们的特别规定。

（3）参与法院的裁判的人，关于裁判事务中的问题，不得作为鉴定人而对其进行讯问。

第四百零九条【不到场或拒绝的结果】

（1）鉴定人不到场或拒绝从事他有义务应当从事的鉴定工作，或者鉴定人留下有关文件或其他资料的，应负担由此而生的费用。同时对他处以违警罚款。再次违犯的，可以再一次处以罚款。

（2）对此项裁定可以提起抗告。

第四百一十条【宣誓】

（1）鉴定人应在鉴定前或鉴定后宣誓。在誓词中，鉴定人应表示：在要求他作的鉴定中，他公正地并依自己的良心和良知进行鉴定或已经作了鉴定。

（2）如果鉴定人就其所作的该种鉴定工作，已作过概括的宣誓，只需引用其作过的宣誓即可；此点也可以在鉴定书中表明。

第四百一十一条【鉴定书】

（1）法院命作出书面鉴定的，鉴定人应将经其署名的鉴定书留交书记科。法院可以对鉴定人留交规定一定期间。

（2）有鉴定义务的人迟误期间时，可以对他宣示处以违警罚款。在确定处罚之前，应规定一定的延展期间，以作警告。鉴定人再次迟误期间时,依同样方式,可以再一次处以违警罚款。此时准用第四百零九条第二款的规定。

（3）为了对鉴定书加以解释,法院可以命令鉴定人到场。

（4）双方当事人应在适当的时间内向法院提出他们对鉴定意见的反对意见、有关鉴定的意见以及对鉴定书的补充问题。法院为此可以规定一定期间;第二百九十六条第一款、第四款于此准用。

第四百一十一条之一【使用其他诉讼中的鉴定】

如果可用的鉴定已由法院或检察官办公室在其他诉讼中获取,则书面鉴定的制作可以停止。

第四百一十二条【新的鉴定】

（1）法院认为鉴定不充分时,可以命令原鉴定人或命令另一鉴定人作出新的鉴定。

（2）如果鉴定人在鉴定完毕后被准许回避时,法院可以命令另一鉴定人作出鉴定。

第四百一十三条【鉴定人费用的补偿】

对鉴定人,依照《关于证人和鉴定人的损失补偿的法律》,予以费用的补偿。

第四百一十四条【鉴定证人】

如果要证明过去的事实或情况,而对这种事实和情况的认识需要特殊的专门知识时,讯问具有这种专门知识的人,适用关于证人的规定。

第九节　书证

第四百一十五条【公文书中陈述的证明力】

（1）由公共官厅在其职权内,或由具有公信权限的人在他的事务范围内,依正规的方式制作的文书,为公文书。如果其中所记载的是在公共机关或制作文书的人面前所为的陈述,对于这种由公共官厅或制作文书的人以文字记载的事项,公文书提供完全的证明。

（2）对公文书内记载的事项,许可用证据证明其不正确。

第四百一十六条【私文书的证明力】

由制作人署名或者经公证人认证的私文书,可完全证明文书内所作的陈述是由制作人所作出的。

第四百一十六条之一【公电子文档打印文本的证明力】

依据第三百七十一条之一第三款的规定,电子文档由公共机构在其职权内,或由具有公信权限的人在事务范围内,依正规方式制作的电子文档,其经认证的打印文本,以及依据第二百九十八条第二款的规定,由法院经有管辖权的法院认可发布的电子文档经验证的打印文本,具有与经认证的公文书副本同等的证明力。

第四百一十七条【载有主管官厅的陈述的公文书的证明力】

由官厅制作的,载有公务上的命令、处分或裁判的公文书,对于其中的内容,提供完全的证明。

第四百一十八条【公文书关于其内容的证明力】

(1)除第四百一十五条和第四百一十七条所规定的内容以外,具有其他内容的公文书,对于其中所记载的事实,提供完全的证明。

(2)对文书中所记载的事实,准许提出证据证明其不正确,但以各州法律对这种证据未加禁止或未予限制的为限。

(3)文书中记载的事实不是官厅或制作文书的人所亲身感知的,只在各州法律规定这种记载的证明力并不取决于亲身感知时,方可适用第一款的规定。

第四百一十九条【有缺点的证书的证明力】

证书有废除、涂改、增添或其他外形上的缺点时,其证明力应否全部或一部分消失或减少,减少到何程度,由法院依自由心证裁判。

第四百二十条【提出证书】

申请书证,应提出证书。

第四百二十一条【对方当事人提出】

举证人断定证书在对方当事人手中时,应在申请证据时,同时申请命对方当事人提出证书。

第四百二十二条【民法中的提出义务】

依照民法中的规定,举证人可以要求交出或提出证书时,对方当事人有提出证书的义务。

第四百二十三条【引用时的提出义务】

对方当事人在诉讼中为举证而引用在他自己手中的文书时,有提出此项文书的义务,即使只在准备书状中曾经引用的,也有提出的义务。

第四百二十四条【提出证书的申请】

申请提出证书时,应当:

1.表明证书;

2.表明以该证书所证明的事实;

3.对该证书的内容,尽量完全说明;

4.主张证书在对方当事人占有所根据的事由;

5.对方当事人有提出证书的义务的原因。对原因应作出说明。

第四百二十五条【提出命令】

法院认为应由证书证明的事实是重要的,并且认为申请有理由,而对方当事人承认证书在他手中,或者对方当事人对申请不作表示时,法院命令他提出证书。

第四百二十六条【提出证书的讯问】

对方当事人不承认证书为他所占有时,应向他讯问证书的所在。在讯问期日的传票中,应指示对方当事人对证书的所在进行细致追查。其他事项,准用第四百四十九条至第四百五十四条的规定。法院如果相信证书为对方当事人所占有时,即命令其提出证书。

第四百二十七条【不提出证书的结果】

如果对方当事人不服从提出证书的命令,或者在第四百二十六条的情形中法院相信对方当事人并未细致追查证书的所在时,可以将举证人提供的证书副本视为正确的证书。如举证人未提供证书副本时,举证人关于证书的性质和内容的主张,视为已经到证明。

第四百二十八条【第三人提出证书;证据申请】

举证人主张证书在第三人手中时,向法院申请确定一期间以便取得证书的,作出申请或根据第一百四十二条的规定作出命令的,视为已提交证据。

第四百二十九条【第三人的提出义务】

第三人在有与举证人的对方当事人相同的原因时,负有提出证书的义务;但强制第三人提出证书,必须通过诉讼的途径实行。第一百四十二条的规定于此不受影响。

第四百三十条【请求第三人提出证书的申请】

举证人依第四百二十八条提出申请时,为说明其申请有理由,应列举第四百二十四条第一项至第三项与第五项的要件,并说明证书之所以在第三人手中的原因。

第四百三十一条【第三人提出的期间】

(1)如果应以证书证明的事项是重要的,而申请也符合前条的规定,法院应规定期间命提出证书。

(2)如果对第三人的诉讼已经终结,或者举证人拖延起诉、拖延诉讼的进行或拖延强制执行时,对方当事人可以申请,不待期间届满就续行诉讼。

第四百三十二条【官厅或公务员提出证书】

(1)举证人主张证书在官厅中或在公务员手中时,在申请证据时即应申请嘱托官厅或公务员将证书交出。

(2)当事人依法律规定,可以不经法院协助而取得证书时,不适用此项规定。

(3)官厅或公务员依第四百二十二条有提出义务而拒绝交出证书时,适用第四百二十八条至第四百三十一条的规定。

第四百三十三条(删除)

第四百三十四条【向其他法官提出】

由于重大的障碍不能在言词辩论时提出证书,或者因为证书极为重要,为防其散失或损坏而不能提出时,受诉法院可以命令将证书提交给法院成员之一或提交给另一法院。

第四百三十五条【公文书的认证副本】

公文书,可以提出原本或提出经认证的副本,但副本在认证后须具备公文书的要件;法院也可以命令举证人提出原本,或命其说明不能提出原本的原因并说明。举证人不服从命令时,法院依自由心证对于该认证副本具有如何的证明力作出判断。

第四百三十六条【舍弃已提出的证书】

举证人在提出证书后,非经对方当事人同意,不得舍弃此项证据方法。

第四百三十七条【本国公文书的真实性】

(1)从形式和内容两方面都可以认为是由官厅或由具有公信权限的人所制作的证书,推定其本身是真实的。

(2)法院对证书的真实性有怀疑时,可以依职权要求制作该证书的官厅或人,对证书的真实性加以说明。

第四百三十八条【外国公文书的真实性】

(1)可以认为是由外国官厅或外国的具有公信权限的人所制作的证书,是否无须要进一步的证明即视为真实,由法院依具体情况判断。

(2)这种证书,经联邦的领事或公使证明的,即视为是真实的。

第四百三十九条【私文书的真实性的说明】

(1)对于私文书的真实性,举证人的对方当事人应当依第一百三十八条的规定说明。

（2）证书上有署名时,应对署名的真实性,加以说明。

（3）当事人对证书不作说明,而且在其他陈述中对证书的真实性也未提出争议时,视为已承认该证书。

第四百四十条【对私文书的真实性的证明】

（1）对于未经承认的私文书的真实性,应加以证明。

（2）证书上署名的真实性已被确定,或者证书上的手印也得到公证时,具有该项署名或手印的文字记载,也推定其本身是真实的。

第四百四十一条【核对笔迹】

（1）为证明证书的真实与否,也可以核对笔迹。

（2）在此情形,举证人应提出适于核对的笔迹,或者依第四百三十二条申请交出笔迹,必要时应申请证明笔迹的真实性。

（3）适于核对的笔迹在对方当事人手中时,对方当事人依举证人的申请有提出的义务。此时准用第四百二十一条至第四百二十六条的规定。对方当事人不服从提出适于核对的笔迹的命令,或者在第四百二十六条的情形,法院相信对方当事人并未细致追查该项笔迹的所在时,就可以将该项证书视为真实。

（4）举证人说明,供核对的笔迹在第三人手中,自己能通过诉讼的方式使其提出时,准用第四百三十一条的规定。

第四百四十二条【对核对笔迹的判断】

对于核对笔迹的结果,法院依自由心证判断。在适当的情况下,可以先讯问鉴定人,然后作出判断。

第四百四十三条【争议证书的保管】

对于证书的真实性有争议,或者认为证书的内容被改变时,在诉讼终结前,这些证书应由书记科保管。但为公共秩序的必要,应移交于其他官厅时不在此限。

第四百四十四条【毁损证书的结果】

一方当事人意图妨害对方当事人使用证书而毁损证书或致使证书无法使用时,对方当事人关于证书的性质和内容的主张,视为已得到证明。

第十节　讯问当事人①

第四百四十五条【申请讯问对方当事人】

(1)一方当事人,对于应当由他证明的事项,不能通过其他的证据方法得到完全的证明,或者未提出其他证据方法时,可以申请就应证明的事实讯问对方当事人。

(2)关于该事实,如法院认为已有反对的证明时,对申请应不予考虑。

第四百四十六条【对方当事人拒绝的结果】

对方当事人拒绝对他进行讯问,或者对于法院的要求不作表示,法院应考虑全部案情,特别考虑拒绝的理由,依自由心证,判断当事人所主张的事实可否视为已得到证明。

第四百四十七条【对举证人讯问的合意】

当事人一方提出申请,他方当事人对之表示同意时,法院也可以就系争的事实讯问有证明义务的一方。

第四百四十八条【依职权讯问】

如果言词辩论的结果和已经进行的调查证据的结果,对于应证事实的真实与否不能提供足够的心证时,法院也可以在当事人一方并未提出申请时,不问举证责任的归属,而命令就该事实讯问当事人一方或双方。

第四百四十九条【讯问共同诉讼人】

应讯问的当事人是多数的共同诉讼人时,法院根据案件情况,决定应讯问其全体或仅讯问其中的一人。

第四百五十条【证据裁定】

(1)命令讯问当事人的,作出裁定而进行。对于宣示裁定时未亲自到场的当事人,应依职权将证据裁定送达,并传唤其亲自到场。传唤应通知当事人本人,即便其有诉讼代理人;传唤无须送达。

(2)在作出证据裁定后,如就应证事实已提出新的证据方法时,可以中止裁定的执行。已经进行了新的证据调查后,法院认为应证明的问题已经明白,应即停止讯问当事人。

---

① 根据1931年制定的法律草案,讯问当事人于1933年10月27日的修订法中取代了当事人宣誓制度,其蓝本主要是《奥地利民事诉讼法》。当事人在大多数情况下最了解争议事实,如果没有其他证据手段或者其他证据手段不充分的,当事人讯问就是认定事实不可或缺的手段。与此前的当事人宣誓制度相比,当事人讯问是一个巨大的进步。

外国民事诉讼法译丛

德国民事诉讼法

第四百五十一条【讯问的执行】

对讯问当事人,准用第三百七十五条,第三百七十六条,第三百九十五条第一款、第二款第一句和第三百九十六条,第三百九十七条,第三百九十八条的规定。

第四百五十二条【当事人宣誓】

(1)当事人一方未宣誓时所作的证言,不能使法院就应证事实的真实与否得到心证时,法院可以命令当事人就其证言宣誓。在讯问双方当事人时,就同事实,可以只命令当事人一方宣誓。

(2)誓词中应表明当事人应按照自己的良心作出真实的陈述,毫不隐瞒。

(3)对方当事人可以舍弃宣誓。

(4)对于因故意违反宣誓义务受过确定的有罪判决的一方当事人,不许其宣誓。

第四百五十三条【自由心证】

(1)法院依第二百八十六条,对当事人的证言自由地作出评断。

(2)当事人拒绝陈述或拒绝宣誓时,准用第四百四十六条的规定。

第四百五十四条【应讯问的当事人不到场】

(1)当事人在规定的讯问期日或宣誓期日不到场,法院应考虑一切情况,特别考虑当事人提出的不到场的理由,依自由裁量以判断是否可以视为拒绝作证。

(2)指定在受诉法院讯问当事人和当事人宣誓的期日后,而当事人不到场时,如法院认为不必要指定新的期日,即可进行本案言词辩论。

第四百五十五条【无诉讼能力】

(1)当事人一方无诉讼能力,在不妨碍适用第二款的规定下,讯问其法定代理人。法定代理人有数人时,准用第四百四十九条的规定。

(2)已满十六岁的未成年人,在法院依照具体情况认为适当时,就关于他本人的行为或他所亲身经过的事实,可以对之讯问,并可以依第四百五十二条命其宣誓。对于在诉讼中由保佐人代理的有诉讼能力的人亦同。

第四百五十六条至第四百七十七条(删除)

第十一节　宣誓与具结

第四百七十八条【亲自宣誓】

宣誓,应由宣誓义务人本人进行。

第四百七十九条【在其他法官前宣誓】

（1）宣誓义务人因故不能到受诉法院或与受诉法院所在地距离遥远，且不能按照第一百二十八条之一第一款规定的方式宣誓的，受诉法院可以命令他在法院的一名成员前宣誓，或在另一法院宣誓。

（2）联邦总统在他的住所内、在受诉法院的一名成员前宣誓，或在另一法院宣誓。

第四百八十条【宣誓前告知】

在宣誓前，法官应将宣誓的意义以适当的方式告知宣誓义务人，并告诉宣誓义务人，他可以按宗教的方式、也可不按宗教的方式宣誓。

第四百八十一条【宣誓，誓文】

（1）按宗教仪式宣誓时，其方式是法官先念誓词的首句："你在全知全能的上帝前宣誓"，然后宣誓义务人接着说："我发誓，上帝保佑我。"

（2）不按宗教仪式宣誓时，其方式是法官先念誓词的首句："你发誓"，然后宣誓义务人接着说："我对此发誓。"

（3）宣誓义务人说明他是一个宗教团体的一员，或者是信奉某种教义的团体的一员，要求使用该团体的特种誓言时，他可以添上这种特种誓言。

（4）宣誓人在宣誓时应举起右手。

（5）多数人应当同时宣誓时，誓词应由每个宣誓义务人分别念述。

第四百八十二条（删除）

第四百八十三条【哑人或聋人】

（1）能写字的哑人或聋人可以选择通过宣读誓词的方式宣誓，或抄写誓词并署名的方式宣誓，或在有能力与其交流的人的帮助下，进行宣誓，法院应使帮助人参加宣誓。法院为实现该目的提供相应的技术帮助。法院应当提醒哑人或聋人其有选择的权利。

（2）哑人或聋人没有行使第一款规定的选择权，或第一款规定的形式无法宣誓的，或以第一款规定的形式进行尝试但无法达到宣誓目的的，法院可以要求其抄写誓词，或使能与其交流的人帮助其宣誓。

第四百八十四条【与宣誓相等的具结】

（1）宣誓义务人说明，他由于信仰上或良心上的原因，不愿宣誓，应即具结。这种具结的效力与宣誓相同，此点应向宣誓义务人说明。

（2）具结的方式是法官念结文的首句："你自觉地坚决向法院负责"，义务人接着说："是。"

（3）此时准用第四百八十一条第三款、第五款，第四百八十三条的规定。

第十二节　独立的证据程序

第四百八十五条【许可的条件】

（1）在诉讼程序进行中或开始前，依当事人一方的申请，可以命令勘验、讯问证人和鉴定人，但以对方当事人同意时，或证据方法有灭失或难于使用的可能时为限。

（2）诉讼尚未系属于法院时，一方当事人可以申请由鉴定人进行书面鉴定，但以申请人就鉴定事项有法律上的利害关系并需确定下列事项之一时为限：

1.确定人身状态或物的价值的状况；

2.确定人身伤害、物的损害或物的缺失是否发生；

3.确定为排除人身伤害、物的损害或物的缺失所支出的费用。

此种确定有助于避免诉讼的进行时即为有法律上的利害关系。

（3）如果法院已命令进行了一次鉴定，只有在符合第四百一十二条的规定时才能进行新的鉴定。

第四百八十六条【管辖法院】

（1）已发生诉讼系属时，申请向受诉法院提出。

（2）诉讼尚未系属时，申请向应在申请人起诉后就本案为裁判的法院提出。在以后的诉讼程序中，申请人不得主张该法院无管辖权。

（3）在有急迫的危险时，申请也可向应讯问或应鉴定的人所在的，或应勘验或应鉴定的物所在的初级法院提出。

（4）申请可以向书记官提出，由其作成记录。

第四百八十七条【申请的内容】

申请应表明下列各点：

1.对方当事人；

2.应当进行调查证据的事项；

3.证据方法，或者第四百八十五条所许可的其他证据方法；

4.对于符合于独立的证据程序以及法院有管辖权的事项的说明。

第四百八十八条、第四百八十九条（删除）

第四百九十条【对申请的裁判】

（1）对申请的裁判，以裁定作出。

（2）在许可申请保全证据的裁判中,应表明准予调查的作为证据的事实、应讯问的证人和鉴定人的姓名。对此裁定,不得声明不服。

第四百九十一条【传唤对方当事人】

（1）在具体情况许可时,应将裁定与申请的副本送达于对方当事人,并且传唤对方当事人于规定的适当的调查证据期日到场,以便对方当事人于期日保护其权利。

（2）即使不遵守上述规定,也不妨碍调查证据。

第四百九十二条【调查证据】

（1）调查证据,依适用于有关的证据方法的规定进行。

（2）调查证据的记录由命令调查证据的法院保存。

（3）在预期可以达成一致时,法院可传唤双方当事人进行口头讨论;和解应记入法庭记录。

第四百九十三条【独立的证据程序】

（1）一方当事人在诉讼中援引作为独立证据的事实时,该独立的调查证据与受诉法院所进行的证据调查有同等效力。

（2）对方当事人未在独立的证据程序的期日到场,只在对方当事人受到及时传唤时,才能使用其结果。

第四百九十四条【对方当事人不明时】

（1）举证人未指明对方当事人时,如举证人说明,未能指明对方当事人并非由于自己的过失,应准许其申请。

（2）准许申请后,法院可以为不明的对方当事人选任代理人,以便在调查证据时保护对方当事人的权利。

第四百九十四条之一【诉讼期间】

（1）诉讼如尚未系属于法院,法院在依申请不经言词辩论而进行的证据调查结束后,应命令申请人在指定的期间内提起诉讼。

（2）申请人不遵守此项命令时,法院依申请以裁定宣示,申请人应负担对方当事人的费用。对此裁判可提出即时抗告。

第二章　初级法院的程序

第四百九十五条【适用的规定】

（1）初级法院的诉讼程序,除第一编总则、以下各条的特别规定,以及由于初级法院的编制有不同的规定外,适用关于州法院的诉讼程序的规定。

（2）（废除）

第四百九十五条之一【依自由裁量决定程序】

在诉讼价额不超过 600 欧元时，法院可以依自由裁量决定其程序。依申请应进行言词辩论。

第四百九十六条【提出书状；口头陈述，作成记录】

当事人一方起诉、答辩或提出其他申请和陈述，凡是应当送达对方当事人的，都应当向法院用书面提出，或者口头向书记科陈述，作成记录。

第四百九十七条【传唤】

（1）传唤原告于起诉时所定期日到场，除法院命令送达的外，不拘何种形式通知。此时准用第二百七十条第二句的规定。

（2）在当事人提出起诉或提交申请时，如已将根据该项起诉或申请所定的期日通知该当事人，即不用传唤该当事人。此项通知，应附记于诉讼文卷中。

第四百九十八条【送达起诉的记录】

起诉，由书记科作成记录的，将记录送达，以代诉状。

第四百九十九条【书面认诺的告知】

（1）在向被告送达诉状或诉讼开始的文书时，应告知被告其未被要求由律师代理。

（2）在依第二百七十六条进行催告时，应告知被告书面认诺的结果。

第四百九十九条之一至第五百零三条（废除）

第五百零四条【初级法院管辖错误的告知】

初级法院在事务管辖或土地管辖两方面都没有管辖权时，应在本案辩论前将此点向被告指出，并告知其不责问而进行本案辩论的结果。

第五百零五条（删除）

第五百零六条【之后发生的事物管辖错误】

（1）在反诉或诉的扩张中（第二百六十四条第二项、第三项）提出属于州法院管辖的请求，或者依第二百五十六条第二款申请确定属于州法院管辖的法律关系时，如当事人一方在下一次的本案言词辩论前就此点提出申请，初级法院应以裁定宣告管辖错误并将诉讼移送于管辖法院。

（2）第二百八十一条第二款、第三款第一句的规定于此准用。

第五百零七条至第五百零九条（废除）

第五百一十条【关于证书的说明】

法院要求当事人说明证书的真实性，而当事人不说明时，视为承认该证书。

第五百一十条之一【法庭记录】

除自认以外的当事人的其他陈述,以及对申请讯问当事人的陈述,在法院认为必要时,应在记录中加以确认。

第五百一十条之二【对履行行为的判决】

判决命履行某种行为时,可以同时依原告的申请,判令被告如不于一定期间内履行时应支付损害赔偿;损害赔偿,由法院依自由裁量确定。

第五百一十条之三(废除)

第三编　上诉审程序[①]

第一章　控诉

第五百一十一条【要件】[②]

（1）对于第一审所作的终局判决，可以提起控诉。

（2）在下列情形下方可控诉：

1.控诉标的额高于 600 欧元，或者；

2.一审法院在判决中许可控诉。

（3）控诉的原告应向法院证明标的额符合第二款第一项的规定；控诉原告不得作出代宣誓保证。

（4）一审法院在下列情形下准许控诉：

1.法律问题具有原则性意义或对法律续造具有意义，或为保障司法统一需要控诉法院作出裁判；

2.判决对当事人产生的不利的价额不超过 600 欧元。

许可裁判对控诉法院有拘束力。

第五百一十二条【第一审判决前的裁判】

终局判决之前所作的判决，也要受控诉法院的审判。但依本法规定不得声明不服的或者可以以抗告声明不服的除外。

---

①　在德国的普通诉讼中，各种"攻击"裁判的手段都被称为上诉。而本法规定的上诉专指当事人通过在上一级法院继续程序来审查和排除尚未生效的裁判的法律救济，主要包括控诉、上告、控告三种。

②　2001 年的民事司法改革之前，第五百一十一条之一对控诉条件的规定如下："（1）申明不服的标的的价额未超过 1500 德国马克时，不许提出控诉。控诉人对此价额应予说明；控诉人不得以作出保证代替宣誓。（2）关于因住房的使用租赁关系的状况的诉讼，如果初级法院在某一法律问题上与州高等法院或联邦最高法院的裁判相抵触，并且初级法院的裁判是以这种抵触为根据时，可以提起控诉。"2001 年的改革修改了控诉审的价额要件，将上诉价额改为 600 欧元（约 1200 马克），并增加了第四款准许控诉的规定。修改后的规定降低了控诉价额，扩张了许可当事人提起控诉的范围，增强了控诉法院的法律审职能，并使许可控诉要件与许可上告要件基本保持一致。

第五百一十三条 【控诉基础】

(1)控诉只能基于作出的判决是基于违法行为(第五百四十六条)而提出,或基于根据第五百二十九条的规定应当认定的事实将导致不同判决而提出。

(2)控诉不得基于一审法院的管辖错误而提出。

第五百一十四条 【缺席判决】

(1)受缺席判决宣告的当事人,对于缺席判决,不得以控诉声明不服。

(2)对于本来不许声明异议的缺席判决,只在以并未迟误为理由时,才能提起控诉。此时不适用第五百一十一条第二款的规定。

第五百一十五条 【舍弃控诉】

在判决宣示后,表明舍弃控诉权时,不论对方当事人承诺其舍弃与否,都发生效力。

第五百一十六条 【撤回控诉】

(1)在控诉裁判作出前,控诉人可撤回控诉。

(2)撤回控诉,应向法院说明。如不在言词辩论时说明,应提出书状进行说明。

(3)撤回控诉使已提起的控诉失去效力,撤回的当事人应负担因控诉而生的费用。这种效力,依对方当事人的申请,以裁定宣示。

第五百一十七条 【控诉期间】

控诉期间为一个月;此期间为不变期间,自将完全形式的判决书送达时开始,但至迟应于判决宣告后满五个月时开始。

第五百一十八条 【补充判决后的控诉期间】

在控诉期间内,因追加裁判而对判决进行补充时(第三百二十一条),对原先的判决的控诉期间也自追加裁判送达时重新开始。同一当事人对前后两个判决都提起控诉时,两个控诉合并为一个控诉。

第五百一十九条 【控诉状】

(1)控诉,应向控诉法院提出控诉状。

(2)控诉状应记明下列各点:

1.对之提起控诉的判决;

2.说明要对该判决提起控诉。

(3)提出控诉状时,应一并提交对之声明不服的判决的正本或认证副本一份。

(4)关于准备书状的一般规定,也适用于控诉状。

第五百二十条【控诉理由】

（1）控诉人应说明控诉理由。

（2）提出控诉理由的期间为两个月，自完全形式的判决送达时开始，最迟从宣判后五个月开始计算。如果对方当事人同意，审判长可依申请延长期间。对方当事人不同意的，如果审判长认为延期并不致使诉讼拖延，或者当事人提出重大理由时，审判长可依自由心证将期间延长一个月。

（3）控诉理由，如果没有包括在控诉状中，应当以书面形式向控诉法院提出。控诉理由书应记明下列各点：

1.对判决不服到何种程度，要求对判决作出的变更（控诉申请）；

2.违反法律的事实及该事实对判决起到的作用；

3.指明怀疑此前法院在判决中事实认定的正确性或完整性并因此必须重新认定的具体根据；

4.说明新的攻击防御手段以及根据第五百三十一条第二款新的攻防手段应当获得许可所依据的事实。

（4）控诉理由还应包括：

1.如果声明不服的不是一定的金额，而准许控诉与否是由这种标的价额决定时，说明这种价额；

2.是否存在不能交予独任法官裁判的情况。

（5）关于准备书状的一般规定，适用于控诉理由书。

第五百二十一条【控诉状与控诉理由书的送达】

（1）控诉状与控诉理由书，应送达于对方当事人。

（2）审判长或控诉法院可以设定控诉审中对方当事人提交书面答辩状的期限，及控诉人提交回应答辩状材料的期限。第二百七十七条的规定于此准用。

第五百二十二条【对合法与否的调查；法院裁定驳回控诉】

（1）控诉法院应依职权调查：控诉本身是否准许，是否依法定方式在法定期间内提起控诉并提出理由书。欠缺以上要件之一的，以其控诉为不合法而驳回。驳回控诉以裁定作出。对该裁定可以提起法律抗告。

（2）控诉法院决定驳回控诉，如果庭员一致认为：

1.上诉明显没有胜诉希望；

2.法律问题没有原则性意义；

3.并非为法律续造或保障司法统一需要由控告法院作出判决，且；

4.没有指定言词辩论的期日。

在作出决定前,控诉法院或审判长应向当事人指出控诉将被驳回并说明理由,应给予控诉人在指定期间内表达意见的机会。没有根据本款第二句的规定事先通知理由的,根据第一句作出的决定应当载明理由。此外,可声明不服的法院决定中应当包含原审法院在被质疑的判决中查明的事实,并对补充与修改进行总结。

(3)法院根据第二款作出的裁决,如果是以决定的形式作出,则控诉人有权上诉。

第五百二十三条【指定期日;应诉期间】

(1)控诉是合法的,且未根据第五百二十二条之规定以裁定驳回时,控诉法院应决定是否将裁判转移给独任法官。并立即指定言词辩论的期日。

(2)关于自通知期日时至言词辩论时之间应有的期间,准用第二百七十四条第三款的规定。

第五百二十四条【附带控诉】

(1)被控诉人可以在对方提起的控诉审中提起控诉。被控诉人应向控诉法院递交附带控诉状。

(2)被控诉人放弃控诉或者超过控诉期间后,也允许附带控诉。被控诉人应在控诉审提交答辩状的截止期前提起附带控诉。该期间不适用于附带控诉涉及将来到期的定期给付的情况(第三百二十三条)。

(3)在附带控诉状中必须列明附带控诉的理由。第五百一十九条第二款、第四款,第五百二十条第三款和第五百二十一条的规定于此准用。

(4)主控诉被撤回的、作为不合法被驳回或者被裁定驳回的,附带控诉失去效力。

第五百二十五条【一般的程序规定】

除本章另有规定外,其他控诉程序,准用关于第一审的州法院的诉讼程序的规定。无须进行和解辩论。

第五百二十六条【独任法官】

(1)控诉法院可以作出裁定,将案件交给一名庭员作为独任法官裁判,如果:

1.被声明不服的判决是由独任法官作出的;

2.案件在事实上或者法律上没有特殊困难;

3.案件不具有原则性意义;

4.案件没有在主期日中经过法庭审理,除非其间作出了保留判决、部分判决或中间判决。

（2）在下列情况下，独任法官将案件提交给合议庭，由合议庭决定是否接管案件：

1.发生重大变化，使案件产生事实上或法律上的特殊困难或者原则性问题的；

2.双方当事人一致申请的。

符合本款第一句第一项规定的条件时，控诉法庭接管案件。法庭在听取当事人意见后以裁定作出决定。控诉庭不得再将案件交给独任法官。

（3）对关于提交或者接管的肯定性或者否定性裁判不能提起上诉。

（4）在商事法庭，只有审判长可以作为独任法官作出裁判。①

第五百二十七条【独任法官的准备裁判】

（1）根据第五百二十六条的规定没有将案件转移给独任法官办理的，控诉法院可以将案件指派给一名法庭成员作为独任法官，使其准备裁判。在商事法庭，由审判长担任独任法官；不进行言词辩论的，不需要进行指派。

（2）独任法官应当尽量促使该案件在控诉法院经一次言词辩论即可终结。为达此目的，独任法官可以调查各种证据；但只能在可以简化控诉法院的辩论时进行，并应立即进行，以便使控诉法院不用直接调查证据即可适当地考虑证据结果。

（3）下列事项，由独任法官裁判：

1.依第一百条并结合《法院组织法》第九十七条至第九十九条的移送案件；

2.撤回诉讼或者控诉，舍弃已提出的请求，或认诺提出的请求；

3.当事人一方或双方迟误期日；

4.诉讼费用的负担，控诉法院就该问题与案件事实一并裁判的除外；

5.诉讼标的的价额；

6.诉讼费用、报酬和费用。

（4）经双方当事人同意，独任法官也可以对其他事项进行裁判。

第五百二十八条【控诉请求的约束力】

控诉法院在控诉请求的范围内作出审查和裁判。对一审法院的判

---

① 州法院组建商事法庭的，商事法庭代替民事庭在商事案件中作为一审诉讼法院、控诉法院与抗告法院。商事法庭的事物管辖权和职能管辖权都是州法院管辖权的一部分，商事案件的范围主要由《法院组织法》进行规定。

决,仅在被申请变更的范围内修改。

第五百二十九条【控诉法院的审查范围】①

(1)控诉法院根据以下内容进行审理和裁判：

1.一审法院所认定的事实,除非有具体根据证实对一审法院所作认定的正确性或完整性存有怀疑,因而需要作出新的事实认定；

2.可予审查的新的事实。

(2)如果依据第五百二十条第三款的规定提出的责问是基于不会依职权进行审查的程序错误,则控诉法院只对该程序错误进行审查。在其他情形,控诉法院可以不依赖当事人责问而直接审查。

第五百三十条【逾时提出的攻击或防御方法】

违反第五百二十条和第五百二十一条第二款的规定而未及时提出攻击或防御方法的,准用第二百九十六条第一款与第四款的规定。

第五百三十一条②【被驳回的攻击或防御方法；新的攻击或防御方法】

(1)在第一审中依法被驳回的攻击或防御方法,不准提出。

---

① 本条为2001年《民事诉讼法》改革的新增条款,规定控诉法院原则上受一审法院事实认定的约束。因此当事人必须在一审中提出其全部主张并进行相关举证,否则其在二审中进行主张将遭遇失权后果。这种规定有助于将案件审理的重心集中在第一审程序中,使更多的案件可以通过一审终结,当事人只有对于一审判决的法律问题存有争议时方可控诉。当然,控诉审法院如果有具体理由认为一审法院对于裁判上的重要事实认定不正确或不完整时,可以不受一审法院事实认定的约束,对事实进行重新认定。

② 在2001年《民事诉讼法》改革之前,关于当事人在控诉审法院是否可以提出新的攻防手段,第五百二十八条规定如下："(1)当事人在第一审中未遵守为此设定的期间而未提出新的攻防方法的,如果依法院的自由心证,认为不致拖延诉讼的终结,或者当事人非因过失而逾期时,准其提出。当事人应依法院的要求对于免责理由加以说明。(2)新的攻防方法在第一审中违反第二百八十二条第二款而未及时通知的,如果依法院的自由心证,认为不致拖延诉讼的终结,或者当事人非因重大过失而未提出时,准其提出。(3)在第一审中依法被驳回的攻防方法不准提出。"即在第一审中当事人有诉讼促进义务,应当适时提出攻防方法,以防对对方当事人造成法律突袭。然而,在实践中,一方面控诉审法院很少以拖延诉讼终结或当事人过失导致逾期而驳回新的攻防方法。因此,当事人为了达到拖延诉讼的目的或者为了给对方当事人造成突袭,可以在诉讼策略上将案件的审理中心拖延至控诉审中。另一方面当事人在一审中由于过失而逾期提出攻防方法可能被法院以失权为由驳回申请,因此当事人倾向在控诉审中方提出新的攻防方法,控诉审法官经审查认为当事人虽有过失,但依法院的自由心证认为不致拖延诉讼的,可以准许当事人提出新的攻防方法。上述两个方面的问题造成了民事案件审理重心向二审转移的倾向。为此,2001年的民事诉讼法改革补充了本条第二款第三项的规定,即非因当事人过失,在第一审中未提出的攻防方法,当事人方可在控诉审中提出。改革后当事人如果在第一审言词辩论终结后方发现新的攻防手段,或者因法院的原因未能在第一审中提出攻防方法,则当事人没有过失,可以在控诉审中提出主张并进行相关举证。

（2）新的攻击或防御方法，准其提出，如果：

1.一审法院明显忽视或者认为不重要；

2.由于程序瑕疵，在第一审中未提出；

3.非因当事人过失，在第一审中未提出。

当事人应依法院要求对于上述免责理由加以说明。

第五百三十二条【对诉不合法的责问】

针对诉的合法性而产生的可放弃责问未按照第五百二十条和第五百二十一条第二款的规定提出的，只有对迟误进行了充分说明，方可准许。新的关于诉的合法性的可放弃责问，如果当事人在第一审中可以提出，适用上述规定。法院要求时，当事人应作出说明。

第五百三十三条【诉讼变更；抵销；反诉】

下列情况下方可提出诉讼变更、权利抵销和反诉：

1.对方当事人同意或者控诉法院认为主张合理；

2.根据第五百二十九条的规定，在控诉法院的审理和裁判必须在以之为根据的事实基础上进行。

第五百三十四条【责问权的丧失】

违反关于第一审程序的规定，依第二百九十五条的规定，当事人在第一审已经丧失责问权的，在控诉审中也不能再提出责问。

第五百三十五条【审判上的自认】

在第一审中所作出的审判上的自认，在控诉中仍保有其效力。

第五百三十六条【讯问当事人】

（1）当事人在第一审曾经拒绝讯问、拒绝陈述或拒绝宣誓的，只有在控诉法院相信当事人的拒绝有足够的理由而以后此项理由已经消灭时，才可命令再讯问该当事人或命其宣誓。

（2）当事人一方在第一审曾经受讯问，并曾就其陈述宣誓时，只有在第一审所为的讯问或宣誓是违法的时候，控诉法院才能命令对方当事人宣誓并讯问。

第五百三十七条【假执行】

（1）第一审的判决未宣告假执行，或宣告附条件的假执行时，控诉法院可以依申请，对于未以控诉申请声明不服的部分，以裁定宣告假执行。裁定须在提出控诉理由书的期间届满后作出。

（2）对此项裁判，不得声明不服。

第五百三十八条【发回第一审法院】

(1)控诉法院应当对必要的证据进行调查并且作出裁判。

(2)有下列各项情形之一,控诉法院认为有再进行辩论的必要,且一方当事人提出申请时,应将案件发回第一审法院:

1.一审程序有重大瑕疵,导致需要广泛调取证据或调取证据将耗费大量时间和努力的;

2.被声明不服的判决认为异议不合法而驳回的;

3.被声明不服的判决只就诉是否合法进行裁判的;

4.在关于请求的原因与数额都有争议时,被声明不服的判决先就请求的原因作出裁判或驳回起诉的,但关于请求的数额的争议已经达到可以裁判的程度时除外;

5.被声明不服的判决是关于证书诉讼或票据诉讼而宣告保留权利的;

6.被声明不服的判决是缺席判决;

7.被声明不服的判决是不符合第三百零一条规定条件的部分判决。

在第三项规定的情况下,控诉法院应终止全部责问。在第七项的规定情况下,无须当事人提交申请。

第五百三十九条【缺席的诉讼】

(1)控诉人在言词辩论期日不到场时,依申请以缺席判决驳回控诉。

(2)被控诉人不到场而控诉人申请对被控诉人作出缺席判决时,控诉人以言词所作出的关于事实的陈述,视为被自认。依此陈述,控诉申请为正当时,准许其申请;否则驳回控诉。

(3)在其他情形,准用关于第一审中缺席判决的规定。

第五百四十条【控诉判决的内容】

(1)控诉判决无须记载事实认定和裁判理由,而应当载明:

1.一审法院认定的事实,对其作出的修改与补充;

2.概要的总结对被声明不服的判决作出修改、撤销、确认的理由。

在言词辩论终结的期日宣示的判决,第一句的内容应记入法庭记录中。

(2)第三百一十三条之一和第三百一十三条之二的规定于此准用。

第五百四十一条【诉讼案卷】

(1)控诉法院的书记科应于提出控诉状后立即向第一审法院的书记科调取诉讼案卷。案卷应立即移送至控诉法院。

（2）在控诉终结后,应将案卷连同控诉审所为判决的认证副本一份送还第一审法院书记科。

第二章　上告

第五百四十二条【要件】

（1）对于州高等法院在控诉审中所作出的终局判决,依以下的规定,提起上告。

（2）对假扣押及假处分的命令予以变更或取消而作出裁判的判决,不准提起上告。对于在土地征用程序或在土地整理程序中关于预行占有土地的判决,也不准提起上告。

第五百四十三条【上告的准许】①

（1）只有在下列情形下可以上告:

1.控诉法院在判决中许可上告;

2.上告法院基于对不许可上告的抗告而许可上告。

（2）在下列情况下,许可上告:

1.法律问题具有原则性意义;

2.为法律续造或者保障司法统一需要上告法院作出裁判。

控诉法院的许可裁判对上告法院有拘束力。

第五百四十四条【对不许可决定提起抗告】②

（1）对控诉法院不许可上告的裁判可以提起抗告(不许可抗告)。这种抗告必须在形式完整的判决书送达后一个月的不变期间内向上告法院

---

① 2001年《民事诉讼法》改革之前,本法对上告的提起采取上诉利益和许可上告双轨制。修改前的第五百四十六条规定:关于财产权的请求的诉讼,上告价额不超过六万马克的,不许提起上告;关于非财产权的请求的诉讼,只在经州高等法院在判决中宣示许可上告的,方准许上告,州高等法院许可上告的标准为案件有原则性意义或判决与联邦法院的裁判或与联邦最高法院联合法庭的裁判相抵触,并以此抵触为判决根据的;关于财产请求权的诉讼,由州高等法院在其判决中确定上告价额,所定价额超过6万马克时上告法院受价额的约束。这种规定在实践中造成了部分具有原则性意义的案件由于未能达到上告利益的标准而未被准许上告,而较多无原则性意义的案件则占用了联邦最高法院大量的司法资源。2001年的《民事诉讼法》改革修改了准许上告的标准,通过本条的规定建立了完全许可上告制。

② 根据《民事诉讼施行法》第二十六条第八项第一句的规定,第五百四十四条自2011年12月31日起适用。

提起,最迟在判决宣示后六个月之内提起。抗告应向上告法院提交抗告书和不准许上告裁定的正本或认证副本。

（2）抗告人应在形式完整的判决书送达后两个月内说明抗告理由,最迟在判决宣告之后七个月之内说明。第五百五十一条第二款第五句、第六句的规定于此准用。理由书中必须对应许可上告的理由进行陈述（第五百四十三条第二款）。

（3）上告法院应给予抗告人的对方当事人表达看法的机会。

（4）上告法院以裁定对不许可抗告进行裁判。应当简要说明裁判理由;如果说明可能不适合用来澄清许可的前提条件,或者法院同意抗告的,则裁定中可不说明理由。裁判应当送达当事人。

（5）提起不许可抗告的,停止判决的既判力。第七百一十九条第二款和第三款的规定于此准用。上告法院拒绝许可上告的,判决产生既判力。

（6）当事人对不许可裁判提起抗告,法院作出许可的,抗告程序以上告程序继续。当事人以规定形式在规定期间内提起抗告视为提起上告。提交上告理由的期间自许可裁定送达当事人时开始计算。

（7）如果控诉法院的裁判侵犯了抗告人的法定听审请求权,上告法院可不适用第六款的规定,在裁定中撤销被声明不服的判决,将案件发回控诉法院以再开辩论重新裁判。

第五百四十五条【上告理由】

（1）被声明不服的判决违反法律的,才能据以提起上告。

（2）上告不得基于一审法院的管辖错误而提出。

第五百四十六条【违反法律的意义】

不适用法规或适用法规不当,即为违反法律。

第五百四十七条【绝对上告理由】

有下列各种情形,即视为裁判违反法律:

1.作出判决的法院不是依法律组成的;

2.依法不得执行法官职务的法官参与裁判,但主张此种回避原因而提出的回避申请未经准许的除外;

3.法官因有偏颇之虑应行回避,并且回避申请已经宣告有理由,而该法官仍参与裁判;

4.当事人一方在诉讼中未经合法代理,但当事人对于诉讼进行已明示地或默示地承认的除外;

5.作为裁判的基础的言词辩论违反关于程序公开的规定;

6.裁判书中未按本法规定载明理由。

第五百四十八条【上告期间】

上告期间为一个月;此期间为不变期间,自将完全形式的判决书送达时开始计算,但至迟应于判决宣告后满五个月时开始计算。

第五百四十九条【上告状】

(1)上告,应向上告法院提出上告状。上告状应记明下列各点:

1.对之提起上告的判决;

2.说明要对该判决提起上告。

第五百四十四条第六款第二句的规定于此不受影响。

(2)关于准备书状的一般规定,也适用于上告状。

第五百五十条【上告状的送达】

(1)提出上告状时,应一并提交对之声明不服的判决的正本或认证副本一份。依据第五百四十四条第一款第三句的规定已经提交的除外。

(2)上告状应送达于对方当事人。

第五百五十一条【上告理由书】

(1)上告人应提出上告理由。

(2)上告理由如果没有包括在上告状中,应当以书面形式向上告法院提出。提出上告理由的期间为两个月。在形式完整的判决送达后两个月内提交,最迟在判决宣示后五个月之内提交。第五百四十四条第六款第三句的规定于此不受影响。如果对方当事人同意,审判长可依申请延长期间。对方当事人不同意的,如果审判长依自由心证认为延期并不致使诉讼拖延,或者当事人提出重大理由时,审判长可将期间延长两个月;上告人在该期间内不能查阅诉讼卷宗的,审判长可以依申请在诉讼卷宗送达上告法院后将该期间延长两个月。

(3)上告理由书应记明下列各点:

1.对判决不服到如何程度,以及申请撤销该判决(上告申请);

2.陈明上告理由,特别是:

A.指出其违反法律的情形;

B.因违反关于程序的法律而提起上告的,指出程序发生欠缺的事实。

如果上告是根据不许可抗告而获得许可的,则上告的理由说明可以引用不许可抗告中的理由说明。

(4)第五百四十九条第二款和第五百五十条第二款的规定,准用于上告理由书。

第五百五十二条 【合法与否的调查】

(1)上告法院应依职权调查:上告本身是否准许,是否依法定方式在法定期间内提起上告并提出理由书。欠缺以上要件之一的,以其上告为不合法而驳回。

(2)此项裁判以裁定作出。

第五百五十二条之一 【驳回上告】

上告不满足准许上告的条件且上告没有胜诉希望的,上告法庭通过一致决定驳回上告。第五百二十二条第二款第二句、第三句的规定于此准用。

第五百五十三条 【指定期日;应诉期间】

(1)上告是合法的,并未以裁定驳回时,或者未依据第五百五十二条之一的规定被驳回时,法院应指定言词辩论期日并通知当事人。

(2)关于通知期日的通知与言词辩论之间应有的中间期间,准用第二百七十四条第三款的规定。

第五百五十四条 【附带上告】

(1)被上告人可以在对方提起的上告中提起上告。被上告人应向上告法院提交附带上告状。

(2)被上告人放弃上告、超过自己的上告期间或者上告被驳回后,也允许附带上告。附带上告应在上告理由书被送达后一个月内提起。

(3)在附带上告状中必须说明附带上告理由。第五百四十九条第一款第二句、第二款,第五百五十条和第五百五十一条第三款的规定于此准用。

(4)主上告被撤回的、作为不合法被驳回或者被裁定驳回的,附带上告失去效力。

第五百五十五条 【一般的程序原则】

(1)除本章中的各条另有规定外,其他程序,准用关于第一审的州法院的诉讼程序的规定。无须进行和解辩论。

(2)第三百四十八条至第三百五十条的规定不适用。

(3)基于被告自认的判决,只能在原告单独申请的情况下作出。

第五百五十六条 【责问权的丧失】

控诉审中违反有关程序的规定,如当事人依第二百九十五条的规定在控诉审中已丧失其责问权的,在上告审中也不能再提出责问。

第五百五十七条 【上告审调查的范围】

(1)上告法院只能就当事人所提出的申请进行调查。

（2）上告法院仅就终局判决前的裁判进行调查,除非裁判根据本法是不可被声明不服的。

（3）上告法院不受当事人所主张的上告理由所拘束。关于不得依职权调查的程序上的欠缺,如果这些欠缺是依第五百五十一条、第五百五十四条第三款提出责问的,才能对被声明不服的判决加以调查。

第五百五十八条【假执行】

控诉法院的判决未宣告假执行或宣告附条件的假执行的,上告法院可以依申请对于未以上告申请声明不服的部分,以裁定宣告假执行。裁定须在提出上告理由书的期间届满后作出。

第五百五十九条【对事实的追加调查】

（1）上告法院只能对控诉判决书中的事实部分或法庭记录明白记载的当事人的陈述进行判断。除此之外,只能对第五百五十一条第三款第二项 B 规定的事实予以考虑。

（2）控诉法院已确认某种事实上的主张为真实或不真实后,这种确认对上告法院有拘束力,但对此项确认提出合法且有理由的上告攻击方法时不在此限。

第五百六十条【不可上告的法律】

违反某种法律,但依第五百四十五条并不能以之为上告理由时,控诉法院对于此种法律的存在与内容所作的裁判,可以作为上告审中作出裁判的标准。

第五百六十一条【驳回上告】

裁判的理由虽然违反某一法律,但裁判本身由于他种理由仍为正当时,应驳回上告。

第五百六十二条【撤销被声明不服的判决】

（1）法院认为上告有理由时,应即撤销被声明不服的判决。

（2）判决由于程序上的欠缺而被撤销时,同时将有欠缺的部分程序予以撤销。

第五百六十三条【发回;自行裁判】

（1）撤销判决后,将案件发回控诉法院再进行言词辩论和裁判。这种发回可以发回到控诉法院的另一审判庭。

（2）控诉法院应当以撤销所根据的法律上的判断,作为其裁判的根据。

（3）在下列情况下,上告法院应对案件自行裁判:

1.原判决只是由于在对已确定的案情适用法律时违反法律而被撤销的,并且依照已确定的案情,案件已达到可以裁判的程度;

2.原判决是因为法院管辖错误或诉讼方式错误而被撤销的。

(4)在前款两种情形,应对案件自行裁判时,如果问题在于适用法律,而应适用的法律不属于第五百四十五条所定违反之即可上告的法律时,可以将案件发回控诉法院再进行言词辩论和裁判。

第五百六十四条【对程序上欠缺的责问不作为裁判的理由】

上告法院认为程序上欠缺的责问无关紧要时,无须在裁判中说明理由。但此点不适用于依第五百四十七条所作出的责问。

第五百六十五条【适用控诉程序的规定】

关于在控诉审中对缺席判决的声明不服、上诉的舍弃与撤回、言词辩论的延期、对诉之不合法的责问、言词辩论中当事人的陈述,以及关于诉讼文卷的调取与发还所适用的规定,均准用于上告。

第五百六十六条【飞跃上告】

(1)依申请,对法院作出的可以上诉的第一审终局判决,同时满足下列条件的,可以越过控诉审,直接提起上告(飞跃上告):

1.对方当事人同意越过控诉审;

2.上告法院许可。

申请飞跃上告和表明同意,视为舍弃对控诉审的上诉。

(2)申请飞跃上告应提交书状(飞跃上告申请书)。第五百四十八条至第五百五十条的规定于此准用。申请书中应说明许可飞跃上告的条件(第四款)。对方当事人的书面许可书应当同申请书一并提交;也可由一审的诉讼代理人提交或者在当事人诉讼中由当事人向书记科表示并作成记录。

(3)申请飞跃上告的,停止判决的既判力。第七百一十九条第二款、第三款的规定于此准用。上告法院的书记科应于上告申请提交后立即向第一审法院的书记科调取诉讼案卷。

(4)满足下列条件之一的,方准许飞跃上告:

1.案件具有原则性意义;

2.为法律续造或保障司法统一需要上告法院作出裁判。

程序瑕疵不得作为飞跃上告的基础。

(5)上告法院以裁定对飞跃上告的申请进行裁判。裁定应送达当事人。

（6）法院裁定对上告申请不予准许的，判决发生既判力。

（7）上告获得许可的，该程序作为上告程序继续进行。以规定形式在规定期间内提交上告申请视为提起上告。提交上告理由的期间自许可裁定送达当事人时开始计算。

（8）其他程序适用上告程序的规则。案件发回第一审法院的，准用第五百六十三条的规定。对第一审法院的追加裁判提起上告的，上告法院应当以撤销所根据的法律上的判断，作为裁判根据。

第三章　抗告[①]

第一节　即时抗告

第五百六十七条【即时抗告；附带抗告】

（1）针对初级法院和州法院的一审裁判可以提起即时抗告，如果：

1.法律明确规定的；

2.被声明不服的裁判没有经过言词辩论并且驳回了程序申请。

（2）关于费用的裁判，只在抗告标的额超过200欧元时，方可抗告。

（3）被抗告人放弃抗告，或超过自己的抗告期间后，也允许附带抗告。主抗告被撤回的、作为不合法被驳回的，附带抗告失去效力。

第五百六十八条【独任法官进行裁判】

如果被声明不服的裁判是由独任法官或者高级司法官作出的，则抗告法院使其成员之一作为独任法官进行裁判。但如果案件具有事实上或法律上的困难，或者具有原则性意义，独任法官应将程序提交给抗告法庭，抗告法庭依据《法院组织法》的规定决定法庭组成。对提交或者不提交的决定不得提起上诉。

第五百六十九条【期间与形式】

（1）即时抗告向作出被声明不服裁判的法院或者向抗告法院提出，除非规定了其他期间，否则提起即时抗告的期间为两周，该期间为不变期

---

① 抗告是对附属裁判、本案中的裁定和决定不服而提起的独立的上诉手段，抗告程序相较控诉程序而言，更为简便、快速。2001年《民事诉讼法》改革后，此前较为复杂的抗告种类已经简化为即时抗告和法律抗告两种。法律对二者的提起都规定了一定的时间限制(第五百六十五条和第五百七十五条)。

间,自被抗告的裁判送达时开始计算,最迟自裁判宣示后五个月届满时开始计算。如果符合撤销裁判或再审的条件,则可以在申请撤销裁判或再审的不变期间届满之后提起抗告。

(2)提起抗告应提交抗告状。抗告状必须载明被声明不服的裁判以及对其提起抗告的意思表示。

(3)抗告也可以向书记科陈述,由其作成记录,如果:

1.诉讼案件现在或过去在第一审不属于律师诉讼;

2.抗告是关于诉讼费用救助的;

3.抗告是由证人、鉴定人或第一百四十二条和第一百四十四条规定的第三人提起。

第五百七十条【停止执行的效力;暂时命令】

(1)只有对关于行政强制或其他强制措施的抗告,有停止执行的效力。

(2)法院或审判长在其裁判被声明不服时,可以命令停止裁判的执行。

(3)抗告法院在裁判前可以发出暂时命令,特别是可以发出命令停止被声明不服的裁判的执行。

第五百七十一条【理由;不得行使权利的情形;律师代理的例外】

(1)提起抗告应当说明理由。

(2)抗告可以根据新事实和新证据。但不得以一审法院管辖错误为由提起抗告。

(3)审判长或者抗告法庭可以确定一个提出攻击防御手段的期间。逾时提出的攻防手段只有在法院依自由心证认为不会拖延抗告的解决或者当事人对迟误有充分免责事由的情况下才得以准许。法院作出要求的,当事人应对逾时事由进行说明。

(4)法院命令作出书面表示的,则该表示可以向各审级法院书记科表示并作成记录,只要抗告能够以这种方式提起(第五百六十九条第三款)。

第五百七十二条【程序】

(1)原来作出被抗告的裁判的法院或审判长认为抗告有理由的,对抗告进行救济;否则应无延迟地将案件转交给抗告法院。第三百一十八条的规定于此不受影响。

(2)抗告法院应依职权调查:抗告本身是否准许,是否依法定方式在法定期间内提起。欠缺以上要件之一的,以其抗告为不合法而驳回。

（3）抗告法院认为抗告有理由，可以命令原来作出被抗告的裁判的法院或审判长作出必要的处分。

（4）对抗告的裁判以裁定作出。

第五百七十三条【异议】

（1）要求对受命法官、受托法官或书记官的裁判予以变更的，应在两周的不变期间内申请受诉法院作出裁判（异议）。提出异议应当提交书面申请或者向书记科作出表示并作成记录。第五百六十九条第一款第一句、第二句，第二款，第五百七十条和第五百七十二条的规定于此准用。

（2）对受诉法院就异议作出的裁判，可以提起即时抗告。

（3）第一款的规定，也适用于联邦法院与州高等法院。

第二节　法律抗告①

第五百七十四条【法律抗告；附带法律抗告】

（1）在下列情况下，对法院的裁判可以提起法律抗告：

1.法律明确规定的；

2.抗告法院、控诉法院或州高等法院在一审裁判中许可法律抗告。

第五百四十二条第二款于此准用。

（2）在下列情况下，符合第一款第一项规定的情况可以提起法律抗告：

1.法律问题具有原则性意义；

2.为法律续造或保障司法统一需要法律抗告法院作出裁判。

（3）如果符合第二款的规定，则对符合第一款第二项规定的情况可以提起法律抗告。许可裁判对抗告法院有拘束力。

（4）被抗告人可以在对方提起的法律抗告中提起抗告，被抗告人应在法律抗告理由书被送达后一个月的不变期间内向抗告法院递交附带抗告状，被抗告人放弃抗告，超过自己的抗告期间或抗告被驳回后，也允许附带抗告。在附带抗告状中应说明附带法律抗告的理由。主抗告被撤回的、作为不合法被驳回的，附带抗告失去效力。

---

① 2001 年的《民事诉讼法》改革引入了"法律抗告"，替代了此前第五百六十八条规定的"即时再抗告"。法律抗告限定为法律审查，与上告程序的设计较为相似。新法规定的法律抗告的适用范围比旧法的"即时再抗告"更为广泛，如州法院在支付不能法领域和费用领域的抗告裁判都可能获得联邦最高法院的审查。

第五百七十五条【期间;形式;理由】

(1)提起法律抗告应当在裁定送达后一个月的不变期间内向法律抗告法院递交抗告状。抗告状应当载明:

1.被声明不服的裁判名称;

2.对该裁判提起法律抗告的意思表示。

被声明不服裁判的正本或者经过认证的副本应与抗告状一同提交。

(2)法律抗告理由,如果没有包括在抗告状中,应当在一个月的不变期间内向法律抗告法院提出。期间自送达被声明不服的裁判之日起计算。第五百五十一条第二款第五句和第六句的规定于此准用。

(3)说明的理由应当包含:

1.对裁定不服到何种程度,要求对裁定作出何种变更(法律抗告申请);

2.在第五百七十四条第一款第一项规定的情形中,对满足第五百七十四条第二款规定的前提条件进行说明;

3.法律抗告理由的说明:

A.指出其违反法律的情形;

B.因违反关于程序的法律而提起抗告的,指出程序发生欠缺的事实。

(4)关于准备书状的一般规定,适用于法律抗告状和法律抗告理由书。法律抗告状与法律抗告理由书,应送达对方当事人。

(5)第五百四十一条,第五百七十条第一款、第三款的规定于此准用。

第五百七十六条【抗告理由】

(1)法律抗告只可以基于判决违反了联邦法律或超出了州高等法院管辖范围的法律而提起。

(2)抗告不得基于一审法院的管辖错误而提出。

(3)第五百四十六条、第五百四十七条、第五百五十六条和第五百六十条于此准用。

第五百七十七条【审查和裁判】

(1)法律抗告法院应依职权调查:法律抗告本身是否准许,是否依法定方式在法定期间内提起法律抗告并提交理由。欠缺以上要件之一的,以抗告不合法而驳回。

(2)法律抗告法院在法律抗告的请求之内进行审查。但审查不依赖于所提出的法律抗告理由。如果依据第五百七十五第三款和第五百七十四条第四款第二句的规定提出的责问是基于不依职权进行审查的程序错误,则抗告法院只对责问范围进行审查。第五百五十九条的规定于此准用。

（3）如有证据证明被声明不服的裁判确有违反法律,但裁判本身由于其他原因是正确的,不准许法律抗告。

（4）法律抗告正当的,撤销原审裁判,案件发回前审法院重新裁判。第五百六十二条第二款于此准用。案件也可以转交给曾经交付过被声明不服的裁判的前审法院。被转交案件的法院受法律抗告法院撤销裁判所依据的法律判断的拘束。

（5）如果撤销仅仅是因为不正确地将法律适用于已经认定的案件事实,并且案件已经达到可以作出裁判的程度,法律抗告法院自行裁判。第五百六十三条第四款的规定于此准用。

（6）法律抗告的裁判以裁定作出。第五百六十四条的规定于此准用。如果并非涉及原则性法律问题,或并非有利法律续造或保障司法统一,裁定可不记载原因。

第四编 再审程序

第五百七十八条【再审的种类】

(1)对于以确定的终局判决而终结的诉讼程序,可以依无效之诉或回复原状之诉,进行再审。①

(2)两种诉讼由同一当事人或由不同的当事人提起时,关于回复原状之诉的辩论和裁判,在对无效之诉作出确定裁判前中止。

第五百七十九条【无效之诉】

(1)在下列各种情形,可以提起无效之诉:

1.作出判决的法院不是依法律组成的;

2.依法不得执行法官职务的法官参与裁判,但主张此种回避原因而提出回避申请或上诉,未经准许的除外;

3.法官因有偏颇之虞应行回避,并且回避申请已经宣告有理由,而该法官仍参与裁判;

4.当事人一方在诉讼中未经合法代理,但当事人对于诉讼进行已明示或默示地承认的除外。

(2)在前款第一项和第三项的情形,如果可以通过上诉而主张原判决无效时,不能提起无效之诉。

第五百八十条【回复原状之诉】

在下列各种情形,可以提起回复原状之诉:

1.对方当事人宣誓作证,判决即以其证言为基础,而该当事人关于此项证言犯有故意或过失违反宣誓义务的罪行;

2.作为判决基础的证书是伪造或变造的;

3.判决系以证言或鉴定为基础,而证人或鉴定人犯有违反其真实义务的罪行;

4.当事人的代理人或对方当事人或其代理人犯有与诉讼事件有关的

---

① 德国民事诉讼法中的再审分为两种形式,即无效之诉和回复原状之诉。两种诉讼以法条中列举的理由为限。无效之诉基于违反程序规定的行为提出,无效理由将直接导致再审;回复原状之诉基于事实错误提出,回复原状的理由只有在对判决有重大意义的情况下才能提起回复原状之诉。参见[德]罗森贝克等:《德国民事诉讼法》,李大雪译,中国法制出版社2007年版,第1026页。

罪行,而判决是基于这种行为作出的;

5.参与判决的法官犯有与诉讼事件有关的、不利于当事人的违反其职务上义务的罪行;

6.判决是以某一普通法院、原特别法院或某一行政法院的判决为基础时,而这些判决已由另一确定判决所撤销;

7.当事人发现以前就同一事件所作的确定判决,或者发现另一种书证,而自己能使用这种判决或书证使自己得到有利的裁判;

8.欧洲人权法院认为《欧洲保障人权和基本自由公约》或其议定书被违反,而判决是基于该违反作出的。

第五百八十一条 【以有罪判决为要件;证明】

(1)有前条第一项至第五项的情形,只有在由于犯罪行为而得到确定有罪判决,或者刑事诉讼程序因欠缺证据以外的原因而不能开始或进行时,方可提起回复原状之诉。

(2)作为回复原状之诉的理由的事实上的证明,不能用讯问当事人的方法取得。

第五百八十二条 【回复原状之诉的补救性质】

回复原状之诉,只有在当事人非因自己的过失而不能在前诉讼程序中,特别是不能用声明异议或控诉的方法,或者不能用附带控诉的方法提出回复原状的理由时,方可准许提起。

第五百八十三条 【判决前的裁判】

在提起再审之诉时,对于在被声明不服的判决之前由同一审级或下审级所为的裁判有不服的理由,如果被声明不服的判决是以该裁判为依据的,也可以同时提出该项不服的理由。

第五百八十四条 【管辖】

(1)再审之诉专属于作出第一审判决的法院管辖;如果被声明不服的判决,或数个被声明不服的判决中的一个是州法院所作的判决,或者对于上告审所作的判决依第五百八十条第一项至第三项、第六项、第七项而声明不服时,再审之诉专属于该控诉法院管辖;如果对于上告审所作的判决依第五百七十九条、第五百八十条第四项、第五项声明不服时,再审之诉专属于该上告法院管辖。

(2)对于执行命令提起再审之诉时,再审之诉专属于对该案件的裁判有管辖权的法院管辖。

第五百八十五条【程序原则】

关于提起再审之诉以及起诉以后的程序,除本法有不同的规定外,准用一般的规定。

第五百八十六条【再审之诉的期间】

(1)再审之诉应在一个月的不变期间内提起。

(2)此期间自当事人知悉不服理由之日开始,但在判决确定前,不得起算。自判决确定之日起已满五年的,不得提起再审之诉。

(3)前款的规定,不适用于因代理的欠缺而提起的无效之诉。此时,起诉的期间,自判决送达当事人之日开始,或者在当事人无诉讼能力时,自送达他的法定代理人之日开始。

(4)第二款第二句的规定不适用于依据第五百八十条第八项的规定进行的再审。

第五百八十七条【诉状】

在诉状中应表明对之提起无效之诉或回复原状之诉的判决,并应说明提起何种诉讼。

第五百八十八条【诉状的内容】

(1)起诉的准备书状中应记载下列各项:

1.声明不服的理由;

2.提出证据方法以证明起诉的理由以及遵守不变期间的事实;

3.在何种程度内申请废除被声明不服的判决,并申请对本案另外作出如何的裁判。

(2)提起回复原状之诉时,应将起诉所依据的证书的原本或副本附于书状之中。证书不在原告手中时,原告应说明,为取得证书,他要提出如何的申请。

第五百八十九条【对合法与否的调查】

(1)法院应依职权调查:诉的本身是否准许,是否依法定方式在法定期间内起诉。欠缺以上要件之一者,以其诉为不合法而驳回。

(2)对于在不变期间内提起诉讼的事实应予说明。

第五百九十条【新的辩论】

(1)在声明不服的理由所涉及的范围内,就本案进行新的辩论。

(2)法院可以命令在进行本案判决前,先进行关于再审之诉是否合法、有无理由的辩论和裁判。在此情形,关于本案的辩论,视为对再审之诉是否合法、有无理由的辩论的继续。

（3）对再审之诉有管辖权的上告法院，应当将关于再审之诉是否合法有无理由的辩论结束，即使其结束取决于对有争议的事实的确定和判断时，仍应使其结束。

第五百九十一条【上诉】

对于再审之诉的裁判的上诉，与对于作出裁判的法院的裁判提起上诉的方式同样办理。[①]

---

① 即对再审之诉的裁判法院如果是第一审法院，则按第一审裁判上诉办理；如果是第二审法院，则按第二审裁判上诉办理。

第五编 证书诉讼与票据诉讼①

第五百九十二条【要件】

以支付一定金额、支付一定数量的他种代替物或有价证券为标的的请求,如果作为请求理由的全部必要事实可以用证书证明时,可以通过证书诉讼提出主张。基于抵押权、土地债务、定期土地债务或船舶抵押权而产生的请求,视为以支付一定金额为标的的请求。

第五百九十三条【诉状;证书】

(1)在诉状内应表明以证书诉讼的方式起诉。

(2)应将证书的原本或副本附于诉状或准备书状中。在附于准备书状中时,送达书状与言词辩论期日之间,应有与应诉期间相同的期间。

第五百九十四条(删除)

第五百九十五条【不许反诉;证据方法】

(1)不许提起反诉。

(2)关于证书的真伪,关于第五百九十二条所载以外的事实,只许以证书和申请讯问当事人为证据方法。

(3)申请书证,只能以提出证书进行。

第五百九十六条【证书诉讼的放弃】

原告可以不经被告同意,在言词辩论终结前,放弃证书诉讼,而使诉讼系属于通常诉讼程序。

第五百九十七条【驳回起诉】

(1)原告所主张的请求本身无理由,或由于被告的抗辩而无理由的,驳回原告的请求。

(2)不许可提起证书诉讼时,以不许提起此种诉讼而驳回其诉。特别是原告不用证书诉讼中所许可的证据方法来提出他应负责提出的证据时,或者虽用这种证据方法而不能充分证明时,也应以不许提起此种诉讼

---

① 本法第一编至第四编规定的是普通诉讼程序,第五编证书诉讼与票据诉讼、第七编督促程序规定的是特殊诉讼程序。特殊程序案件中,由于当事人请求的性质,需要适用特殊程序以实现案件审理的简化与加速。如本编规定的证书诉讼与票据诉讼,其目的在于使债权人在简易的诉讼程序中迅速获得可执行的名义。

而驳回其诉。即使被告于言词辩论期日不到场,或者被告虽提出异议而该项异议在法律上无理由或是不能在证书诉讼中提出的,也应驳回原告之诉。

第五百九十八条【驳回异议】

被告提出异议,但不用证书诉讼中所许可的证据方法来提出他应负责提出的证据,或虽用这种证据方法而不能充分证明时,应以其不能在证书诉讼中提出而驳回。

第五百九十九条【保留判决】

(1)被告对原告主张的请求提出异议时,在被告受败诉判决的一切情形下,仍应保留其权利的行使。

(2)在判决中不作保留时,可以依第三百二十一条的规定,申请作出补充判决。

(3)保留权利的判决,在上诉和强制执行方面视为终局判决。

第六百条【判决后程序】

(1)对被告保留其权利的行使时,诉讼即系属于通常的诉讼程序。

(2)在通常的诉讼程序中查明原告的请求无理由时,适用第三百零二条第四款第二句至第四句的规定。

(3)当事人一方在通常诉讼程序中不到场时,准用关于缺席判决的规定。

第六百零一条(删除)

第六百零二条【票据诉讼】

在证书诉讼中,基于《票据法》中的票据而提出请求(票据诉讼)的,适用以下的特别规定。

第六百零三条【审判籍】

(1)票据诉讼可以在票据支付地的法院提起,也可以在被告普通审判籍所在地的法院提起。

(2)多数票据义务人共同充当被告时,附支付地的法院外,每一被告的普通审判籍所在的法院也有管辖权。

第六百零四条【诉状;传唤期间】

(1)在诉状内应表明以票据诉讼的方式起诉。

(2)应在受诉法院所在地传唤的,传唤期间至少为二十四小时。在律师诉讼,如在另一地传唤而该地位于受诉法院管辖区内或该地的一部分属于其管辖区时,传唤期间至少为三日,此点不适用于集市案件。

（3）在上一审级时，如控诉状或上告状的送达以及传唤是在上级法院所在地的，送达期间至少为二十四小时，如在另一地送达，而该地全部或一部分位于该上级法院所在的州法院管辖区之内的，至少为三天；如在其他情形而在国内送达的，至少为一周。

第六百零五条【证据规定】

（1）为保持票据上的请求权不必要及时作成拒绝证书时，关于提示票据，准许以申请讯问当事人作为证据方法。

（2）对附属请求的调查，只需加以说明。

第六百零五条之一【支票诉讼】

在证书诉讼中，基于《支票法》中的支票而提出请求的（支票诉讼），准用第六百零二条至第六百零五条的规定。①

---

① 德国《票据法》只规定汇票与本票，支票另行规定在《支票法》中，所以票据诉讼只包括汇票案件与本票案件。

第六编　家庭事件程序

第六百零六条至第六百八十七条(删除)①

---

① 德国于 2008 年 12 月 17 日颁布《家事事件及非讼事件程序法》,该法于 2009 年 9 月 1 日生效。据此,家事事件和公示催告程序适用专门法律,不再规定在《民事诉讼法》中。此项改革的背景在于,家事程序是一个诉讼程序和非讼程序的混合体。1977 年新《家庭婚姻法》生效后,德国增设家庭法院(《法院组织法》第二十三条之二),但没有为家事事件单独颁布统一的程序法,相关规定主要体现在《民事诉讼法》中,另有部分散落于相关程序法中,程序规则体系较为混乱,不利于司法实践活动的展开。而非讼事件(与诉讼案件相对的概念)的目的在于进行司法确认或者变更经济上的法律状态,是法官根据法律审查申请的法定构成要件并作出判决的程序,适用职权主义原则,可不经言词辩论直接以裁定作出裁判,大多不公开审理。非讼事件与家事事件并不相同,立法者只是基于两者的相似属性将其安排在一部法律中。

第七编　督促程序①

第六百八十八条【要件】

（1）以支付一定金额的欧元为标的的请求，可以依申请人的申请，发出督促决定。

（2）下列情形不得依督促程序办理：

1.债权人在《民法典》第四百九十一条至第五百零九条②规定的合同中的请求权，其依《民法典》第四百九十二条第二款而定的有效年息超过合同订立时《民法典》第二百四十七条③规定的基准利率12%的；

2.提出的请求是以尚未履行的对待给付为条件的；

3.督促决定的送达要以公示方式时。

（3）如果督促决定要在国外送达，督促程序仅适用于2001年2月19日《判决的承认和执行法》（联邦法律公告 I，第288页）规定的国家。

（4）2006年12月12日欧盟第1896/2006号条例规定的欧盟督促程

---

① 督促程序同第五编规定的证书诉讼一样，是以迅速简易为目的的特别程序。在大陆法系民事诉讼程序设置的历史发展沿革中，督促程序是德国《民事诉讼法》首先创设的，这种设置与德国民事诉讼程序立法有关分层设置程序的指导思想存在直接关系。而所谓分层设置程序的思想，是指基于简便、快捷、迅速的解决纠纷的需要，有针对性地将普通程序中当事人请求权的性质及请求内容有特殊性的案件，从通常程序中独立出来单独设置，并分别加以规定。督促程序的适用范围及相关规定有一个发展、演变的过程。1877年德国《民事诉讼法》有关督促程序适用范围的规定比较宽泛，按照当时的规定，以支付一定金额或一定的其他替代物，或给付一定数量的有价证券为目的的请求都可以适用督促程序。1898年法律修订时，在上述规定之外又将抵押权、土地债务、定期土地债务的请求，视为以支付一定金额为标的的请求，即进一步扩大了督促程序适用的范围。1976年的法律修改则对督促程序的范围作出了限制，即将其限制在以支付一定金额的本国货币为标的的请求范围以内。1998年的修改在货币的内容中增加了"欧元"。在督促程序中，债权人按程序性规定和格式要求提出申请后，法院不调查债权是否真实，即可发出"督促决定"，命令债务人履行。债务人不在法定期间内提出异议的，法院即可根据债权人申请发出"执行决定"，债权人可据以请求强制执行。债务人在法定期间内提出异议的，督促程序结束，转入普通诉讼程序。

② 《民法典》第四百九十一条至第五百零九条规定了消费者贷款合同的特别规定以及经营者和消费者之间的融资援助。

③ 参见第二百零四条的注释。

序(欧盟官方公告 L399,第 1 页)于此不受影响。适用第一千零八十七条至第一千零九十六条的规定。

第六百八十九条【管辖】

(1)督促程序由初级法院执行。准许用机械方法办理。[①] 用机械方法办理时,至迟应在收到案件的下一个工作日办结案件。

(2)督促程序案件,专属于申请人的普通审判籍所在地的初级法院管辖。申请人在国内没有普通审判籍时,专属于柏林舒勒堡初级法院管辖。即使在其他法规中另行规定有专属管辖时,仍应适用上述规定。

(3)为迅速而合理地结束督促程序,授权州政府以法令将一个或数个州高等法院的辖区内的督促程序安排到一个初级法院。州政府可以以法令授权给州司法行政机关办理。数个州也可以超出州界而协议决定初级法院的管辖。

第六百九十条【督促申请】

(1)申请必须以发出督促决定为目的,申请书中应记载下列事项:

1.当事人,其法定代理人与诉讼代理人;

2.向之提出申请的法院;

3.请求,应确定指出所要求的给付;主要请求与附属请求应当分别确定指出,根据《民法典》第四百九十一条至第五百零九条[②]的规定提出的请求应当载明合同签订日,并载明依《民法典》第四百九十二条第二款而定的有效年息;

4.说明提出的请求并不以对待给付为条件,或者对待给付已经履行;

5.对于争议案件有管辖权的法院。

(2)在申请状上必须亲手署名。

(3)如果书状上的记载适于法院以机械方法处理,提出的申请只需用一种可以用机械方法辨认的记载方式即可。根据《法律服务法》第一章第十条第一款第一句进行注册的律师或个人提出的申请,可以以专门形式制成。申请无须亲手署名,除非系未经申请人同意不得提交的情况。

---

① "机械方法办理"是督促程序采用的重要技术改革,即对当事人的督促程序申请,规定统一的范本,将申请表格化,从而通过机械进行自动化处理,不再依赖法院的工作人员就督促请求的实体权利是否存在进行审查。

② 参见第六百八十八条的注释。

第六百九十一条【申请的驳回】

(1)在下列情形驳回申请：

1.申请不符合第六百八十八条、第六百八十九条、第六百九十条、第七百零三条之三第二款的规定时；

2.由于请求中的一部分不能发督促决定时。

驳回前应讯问申请人。

(2)送达督促决定是为遵守期间、中断时效或依《民法典》第二百零四条①的规定延长时效的，如果从驳回申请送达起一个月内提起诉讼并立即将起诉送达，在提出请求发出督促决定的申请时，督促决定的送达即发生效力。

(3)只有在申请是为以机械方法辨认而提出的，但该申请不适于法院以机械方法处理，并因而被驳回时，对驳回可以提起抗告。除此之外，对依第一款作出的裁判可以声明不服。

第六百九十二条【督促决定】

(1)督促决定中应记载下列各项：

1.第六百九十条第一款第一项至第五项所列的申请的要件；

2.指出法院对于申请人是否具有其所提出的请求权并未进行调查；

3.催告债务人，自督促决定送达日起两周内，如认为提出的请求有理由，即应将该项债务，连同规定的利息以及按数额计算的费用一并偿付，或者通知法院对所提出的请求表示异议，并说明异议的程度；

4.指出如果被申请人不在期间内提出异议，可按督促决定发出执行决定，申请人可据以请求强制执行；

5.如附有表格时，指出可以用所附的该种表格提起异议，该种表格可以在任一初级法院取得并填写；

6.告知其如有异议，应将案件提交某一法院，并指出此法院仍将调查案件的管辖问题。

(2)可以盖以印章而不必亲笔署名。

第六百九十三条【督促决定的送达】

(1)督促决定应送达被申请人。

(2)书记科应将督促决定的送达告知申请人。

---

① 参见第一百六十七条的注释。

第六百九十四条 【被申请人的异议】

(1)被申请人可以就请求的全部或一部分,向发出督促决定的法院,以书面提出异议,但已有执行决定时,不能再提出。

(2)逾期的异议,作为对缺席判决提出的异议。关于此点应通知提出异议的被申请人。

第六百九十五条 【异议的通知;副本】

法院应将异议以及提出异议的时间告知申请人。督促程序不是以机械方法办理时,被申请人在提起异议时应提出所需要的份数的副本。

第六百九十六条 【异议后的程序】

(1)在规定期间内提出异议后,一方当事人申请进行诉讼程序的,发出督促决定的法院应依职权将诉讼案件送交依第六百九十二条第一款第一项在督促决定中指明的法院。这种申请也可以在申请发出督促决定时同时提出。案件的送交应通知当事人;对此不得声明不服。诉讼文卷到达被送交的法院时,诉讼即在该法院发生诉讼系属。此时准用第二百八十一条第三款的规定。

(2)督促程序以机械方法办理的,用以机械方法作成的表格式文卷代替诉讼文卷。对于这种文卷,准用关于公文书的证明力的规定。

(3)如在提出异议后立即将诉讼案件送交时,视为在督促决定送达时即已发生诉讼系属。

(4)进行诉讼程序的申请,在被申请人开始进行本案言词辩论前可以撤回。撤回可以在书记科陈述,并作成记录。撤回后,视为案件未曾发生诉讼系属。

(5)受诉讼案件送交的法院,不因送交而在管辖上受拘束。

第六百九十七条 【诉讼程序的开始】

(1)受案件送交的法院的书记科应当立即要求申请人在两周内将其申请附理由并作成诉状形式。第二百七十条第二句的规定于此准用。

(2)收到申请理由书后,如同收到起诉一样进行以后的程序。对于依第二百七十六条在预备程序中的书面答辩状,也可以确定一个从送达申请理由书开始的期间。

(3)申请理由书未及时收到时,在收到之前,言词辩论期日只能依被申请人的申请而决定。审判长在决定期日时为申请人确定一期间,命其提出请求的理由;第二百九十六条第一款、第四款于此准用。

(4)被申请人可以在其就本案进行言词辩论开始前撤回异议,但在对其作出缺席判决后,不得撤回。撤回可以向书记科陈述,作成记录。

(5)如果依第三百一十三条之二第二款、第三百一十七条第六款作成简短形式的判决,可以用督促决定代替诉状。督促程序以机械方法办理的,用以机械方法作成的表格式文卷代替诉状。

第六百九十八条【在同一法院中案件的送交】

督促程序和诉讼程序在同一法院进行的,适用关于送交案件的规定。

第六百九十九条【执行决定】

(1)被申请人未在法定期间内提出异议的,法院依申请根据督促决定发出执行决定。申请须在异议期间届满后始得提起;申请中应当说明,根据督促决定是否支付并支付若干金额;此时准用第六百九十条第三款的规定。诉讼案件已经送交另一法院的,执行决定应由该法院发出。

(2)督促程序不是用机械方法办理的,执行决定可以根据督促决定作成。

(3)执行决定中应记载之前所产生的全部费用。只在督促程序不是以机械方法办理时,费用方由申请人计算;否则,只计算使用机械方法所需要的费用数额。

(4)如申请人不要求将执行决定交给其自行送达,执行决定应依职权送达被申请人。此时,将执行决定交给申请人送达,书记科不送达。办理督促程序的法院同意公示送达的,依第一百八十六条第二款第二句、第三句的规定将执行决定张贴在法院的布告牌上,或依第六百九十二条第一款第一项的规定将执行决定发布在法院电子信息系统中。

(5)依据第二百三十二条作出的说明应当以书面形式与执行决定一同交给被申请人。

第七百条【执行决定的效力;异议】

(1)执行决定与宣告假执行的缺席判决相同。

(2)案件视为在督促决定送达时发生诉讼系属。

(3)对执行决定提出异议时,发出执行决定的法院应依职权将案件送交给依第六百九十二条第一款第一项督促决定中所指定的法院。此时准用第六百九十六条第一款第三句至第五句及第二款、第五款,第六百九十七条第一款、第四款,第六百九十八条的规定;第三百四十条第三款的规定不予适用。

(4)如果异议未被认为不合法而以裁定驳回时,收到申请理由书后,如同收到起诉一样进行以后的程序。第二百七十六条第一款第一句、第三句,第二款不适用。

(5)申请理由书未在书记科规定的期间内提出,并且异议也未被认为不合法而以裁定驳回时,审判长应立即确定期日;此时准用第六百九十七条第三款第二句的规定。

(6)只有具备第三百三十一条第一款、第二款前半句规定的缺席判决的要件时,对异议方依第三百四十五条驳回;这些要件不具备时,执行决定应即撤销。

第七百零一条【督促决定的失效】

对督促决定未提出异议,而申请人自督促决定送达时起六个月内也未申请发出执行决定的,督促决定失去效力。虽在期间内申请发出执行决定,而其申请被驳回时,亦同。

第七百零二条【程序上的特别规定】

(1)在督促程序中,申请和陈述都可以向书记官作出。如使用表格时,由书记官填写;书记官应记明法院和他收到申请或陈述的日期。如不使用表格,向在督促程序中有管辖权的法院申请发督促决定或发执行决定,也不以作成记录为必要。

(2)申请发督促决定或执行决定,不必通知被申请人。

第七百零三条【无须代理证书】

在督促程序中,无须代理权的证书。但作为代理人提出申请或提出诉讼上的救济手段的,须有合法的授权。

第七百零三条之一【证书督促决定;票据督促决定;支票督促决定】

(1)申请人申请发出证书督促决定、票据督促决定或支票督促决定的,此项督促决定应写明是证书督促决定、票据督促决定或支票督促决定。

(2)对证书督促决定、票据督促决定或支票督促决定,适用以下的特别规定:

1.写明是证书督促决定、票据督促决定或支票督促决定的,如经在规定期间内提出异议,即转为证书诉讼、票据诉讼或支票诉讼;

2.在要求发出督促决定的申请中及在督促决定中,都应当表明证书;当案件送交给主管法院时,必须将证书的原本或副本附在申请理由书中;

3.在督促程序中不必调查是否已提起该种诉讼;

4.异议只限于申请对被告保留行使其权利的,在这种保留下发出执行决定。在其他方面准用第六百条的规定。

第七百零三条之二【以机械方法办理的特别规则；程序实施计划】

(1)以机械方法作成裁定、命令和各种正本的，可以加具法院印章；无须签名。

(2)在以统一的机械方法办理督促程序有必要时，联邦司法部长有权以经联邦议院批准的法令制定督促程序的实施计划（程序实施计划）。

第七百零三条之三【表格；实施机械方法】

(1)联邦司法部长有权以经联邦议院批准的法令决定采用表格，以简化督促程序并保护申请中的当事人。就下列各种不同情形，可以制定不同的表格：

1.由法院以机械方法办理的督促程序；

2.由法院不以机械方法办理的督促程序；

3.督促决定在外国送交时的督促程序；

4.督促决定依照 1959 年 8 月 3 日《关于北大西洋公约组织军队的补充协定》第三十二条而送达时的督促程序。

(2)依第一款对当事人的申请与陈述采用表格的，当事人必须使用这种表格。

(3)各州政府通过法令，决定每个初级法院采用机械方法办理督促程序的日期；州政府也可以通过法令将权限转授给州司法机关。

第七百零三条之四【在国内没有普通审判籍的被申请人】

(1)被申请人在国内没有普通审判籍时，适用下列特别规定。

(2)当某一初级法院就第一审有无限制的管辖权时，诉讼程序属于该法院管辖，这种督促程序也由该法院管辖。此时准用第六百八十九条第三款的规定。

第八编　强制执行[①]

第一章　通则

第七百零四条【有执行力的终局判决】

强制执行,根据确定的终局判决或宣告假执行的终局判决而实施。

第七百零五条【形式的确定力】

判决在准许提起上诉和异议的期间届满前,不发生确定力。在规定期间内提起上诉或异议的,确定力即不能发生。

第七百零六条【确定证明书和不变期间证明书】

(1)判决确定的证明书,由第一审法院书记科根据诉讼文卷发给,如诉讼系属于上级审时,由该审级的法院书记科发给。

(2)发给证明书取决于是否提起上诉的,也可以由管辖上诉的法院的书记科发给不变期间届满而未收到上诉状的证明书。上告审法院书记科不需要就未收到第五百六十六条提起的上告状发给证明书。

第七百零七条【因申请回复原状和申请再审而暂时停止】

(1)申请回复原状或申请再审后,或依据第三百二十一条之一的规定提出责问时,或者诉讼在宣示保留判决后继续进行时,法院可以依申请,命令提供担保或不提供担保而暂时停止强制执行,或提供担保而暂时实施强制执行,并且可以依申请命令提供担保而撤销执行处分。只有在债务人说明,债务人不能提供担保,并且执行会引起不可补偿的损害时,方准许不提供担保而停止执行。

(2)裁判以裁定作出。对这种裁定不得声明不服。

第七百零八条【不提供担保的假执行】

在下列各项判决中,应当不提供担保而宣告假执行:

---

① 广义的民事诉讼法是指保护私权的程序法,可分为诉讼程序和执行程序。狭义的民事诉讼法仅指诉讼程序。关于强制执行的编制问题,各国采取的立法方式不同。德国的民事诉讼法属广义,将诉讼程序和执行程序共同规定在《民事诉讼法》中;日本、奥地利等国的民事诉讼法属狭义,分别制定了《民事诉讼法》和《强制执行法》两部法典。值得注意的是,德国民事诉讼中强制执行的规定并不完全包括在本编之中,除此之外还有一些关于强制执行的单行法,如《强制拍卖与强制管理法》等。

1.根据认诺或舍弃而作出的判决；

2.缺席判决，以及依第三百三十一条之一对迟误期日的当事人依现存的记录而作出的判决；

3.依第三百四十一条以异议为不合法而驳回异议的判决；

4.在证书诉讼、票据诉讼或支票诉讼中所作的判决；

5.对于在证书诉讼、票据诉讼或支票诉讼中所作的保留判决宣告不予保留的判决；

6.驳回或撤销假扣押或假处分（暂时命令）的判决；

7.在出租人与承租人，或与次承租人之间，或在同一房屋的承租人与次承租人之间，因为住房或其他房屋的交付、使用或搬迁而发生的诉讼，因为根据《民法典》第五百七十四条至第五百七十四条之二①而请求继续住房的租赁关系而发生的诉讼，以及因对承租人或次承租人在租赁房屋中的物品行使留置权而发生的诉讼的判决；

8.判令负担支付扶养费的义务、负担因剥夺扶养请求权而支付定期金的义务、负担因伤害他人身体或健康而支付定期金的义务的判决，但以该项义务是在起诉后和起诉前三个月的为限；

9.依《民法典》第八百六十一条②、第八百六十二条③关于占有的回复、对占有的妨碍之排除和防止的判决；

10.州高等法院关于财产权的诉讼的判决；依据第五百二十二条第二款的规定驳回上告的判决，可以宣告不提供担保的假执行；

11.其他财产权的诉讼的判决，其本案中判令给付的标的不超过1250欧元的，或者只有关于诉讼费用的裁判可以执行，而其执行的价额不高于1500欧元的。

---

① 参见第二百二十七条的注释。

② 《民法典》第八百六十一条规定了因占有侵夺而发生的请求权："(1)占有人的占有因法律所禁止的私力而被侵夺的，占有人可以向对他自己有瑕疵的占有的人请求恢复占有。(2)被侵夺的占有对现占有人或其前权利人是有瑕疵的，且系在侵夺前一年以内被取得的，前款所规定的请求权被排除。"

③ 《民法典》第八百六十二条规定了因占有妨害而发生的请求权："(1)占有人的占有因法律所禁止的私力而受妨害的，占有人可以向妨害人请求除去妨害。有继续妨害可能的，占有人可以提起不作为之诉。(2)对妨害人或其前权利人，占有人有瑕疵的占有，且占有系在受妨害前一年内取得的，前款所规定的请求权被排除。"

第七百零九条【供担保的假执行】

对其他的判决,在提供一定数额的担保后,宣告假执行。对金钱债权假执行的,担保数额应当占被执行数额的特定比例。如果是维持缺席判决的判决,应当宣告在提供担保后,方对缺席判决继续执行。

第七百一十条【依申请不供担保的假执行】

债权人不能依第七百零九条提供担保或显著困难的,如果停止执行将使债权人受到难以补偿的或难以预见的损害,或者因其他原因对债权人显失公平,特别是债权人迫切需要该项给付以维持其生活或维持其职业时,可以对判决依申请不供担保而宣告假执行。

第七百一十一条【第七百零八条第四项至第十一项的例外】

在第七百零八条第四项至第十一项的情形,如债权人在执行前并未提供担保时,法院应宣告,债务人可以提供担保或通过提存以免除假执行。第七百零九条第二句的规定于此准用,但债务人提供担保的数额应当占被执行数额的特定比例。对于债权人准用第七百一十条的规定。

第七百一十二条【提供担保而免除执行】

(1)如果执行将使债务人受到不可补偿的损害,即使债权人已提供担保,法院应依申请准许债务人提供担保或通过提存以免除执行;第七百零九条第二句的规定准用于第七百零九条第一句规定的情形。如债务人不能提供担保或提存时,对判决应不宣告假执行,或对判决的执行依第七百二十条之一第一款和第二款的规定加以限制。

(2)债权人比债务人有更大利益的,不准许债务人的申请。在第七百零八条规定的情形中,法院可以命令,只在提供担保后,对判决予以假执行。

第七百一十三条【不发出保护命令】

对于判决显然不具备上诉的条件的,第七百一十一条与第七百一十二条规定的为保护债务人而定的命令不得发出。

第七百一十四条【假执行的申请】

(1)依第七百一十条、第七百一十一条第三句、第七百一十二条所作出的申请,应当在进行作为判决基础的言词辩论终结前提出。

(2)提出申请,应说明事实方面的要件。

第七百一十五条【担保的发还】

(1)法院命令债权人供担保或准其担保后,如债权人提出附有假执行宣告的判决已经确定的证明,法院应依申请命令发还担保。担保是人的保证时,法院应命令解除该项保证。

（2）此时准用第一百零九条第三款的规定。

第七百一十六条【判决的补充】

未就假执行行为作出裁判的,应适用第三百二十一条的规定对判决予以补充。

第七百一十七条【假执行的失效;损害赔偿请求与返还请求权】

（1）以判决宣告撤销或变更原判决中关于本来的裁判或关于执行宣告的裁判后,在撤销或变更的范围内,原判决中假执行的宣告失去效力。

（2）宣告假执行的判决经撤销或变更后,被告因判决的执行,或为免除执行而为给付,以致受损害时,原告负有赔偿损害的义务。被告可以在已系属的诉讼中提出这种请求;提出请求后,这种请求视为在支付给付时就已发生诉讼系属。

（3）第二款的规定,除缺席判决外,不适用于第七百零八条第十项中的州高等法院的判决。如这种判决经撤销或变更时,应当依被告的申请判决命令原告偿付被告因原判决而为的支付或给付。原告的这种偿付义务,按照关于返还不当得利的规定决定。提出申请后,这种请求权视为在支付或给付时就已发生诉讼系属;按照民法的规定,由于这种诉讼系属所发生的效力,在支付或给付时(即使当时尚未提出申请)就已发生。

第七百一十八条【对假执行的提前裁判】

（1）在控诉审中,应依申请就假执行提前辩论并提前裁判。

（2）对于控诉审中就假执行所为的裁判,不得声明不服。

第七百一十九条【因上诉和异议而暂时停止】

（1）对于宣告假执行的判决提起异议或控诉时,准用第七百零七条的规定。根据缺席判决所实施的强制执行,只有在提供担保后才能停止执行,但如缺席判决未依法定方式作成,或者迟误期日的当事人说明他非因过失而迟误时不在此限。

（2）对宣告假执行的判决提起上告后,如果执行使债务人受到不可补偿的损害并且相对地债权人也没有更大的利益时,上告法院应依申请命令暂时停止强制执行。此时当事人应说明事实方面的要件。

（3）裁判以裁定作出。

第七百二十条【为免除执行的提存】

债务人依第七百一十一条第一句、第七百一十二条第一款第一句提供担保或提存后免除执行时,应当将扣押的金钱或出售扣押物的价款提存。

第七百二十条之一【提供担保的执行】

(1)判令债务人支付一定金钱的判决,宣告于提供担保后准予假执行的,只在下列情况下,债权人方可不提供担保而要求强制执行:

1.已扣押动产的;

2.在强制执行中对不动产已进行担保抵押权或船舶抵押权的登记的。

债权人只在提出担保后才能从抵押的标的中得到满足。

(2)对于动产为强制执行,准用第九百三十条第二款、第三款的规定。

(3)如果债权人可以根据主请求实施执行,在债权人没有预先提供他所应提供的担保之前,债务人可以依第一款按主请求的数额提供担保以免除强制执行。

第七百二十一条【住房的搬迁期间】

(1)宣告迁出住房时,法院可以依申请或依职权为债务人确定一个按情况适当的搬迁期间。这种申请应当在作为判决基础的言词辩论终结前提起。如果这种申请在裁判时未经裁判,适用第三百二十一条的规定;在补充裁判前,法院可以依申请暂时停止搬迁请求的强制执行。

(2)宣告将来搬迁并且尚未就搬迁期间作出裁判时,如果债务人在判决中所定搬迁日期至少两周前提出申请,法院可以为债务人确定一个按情况适当的搬迁期间。此时适用第二百三十三条至第二百三十八条的规定。

(3)搬迁期间可以依申请或依职权延长或缩短。要求延长的申请至迟应于搬迁期间届满的两周前提起。此时适用第二百三十三条至第二百三十八条的规定。

(4)关于第二款或第三款规定的申请,由第一审法院裁判,如案件系属于控诉审时,由控诉法院裁判。裁判以裁定作出。在裁判前应讯问对方当事人。法院有权发出第七百三十二条第二款规定的命令。

(5)搬迁期间总共不能长于一年。此一年期间从判决确定之日起算,如果判令在一个较迟的日期搬迁时,从这一日期起算。

(6)在下列情形,可以提起即时抗告:

1.对宣告住房搬迁的判决,只对于拒绝或给予搬迁期间或对于搬迁期间的长短声明不服的;

2.对于就第二款或第三款规定的申请所作的裁定。

（7）第一款至第六款的规定不适用于《民法典》第五百七十五条①的住房租赁关系以及第五百四十九条第二款第三项②规定的情形。如果第五百七十五条规定的住房租赁关系未经预先通知而终结,则搬迁期间最长可延至合同约定的租赁关系结束日。

第七百二十二条【外国判决的执行】

（1）根据外国法院的判决的强制执行,须以执行判决宣告准许执行后,始可实施。

（2）请求发给执行判决之诉由债务人普通审判籍所在地的初级法院或州法院管辖,无普通审判籍时,由依第二十三条可以向债务人起诉的初级法院或州法院管辖。

第七百二十三条【对外国判决的执行判决】

（1）发给执行判决,无须审查原裁判的合法与否。

（2）对外国法院的判决,须在依该法院所适用的法律,该判决已经确定后,才能发给执行判决。依第三百二十八条不承认该判决时,不能发给执行判决。

第七百二十四条【有执行力的正本】

（1）强制执行,根据附有执行条款的判决正本(有执行力的正本)实施。

（2）有执行力的正本由第一审法院的书记科发给,如诉讼案件系属于上级法院时,由该法院的书记科发给。

第七百二十五条【执行条款】

执行条款如下:"此项正本付与某某(指明当事人)以供强制执行

---

① 《民法典》第五百七十五条规定了限定期间的使用租赁合同:"(1)在使用租赁期间届满后,有下列情形之一时,使用租赁关系可以就确定的期间而结成:1.出租人欲将房屋作为自己、其家属或属于其家计的人的住宅使用的;2.出租人欲以所准许的方式拆除房屋,或对房屋做重大的更改或修缮以致这些措施会因使用租赁关系的延续而显著变得困难的;3.出租人欲将房屋出租给劳务给付义务人,且在合同订立时以书面将限定期间的原因通知承租人的。在其他情形下,使用租赁关系视为系就不确定的期间而缔结。(2)承租人可以最早在所限定的期间届满前四个月向出租人请求,出租人在一个月以内通知承租人,限定期间的原因是否仍存在。延迟进行通知的,承租人可以请求将使用租赁关系延长所延误的时段。(3)限定期间的原因后来才出现的,承租人可以请求将使用租赁关系延长相应的时段。该原因消灭的,承租人可以请求就不确定的期间而延长。出租人就限定期间的原因的出现和延误所持续的时间负证明责任。(4)使承租人受不利的不同约定不生效力。"

② 参见第二十九条之一的注释。

用。"此项条款应附记于判决正本的末尾,由法院书记官署名并加具法院印章。

第七百二十六条【附条件给付的有执行力的正本】

(1)依判决的内容,判决的执行,除债权人应提供担保外,仍需由债权人证明另一事实的满足的,必须有公文书或公证证书的证明,始得发给有执行力的正本。

(2)判决的执行须持债权人对债务人为对待给付后始能实施的,只限于债务人应为的给付是作出意思表示时,才有必要对债务人已受履行或受领迟延作出证明。

第七百二十七条【对诉讼承继人发给有执行力的正本】

(1)有执行力的正本可以为判决内容记载的债权人的诉讼承继人发给,也可以发给判决内记载的债务人的诉讼承继人,也可以发给依第三百二十五条判决效力所及的系争物的占有人,但这种诉讼承继或占有关系,以其为法院所明知的,或者是经公文书或公证证书予以证明的为限。

(2)这种诉讼承继或占有关系是法院所明知的,应当记载于执行条款中。

第七百二十八条【对后顺位继承人或遗嘱执行人发给有执行力的正本】

(1)对先顺位继承人所作出的判决,如依第三百二十六条对后顺位继承人也有效时,为后顺位继承人发给有执行力的正本,以及对后顺位继承人发给有执行力的正本,准用第七百二十七条的规定。

(2)对遗嘱执行人所作出的判决,如依第三百二十七条对继承人也有效时,为继承人发给有执行力的正本,以及对继承人发给有执行力的正本,也准用第七百二十七条的规定。即使遗产尚由遗嘱执行人管理时,也可以对继承人发给有执行力的正本。

第七百二十九条【对财产受让人与商号受让人发给有执行力的正本】

(1)在他人的债务经确定判决予以确认之后,与他人缔结契约而受让他人财产时,对受让人发给有执行力的正本,准用第七百二十七条的规定。

(2)受让在世的人所有的营业项目而使用原来的商号名称继续经营的,依《商法典》第二十五条第一款第一句和第二款的规定就原有债务负责时,关于这种债务,发给继续营业人有执行力的正本,也准用第七百二十七条的规定,但以这种债务是在取得营业之前对于原所有人已经由确定判决予以确认的为限。

第七百三十条【讯问债务人】

在第七百二十六条第一款与第七百二十七条至第七百二十九条的情形,可以在发出有执行力的正本之前,讯问债务人。

第七百三十一条【发给执行条款之诉】

不能依第七百二十六条第一款与第七百二十七条至第七百二十九条以公文书或公证证书进行证明时,债权人应根据判决向第一审受诉法院提起发给执行条款之诉。

第七百三十二条【对于发给执行条款的异议】

(1)债务人对于发给执行条款提起异议时,由发出执行条款的书记科所属法院裁判。裁判以裁定作出。

(2)法院在裁判前可以发出暂时命令;尤其是可以命令,提供担保或不供担保而暂停强制执行,或只在提供担保后继续执行。

第七百三十三条【再执行的正本】

(1)如果未将先发给的正本交回,在发出再执行的正本之前,应讯问债务人。

(2)书记科应将发给再执行的正本告知对方当事人。

(3)再执行的正本上应记明其为再执行的正本。

第七百三十四条【在判决原本上记载】

在交给有执行力的正本前,应在判决原本上注明,正本发给某一当事人,以及正本在何时发给。法庭记录以电子文档形式记载的,上述注明应以单独的电子文档记载。该文档应与判决并在一起。

第七百三十五条【对无权利能力的社团的强制执行】

对无权利能力的社团的财产实施强制执行,只需有对社团所作出的判决即可。

第七百三十六条【对民法上合伙的强制执行】

对依《民法典》第七百零五条①而组成的合伙的合伙财产实施强制执行,需有对于全体合伙人所作的判决。

第七百三十七条【对财产上用益权的强制执行】

(1)在财产上有用益权时,如设定人受到给付的判决而用益权人受到容忍强制执行的判决,关于设定人在设定用益权之前的债务,可以不顾用

---

① 《民法典》第七百零五条规定了合伙合同:"因合伙合同,合伙人相互有义务以该合同所规定的方式促进共同目的的达到,特别是提供所约定的出资。"

益权而就属于用益权的标的实施强制执行。

(2)在遗产上有用益权时,关于继承债务,亦同。

第七百三十八条【对用益权人发给有执行力的正本】

(1)在设定人的债务经确定判决予以确认后,而在财产上设定用益权时,关于用益权的标的,对用益权人发给有执行力的判决正本,准用第七百二十七条、第七百三十条至第七百三十二条的规定。

(2)在遗产上有用益权时,发给就被继承人所作的判决的有执行力的正本,亦同。

第七百三十九条【对配偶的强制执行;保管的推定】

依《民法典》第一千三百六十二条①为夫的债权人或妻的债权人的利益而推定动产的所有人是债务人时,尽管有第三人的权利,在实施强制执行时,只将债务人视为保管人或占有人。

(2)在为依《同居伴侣法》第八条第一款为同居伴侣一方的债权人的利益而推定时,准用第一款的规定。

第七百四十条【就共同财产的强制执行】

(1)配偶间实行共同财产制,并且由他们中的一方单独管理时,就共同财产实施强制执行,必须要有,而且也只要有对配偶中的这一方的判决。

(2)配偶双方共同管理其共同财产时,必须在配偶双方都受到给付的判决时,才能就共同财产实施强制执行。

第七百四十一条【就营业中的共同财产的强制执行】

配偶间实行共同财产制,其中一人独立从事营业并且不管理共同财产或者不单独管理共同财产时,就共同财产实施强制执行,只需要有对此人的判决即可,但如在诉讼系属发生时,配偶的另一方已经对从事营业提出异议或撤回他对营业的同意,并已在夫妻财产制登记簿中登记者不在此限。

第七百四十二条【诉讼中的共同财产制】

在配偶一方起诉或被诉后,才实行共同财产制,并且配偶中的这一方

---

① 《民法典》第一千三百六十二条规定了婚姻的所有权推定效果:"(1)为夫的债权人和为妻的债权人的利益,推定被配偶一方或配偶双方占有的动产属于债务人。配偶双方分居且动产被非债务人的配偶一方占有的,不适用这一推定。无记名证券和附空白背书的指示证券,与动产相同。(2)就专为配偶一方的个人使用而被指定的物而言,推定在双方的相互关系中或在债权人的关系中,这些物属于为使用而被指定的配偶一方。"

并不管理或不单独管理共同财产时,就其共同财产的执行,为配偶的另一方或对之发给有执行力的判决正本,准用第七百二十七条、第七百三十条至第七百三十二条的规定。

第七百四十三条【结束后的共同财产制】

共同财产制结束后,在分割前,只有在配偶双方都受到给付的判决,或者在配偶的一方受到给付的判决而配偶另一方受到容许强制执行的判决时,才能就共同财产实施强制执行。

第七百四十四条【共同财产制结束后发给有执行力的正本】

在单独管理共同财产的配偶一方的诉讼结束后,共同财产制才结束的,要发给配偶另一方关于共同财产的有执行力的判决正本,准用第七百二十七条、第七百三十条至第七百三十二条的规定。

第七百四十四条之一【共有财产的强制执行】

配偶双方按照《民法施行法》第二百三十四节第四条第二款生活于所有共同制与财产共同制的共同体之下的,对共同的所有物与财产中的标的实施强制执行,准用第七百四十条至第七百四十四条、第七百七十四条与第八百六十条的规定。

第七百四十五条【继续的共同所有制下的强制执行】

(1)在继续的共同所有制的情形下,对共同财产实施强制执行,必须要有,而且也只要有对于配偶中生存一方的判决。

(2)在继续的共同所有制结束后,适用第七百四十三条和第七百四十四条的规定,但该两条中的"单独管理共同财产的配偶一方"改为"配偶中生存的一方","配偶另一方"改为"有参与分配权的卑亲属"。

第七百四十六条(废除)

第七百四十七条【对未分割的遗产的强制执行】

继承人有数人时,在遗产分割前,必须有对全体继承人的判决,才能就遗产实施强制执行。

第七百四十八条【对遗嘱执行人强制执行】

(1)遗产在遗嘱执行人的管理之下时,对遗产实施强制执行,必须要有,而且也只要有对于遗嘱执行人的判决。

(2)遗产中的一部分在遗嘱执行人的管理之下时,只有在继承人受到给付的判决,而遗嘱执行人受到容许强制执行的判决时,才能对遗产中的这一部分实施强制执行。

(3)在第一款及第二款的情形,要对特留份请求权实施强制执行,必须既要有对继承人的判决,又要有对遗嘱执行人的判决。

第七百四十九条【为遗嘱执行人发给有执行力的正本以及对遗嘱执行人发给有执行力的正本】

为遗嘱执行人发给以及对遗嘱执行人发给对被继承人所作判决的有执行力的正本,准用第七百二十七条、第七百三十条至第七百三十二条的规定。根据这种正本,只能对由遗嘱执行人管理的那部分遗产实施强制执行。

第七百五十条【执行的要件;当事人表示;送达】

(1)强制执行,只在将请求执行人与受执行人的姓名记载于判决或记载于附在判决上的执行条款之中,并已将判决送达后或同时送达时,才能开始。送达,可以由债权人进行;在此情形,判决正本中可以不记载事实和裁判理由。

(2)如果要执行的是依第七百二十六条第一款发给的有执行力的正本的判决时,或者判决是依第七百二十七条至第七百二十九条、第七百三十八条、第七百四十二条、第七百四十四条、第七百四十五条第二款,以及第七百四十九条为该判决或对该判决中所记载的人有效,并为此人或对此人而执行的时候,则在开始执行前,除必须将应执行的判决送达外,还必须将附于判决上的执行条款送达,而在条款是根据公文书或公证证书发出时,还必须将这种文书的副本也予送达,或者在开始执行时同时送达。

第七百五十一条【开始执行的条件】

(1)一定的请求权,必须于一定的日期始能主张的,只有在这个日期届满后,才能开始强制执行。

(2)必须在债权人提供担保后才能执行的,只有在债权人提出公文书或公证证书证明已供担保并将该项文书的副本已经送达或同时送达时,才能开始强制执行或者继续执行。

第七百五十二条【部分金额的担保】

在第七百五十一条第二款规定的情形中,债权人仅对部分金额执行时,担保的数额依部分金额与总金额的比例确定。债务人在第七百零九条的情形依照第七百一十二条第一款第一句免除执行时,第一句对债务人准用。

第七百五十三条【由执行人员执行;执行的委任】

(1)强制执行,除应由法院实施的外,由执行员受债权人的委任实施。

（2）债权人委任执行员实施强制执行时，可以请求书记科予以协助。受到书记科委任的执行员视为受债权人所委任。

（3）为委任第二款规定的执行员实施强制执行，联邦司法部在得到联邦议院的批准后，有权发布法律性命令，颁布格式以强制适用。委任以电子形式递交的，可以适用其特殊格式。

第七百五十四条【执行委任；有执行力的正本】

（1）债权人委任执行员实施强制执行并将有执行力的正本交付执行员后，执行员即可受领债务人的清偿或其他给付，并就此受领有效地作成受领证书，并依据第八百零二条之二的规定为债权人达成支付协议。

（2）执行员获得有执行力的正本后，有权对债务人和第三人实施强制执行，有权实施第一款中所规定的行为。债权人对于债务人和第三人不得主张委任的欠缺或限制。

第七百五十五条【债务人居留地的查明】

（1）债务人住所地或经常居留地不明的，执行员可以依执行委任和有执行力的正本从登记机构获取债务人当前地址、主要住所地和次要住所地的信息。

（2）如果根据第一款的规定无法查明债务人的居留地，执行员可以采取以下措施：

1.从外国人管理局的外国人登记中心获取债务人迁移目的地或迁移起始地，凭借从外国人登记中心查询到的信息从外国人管理局获取债务人居留地的信息；

2.通过法定养老保险机构获取债务人当前的通信地址，以及债务人当前居留地或未来居留地；

3.从联邦机动车管理局获取《道路交通法》第三十三条第一款第一句第二项规定的汽车持有人信息。

如果债务人是欧盟成员国公民，仅在有现实迹象显示债务人没有或丧失了迁徙自由权时，执行员方得依据本款第一句第一项的规定获取信息。如果债务人是没有丧失迁徙自由权的欧盟成员国公民，则不得根据本款第一句第一项的规定将信息交予执行员。执行员不得依据本款第一句第二项、第三项的规定获取信息，除非执行标的的价额达到500欧元以上；执行费用和附属请求不计算在内，除非其单独成为执行委任的标的。

第七百五十六条【对待给付的强制执行】

（1）判决的执行须待债权人对债务人作出对待给付后始能实施者，在执行员向债务人提供债务人应受的给付并不致成为受领迟延之前,执行员不得开始实施强制执行;但如能以公文书或公证证书证明债务人已受清偿或债务人受领迟延,并且将该项文书的副本已经送达同时送达时除外。

(2)如果债务人对执行员的口头提供表示,不受领给付时,执行员不得开始强制执行。

第七百五十七条【交付执行名义;受领证书】

(1)执行员受领给付后,应将受领证书与有执行力的正本交与债务人,受领一部分给付时,应将此点记明在有执行力的正本上,并交与受领证书。

(2)债务人以后向债权人本人索取受领证书的权利并不因前款的规定而受影响。

第七百五十八条【搜查;使用武力】

(1)执行员在执行中有必要时,有搜查债务人的住所与储存物件处所的权力。

(2)执行员有权开启闭锁的房屋的门、房间的门以及储存物件处所的门。

(3)执行员在遇到抵抗时,有权使用武力,并且为此目的,可以向警察机关请求支援。

第七百五十八条之一【法官的命令;不适时的执行】

(1)如果未经债务人同意,债务人的住宅只能根据搜查地的初级法院的法官的命令进行搜查。命令如有害于搜查的结果时,不适用上述规定。

(2)对于以迁出住房或交付住房为执行方式的执行,以及依第八百零二条之七的拘捕命令的执行,不适用第一款的规定。

(3)债务人统一搜查,或者依第一款第一句对债务人发出命令,或者依第一款第二句免除命令时,负责照管债务人住房的人对搜查应予容忍。但应避免给照管人引起不适当的困难。

(4)法院执行员不得在夜间、星期日与节假日实施执行行为,但如因此而使债务人与照管人发生不适当的困难,或者进入住房不能得到预期的后果时,只能根据初级法院法官的特别命令进行。夜间是指 21 时至次日 6 时。

(5)强制执行时应出示第一款的命令。

（6）对第一款规定的法官搜查令提出的申请,联邦司法部在得到联邦议院的批准后,有权发布法律性命令,颁布格式。颁布了前述格式的,申请必须适用。申请以电子形式被法院接收的,可以适用不同的格式。

第七百五十九条【邀请证人】

执行时遇到抵抗,或在债务人的住宅实施执行而债务人不在场,也没有成年家属或成年佣人在场时,执行员应当邀请成年人两名,或乡镇官员、警察官员一名到场作证。

第七百六十条【阅览记录;交付记录副本】

参与执行程序的人,请求阅览执行员的记录,或请求交付记录中的各种文件时,应予准许。如果执行员以电子文档的形式制作记录的,阅览记录可以通过提供打印文本的形式,传输电子文档的形式或者在电脑屏幕上展示的形式进行;第八百八十五条之一第二款第二句规定的以电子形式存储的文件适用上述规定。

第七百六十一条(废除)

第七百六十二条【执行行为的记录】

（1）执行员对每一执行行为均应作成记录。

（2）记录中应记载:

1.作成记录的地点与时间;

2.执行行为的标的物以及主要事实的纪要;

3.有关人员的姓名;

4.有关人员的署名,并应记明,在署名之前记录曾向有关人员朗读或曾使有关人员阅览,并经有关人员认可;

5.执行员的署名。

（3）前款第四项中的要件,有一点未能做到时,应记明其原因。

第七百六十三条【执行员的催告与通知】

（1）属于执行行为的催告与通知,均由执行员口头作出,并应完全记入记录。

（2）前款的催告与通知不能以口头作出时,执行员应将记录的副本送达或交付邮局送出。依此规定执行时,应在记录中记明。不准许公示送达。

第七百六十四条【执行法院】

（1）关于执行行为的命令以及对执行行为的协助,应由法院实施的,由初级法院作为执行法院管辖。

（2）法律没有指定其他初级法院时,执行法院就是进行或已经执行程序的地区所属的初级法院。

（3）执行法院的裁判以裁定作出。

第七百六十五条【对待给付的执行法院】

执行需待债权人对债务人作出对待给付后始能实施者,只能在下列情况下,执行法院才能命令实行执行处分:

1.已有公文书或公证证书证明债务人已受清偿或债务人受领延迟,并且已将该文书的副本送达;但执行员已依第七百五十六条第一款开始强制执行,且依执行员的记录已经证明上述事实时,可以不必送达。

2.执行员已经依第七百五十六条第二款执行了执行措施,且执行已由执行员的记录予以证明。

第七百六十五条之一【执行保护规定】

（1）在充分顾及保护债权人的必要后,如果由于极其特殊的情况,强制执行的措施成为一种有违善良风俗的苛酷行为时,执行法院可以依债务人的申请将执行措施全部或部分取消、禁止或暂时停止。法院有权发布第七百三十二条第二款的命令。执行措施涉及动物时,执行法院在考虑上述情况时,应注意到人对动物的责任。

（2）以实施物的交付目的的执行措施,如债务人向执行员说明其具有第一款第一句规定的要件,而且债务人已及时向执行法院提出申请的,执行员可以在执行法院裁判前,将执行措施延期实施,但其期间不得超过一周。

（3）在涉及搬迁期间的案件中,第一款规定的申请应当至少在确定的搬迁日期前两周内提出,除非申请的理由在该日期后出现或债务人非因过错不能及时递交申请。

（4）执行法院依事实状态的改变认为有必要时,可以依申请确定时生效。

（5）在第一款与第四款的情形,执行措施的取消在裁定确定时生效。

第七百六十六条【对于强制执行的种类与方式的抗议】

（1）对于强制执行的种类和方式,或对于执行员在执行时应遵守的程序提出申请、异议与抗议时,由执行法院裁判。执行法院有权发出第七百三十二条第二款规定的命令。

（2）执行员拒绝接受执行委任,或拒绝依照委任实施执行行为时,或者对于执行员所计算的费用提出的异议,由执行法院裁判。

第七百六十七条【执行异议之诉】

(1)对于判决所确定的请求权本身有异议时,债务人可以以诉的方式向第一审的受诉法院提起。

(2)这种异议,只有异议的原因是在依照本法规定应当主张异议的言词辩论终结后发生的,而且不能依申请回复原状的方式提出时,才能提起。

(3)债务人应在他所提起的诉讼中将他在起诉时所能提出的一切异议一并提起。

第七百六十八条【反对发给执行条款之诉】

在第七百二十六条第一款、第七百二十七条至第七百二十九条、第七百三十八条、第七百四十二条、第七百四十四条、第七百四十五条第二款与第七百四十九条规定的情形中,认为发给执行条款的要件已经具备而发给执行条款,但债务人对此有争议时,准用第七百六十七条第一款和第三款的规定,此时不影响债务人依第七百三十二条对发给执行条款提出异议的权利。

第七百六十九条【暂时命令】

(1)受诉法院依申请可以命令,在对第七百六十七条、第七百六十八条的异议作出判决前,提供担保或不提供担保停止强制执行,或必须提供担保而继续实施强制执行,也可以命令提供担保而取消已实施的执行措施。对于作为申请的理由的事实应予说明。

(2)在紧急情形,执行法院可以发出这种命令,同时定一期间,命令在该期间内提出受诉法院的裁判。逾期不能提出时,即继续实施强制执行。

(3)对此项申请的裁判以裁定作出。

(4)要求减少的变更之诉已经系属的,准用第一款和第三款的规定。

第七百七十条【判决中的暂时命令】

受诉法院对异议进行裁判时,可以在判决中发出前条的命令,也可以在判决中撤销、变更或认可已发出的命令。对此种判决不服的,准用第七百一十八条的规定。

第七百七十一条【第三人异议之诉】

(1)第三人主张在强制执行的标的物上有阻止让与的权利时,可以向实施强制执行的地区的法院提起异议之诉。

(2)异议之诉对债权人和债务人提起时,应以该双方为共同被告。

(3)关于停止强制执行、撤销已实施的执行处分,准用第七百六十九条、第七百七十条的规定。撤销执行处分,也可以不提供担保。

第七百七十二条【禁止让与时的第三人异议之诉】

有《民法典》第一百三十五条①、第一百三十六条②所规定的禁止让与的情形时,该项标的物不得根据债权或因禁止而无效的权利,通过强制执行的方式让与或交付。根据禁止让与的规定,可以依第七百七十一条提出异议。

第七百七十三条【后顺位继承人的异议之诉】

依《民法典》第二千一百一十五条,③在后顺位继承开始时,让与或交付属于先顺位继承财产的标的物,对后顺位继承人无效时,不得通过强制执行让与或交付此项标的物。后顺位继承人可以依第七百七十一条提出异议。

第七百七十四条【配偶的异议之诉】

依第七百四十一条对共同财产强制执行时,如对于配偶一方所为的关于共同财产的判决对配偶的另一方无效时,配偶另一方可以依第七百七十一条提出异议。

第七百七十五条【强制执行的停止和限制】

在下列情况下,停止强制执行,或予以限制:

1.提出有执行力的裁判的正本,根据该裁判,应执行的裁判或判决的假执行已被撤销,或强制执行已被宣告为不合法,或命令停止强制执行;

2.提出法院裁判的正本,该裁判命令暂时停止执行,或暂时停止某种执行措施,或命令需在提供担保后才能继续执行;

3.提出公文书,根据该文书,已为免除执行而提供必要的担保或已经提存;

----

① 《民法典》第一百三十五条规定了法定的让与禁止:"(1)对某一标的的处分违反仅以保护某些特定人为目的的法定让与禁止的,该项处分只对这些特定人不生效力。以强制执行或假扣押方式而为的处分,与法律行为上的处分相同。(2)准用对从无权利人处取得权利的人有利的规定。"

② 《民法典》第一百三十六条规定了机关的让与禁止:"法院或其他机关在其管辖权限内发布的让与禁止与第一百三十五条规定的法定让与禁止相同。"

③ 《民法典》第二千一百一十五条规定了对前位继承人的强制执行处分:"以强制执行或假扣押方式进行的处分或支付不能程序中的管理人就遗产标的所为的处分,在后位继承开始的情形下,在它会阻碍实现或侵害后位继承人的权利的限度内,不生效力。遗产债权人的请求权或存在于其产标的上而在后位继承开始的情形下对后位继承人有效力的权利被主张的,该项处分无限制的有效。"

4.提出公文书或债权人出具的私文书,根据此项文书,在应执行的判决作出后,债权人已受清偿或同意延缓履行;

5.提出邮局收据或储蓄银行的交款证书或汇款证书,根据该证书,为满足债权人所必要的金额已经支付以供付给债权人或划给债权人账户。

第七百七十六条【撤销执行处分】

在第七百七十五条第一项、第三项的情形,应同时撤销已实施的执行处分。在第四项、第五项的情形,该项处分仍暂保留;在第二项的情形,如法院裁判没有命令撤销原来的执行行为,该项行为仍暂保留。

第七百七十七条【已有足够保证时的异议】

债权人占有债务人的动产,因其债权而在该动产上有质权或留置权,如物的价额足以抵偿债权,而债权人对债务人的其他财产执行时,债务人可以依第七百六十六条提出异议。债权人因其他债权对该动产有质权或留置权时,以物的价额并足以抵偿此项债权时为限,债务人方可提出异议。

第七百七十八条【承认继承前的强制执行】

(1)在继承人承认继承前,对遗产所产生的请求权的强制执行,只能对于遗产实施。

(2)在继承人承认继承前,不得因继承人自己的债务而对遗产实施强制执行。

第七百七十九条【强制执行开始后债务人死亡】

(1)债务人死亡时,对债务人已经实施的强制执行,对其遗产继续实施。

(2)实施执行行为时,债务人必须到场的,如债务人死亡而继承人尚未承认继承,或继承人不明,或继承人是否承认继承尚未确定,执行法院依债权人的申请,应为继承人选任特别代理人。如已选任遗产保护人,或遗产由遗嘱执行人管理时,可以无须选任特别代理人。

第七百八十条【继承人有限责任的保留】

(1)作为债务人的继承人而受败诉判决的被告,只有在判决中保留其有限责任时,方可主张有限的责任。

(2)国库为法定继承人而受败诉判决时,或者就遗产债务所作的判决是对遗产管理人、对其他遗产保护人或对管理遗产的遗嘱执行人所作的时,不必要前款的保留。

第七百八十一条 【继承人在强制执行中的有限责任】

对于债务人的继承人实施强制执行时,在继承人根据其有限责任对强制执行提出异议之前,不必考虑其责任的限制。

第七百八十二条 【继承人对遗产债权人的抗辩】

继承人根据其依《民法典》第二千零一十四条、第二千零一十五条①提出的抗辩,可以要求在该条所规定的期间内,只在为执行假扣押所必要的措施的范围内实施强制执行。如果在此项期间届满前已申请遗产破产时,直到关于破产程序开始的裁判确定为止,对强制执行的限制可以依申请在期间届满后继续保持。

第七百八十三条 【继承人对自己的债权人的抗辩】

对遗产标的物,继承人也可以对遗产债权人以外的债权人要求依第七百八十二条对强制执行加以限制,但继承人对继承债务负无限责任的除外。

第七百八十四条 【遗产管理与遗产破产时的强制执行】

(1)遗产管理或遗产破产已被命令开始的,继承人可以请求撤销因遗产债权人的利益而对不属于遗产的自己的财产所实施的强制执行处分,但继承人对继承债务负无限责任的除外。

(2)在遗产管理的情形中,遗产管理人对于因遗产债权人以外的其他债权人的利益而对遗产所实施的强制执行处分,也有同样的权利。

第七百八十五条 【继承人的执行异议之诉】

根据第七百八十一条至第七百八十四条所提起的异议,按照第七百六十七条、第七百六十九条和第七百七十条的规定处理。

第七百八十六条 【其他有限责任情形下的执行异议之诉】

(1)第七百八十条第一款与第七百八十一条至第七百八十五条的规定,准用于依《民法典》第一千四百八十九条②所产生的有限责任;第七百八十条第一款与第七百八十一条、第七百八十五条的规定,准用于依《民

---

① 参见第三百零五条的注释。

② 《民法典》第一千四百八十九条规定了对共同财产债务的个人责任:"(1)生存配偶亲自对延续的财产共同制的共同财产债务负责任。(2)以生存配偶只因延续的财产共同制的开始而负个人责任为限,准用关于继承人对遗产债务的责任的规定;遗产由在延续的财产共同制开始时所具有的状态下的共同财产代替。(3)享有应有部分权的晚辈直系血亲对已亡或生存配偶的债务的个人责任,不因延续的财产共同制而成立。"

法典》第一千四百八十条①、第一千五百零四条②、第一千六百二十九条之一③、第二千一百八十七条④所产生的有限责任。

(2)基于 1998 年 8 月 25 日《未成年人限制责任法》(联邦法律公报 I,第 2487 页)于 1991 年 7 月 1 日生效前作出的判决进行强制执行的,如果没有根据第七百八十条第一款在判决中保留,则《民法典》第一千六百二十九条之一规定的限制责任也可异议。

第七百八十六条之一【有限责任】

(1)第七百八十条第一款和第七百八十一条的规定准用于依据《商法典》第六百一十一条第一款、第三款,第六百一十二条至六百一十六条或

---

① 《民法典》第一千四百八十条规定了分配后对第三人的责任:"在共同财产债务被清偿前,共同财产已被分配的,在分配时无此责任的配偶一方也亲自作为连带债务人向债权人负责任。配偶该方的责任仅限于被分配给配偶该方的标的;第一千九百九十条、第一千九百九十一条适用于继承人的责任的规定必须予以准用。"

② 《民法典》第一千五百零四条规定了晚辈直系血亲之间的责任均衡:"以享有应有部分权的晚辈直系血亲依第一千四百八十条向共同财产的债权人负责任为限,在相互关系中按其在共同财产中的应有部分的大小负担义务。该项义务限于分配给他们的标的;准用第一千九百九十条、第一千九百九十一条的关于继承人的责任的规定。"

③ 《民法典》第一千六百二十九条之一规定了未成年人责任的限制:"(1)对父母在其法定代理权范围内或其他有权代理的人在其代理权范围内,以具有对子女有利的效力,通过法律行为或其他行为设立的债务所负的责任,或对因子女未成年期间进行的死因取得而发生的债务所负的责任,限于在达到成年年龄时所存在的子女财产的储备;因未成年人经其父母同意而依据第一百零七条、第一百零八条或一百一十一条实施的法律行为而发生的债务,或因父母已为之而获得家庭法院批准的法律行为而发生的债务,亦同。已成年的人援用责任的限制的,准用第一千九百九十条、第一千九百九十一条关于继承人的责任的规定。(2)第一款不适用于因独立从事营业而发生的债务,但以未成年人为此而依第一百一十二条被授权为限,并且第一款不适用于因仅仅用于满足其个人需要的法律行为而发生的债务。(3)债权人对共同债务人和共同负责任人的权利,以及因为债权而设定的担保或因确保担保的设定的预告登记而发生的债权人权利,不受第一款的影响。(4)继承人共同体或合伙的已成年的成员,不在达到成年年龄后三个月以内请求分割遗产或表示终止合伙的,有疑义时,必须认为由此种关系而引起的债务系在达到成年年龄后发生的;前半句的规定准用于不在达到成年年龄后三个月以内停止商业的已成年的商业业主。另外,依第一句所称要件,推定已成年的人的现有财产在达到成年年龄时即已存在。"

④ 《民法典》第二千一百八十七条规定了主要受遗赠人的责任:"(1)被以遗赠或负担加重负担的受遗赠人,在受领向其给予的遗赠后,在其因遗赠而取得的标的不足以履行的限度内,也可以拒绝履行。(2)他人依第二千一百六十一条代替被加重负担的受遗赠人的,在该受遗赠人会负责任的范围以外,该他人不负责任。(3)准用第一千九百九十二条关于继承人责任的规定。"

依照《内河航运法》第四条至第五条发生的有限责任。

（2）依照第三百零五条之一作出的保留判决后，其强制执行适用下列规定：

1.当事人依照航运分配法令申请开始海事法的或内河航运法的分配程序，具有请求权的债权人参与程序后，法院依照航运分配法令第五条第三款裁判中止强制执行；海事法的分配程序开始后，适用航运分配法令第八条第四款、第五款的规定，内河航运分配程序开始后，准用航运分配法令第八条第四款、第五款并结合适用第四十一条的规定。

2.如果依照《责任限制协议》（《商法典》第四百八十六条第一款第一句）第十一款由债务人或为债务人的协议的另一州设立了一笔基金，而债权人对于该基金主张其请求时，准用航运分配法令第五十条的规定。如债权人不对该基金主张其请求，或航运分配法令第五十条第二款的要件不具备时，根据责任限制的权利而生的异议，依照第七百六十七条、第七百六十九条、第七百七十条的规定，即为终止；如由于主张责任限制的权利而在另一州设立基金时，亦同。

3.如果在《关于内河航运的有限责任的斯特拉斯堡协议》（CLNI，联邦法律公报1988Ⅱ，第1643页）的另一协议州内由债务人或为债务人设立了一笔基金，而债权人对于该基金主张其请求时，适用航运分配法令第五十二条第三款的要件不具备时，根据依《内河航运法》第四条、第五条的责任限制权利而生的异议，依照第七百六十七条、第七百六十九条、第七百七十条的规定，即为终止；如由于主张责任限制的权利而在另一州设立基金时，亦同。

（3）如果保留判决是由外国法院作出的，依照《责任限制协议》第十一款或者依照《关于内河航运的有限责任的斯特拉斯堡协议》第十一款，或者由于主张有限责任的权利而设立了一笔基金，被告主张有限责任的权利时，关于由判决所确认的请求的强制执行，准用第二款的规定。

第七百八十七条【对无主土地或无主船舶的强制执行】

（1）依照《民法典》第九百二十八条[1]，土地经原来的所有人抛弃，而又未被先占权利人取得时，如果有人在强制执行中主张此种土地上的权利，执行法院应当依申请选任代理人，代理人在新所有人登记前，在强制执行程序中，对于由所有权所发生的各项权利和义务负责。

---

[1] 参见第五十八条的注释。

（2）依照 1940 年 11 月 15 日的《对于已登记的船舶和在建船舶的权利的法律》第七条，已登记的船舶或建造中船舶经原来的所有人抛弃，而又未被先占权利人取得时，如有人在强制执行中主张此种已登记的船舶或建造中船舶的权利，准用前款的规定。

第七百八十八条【强制执行的费用】

（1）强制执行的费用，以必要的为限（第九十一条），由债务人负担；此种费用应与强制执行中的请求同时收取。判决的正本的费用以及送达的费用也都算作强制执行的费用。如多数债务人被判决为连带债务人，即应对强制执行费用负连带责任；第一百条第三款、第四款于此准用。

（2）强制执行的费用，由提出申请时执行行为所系属的执行法院，在强制执行终结后由完成最后的执行行为的地方的法院，依申请按照第一百零三条第二款、第一百零四条、第一百零七条确定。第八百八十七条、第八百八十八条与第八百九十条规定的执行费用，由第一审的受诉法院裁判。

（3）作为强制执行的根据的判决被撤销时，应将强制执行的费用偿还债务人。

（4）第七百六十五条之一、第八百一十一条之一、第八百一十一条之二，第八百二十九条，第八百五十条之十一、第八百五十条之十二，第八百五十一条之一、第八百五十一条之二所规定的程序费用，如果根据债权人行为上的特殊原因，符合公平的要求时，法院可令债权人负担全部或部分。

第七百八十九条【官厅的协助】

为实施执行需要官厅的协助时，法院可以请求官厅给予援助。

第七百九十条（删除）

第七百九十一条（废除）

第七百九十二条【将文书交与债权人】

为实施强制执行，应由一定的官厅、官员或公证人依债务人的申请付给债务人继承证书或其他文书时，债权人可以代替债务人提出申请。

第七百九十三条【即时抗告】

对于在强制执行程序中不经言词辩论所作出的裁判，可以提起即时抗告。

第七百九十四条【其他的执行名义】

（1）强制执行，也可以根据以下各项而实施：

1.当事人双方之间,或当事人一方与第三人之间,为解决诉讼,对于诉讼的全部或诉讼标的的一部分,在德国法院或在为州司法行政机关所设立的或批准的调解所订立的和解,以及依第一百一十八条第一款第三句或第四百九十二条第三款在法官的记录中记载的和解;

2.确定费用的决定;

2-1.(废除)

2-2.依简易程序对变更扶养名义的申请进行裁判的裁定;

3.对之可以以抗告方式提起上诉的裁判;

4.执行决定;

4-1.宣告为可以执行的仲裁裁决与在仲裁中成立的和解,但以已确定的执行裁判或已宣告假执行的为限;

4-2.依照第七百九十六条之二或第七百九十六条之三作成的裁定;

5.由德国法院或德国公证人在其职务的权限内依规定的方式、就某一请求作成的证书,但以该项请求不属于发出意思表示,也不涉及住房租赁关系的状况,并且债务人在证书内承认愿意就所指定的请求实施即时的强制执行的为限;

6.有执行力的欧盟支付令。

(2)依第七百三十七条、第七百四十三条、第七百四十五条第二款、第七百四十八条第二款的规定,应当判令关系人容忍强制执行时,如关系人在依第一款第五项作成的证书中承认对属于他的权利范围内的标的物实施即时的强制执行,即可以此种证书代前述判决。

第七百九十四条之一【根据搬迁和解的强制执行】

(1)债务人在和解中承担从住房中搬迁的义务,根据此项和解实施强制执行时,房屋所在地所属的初级法院可以依申请同意为债务人确定一个按情况适当的搬迁期间。这种申请至迟应在和解中所定搬迁日期两周前提起;此时适用第二百三十三条至第二百三十八条的规定。裁判以裁定作出。裁判前应讯问债权人。法院有权发出第七百三十二条第二款规定的命令。

(2)搬迁期间可以依申请延长或缩短。此时准用第一款第二句至第五句的规定。

(3)搬迁期间总共不能长于一年,这一年的期间从订立和解之日起算。如果和解规定在一个较迟的日期搬迁时,搬迁期间就从这一日期起算。

（4）对初级法院的裁判，可以提起即时抗告。

（5）第一款至第四款不适用于《民法典》第五百四十九条第二款第三项①、第五百七十五条②规定的情形。如果第五百七十五条规定的住房租赁关系未经预先通知而终结，则搬迁期间最长可延至合同约定的租赁关系结束日。

第七百九十五条【根据第七百九十四条规定的执行名义的强制执行】

根据第七百九十四条所列的债务名义所进行的强制执行，除第七百九十五条之一至第八百条有不同的规定外，准用第七百二十四条至第七百九十三条的规定。根据第七百九十四条第一款第二项的债务名义所进行的强制执行，如果债务名义是只在提供担保后才能假执行的判决时，准用第七百二十条之一的规定。根据有执行力的欧盟督促决定进行的强制执行，适用第一千零九十三条至第一千零九十六条的规定。

第七百九十五条之一【根据确定费用的决定的强制执行】

根据依第一百零五条附记于判决书上的确定费用的决定所进行的强制执行，根据该判决的有执行力的正本实施；不需要有关于确定费用决定的特殊的执行条款。

第七百九十五条之二【在法院订立的和解的执行条款】

在德国法院（第七百九十四条第一款第一项）订立的和解，有效性仅取决于诉讼文件中列明的事件的，执行条款由第一审法院书记科的书记官发给；诉讼系属于更高审级法院的，由该法院书记科的书记官发给。

第七百九十六条【根据执行决定的强制执行】

（1）根据执行决定实施强制执行，只在强制执行是为决定中的债权人以外的人，或是对决定中的债务人以外的人而实施时，才需要执行条款。

（2）关于请求本身的异议，只有在异议原因是在执行决定送达以后才发生的，而且不能用回复原状的方法提起时方可提起。

（3）发给执行条款之诉，以及对请求本身提起异议的诉讼，或者在发给执行条款时对发给执行条款的要件已证明为具备提起争议的诉讼，均属于在原来诉讼程序中作出裁判的法院管辖。

第七百九十六条之一【通过律师的和解的执行宣告】

（1）由律师以他所代理的当事人的名义并经其授权订立的和解，如

---

① 参见第二十九条之一的注释。

② 参见第七百二十一条的注释。

债务人在和解中承认愿意接受即时的强制执行,并且和解经当事人一方向他在订立和解时有普通审判籍的初级法院于订立和解之日报告经法院记录后,经当事人一方申请后,可以宣告执行。

(2)如和解是就发出意思表示而订立的或者涉及住房租赁关系的状况的,不适用第一款的规定。

(3)和解未生效或承认该和解违反公共秩序的,驳回执行宣示的申请。

第七百九十六条之二【通过受诉法院的执行宣告】

(1)对第七百九十六条之一第一款规定的执行宣告,由向法院请求裁判时有管辖权的受诉法院作出。

(2)对执行宣告的申请作出裁判前,法院应听取对方当事人的意见。裁判以裁定作出。对裁定不得声明不服。

第七百九十六条之三【通过公证人的执行宣告;申请回避】

(1)经双方当事人同意,和解文书可以由其办公处所在第七百九十六条之一第一款中的管辖法院的管辖区内的公证人保管并宣告执行。第七百九十六条之一与第七百九十六条之二的规定于此准用。

(2)在有理由时,公证人可对执行宣告予以拒绝。对于公证人的拒绝,可以向第七百九十六条之二第一款规定的管辖法院申请裁判而声明不服。

第七百九十七条【执行证书的有执行力的正本】

(1)法院证书的有执行力的正本,由保管该证书的法院书记科发给。

(2)公证证书的有执行力的正本,由保管该证书的公证人发给。该证书是由官厅保管时,由该官厅发给。

(3)对于执行条款是否合法所提异议的裁判,以及对于发给再执行正本的裁判,如为法院证书,由第一款规定的法院,如为公证证书,由第二款规定的公证人或第二款规定的官厅所在地区的初级法院作成。

(4)对于请求本身提出异议,不适用第七百六十七条第二款的限制规定。

(5)发给执行条款之诉,以及对请求本身提起异议的诉讼,或者在发给执行条款时对发给执行条款的要件已证明为具备提起争议的诉讼,由债务人在国内的普通审判籍所在的法院管辖,没有普通审判籍时,由依第二十三条对债务人可以起诉的法院管辖。

(6)对依第七百九十六条之三作出的裁定,准用第二款至第五款的规定。

第七百九十七条之一【调解所内的和解的强制执行】

（1）在第七百九十四条第一款第一项所规定的一类调解所订立和解时，执行条款由调解所在地的初级法院的书记科发给。

（2）对于执行条款是否合法提出的异议，由第一款规定的法院裁判。

（3）第七百九十七条第五款的规定于此准用。

（4）州司法行政机关可以授权调解所主任发给在调解所订立的和解的执行条款。其授权不包括第七百二十六条第一款、第七百二十七条至第七百二十九条以及第七百三十三条的情形。关于执行条款是否合法的异议，由第一款规定的法院裁判。

第七百九十八条【等待期间】

根据不是附记于判决上的确定费用的决定，根据依第七百九十四条第一款第四项之二所为的裁定，以及根据第七百九十四条第一款第五项所作的证书，实施强制执行时，债务名义至少应在执行开始的两周前送达。

第七百九十八条之一（废除）

第七百九十九条【诉讼承受时的执行证书】

土地上设有抵押权、土地债务或定期土地债务时，如土地所有人在第七百九十四条第一款第五项的证书中承认愿受即时强制执行，并且已发给债权人的诉讼承受人有执行力的正本，如诉讼承受人已作为债权人登记于土地登记簿时，证明承受诉讼的公文书或公证书即可不必送达。

第七百九十九条之一【其他债权人依证书执行的损害责任】

土地上设有抵押权、土地债务时，如土地所有人在第七百九十四条第一款第五项的证书中承认愿受即时强制执行，证书指定的债权人之外的其他债权人进行执行的，其他债权人有义务在证书未许可的范围内赔偿债务人依证书执行造成的损失或因避免执行造成的损失。债务人承认愿受依有土地担保的债权或基于同样目的的有自认的债权而即时强制执行的，准用第一句的规定。

第八百条【对当时的所有人的执行证书】

（1）土地所有人在依第七百九十四条第一款第五项所作成的关于抵押权、土地债务或定期土地债务的证书中，可以承认根据此项证书，可以对执行当时的土地所有人实施即时的强制执行。在此情形，此项承认应在土地登记簿中登记。

（2）在对登记于土地登记簿中的新所有人实施强制执行时，不必送达证明取得所有权的公文书或公证书。

（3）对执行当时的所有人实施即时强制执行时，第七百九十七条第五款所规定的诉讼，由土地所在地的法院管辖。

第八百条之一【船舶抵押权的执行证书】

（1）第七百九十九条、第八百条的规定，准用于设定有船舶抵押权的已登记的船舶与建造中的船舶。

（2）对执行当时的所有人实施即时强制执行时，第七百九十七条第五款所定的诉讼，由船舶或建造中船舶登记地的法院管辖。

第八百零一条【州法中的执行名义】

（1）各州立法可以准许法院根据第七百零四条、第七百九十四条所定的以外的债务名义实施强制执行，并在此范围内制定与本法不同的关于强制执行的规定。

（2）根据第一款的规定以各州立法所定的名义实施强制执行的，可在联邦德国领土范围内行使。

第八百零二条【法院的专属管辖】

本编所定的法院管辖均为专属管辖。

第二章　对金钱债权的强制执行①

第一节　通则

第八百零二条之一【执行原则；执行员的权力】

（1）执行员应促使金钱债权获得及时、完整、经济的实现。

（2）通过执行委任和受领有执行力的正本，执行员有下列各项权限，执行员有其他权限的，不受此限：

1.寻求案件的友好解决（第八百零二条之二）；

2.获取债务人财产信息（第八百零二条之三）；

---

① 由2009年6月19日通过的《强制执行中的情况说明改革法》转化为本法中的条文于2013年1月1日生效。有关规定体现在本编新增第八百零二条之一至八百零二条之十二、第八百二十九条之一以及第八百八十二条之二至第八百八十二条之八的规定中。立法目的在于解决强制执行程序中债务人财产信息获取的困难，并强化执行员从数据库获取债务人信息的权限。

3.从第三方获取债务人的财产信息(第八百零二条之十二);

4.对有体物进行扣押和换价;

5.通知预扣押(第八百四十五条);本项权力不以先发给有执行力的正本为前提,也不以执行名义的送达为前提。

执行委任应载明执行措施,但依第一句第一项规定而采取的措施无须载明,除非执行委任对此作出限制。

第八百零二条之二【以友好的方式解决问题;支付协议下的延期执行】

(1)执行员在强制执行的任何阶段都应谋求案件的友好解决。

(2)如果债权人没有排除支付协议,而债务人充分证明其有能力按期定额支付,执行员可以确定债务人支付的期间,或允许债务人分期付款。依据第一句的规定确定了支付计划的,执行延期。偿付应在十二个月内完成。

(3)根据第二款的规定确定支付协议、执行延期的,执行员应当立即告知债权人。如果债权人立即反对支付协议,则支付协议无效;同时停止延期执行。按照支付协议规定的时间,债务人的付款全部拖延或部分拖延超过两周的,产生同样的效果。

第八百零二条之三【债务人的财产报告】

(1)为执行金钱债权,债务人有义务依执行员要求按下述规定向执行员提供其财产报告,并提供其出生姓氏、出生日期和出生地。如果债务人是法人或非法人团体,则须提供其在商业登记处登记的名称、登记编号及注册地。

(2)债务人提供的信息中应当披露其拥有的全部资产。债务人披露的信息中有债权的,应当载明产生债权的事由以及证明债权的证据。此外,债务人还应提供下列信息:

1.在第八百零二条之六第一款中规定的日期之前两年至债务人最近一次提供财产报告的期间内,债务人向与他有密切关系的人(《破产法》第一百三十八条)作出的有偿转让;

2.在第八百零二条之六第一款中规定的日期之前四年至债务人最近一次提供财产报告的期间内,债务人作出的无偿给付;

根据第八百一十一条之一第一项和第二项显然不得扣押的物无须列明,可以交换扣押的除外。

(3)债务人应当作出代宣誓保证,并作成记录,保证他已经尽其所知、本其良知,准确、完整地作出第一款和第二款规定的财产报告。第四百七十八条至第四百八十条、第四百八十三条的规定于此准用。

第八百零二条之四【重新提交财产报告】

(1)债务人在过去两年内,曾根据第八百零二条之三的规定或者根据《税法》第二百八十四条的规定提供其财产报告的,无须重复提交,除非债权人充分证实债务人财产状况确已发生重大变化。无须重复提交信息的,执行员应将债务人最后一次提交的财产清单的打印文本交付债权人。执行员应向债权人说明,债权人仅可为实现执行目的而使用信息,执行目的实现后应将信息销毁。执行员应将根据第二句的规定交付打印文本的情况告知债务人,并向债务人说明其被记入债务人名簿的可能性(第八百八十二条之三)。

(2)债权人可以申请获取财产清单的电子文本以替代打印文本,使用电子文本的,应加载合格的电子签名并且防止他人的无权查看。

第八百零二条之五【主管执行员】

(1)初级法院的执行员负责接受债务人的财产报告以及代宣誓保证,此时的初级法院是执行委任时债务人住所地的初级法院,债务人无住所地时是债务人居留地的初级法院。

(2)受理案件的执行员无管辖权时,依债权人的申请将案件送交主管执行员。

第八百零二条之六【接受财产报告的程序】

(1)在接受债务人财产报告之前,执行员应为债务人设定两周的清偿债务期。债务人在该期限内未完成债务清偿时,执行员应确定债务人提交财产报告的期日,并传唤债务人于该期日前往执行员办公室。在该期日,债务人应携带提交财产报告所必要的书面材料。

(2)执行员也可以决定债务人在其住所提交财产报告。对此决定,债务人可以在一周内向执行员提出异议。在其他情况中,债务人未在该期日提交财产报告的,视为违反该期日义务。

(3)确定期日后,应告知债务人其依据第八百零二条之三第二款规定须报告的必要信息。并告知其第一款和第二款规定的权利和义务,没有正当理由缺席期日或违反报告义务的法律后果,依据第八百零二条之十二从第三人处获取信息的可能性,以及提交财产报告后依据第八百八十二条之三的规定将其记入债务人名簿的可能性。

(4)依据第一款至第三款的规定要求清偿、决定传唤、作出决定及告知的,应当向债务人送达,即使债务人有诉讼代理人;无须另行通知诉讼代理人。期日确定后应当依据第三百五十七条第二款的规定通知债权人。

(5)执行员应当将债务人依第八百零二条之三第一款和第二款的规定提供的信息作成电子文卷(财产清单)。在债务人依据第八百零二条之三的规定作出代宣誓保证前,这些信息应当向债务人宣读,或让债务人通过电脑屏幕浏览。经债务人申请,执行员应当打印文本,交付债务人。

(6)执行员应将财产清单提交给依第八百零二条之十一第一款确定的中心执行法院,并立即将财产清单的打印文本交给债权人。打印文本必须注明,其内容与财产清单一致;第八百零二条之四第一款第三句、第二款的规定于此准用。

第八百零二条之七【拘留】

(1)依债权人申请,债务人无正当理由缺席期日或拒绝履行第八百零二条之三规定的报告义务的,法院应作出拘留命令,以强制债务人提供财产报告。拘留命令应载明债权人、债务人及拘留的理由。拘留命令在执行前无须送达。

(2)执行员执行对债务人的拘留。拘留时,应将拘留命令的认证副本交给债务人。

第八百零二条之八【不可执行拘留的情况】

(1)法院作出拘留命令之日起满两年的,不可执行拘留。

(2)执行拘留可能给债务人健康造成即时、重大伤害的,在债务人健康风险持续的时间内,不可对其执行拘留。

第八百零二条之九【被拘留债务人的财产报告】

(1)被拘留的债务人可以随时要求拘留地初级法院的执行员接受其财产报告。对此要求应立即许可;第八百零二条之六第五款的规定于此准用。如果债权人申请出席且其出席不会导致接受的延迟,应许可其出席。

(2)债务人提供财产报告后,应立即释放债务人。第八百零二条之六第五款和第六款的规定于此准用。

(3)如果债务人因没有必要的书面材料而致其陈述不完整,执行员可以确定一个新的期日,并将拘留命令的执行推迟到该期日。第八百零二条之六于此准用;无须为偿付设置期日。

第八百零二条之十【拘留期限;再行拘留】

(1)拘留不得超过六个月。拘留期满六个月的,应依职权释放债务人。

（2）对非因债务人自己的行为，依债权人的申请获得释放的债务人，不得因同一债权人的申请而再行拘留。

（3）债务人因不提供财产报告被拘留已满六个月的，仅在第八百零二条之四规定的情况下，方可对债务人在随后的两年内以拘留命令要求其提供财产报告，即便其他债权人提交申请。

第八百零二条之十一【财产清单的集中管理】

（1）根据第八百零二条之六或《税法》第二百八十四条第七款第四句的规定提交的财产清单，应当以电子文档的形式保存在各州中心执行法院。可以通过中心网络查询系统查看所有州数据库内的财产清单。联邦法律或州法律作出与《税法》第二百八十四条第一款至第七款相同的规定，要求提交清单的，以此为根据获取的财产清单也适用上述规定。信息获取满两年的，或接受了新财产清单的，第一句和第二句规定的财产清单应予删除。

（2）执行员为执行可从中心执行法院检索第一款规定的财产清单副本。执行机构具有与执行员相同的下列权限：

1. 要求提供《税法》第二百八十四条规定的财产报告；

2. 如果联邦法律或州法律对第一款规定的提交信息作出了授权，则可依授权要求债务人提供财产报告；

3. 依联邦法律或州法律的授权，要求债务人向执行员提供第八百零二条之三规定的信息；

此外，执行法院、破产法院、法院登记机构和执行机构在其职能范围内有权查看财产清单。

（3）州政府通过法律性命令确定第一款规定的中心执行法院。州政府也可以将权限转授给州司法机关。第一款规定的中心执行法院可以通过其他机构代为处理数据；其他关于私人数据保护的专门法律规定应予适用。

（4）对第一款第三句规定的相同法规、第八百零二条之六第五款、《税法》第二百八十四条第七款规定的财产清单，联邦司法部在得到联邦议会的批准后，有权发布法律性命令，规定清单的具体内容、形式、记录、传输、保存、删除、查看方式，特别是自动检索程序。法律性命令应确立适当规则以确保数据安全。特别是确保财产清单：

1. 不会在第一款规定的向中心执行法院传输的过程中，或在第三款第三句规定的向其他机构传输的过程中发生第三人的无权查看；

2.复制完整；

3.可以随时发给来源处；

4.只能由注册用户访问,且每次访问均被记录。

第八百零二条之十二【执行员的查询权】

(1)债务人没有履行财产报告义务的,或者可以预见对已报告财产进行强制执行仍无法完全清偿债权人的,执行员可以：

1.通过法定养老保险机构查询债务人的姓名或公司的名称,以及债务人雇主的地址；

2.在联邦税务总局查询债务人依《税法》第九十三条之二第一款规定的在信贷机构的数据(第九十三条第八款)；

3.从联邦机动车管理局查询《道路交通法》第三十三条第一款第一句规定的债务人为持有人的车辆信息。

获取或请求帮助获取信息和数据仅在为实现执行目的时方可进行,执行标的价额应高于500欧元；执行费用和附属请求不得包括在执行标的的计算中,除非其单独成为执行委任的标的。

(2)并非实现执行目的所需要的数据,执行员应当立即删除或屏蔽。删除数据应当作成记录。

(3)执行员应当按照第二款的规定将其查询数据的尝试或依第一款作出的请求立即告知债权人,并在四周内告知债务人。第八百零二条之四第一款第三句,第二款的规定于此准用。

第二节　对动产的强制执行

第一目　通则

第八百零三条【扣押】

(1)对动产的强制执行,以扣押的方法进行。扣押的范围不得超出清偿债权人与支付强制执行费用所必要的限度。

(2)应扣押的标的物换价后,除偿付强制执行费用外无余额时,不得实施扣押。

第八百零四条【扣押质权】

(1)扣押后,债权人在扣押物上取得质权。

(2)在与其他债权人的关系上,扣押质权使债权人得到与因契约取得动产质权时同样的权利;破产时,扣押质权优先于不视为动产质权与优先权。

(3)扣押在先所产生的质权优先于扣押在后所产生的质权。

第八百零五条【优先受偿之诉】

(1)未占有物的第三人不得根据质权或优先权对该物的扣押提出异议;但该第三人可以以诉讼的方式,不问其债权到期与否,提起就卖得的价金优先受偿的请求。

(2)此项诉讼应向执行法院提起,如诉讼标的不属初级法院管辖时,向管辖执行法院所在地区的州法院提起。

(3)此项诉讼如以债权人与债务人为被告时,债权人与债务人视为共同被告。

(4)请求经说明后,法院应命令将卖得的价金提存。此时准用第七百六十九条、第七百七十条的规定。

第八百零六条【扣押转让时无担保】

根据扣押而将标的物转让时,取得人就权利上的瑕疵或转让物上的瑕疵没有担保请求权。

第八百零六条之一【通知债权人;执行员询问】

(1)执行员在强制执行中,通过询问债务人或查阅文件获悉债务人对第三人有金钱债权,并且该债权尚未被扣押,但扣押后并不能完全满足债权人时,执行员应将第三债务人的姓名、住址、债权的发生原因以及现在扣押的可行性通知债权人。

(2)执行员未能在债务人的住所找到债务人,不能实施扣押,并且预见到扣押实施后也不能完全满足债权人时,执行员可以向债务人家内的成年人询问债务人的雇主。该成年人并无回答的义务,但可自愿告知执行员。执行员将其所获信息通知债权人。

第八百零六条之二(废除)

第八百零七条【先期扣押时财产报告的接受】

(1)在下列情况下,债权人申请对债务人的资产进行扣押的:

1.债务人拒绝搜查(第七百五十八条);

2.可以预见债权人不能因扣押受到全部清偿。

执行员可以不按照第八百零二条之六的规定,而是依债权人的申请,立即接受债务人的财产报告。第八百零二条之六第五款和第六款的规定于此适用。

（2）债务人可以反对立即提交财产报告。如此,则执行员适用第八百零二条之六规定的程序;无须设定偿付期日。

第二目　对有体物的强制执行

第八百零八条【扣押债务人所持之物】

（1）对债务人所持有的有体动产的扣押,由执行员占有其物而实施。

（2）除金钱、贵重物品与有价证券外的有体动产,如不至因此而使债权人有不能受偿的危险时,可以令债务人持有。此类有体动产由债务人持有时,用封印或其他方法使扣押得以显然为人所知时,扣押即生效力。

（3）执行员应使债务人知悉已实施的扣押。

第八百零九条【扣押债权人或第三人所持之物】

对债权人所持有的物或第三人持有而能随时交出的物实施扣押,准用前条的规定。

第八百一十条【对未分离的果实的扣押】

（1）尚未由土地分离的果实,如不以对不动产实施强制执行的方法查封时,即可扣押。此项扣押必须在通常成熟期前一个月内始得进行。

（2）在土地受清偿上有权利的债权人,对于此项扣押可以依第七百七十一条提出异议,但此项扣押是为了土地上强制执行时具有优先请求权时除外。

第八百一十一条【不得扣押物】

（1）对下列各物,不得扣押:

1.供债务人个人使用或维持家庭生活所用之物,特别是衣服、床上物品、家具与炊事用具,但以债务人维持其适当的、中等的生活和家庭生活所必要的为限;此外还有庭院、亭台与类似的供居住用的设备,可以对之实施动产强制执行并为债务人与其家庭日常住宿所必要的;

2.债务人,他的家属以及帮助他管理家务的人在四周内所需用的食物、燃料、照明用材料,或者,在此期间内无此项储备而又不能以其他方法得到保证时,为购置此项物品必需的款项;

3.有限数量的小动物与乳牛一头,或者由债务人自行选择的、代替乳牛的猪两头、山羊或绵羊两头,但以这些动物是供债务人、他的家属以及帮助他管理家务、经营农业或工业的人的食用所必要的为限;此外还有在四周内供饲养与垫圈所必要的储备,或者,在此期间内无此项储备而又不能以其他方法得到保证时,为购置此项储备物品所必需的款项;

4.债务人为经营农业者时,经营农业所必需的农具与牲畜,必需的肥料,以及到同一农作物或类似的农作物下一次收割时,供债务人、他的家属与他所雇用的人维持生活并继续耕作所必需的农产品;

4-1.债务人如为经营农业的雇佣工人时,他所得到的劳动报酬的实物是维持他本人和他的家属的生活所必需的;

5.债务人为从事体力劳动、脑力劳动或其他人身劳动的人时,为继续其营业所必需的物品;

6.债务人为前项中的人的寡妇、未成年的继承人而使他人代为经营其营业时,继续其营业所必需的物品;

7.供债务人使用的职务上的衣服以及职务上的装备品,以及官吏、教士、律师、公证人、助产士为从事其职业而必需的物品以及专用的衣服;

8.债务人如为取得第八百五十条至第八百五十条之二所列的定期收入的人,从扣押日起到下次领取收入时的期间内,他的收入中不得扣押的部分的款项;

9.经营药房的人不可缺少的器具、容器与商品;

10.供债务人与其家属在教堂、学校或其他教育机关或在家内礼拜时使用的书籍;

11.使用中的家务账簿、营业账簿、家庭文书以及结婚戒指、勋章、奖章;

12.债务人与其家属使用的假肢、眼镜以及其他由于身体缺陷而必需的辅助工具;

13.直接用于殡葬的物品。

(2)第一款第一项、第四项、第五项至第七项中的物,如果物的出卖人因保留所有权而担保的金钱债权,实施对物的执行时,可以予以扣押。保留所有权的协议应以证书予以证明。

第八百一十一条之一　【交换扣押】[①]

(1)对于第八百一十一条第一项、第五项与第六项中不得扣押的物,

---

① "交换扣押",是德国民事诉讼中根据学说与判例的发展而制定的一种制度。关于有体动产的扣押,有旨在保护债务人利益的禁止扣押的规定(第八百一十一条)。这种保护的着眼点在于债务人对某些物品不可缺少的使用,而并非该物品的价值。因而有的债务人为了逃避执行,故意用价格高昂的物品充作第八百一十一条规定的禁止扣押的物品。因此设立这种"交换扣押"的方法,准许债权人提出"代偿物",用与禁止扣押的物有相同使用价值的物来代替债务人所有的禁止扣押的物,以此来实现将债务人所有的价值高昂的物品进行扣押。

如债权人在取去该物之前,向债务人提交符合保护债务人使用的目的的代偿物,或向债务人提交购置此项代偿物所必要的款项时,仍可予以扣押;如果及时提交代偿物对债权人是不可能的或不可指望的,就只能在执行时从卖得的价金中将购置代偿物所必要的款项提交给债务人时,才能交换扣押。

(2)对于交换扣押,由执行法院依债权人的申请,以裁定裁判。法院依情况认为交换扣押为适当,特别是预计执行时卖得的价金显著超过代偿物的价额时,才能准许交换扣押。债权人提交的代偿物的价额或购置代偿物所必要的金额,由法院确定。依第一款第一句前半句实施扣押时,应将确定的金额,从执行时卖得的价金中补给债权人;此种金额属于强制执行费用。

(3)对提交给债务人的款项不得扣押。

(4)依第一款第一句后半句实施交换扣押时,必须在准许扣押的裁定确定后,才能取走扣押物。

第八百一十一条之二【暂时的交换扣押】

(1)执行员预计可以得到法院的准许时,可以在法院没有预先裁判时,准许暂时的交换扣押。执行员只能在预计执行时卖得的价金显著超过代偿物的价额时,才能实施交换扣押。

(2)债权人在得到扣押通知后两周的期间内未向执行法院提起第八百一十一条之一第二款规定的申请,或此项申请已被驳回并确定时,前款的扣押应立即撤销。

(3)向债权人通知时应告知债权人该项扣押是交换扣押,并应向债权人指示提起申请的期间及迟误期间的后果。

(4)第八百一十一条之一第一款的裁定作成后,依债权人的指示,始得将代偿物或购置代偿物的款项交给债务人,并继续实施强制执行。此时准用第八百一十一条之一第四款的规定。

第八百一十一条之三【动物的扣押】

(1)不以营利为目的而畜养在家庭范围内的动物不得扣押。

(2)依债权人的申请,执行法院可以准许将价值较高的动物扣押,但以不予扣押对债权人构成一种苛刻为限,而且扣押必须考虑到动物保护的要求并不得损害债务人合理的利益。

第八百一十一条之四【预行扣押】

(1)预计某物在近期内可以扣押时,可以将之扣押,但应交给债务人保管。到该物可以扣押时,再继续执行。

(2)前款的物在一年内尚不能扣押时,依前款所为的扣押应予撤销。

第八百一十二条【家具的扣押】

债务人家务上使用的通常家具,如换价后的卖得价金与其物的价额显然相差悬殊时,不应予以扣押。

第八百一十三条【评估】

(1)扣押时,对被扣押物应评定其通常的卖价。对贵重物品,应委托鉴定人进行评估。其他情形,执行法院依债权人或债务人的申请,可以命令鉴定人进行评估。

(2)扣押时不能评估的,应随时补行评估并将评估结果补行记入扣押记录内。执行员以电子形式保存文件的,评估结果以单独的电子文档记载。该文档应与扣押记录并在一起。

(3)债务人为经营农业者,扣押未与土地分离的果实,以及第八百一十一条第一款第四项的物件,而估计应扣押物的价值超过500欧元时,应令一名农业鉴定人在场。

(4)在其他情形,农业鉴定人应否在场,由州司法机关决定。

第八百一十三条之一(废除)
第八百一十三条之二(废除)
第八百一十四条【公开拍卖】

(1)被扣押物应由执行员进行公开拍卖。贵重物品在公开拍卖前,应委托鉴定人进行评估。

(2)执行员可以决定以下列形式进行公开拍卖:

1.现场拍卖;

2.在公众可以访问的网络拍卖平台上进行拍卖。

(3)以第二款第二项规定的网络拍卖形式进行拍卖的,州政府应当以法律命令的形式规定:

1.可以进行拍卖的时间;

2.拍卖平台;

3.允许或拒绝竞买人参与竞拍;允许或拒绝竞买人参与竞拍需要进行自然人身份验证的,自2013年1月1日起,可以进行电子身份识别(《身份证法》第十八条);

4.拍卖的开始,结束,终止;

5.拍卖规则和拍卖的其他法律后果,包括对根据第八百零六条的规

定没有担保请求权的拍卖人的说明;

6.在公布债务人私人信息之前应进行匿名化处理,竞买人的私人信息可以进行匿名化处理;

7.其他应当遵循的程序规则。

州政府可以将权限转授给州司法机关。

第八百一十五条【被扣押的金钱】

(1)被扣押的金钱,应即时交给债权人。

(2)第三人向执行员说明,他对被扣押的金钱有阻止让与的权利时,应将该项金钱提存。如从扣押日起在两周期间内不能提出主管法院依第七百七十一条第一款所为停止强制执行的裁判时,强制执行即继续进行。

(3)除依第二款或依第七百二十条所规定的提存外,执行员取去的金钱视为债务人已经清偿。

第八百一十六条【拍卖的时间与地点】

(1)被扣押物的拍卖,不得在扣押日起一周内举行,但债权人与债务人一致同意提前拍卖,或者为避免使被拍卖物的价值有显著减少的危险或为避免长期贮存而支出不相当费用的危险而有提前拍卖的必要时除外。

(2)拍卖在扣押地的区内举行,如债权人与债务人并未协议在第三处所举行时,也可在执行法院管辖区内的其他地点举行。

(3)拍卖的时间与地点以及拍卖的物品,均应公告。

(4)现场拍卖,准用《民法典》第一千二百三十九条第一款第一句与第二款①的规定。网络拍卖,准用《民法典》第一千二百三十九条第二款的规定。

(5)网络拍卖不适用第二款和第三款的规定。

第八百一十七条【拍定与交付】

(1)现场拍卖时,对最高价竞买人,应报价三次后,始得拍定。网络拍卖时,拍卖关闭时出价最高的为买受人,第八百一十七条之一第一款第一句规定的最低拍卖价额于此适用;出价最高者应被告知其已中标。《民法

---

① 《民法典》第一千二百三十九条规定了债权人和所有人的共同出价:"(1)质权人和所有人可以在拍卖时共同出价。质权人获得拍定的,买卖价款必须视为已由质权人受领。(2)金额非以现金支付的,所有人的出价可以被拒绝。质物对他人的债务负责任的,债务人的出价亦同。"

典》第一百五十六条①于此准用。

(2)拍定之物,只有在价款已经支付或正在支付时,才能交付买受人。

(3)最高价拍买人未在拍卖条件中所定的时间内,如未规定这种时间,未在拍卖期日结束前支付卖得价金时,即不得要求交付拍卖物。此时应再次进行拍卖。再次拍卖时,前次拍买人不得再提出拍买要求;前次拍买人应负担后次拍卖价金少于前次拍卖价金的差额,但对超过金额无请求权。

(4)拍卖时向债权人拍定时,如未准许债务人提供担保或提存而免除执行,对于从卖得价金中扣除强制执行费用后的余额,在应当用于清偿债权人的限度内,债权人免除支付现金的义务。在债权人免除支付现金义务的限度内的金额,视为债务人已清偿债权人。

第八百一十七条之一 【最低拍卖价额】

(1)拍卖时,只能在至少达到拍卖物的通常卖价的半数的出价(最低拍卖价额)时才能拍定。此种通常卖价与最低拍卖价额,都应在拍卖布告中公告。

(2)如果因没达到最低拍卖价额的出价而不能拍定时,债权人的质权仍然保留。债权人可以在任何时间申请指定新的拍卖期日,或者依第八百二十五条请求命令以其他方法对扣押物进行换价。如命令以其他方法进行换价时,准用第一款的规定。

(3)对于金银物品,不得在金银的实际价额以下拍卖。如果没有能够拍定的出价时,执行员可以按达到金银实际价额的价格,自由地出卖,但不得在通常卖价的半数之下出卖。

第八百一十八条 【拍卖的停止】

卖得价金足以清偿债权人,并足以补偿强制执行的费用时,拍卖即应停止。

第八百一十九条 【受领卖得价金的效力】

如未准许债务人提供担保或提存而免除执行时,执行员受领卖得价金,视为债务人所为的清偿。

第八百二十条(废除)

第八百二十一条 【有价证券的换价】

扣押的有价证券有交易所价格或市场价格的,执行员可以自由地按

---

① 《民法典》第一百五十六条规定了拍卖情形下的合同订立:"在拍卖的情形下,合同经过拍定才成立。更高的出价被提出,或拍卖不经拍定而结束的,原出价消灭。"

出卖日的市价出卖。没有此项价格时，按一般规定拍卖。

第八百二十二条【记名证券的过户】

有价证券为记名式时，执行员得到执行法院的授权后，可以为买受人办理过户，并为此而代债务人作出所需要的意思表示。

第八百二十三条【停止流通的无记名证券】

无记名证券因记入姓名或以其他方法使之停止流通时，执行员得到执行法院的授权后，可以使之重新流通，并为此而代债务人作出所需要的意思表示。

第八百二十四条【未分离的果实的换价】

被扣押的尚未与土地分离的果实，必须在其成熟后，才能拍卖。拍卖可以在果实与土地分离之前或后举行；在分离后举行拍卖时，执行员使人进行收获。

第八百二十五条【其他方法的换价】

(1)执行员依债权人或债务人的申请，可以用前面数条以外的方法或在另外的地点，对扣押物进行换价。执行员应将拟定的换价方法通知申请人的相对方。未经申请人的相对方同意，执行员不得在通知送达后两周内将扣押物换价。

(2)执行法院依债权人或债务人的申请，可以命令执行员以外的人对扣押物进行拍卖。

第八百二十六条【附带扣押】

(1)对于已扣押物再进行扣押时，只需由执行员在记录中记载：他是为他的委任者而实施扣押。

(2)第一次扣押如果是另一执行员实施的，应将扣押记录的副本送达另一执行员。

(3)再行扣押，应告知债务人。

第八百二十七条【多次扣押的执行程序】

(1)第二债权人的委任依法当然移转给实施第一次扣押的执行员，但执行法院依参与的债权人或债务人的申请，命令将该执行员的工作移交给他人时除外。拍卖应为全体参与的债权人的利益进行。

(2)卖得的价金不足以补偿全部债权时，并且为其利益而实施第二次或以后各次扣押的债权人，未经其他参与债权人的同意而要求不依扣押顺序进行分配时，执行员应在卖得价金提存后将情况报告给执行法院。报告时应将有关的文件附上。

（3）为多数债权人同时实施扣押时，依同样的程序办理。

第三目　对债权及其他财产权的强制执行

第八百二十八条【管辖】

（1）以对债权及其他财产权的强制执行为目的的审判上的行为，由执行法院实施。

（2）债务人在国内有普通审判籍时，其普通审判籍所在地的初级法院为有管辖权的执行法院；否则，依第二十三条对债务人可以起诉的初级法院为有管辖权的执行法院。

（3）收受案件的法院无管辖权时，该法院应将案件依债权人的申请送交管辖法院。送交不发生拘束力。

第八百二十九条【对金钱债权的扣押】

（1）法院在扣押金钱债权时，应禁止第三债务人向债务人支付。法院应同时向债务人发出命令，禁止其对债权作出任何处分，特别是不得收取债权。对不同的第三债务人的多数金钱债权的扣押，如果为执行的目的有必要时，并且对第三债务人的应保护利益没有妨碍时，依债权人的申请应以一个裁定统一宣示。

（2）债权人应将法院的裁定送达于第三债务人。执行员应将裁定连同送达证书的副本即时送达于债务人，但应进行公示送达时不在此限。基于书记科的直接嘱托而由邮局对第三债务人送达时，书记科应以对债务人送达时同样的方式进行。应向在外国的债务人送达时，代以邮寄送达。

（3）裁定送达于第三债务人时，扣押视为生效。

（4）对法院作出扣押和转付裁定的申请，联邦司法部在得到联邦议院的批准后，有权发布法律性命令，颁布格式。颁布了前述格式的，申请必须适用。申请以电子形式被法院接收的，可以适用不同的格式。

第八百二十九条之一【根据执行决定实施强制执行案件中的简易申请】

（1）在根据执行决定实施强制执行时，如果以电子形式提交强制执行申请而不需要执行条款的，则对金钱债权进行扣押和转付（第八百二十九条，第八百三十五条）无须发出有执行力的执行决定正本，前提是：

1.执行决定中载明的金钱债权数额不超过 5000 欧元；执行费用和附属请求不包括在执行标的的计算中，除非其单独成为执行申请的标的；

2.除有执行力的执行决定外，无须提交其他文件；

3.债权人的电子文档形式的申请附有执行决定的正本或副本以及送达回证；

4.债权人保证其手中有执行决定的正本及送达回证,且债权以执行申请中载明的数额存续。

对强制执行的费用进行执行的,除第一句第三项中列明的文件外,电子申请还应附有供审查的费用明细以及相关凭证。

(2)如果法院怀疑执行决定的正本不存在,或强制执行条件未满足的,应当通知债权人,除非债权人提交执行决定正本或者证明强制执行条件业已满足,否则不予强制执行。

(3)第一百三十条之一第二款的规定于此不受影响。

第八百三十条【抵押债权的扣押】

(1)扣押有抵押权的债权时,除扣押裁定外,应将抵押证书交付债权人。此项交付系以强制执行的方式实施的,执行员为交付于债权人而取得抵押证书时,即视为已交付。如不能将抵押证书付与债权人时,应将扣押在土地登记簿中登记;登记根据扣押裁定作出。

(2)如在交付抵押证书或登记扣押前已将扣押裁定送达于第三债务人时,视为扣押在送达时已对第三债务人生效。

(3)本条规定不适用于对《民法典》第一千一百五十九条①所定的给付的请求权的扣押。在《民法典》第一千一百八十七条②所定担保抵押权的情形,本条不适用于对主债权的扣押。

第八百三十条之一【船舶抵押债权的扣押】

(1)扣押设有船舶抵押权的债权时,应将扣押在船舶登记簿或造船登记簿中登记;登记根据扣押裁定作出。

(2)如在登记扣押前已将扣押裁定送达于第三债务人时,视为扣押在

---

① 《民法典》第一千一百五十九条规定了迟延的从给付:"(1)在债权系针对利息或其他的从给付的延迟部分的限度内,该项转让以及所有人和新债权人之间的法律关系,依关于债权转让的一般规定予以确定。土地依第一千一百一十八条对之负责的费用的偿还请求权亦同。(2)第八百九十二条的规定不适用于第1款所规定的请求权。"

② 《民法典》第一千一百八十七条规定了无记名证券和指示证券的保全抵押权:"就因无记名债券、汇票和本票或其他可背书转让的证券而发生的债权而言,只能设定保全抵押权。即使该抵押权在土地登记簿上未被标明为保全抵押权,也被视为保全抵押权。不适用第一千一百五十四条第三款的规定。不存在第一千一百七十九条之一、之二所规定的抵押权涂销请求权。"

送达时已对第三债务人生效。

（3）本条规定不适用于对 1940 年 11 月 15 日的《对于已登记的船舶和在建船舶的权利的法律》第五十三条所定给付的请求权的扣押。对于无记名证券、各种票据或其他依背书而转让的证券上的债权设有船舶抵押权时，本条规定不适用于主债权的扣押。

第八百三十一条【依背书转让的证券的扣押】

对票据与其他依背书转让的证券上的债权实施扣押的，由执行员收取该项证券。

第八百三十二条【对继续收入的扣押范围】

因扣押俸给债权或类似的继续收入上的债权而生的扣押质权，包括扣押后清偿期届至的金额。

第八百三十三条【对职务上收入的扣押范围】

（1）对职务上收入的扣押，包括债务人因转职、兼职或增俸而得到的收入。此规定不适用于使用人有变更时的情形。

（2）劳动关系或使用关系终止后并且债务人与第三人在九个月内又建立了新的劳动关系或使用关系时，扣押延续到由新的劳动关系或使用关系发生的债权。

第八百三十三条之一【对存款进行扣押的范围】

对债务人在存款机构的存款进行扣押时，扣押范围包括扣押裁定送达当日的存款余额，以及扣押后产生的日结存。

第八百三十四条【不讯问债务人】

在扣押前，关于扣押申请，不讯问债务人。

第八百三十五条【金钱债权的转付】

（1）扣押的金钱债权，转付于债权人，任其自择，或由其收取，或按票面价额代替清偿。

（2）在后一情形，债权移转于债权人，发生如下的效力：只要债权存在，视为债权人在债务人处的债权已受清偿。

（3）第八百二十九条第二款、第三款的规定准用于债权的转付。如债务人为自然人，将其已扣押的在存款机构的存款转付于债权人时，应在转付裁定送达第三债务人四周后，将存款交付于债权人或将该款提存；如果已扣押的存款只能在将来某个日期存入账户的，执行法院依申请另外裁定，在该款存入债务人账户满四周后，将该款交付于债权人或者将该款提存。

(4)已扣押的存款只能在将来某个日期转付债务人,且存入的账户属于第八百五十条之十一第七款规定的不得扣押的范围的,自该款存入债务人账户之月起满一个月的,第三债务人可以向债权人交付或提存该款。即便充分考虑债务人的利益保护,如果第一句的规定将造成对债权人的不能期望其忍受的苛刻,则执行法院可以依债权人申请作出不同于第一句的命令。

(5)债务人是自然人的,其不定期的劳动,或劳务报酬,或其他非职务收入,转移于债权人的,法院转付裁定送达满四周的,第三债务人可以向债权人交付或提存该款。

第八百三十六条【转付的效力】

(1)依民法的规定,行使收取债权的权利需要由债务人作出一定方式的意思表示时,此种表示由转付补充。

(2)转付裁定的发出虽不合法,在转付裁定被撤销并为第三债务人知悉之前,为第三债务人的利益,转付裁定对债务人仍属有效。

(3)债务人有义务将主张债权所必要的事项告知债权人,并将关于债权所有的证明文件交给债权人。债务人不告知时,经债权人申请后,债务人有义务作出记录,并作出代宣誓的保证。第八百零二条之五规定的适格执行员应当传唤债务人以收取文件和安排代宣誓保证。第八百零二条之六第四款、第八百零二条之七至第八百零二条之九、第八百零二条之十第一款和第二款的规定于此准用。债权人可用强制执行的方法使此种文件得以交付。

第八百三十七条【抵押债权的转付】

(1)将已扣押的有抵押权的债权转付时,需将转付裁定交付于债权人。如不能交付抵押证书时,应将转付登记于土地登记簿,以进行代清偿的转付;登记根据转付裁定作出。

(2)本案的规定不适用于对《民法典》第一千一百五十九条①所定给付的请求权的转付。在《民法典》第一千一百八十七条②所定担保抵押权的情形,本条规定不适用于主债权的转付。

(3)对于《民法典》第一千一百九十条所定的一类保全抵押权,如债权人申请将无抵押的债权转付时,可以依一般规定将主债权扣押并将之

---

① 参见第八百三十条的注释。
② 参见第八百三十条的注释。

转付。

第八百三十七条之一【船舶抵押债权的转付】

(1)将已扣押的有船舶抵押权的债权转付时,如该债权是为收取而转付,只需将转付裁定交付于债权人即可。如为代清偿的转付,需将转付登记于船舶登记簿或造船登记簿上;登记根据转付裁定作出。

(2)本条规定不适用于对 1940 年 11 月 15 日的《对于已登记的船舶和在建船舶的权利的法律》第五十三条所定给付的请求权的转付。对于无记名证券、票据或其他依背书而转让的证券上的债权设有船舶抵押权时,本条规定不适用于主债权的扣押。

(3)对于有最高额的船舶抵押权(《对于已登记的船舶和在建船舶的权利的法律》第七十五条),准用第八百三十七条第三款的规定。

第八百三十八条【动产质债权的转付】

将以动产上质权担保的债权转付时,在债权人就因违反债权人所负义务而产生的责任对质权设定人提供担保前,债务人可以拒绝交付质物给债权人。

第八百三十九条【因免除执行而转付】

依第七百一十一条第一句、第七百一十二条第一款第一句准许债务人提供担保或提存而免除执行时,对已扣押的金钱债权的转付,只能为收取而转付,并且只能发生使第三债务人将债款提存的效力。

第八百四十条【第三债务人的说明义务】

(1)第三债务人依债权人的要求,自送达扣押裁定起两周内,应向债权人说明下列各项:

1.第三债务人是否认为债权有理由而认诺,以及在何种限度内认诺,并且是否准备清偿;

2.关于该项债权,他人有无请求,有何种请求;

3.债权曾否为其他债权人扣押,因何种请求而扣押;

4.在过去十二个月内,是否有裁定说明被扣押存款所属的账户属于依据第八百五十条之十二不得被扣押的范围;

5.被扣押存款所属账户是否属于依据第八百五十条之十一第七款不得被扣押的范围。

(2)对此项说明的催告,应在送达证书中记载。第三债务人就不履行其义务而产生的损害应向债权人负赔偿责任。

(3)第三债务人的说明可以在扣押裁定送达时或第一款所定期间内

向执行员作出。在扣押证书送达时说明的,应将其说明记明于送达证书并由第三债务人署名。

第八百四十一条【诉讼告知的义务】

债权人就其债权已起诉时,负有向债务人作出审判上告知诉讼的义务,但应于外国送达或应为公示送达时不在此限。

第八百四十二条【因怠于收取的损害赔偿】

为收取而转付于债权人的债权,债权人怠于收取时,债权人对因此而产生的损害应向债务人负赔偿责任。

第八百四十三条【扣押债权人的舍弃】

债权人可以舍弃其因扣押和为收取而转付所产生的权利,而不妨害其请求权。舍弃应向债务人表示,并应送达于债务人。此项表示也应送达于第三债务人。

第八百四十四条【其他方式的换价】

(1)扣押的债权是附条件或附期间的债权,或因有对待给付或因其他原因而难于收取时,法院依申请可以不命转付而命令以其他方式进行换价。

(2)在裁定准许申请前,应讯问对方当事人,但应在外国送达或应为公示送达时不在此限。

第八百四十五条【预扣押】

(1)债权人在扣押前,可以根据有执行力的债务名义使执行员将即将实施扣押的通知送达于第三债务人与债务人,同时通知第三债务人不得向债务人支付,并通知债务人不得处分债权,尤其不得收取债权。如债权人将此事明白委托给执行员,执行员应自行作出通知。此时不必预行交付有执行力的正本,也不必送达债务名义。

(2)如在三周内对债权已实施扣押,对第三债务人的通知即有假扣押(第九十三条)的效力。此项期限自送达通知日起算。

第八百四十六条【交付请求权的强制执行】

以有体物的交付或给付为标的请求权的强制执行,除依照下列各条外,依第八百二十九条至第八百四十五条的规定实施。

第八百四十七条【动产上的交付请求权】

(1)扣押关于有体动产的请求权时,应命将物交付于债权人所委托的执行员。

(2)物的换价,适用关于扣押物的换价的规定。

第八百四十七条之一【船舶的交付请求权】

（1）扣押关于登记船舶的请求权时，应命将船舶交付于执行法院所选任的受托人。

（2）请求权是以所有权的移转为目的时，受托人在移转所有权时代理债务人。所有权移转于债务人时，债权人就其债权取得船舶抵押权。受托人应同意将船舶抵押权登记于船舶登记簿。

（3）对船舶的强制执行，依照适用于对不动产的强制执行的规定而实施。

（4）请求权是关于在造船登记簿中登记的或可以登记的建造中的船舶时，准用以上的规定。

第八百四十八条【不动产的交付请求权】

（1）扣押关于不动产的请求权时，应命将物交付于不动产所在地的初级法院依债权人的申请所选任的保管人。

（2）请求权是以所有权的移转为目的时，移转的合意由作为债务人的代理人的保管人表示。所有权移转于债务人时，债权人就其债权取得担保抵押权。保管人应同意将担保抵押权予以登记。

（3）对交付的不动产的强制执行，依照适用于对不动产的强制执行的规定而实施。

第八百四十九条【不准转付】

对于第八百四十六条规定的请求权，不得发转付命令。

第八百五十条【对劳动所得的扣押保护】

（1）以金钱支付的劳动所得，只能依照第八百五十条之一至第八百五十条之九的规定扣押。

（2）本条所规定的劳动所得是：公务员的职务上的薪金与补助薪金、劳动工资与劳务工资、退职金以及与之类似的暂时或永久脱离劳务关系或劳动关系后所得的持续的收入、遗属补助费，以及其他一切种类的服务报酬，凡债务人以其营利行为而可以请求其全部或主要部分的，都包括在内。

（3）下列各项收入，如系以金钱支付的，也是劳动所得：

1.受雇者在其劳务关系结束后的期间作为限制竞争的补偿所能请求的收入；

2.保险契约如系为扶养保险契约当事人或其应受扶养的家属而订立的，根据保险而得到的定期金。

（4）扣押以金钱支付的劳动所得时，包括债务人从劳动关系与劳务关系中得到的一切报酬,不管其名称或计算方式如何。

第八百五十条之一【绝对不得扣押的收入】

下列各种请求权,不得扣押:

1.劳动所得中,对加班加点劳动所得的部分的半数;

2.休假期间超出劳动所得而发给的收入,因营业上的特别成绩而发给的报酬费以及慰劳费,以其未超过通常范围的为限;

3.支出补偿费、补助费与其他对在外国工作者的补贴,对自己提供的劳动材料的补偿,危险津贴、场地污染津贴与困难作业津贴,以其未超过通常范围的为限;

4.圣诞节报酬,数额以一个月劳动所得的半数为限,最高不超过 500 欧元;

5.结婚补助费与生产补助费,以所执行的是因结婚与生产以外的原因所发生的请求权为限;

6.教育基金、奖学金与类似的收入;

7.由劳动关系或劳务关系而产生的丧葬费与抚恤金;

8.盲人津贴。

第八百五十条之二【有条件的不得扣押的收入】

(1)下列各种请求权,也不得扣押:

1.因身体或健康受到侵害而得到的定期金;

2.根据法律规定的扶养定期金,以及因丧失此项债权而设立的定期金;

3.债务人从一个基金会得到的,或由于其他的救助和第三人的慈善而得到的,或由养老产业、养老契约得到的继续性收入;

4.专门或其主要部分是为救助目的而付与的,从寡妇金库、孤儿金库、救助金库与疾病金库中得来的收入,以及仅限于保险契约当事人死亡时终止的生命保险的请求权而其保险金额不超过 3579 欧元的部分。

(2)以上各项收入,只在对债务人的其他动产执行不能完全满足债权人,或显然可以预见不能完全满足时,并且按照情况,特别是按照可以收取的请求权的种类与收入的数额,扣押合乎公平时,可以依照适用于劳动所得的规定,予以扣押。

(3)执行法院在裁判前应讯问利害关系人。

第八百五十条之三【不得扣押的范围】

(1)劳动所得,按其一个支付期间的数额,按月支付时不超过 930 欧元,按周支付时不超过217.5欧元,或按日支付时不超过43.5欧元时,不得扣押。债务人根据法律上的义务,需要扶养其配偶一人、前配偶一人、同居伴侣一人、前同居伴侣一人、亲属一人,或依《民法典》第一千六百一十五条之十二①、第一千六百一十五条之十四②应扶养父母一方时,其劳动所得中不得扣押的数额提高为:每月 2060 欧元,每周 478.5 欧元,每日 96.5 欧元。而对于受扶养的第一个人,劳动所得中不得扣押的数额为每月 350 欧元,每周 81 欧元,每天 17 欧元;自第二个人至第五个人,每人每月为 195 欧元,每周为 45 欧元,每日为 9 欧元。

(2)劳动所得超过上述数额,直到第一款中依受扶养人数计算的不得扣押的最高额,其超出部分的数额,如债务人没有第一款中的受扶养人时,其中十分之三不得扣押,如有一名受扶养人时,不得扣押部分再加十分之二,自第二名至第五名受扶养人,每人再加十分之一。劳动所得中每月超过 2851 欧元(每周 657 欧元,每日 131.58 欧元)的部分,在计算不得扣押的数额时,不予考虑。

(2A)根据第一款和第二款第二句的规定不得扣押的数额,每隔一年,在 7 月 1 日进行修改,第一次修改日为 2003 年 7 月 1 日;修改的数额应基于《所得税法》第一卷第三十二条之一第一款规定的基本个人免税额相比于前次修改时的百分比变化,以及《所得税法》第一卷第三十二条之一第一款的规定在修改年 1 月 1 日的版本作出。联邦司法部应在联邦法律公报上及时公布相关数据。

---

① 《民法典》第一千六百一十五条之十二规定了因出生而发生的母亲和父亲的扶养请求权:"(1)父亲必须就子女出生前六周和出生后八周的时段,向母亲给予扶养费。前句的规定也适用于在该时段以外因怀孕或分娩而发生的费用。(2)以母亲不从业是因为怀孕或由于怀孕或分娩所引起的疾病而不能从业为限,父亲有义务在第一款第一句所规定的期间以外向母亲给予扶养费。因照料或教育子女而不能期待母亲从业的,亦同。扶养义务最早在子女出生前四个月开始,并在出生后至少存在三年。只要扶养义务的延长合乎公平,并以此为限,就予以延长。在此情形下,尤需考虑子女的利益和照管子女的现有可能性。(3)关于血亲之间扶养义务的规定必须予以准用。父亲的义务优先于母亲的血亲的义务。准用第一千六百一十三条第二款。该项请求权不在父亲死亡时消灭。(4)父亲照管子女的,父亲依第二款第二句对母亲享有请求权。在此情形下,准用第三款。"

② 《民法典》第一千六百一十五条之十四规定:"在父亲死亡或为死产的情形下,不消灭母亲和父亲的扶养请求权,以及母亲的丧葬费用请求权","即使父亲在子女出生前已死亡,或子女的出生系死产,第一千六百一十五条之十二、之十三所规定的请求权也存在。在流产的情形下,准用第一千六百一十五条之十二、之十三的规定。"

（3）计算劳动所得中依第二款不得扣押的部分时,依情况扣除依第二款第二句可以扣押的数额(按照本法附表所列)后,劳动所得的数额中,在按月付款时,不足 10 欧元的部分,在按周付款时,不足 2.5 欧元的部分,在按日付款时,不足 0.5 欧元的部分,不予计算。在扣押裁定中引用附表即可。

（4）依法律受债务人扶养的人自己也有收入时,执行法院依债权人的申请,可以在公平衡量后决定,在计算劳动所得中不得扣押的部分时,对此人全部或部分地不予考虑;如对此人部分地予以考虑时,不适用第三款第二句的规定。

第八百五十条之四【扶养请求权的扣押】

（1）对于依法属于亲属、配偶或前配偶、同居伴侣或前同居伴侣的扶养请求权,或依《民法典》第一千六百一十五条之十二、第一千六百一十五条之十四①属于父母一方的扶养请求权实施强制执行时,对劳动所得与第八百五十条之一第一项、第二项与第四项中的收入,可以不受第八百五十条之三的限制,予以扣押。但债务人自己必要的扶养费,为履行对先于债权人的权利者的到期的法律上的扶养义务的费用,以及为平等满足与债权人同顺位的权利者所要的费用,应当给债务人保留;第八百五十条之一第一项、第二项与第四项的收入中,依第八百五十条之一不得扣押的数额至少应有半数留给债务人。这样在劳动所得中留给债务人的部分,不得超过依第八百五十条之三的规定对于无优先权的债权人而留给债务人的数额。对于在申请扣押裁定一年前到期的欠款的扣押,如按情况可以认为并非债务人故意规避其支付义务时,不适用本款的规定。

（2）第一款的权利者有数人时,依《民法典》第一千六百零九条②和《同居伴侣法》第十六条的规定确定请求权,至于同样的权利者有数人时,其顺位相同。

---

① 参见第八百五十条之三的注释。

② 《民法典》第一千六百零九条规定了两个以上受扶养权人的顺位:"有两个以上受扶养权人,且扶养义务人不能向所有受扶养权人给予扶养费的,适用下列顺位:1.未成年的未婚子女和第一千六百零三条第二款第二句规定的子女;2.因照顾子女有受扶养权的父母,以及配偶和在存续时间长久的婚姻的情形下的离婚配偶;在确定存续时间长久的婚姻时,第一千五百七十八条之二第一款第二句和第三句规定的不利也必须予以考虑;3.不在第二项之列的配偶和离婚配偶;4.不在第一项之列的子女;5.孙子女、外孙子女和其他晚辈直系血亲;6.父母;7.其他辈分高的直系血亲;在其他辈分高的直系血亲之间,较近亲等者优先于较远亲等者者。"

（3）对第一款所列请求权以及因侵害身体或健康所支付的定期金实施强制执行时，在扣押已到期的请求权的同时，对于根据当时每次到期的请求权而生的将来到期的劳动所得，也可以实施扣押或转付。

第八百五十条之五【可以扣押的劳动所得的计算】

可以扣押的劳动所得，按下列方法计算：

1.依第八十五条之一免予扣押的收入，以及债务人根据税法及社会法的规定履行法律上的义务而应直接支付的款项，不予计算。债务人依社会保险法的规定以及在通常范围内的向赔偿金库或向私营疾病保险业支付的已到支付期的款项，也不予计算。

2.有数笔劳动所得时，由执行法院申请在扣押时合并计算。不得扣押的基数应当首先从构成债务人的主要基本生活费的劳动所得中扣除。

2A.按照《社会法典》继续给付的金钱请求权，依申请与劳动所得合并计算，但以这些请求权是可以扣押的为限。不得扣除的基数应当首先从按《社会法典》继续支付的金钱请求权中扣除，但以扣押不是由于法定扶养请求权而实施的为限。对子女的金钱给付请求权，只在其依《所得税法》第七十四条或《社会法典》第一卷第五十四条第五款可以扣押时，才能与劳动所得合并计算。

3.债务人在收受的金钱所得之外，还取得实物给付时，金钱给付与实物给付合并计算。在此种情况，如果依第八百五十条之三总所得中不得扣押的部分等于留给债务人的实物给付的价值时，以金钱支付的款项可以扣押。

4.对第八百五十条之四中的请求权所实施的扣押、让与或其他处分与其他请求权所实施的扣押竞合时，首先以依第八百五十条之四在扩大范围内受到扣押的部分的劳动所得充当扶养请求权进行结算。此种结算由执行法院依利害关系人的申请作出。第三债务人对于他在未收到执行法院的裁判的送达时，按其所知道的扣押裁定的内容而进行的让与或其他处分不负责任。

第八百五十条之六【不得扣押的数额的变更】[①]

（1）债务人的劳动所得中，除依第八百五十条之三、第八百五十条之

---

① 本条规定了不同情况下对不得扣押的数额进行灵活的确定。第一款规定了在一定情况下，可以对债务人的特殊困难加以照顾，多为其保留一些不得扣押的财产。债务人个人的特别需要，例如债务人大病之后恢复健康所需要的特别营养费；债务人职业的特别需要，例如债务人因从事某种职业上的研究工作而有特别支出等情况。这种考虑还应当包括对债权人利益的考量，以不违反债权人的重大要求为限。第二款的规定考虑到故意侵害他人情况恶劣，因此准许加重加害人的责任。第三款是对于经济上负担能力强的人，准许增加其负担。

四与第八百五十条之九所规定的可以扣押的部分外,执行法院依申请还可以再给债务人保留一部分:

1.债务人证明,按照本法附表(第八百五十条之三)所列免除扣押的范围进行计算后,其所得已不足依《社会法典》第十二卷第三章和第十一章及第二册第三章第二部分所定的他本人的生活费用及他应扶养的人的生活费用;

2.债务人个人或职业上有特别需要;

3.按债务人的法定扶养义务的范围,特别是按受扶养的人数有特别需要;

上述三项以不违反债权人的重大要求为限。

(2)对债权强制执行时,如债权是因故意的侵权行为发生的,执行法院依债权人的申请,可以不考虑第八百五十条之三所定的限制,而确定债务人劳动所得中可以执行的部分;但仍应给债务人留下他自己必要的生活费以及他履行法定扶养义务的费用。

(3)强制执行是对第二款所定的与第八百五十条之四所定的债权以外的债权实施时,如果债务人的劳动所得总计超过每月 2815 欧元(每周 641 欧元,每日 123.5 欧元)时,执行法院依债权人的申请,可以超出第八百五十条之三所定可以扣押的数额,考虑债权人和债务人的利益,依自由裁量确定可以扣押的数额。但仍应至少将每月 2815 欧元的劳动所得(每周 641 欧元,每日 123.5 欧元)中按第八百五十条之三所定的部分留给债务人。第一句和第二句规定的数额应依据第八百五十条之三第二款的规定,每隔一年,在 7 月 1 日进行修改,第一次修改日为 2003 年 7 月 1 日。联邦司法部应在联邦法律公报上及时公布相关数据。

第八百五十条之七【不得扣押要件的变更】

决定劳动所得的不得扣押部分的要件有所改变时,执行法院应依债务人或债权人的申请,对扣押裁定作相应的变更。债务人对之有法定扶养义务的第三人也有权提出申请。第三债务人对于他在未收到变更裁定的送达时,按照原来的扣押裁定的内容所作出的给付不负责任。

第八百五十条之八【隐蔽的劳动所得】

(1)受领债务人所给付的劳动或劳务的人(受领人),对第三人负有给付义务,如依具体情况,该项给付的全部或部分可以认为是对债务人给付报酬时,第三权利人的请求权,在该项请求权属于债务人的限度内,可以根据对债务人的债务名义,予以扣押。对于债务人的报酬请求权当然包括第三权利人的请求权。扣押裁定应对债务人送达,同样也应对第三权利人送达。

(2)如债务人为第三人提供连续的劳动或劳务,不取报酬或只取极低的报酬,而此项劳动或劳务,按其种类和多少,通常是有报酬的,则在债权人对于劳动与劳务的受领人的关系上,视为存在适当的报酬义务。在审查具备此项要件与否并且量定报酬额时,应考虑具体事件的全部情况,特别是所给付的劳动与劳务的种类,劳务权利人与劳务义务人之间的亲属关系与其他关系,以及劳务权利人的给付能力。

第八百五十条之九 【不得扣押的其他报酬】

(1)对于为债务人所提供的劳动或劳务支付不定期的报酬,或其他非职业收入的报酬予以扣押时,如果债务人的劳动所得是由本期劳动或劳务工资组成,法院依申请可以自由裁量,将在适当期间内的债务人必要的费用留给债务人。裁判时应对于债务人的经济情况,特别是债务人可能得到的其他收入,予以自由评价。债务人的申请如与债权人的重大利益违反时,应在违反的限度内予以驳回。

(2)1951 年 3 月 14 日《家内劳动法》第二十七条的规定不受影响。

(3)关于一定种类的请求权的扣押,保险法规,救助法规与其他法规的规定不受影响。

第八百五十条之十一 【对保护账户的扣押】①

(1)对存入金融机构的债务人保护账户中的存款进行扣押时,债务人可以处分存款中等于第八百五十条之三第一款第一句和第二 A 款规定的每月不得扣押数额的部分;对该部分款项不得予以扣押。第一句所指的存款包括所有在第八百三十五条第四款规定的期间届满前不得向债权人支付或提存的存款。在各月中,债务人没有以第一句中规定的方式处分存款的,除第一句规定的不予扣押的存款外,未处分的存款在下个月中亦不得予以扣押。如果存款存入债务人被扣押的流通账户②中,且法院转付裁定送达之日起满四周前,该流通账户转为保护账户,则准用第一句至第三句的规定。

---

① 本条及第八百五十条之十二系由 2009 年 4 月 24 日颁布的《财产扣押保护改革法》转化而来,修改前本条对债务人保护的规定与债务人收入种类有关,规定较为复杂,修改后的保护账户规定较为明确。

② 流通账户,又称转账账户,通常无利息,或利息较低。主要用于处理流动资金的转账业务,如房租、工资、购物,可以设置定期或不定期的自动缴费功能。

（2）在其他任何情况下，存款扣押应被视作符合下列不予扣押的限制，第一款规定的不得扣押的数额予以增加：

1.第八百五十条之三第一款第一句和第八百五十条之三第二Ａ款所定款项，如果：

A.债务人根据法律上的义务，需要扶养一人或几人的；

B.债务人依据《社会法典》第二卷或第十二卷的规定获取的金钱补贴，系因《社会法典》第二卷第七条第三款或第十九条、第二十条、第三十六条第一句或第四十三条规定的与其共同居住的人而获取的，且债务人对上述共同居住人没有法律上的义务需要支付扶养费；

2.《社会法典》第一卷第五十四条第二款规定的一次性金钱补贴，以及《社会法典》第一卷第五十三条之三第三款规定的因身体或健康受到侵害而获取的金钱收益；

3.子女津贴或其他与子女有关的津贴，除非是因关于谁有权获得津贴或谁可能获得津贴的子女扶养费用请求权而产生的扣押。

上述款项，准用第一款第三句的规定。

（3）如果存款依据第八百五十条之四中规定的请求权而被扣押，则执行法院在扣押裁定中不予扣押的金额应当代替第一款和第二款第一句第一项中规定的不予扣押的金额。

（4）执行法院可以依申请在第一款、第二款第一句第一项和第三款规定的范围之外决定不予扣押的金额。第八百五十条之一至第八百五十条之三，第八百五十条之四第一款和第二款，第八百五十条之五至第八百五十条之七，第八百五十条之九，第八百五十一条之三，第八百五十一条之四的规定，《社会法典》第一卷第五十四条第二款、第三款第一项至第三项、第四款和第五款，第十二卷第十七条第一款第二句的规定，《所得税法》第七十六条的规定于此准用。在其他情况下，执行法院有权作出第七百三十二条第二款所规定的命令。

（5）金融机构有义务向债务人就第一款和第三款规定的不予扣押的存款履行合同条款。上述规定不适用于根据第二款的规定不予扣押的金额，除非债务人提交雇主、支付子女津贴的机构、支付社会救济金的机关或者《破产法》第三百零五条第一款第一项规定的适格人员或机关的证明材料，证明存款是不予扣押的。证明不准确的，金融机构对债务人作出的并非基于故意或重大过失的行为可以撤回。如果债务人无法提供第二句规定的证明，执行法院依申请确定第二款规定的金额。第一句至第四句的规定适用于提存金。

（6）根据《社会法典》获得的金钱补贴或子女津贴存入保护账户的，自该笔金额划入账户之日起满十四日，金融机构可以主张或抵销该期间内由该笔存款产生的因账户管理费用或因收款人处分账户而享有的请求权。对其后的存款余额，如果收款人证明或者金融机构以其他方式得知存入的金额是《社会法典》规定的金钱补贴或子女津贴，自本款第一句规定的金额划入账户之日起满十四日的，金融机构无权以金额不足为由拒绝实施支付命令。

（7）已就流通账户进行约定的，是自然人的存款人或其法定代理人可以与金融机构约定将流通账户作为受保护账户管理。存款人可以在任何时候要求金融机构将流通账户作为保护账户管理。流通账户存款被扣押的，债务人可以要求自其作出要求之日起满四个银行工作日后将该流通账户作为保护账户。

（8）每个人只能主张一个保护账户。存款人应在合同条款中向金融机构保证，存款人没有其他保护账户。金融机构可以通知信用部门其正在管理存款人的保护账户。信用部门不得使用该信息，除非是为金融机构提供信息，以查询第二句中保证的真实性，确定存款人是否已有保护账户。除为实现第四句中规定的目的外，信息不得收集、处理、使用，即便存款人同意。

（9）如果债务人违反第八款第一句的规定，使用数个流通账户作为保护账户的，执行法院依债权人申请，裁定债权人在申请中载明的流通账户为唯一保护账户。债权人应通过提交第三债务人的声明向法院证明存在第一句中规定的情况。金融机构管理的账户未被确定为保护账户的，自裁定送达上述机构起，第一款至第六款中规定的效力终止。

第八百五十条之十二【对划入保护账户的不予扣押金额作出裁判】

如果债务人证明在其提交申请的六个月前，划入保护账户的大部分金额属于不予扣押金额，且在未来十二个月内划入该账户的大部分金额亦属于不予扣押的金额，则执行法院可以依该申请决定对保护账户的存款在十二个月内不予扣押。如果该决定将损害债权人的重要利益，法院可以拒绝债务人的申请。如果作出决定的前提条件不复存在，或决定损害债权人的重要利益，法院可以依申请撤销决定。

第八百五十一条【不得转让的债权】

（1）没有特别规定时，债权以可以转让的为限，可以扣押。

（2）依《民法典》第三百九十九条①不得转让的债权，以债务标的物是可以扣押的为限，可以扣押并且可以为收取而转付。

第八百五十一条之一【对农户的扣押保护】

（1）经营农业的债务人因出售农产品而生的债权被扣押时，如该项收入为供给债务人自己、其家庭与其受雇人的生活，或为维持其正常经营所不可少的，执行法院依债务人的申请，可以撤销其扣押。

（2）第一款所定撤销强制执行的要件如显然具备时，应不予扣押。

第八百五十一条之二【对租金的扣押保护】

（1）使用租金与用益租金被扣押时，如此项收入为债务人当时维护土地、为实施必要的修理作业、为因对土地的强制执行而满足债权人在《强制拍卖与强制管理法》第十条中的请求权所不可少的，执行法院可以依债务人的申请，撤销其扣押。来源于使用租金与用益租金并为上述目的之用的现金与存款如被扣押时，亦同。

（2）申请没有在两周内提出，且执行法院认为债务人系故意拖延程序或基于重大过失没有及时提出申请的，法院对申请不加审查地予以驳回。期间从扣押时开始计算。

（3）第一款规定的裁判可以多次作出，裁判可以依申请根据实际情况作出撤销或修改。

（4）只要不会造成重大延迟，则在第一款和第三款规定的决定作出前，应当听取债权人的观点。作出决定依据的相关事实应当向法院证实。如果第一款规定的撤销强制执行的条件明显得到满足，则不予扣押。

第八百五十一条之三【对养老金的扣押保护】

（1）基于协议获得的支付请求权只在下列情况下视为职务收入予以扣押：

1.六十岁以后或丧失职业能力后的终身定期给付；

2.基于协议的请求权不得处分；

3.不得确定第三人为受益人，除非是遗属或受益人；

4.不允许一次性支付，死亡抚恤金除外。

（2）为确保债务人能够拥有适当的退休保障，其可以基于第一款中规

---

① 《民法典》第三百九十九条规定了在内容变更或有约定的情形下排除让与："不变更债权的内容就不能向原债权人以外的人进行给付，或让与被与债务人的约定所排除的，债权不得被转让。"

定的合同确定一个总额不超过 256000 欧元的不予扣押的金额,计算金额应符合其年龄情况并考虑资本市场的发展情况、金融风险,以及不予扣押的额度。债务人按下述标准计算,十八岁至二十九岁每年 2000 欧元,三十岁至三十九岁每年 4000 欧元,四十岁至四十七岁每年 4500 欧元,四十八岁至五十三岁每年 6000 欧元,五十四岁至五十九岁每年 8000 欧元,六十岁至六十七岁每年 9000 欧元。退保金额超过不予扣押金额的,剩余金额的十分之三不予扣押。退保金额超过第一句规定的金额三倍的,不适用第一句的规定。

(3)第八百五十条之五第二项和第二项 A 的规定于此准用。

第八百五十一条之四【对退休资产税额减免补贴的扣押保护】

从退休资产中按月支付养老金的,或按月履行《养老合同认证法》第四卷第一条第一款第一句规定的提款计划的,由税额减免补贴的资产如果是职务收入的,可以扣押。

第八百五十二条【特留份请求权与赠与人请求权的扣押】

(1)特留份请求权,非经以契约承认后或已有诉讼系属后,不得扣押。

(2)赠与人依《民法典》第五百二十八条①所有的赠与物返还请求权,以及配偶一方在平衡所得时的请求权,亦同。

第八百五十三条【同一债权的多次扣押】

金钱债权为多数债权人而扣押时,第三债务人有权将送达他的裁定交付于最先送达裁定给他的初级法院,向之报明情况,而将债务额提存,如经受债权的转付的债权人要求时,第三债务人有义务为上述行为。

第八百五十四条【动产上请求权的多次扣押】

(1)有体动产上的请求权为多数债权人而扣押时,第三债务人有权将送达他的裁定交付于依最先送达他的裁定有权受领该动产的执行员,向之报明情况,而将动产交付于该执行员,如经受债权的转付的债权人要求时,第三债务人有义务为上述行为。如债权人未指定执行员时,动产交付

---

① 《民法典》第五百二十八条规定了因赠与人变穷而请求的返还:"(1)只要赠与人在执行赠与后不能维持其适当生计,且不能履行其对血亲、配偶、生活伴侣或原配偶、原生活伴侣在法律上所担负的扶养义务,赠与人就可以依关于返还不当得利的规定向受赠人请求返还所赠与的财产。受赠人可以因支付对于扶养为必要的金额而免于返还。受赠人的义务准用第七百六十条的规定以及第一千六百一十三条关于血亲的扶养义务的规定,在赠与人死亡的情形下,也准用第一千六百一十五条的规定。(2)在两个以上受赠人之间,仅在后受赠人不负义务的限度内,前受赠人才负责任。"

地的初级法院依第三债务人的申请指定执行员。

（2）动产的卖得价金不足以清偿债务,如经为其债权而实施第二次扣押或以后的扣押的债权人要求,不需其他有关债权人同意,不依扣押顺序而进行分配时,执行员应在卖得价金提存后将情况报告于最先送达裁定于第三债务人的初级法院。报告时应附有关的文书。

（3）如扣押同时为数债权人而实施时,其程序与此相同。

第八百五十五条【不动产上请求权的多次扣押】

请求权是关于不动产的,第三债务人有权将送达他的裁定交付于不动产所在地的初级法院所选任的保管人或该法院依第三债务人的申请所选任的保管人,向之报明情况,而将不动产交付于该保管人,如经受债权的转付的债权人要求时,第三债务人有义务为上述行为。

第八百五十五条之一【船舶上请求权的多次扣押】

（1）请求权是关于已登记的船舶的,第三债务人有权将裁定交付于在最先送给他的裁定中所选任的受托人,向之报明情况,而将船舶交付于该受托人,如经受债权的转付的债权人要求时,第三债务人有义务为上述行为。

（2）请求权是关于已在造船登记簿中登记的建造中船舶的,或是关于可以在造船登记簿中登记的建造中船舶的,适用第一款的规定。

第八百五十六条【多次扣押诉】

（1）受请求权的转付的每一个债权人有权对第三债务人提起请求履行该债务人依第八百五十三条至第八百五十五条应负义务的诉讼。

（2）请求权是为各债务人而扣押时,各债权人不问诉讼程度如何,可以作为共同诉讼人而参加原告一方。

（3）第三债务人应申请受诉法院,在言词辩论期日传唤未提起诉讼也未参加原告方面的债权人。

（4）在诉讼中对于以诉提起的请求权所作出的裁判,对全体债权人发生效力。

（5）债权人在言词辩论期日未受传唤时,第三债务人不得对该债权人引用有利于己的裁判。

第八百五十七条【对其他财产权的强制执行】

（1）除以不动产为强制执行的标的者外,对其他财产权的强制执行,准用以上的规定。

（2）没有第三债务人时,禁止债务人对权利作出任何处分的命令送达于债务人,视为扣押已生效力。

(3)无特别规定时,不得让与的权利,在可以由他人行使的限度内可以扣押。

(4)在对可以由他人行使的不得让与的权利强制执行时,法院可以发出特别命令。特别是在对收益强制执行时,可以命令实施管理;在此种情形,如扣押没有提前在送达裁定时生效,即在将应收益之物交付于管理人时生效。

(5)权利本身是准许让与的,法院可以命令让与该项权利。

(6)对物上负担、土地债务或定期土地债务的强制执行,准用关于有抵押权的债权的强制执行的规定。

(7)第八百四十五条第一款第二句不适用。

第八百五十八条【对船舶股份的强制执行】

(1)对于船舶股份(《商法典》第四百八十九条以下)的强制执行,适用第八百五十七条的规定,但作以下调整。

(2)管理船舶登记簿的初级法院为有管辖权的执行法院。

(3)扣押应在船舶登记簿中登记;登记,根据扣押裁定作出。扣押裁定应选任船舶管理人;如在登记之前已将裁定送达于船舶管理人时,对于船舶管理人,扣押在送达时发生效力。

(4)扣押的船舶股份的换价,以让与的方式进行。要求发给让与命令的申请中应附所有船舶登记簿中关于船舶和船舶股份登记的部分的摘要;该项摘要不得为一周以前作出。

(5)根据船舶登记簿的摘要,船舶股份上存在有属于依船舶登记簿而追行债权的债权人以外的人的质权时,应命令将卖得金额提存。在此种情形,卖得金额依第八百七十三条至第八百八十二条的规定分配;在船舶股份上登记有质权的债权,依船舶登记簿的内容将之记入分配计划。

第八百五十九条【对共同共有的份额的扣押】

(1)对依《民法典》第七百零五条①组成的合伙的合伙财产中合伙人的份额,可以扣押。但合伙人在属于合伙财产的各个标的物中的份额,不得扣押。

(2)共同继承人在继承财产上的份额,与在属于继承财产的各个标的物上的份额,适用同样的规定。

---

① 参见第七百三十六条的注释。

第八百六十条【对共同共有的份额的扣押】

(1)在财产共同制中,配偶一方在共同财产中的份额以及在共同财产中各个标的物中的份额,不得扣押。在继续的财产共有制中,生存的配偶与直系卑亲属的份额,亦同。

(2)共同财产制结束后,共同财产中的份额,可以为对份额有权的人的利益而予以扣押。

第八百六十一条、第八百六十二条(废除)

第八百六十三条【对遗产收益的扣押限制】

(1)债务人为继承人,依《民法典》第二千三百三十八条①因设立后顺位继承人而受到限制时,对继承财产的收益,以该收益是债务人履行他对其配偶、前配偶、同居伴侣、前同居伴侣或其亲属的法定扶养义务,以及供他自己的适当的生活费所必要的为限,不得扣押。债务人依《民法典》第二千三百三十八条因选任遗嘱执行人而受到限制时,其对每年纯益的请求权,亦同。

(2)主张遗产债权人的请求权,或主张对后顺位继承人或对遗嘱执行人也有效的权利时,扣押可以不受限制。

(3)直系卑亲属对于继续共同财产制中共同财产的份额,依《民法典》第一千五百一十三条②第二款受到第一款规定的限制时,准用本条的规定。

---

① 《民法典》第二千三百三十八条规定了特留份的限制:"(1)晚辈直系血亲因挥霍或负债过度致使其日后的所得显著受到危害的,被继承人可以以如下指示限制该晚辈直系血亲的特留份权利:在该晚辈直系血亲死亡后,其法定继承人应作为后位继承人或后位受遗赠人,按他们的法定应继份的比例获得留下给晚辈直系血亲的遗产或归属于该晚辈直系血亲的特留份。被继承人也可以就该晚辈直系血亲的一生而托付遗嘱执行人管理;在此种情形下,该晚辈直系血亲享有对年纯收益的请求权。(2)第二千三百三十六条第一款至第三款的规定准用于此种指示。在继承开始时,该晚辈直系血亲已持久地停止挥霍,或构成指示原因的负债过度已不复存在的,这些指示不生效力。"

② 《民法典》第一千五百一十三条规定了夫妻财产制中应有部分的剥夺:"(1)配偶任何一方可以就延续的财产共同制在其死亡时开始的情形,以终意处分剥夺在延续的财产共同制终止后归属于一个享有应有部分权的晚辈直系血亲的共同财产应有部分,但以配偶该方有权剥夺该晚辈直系血亲的特留份为前提。准用第二千三百三十六条第二款和第三款的规定。(2)配偶该方依第二千三百三十八条有权限制晚辈直系血亲的特留份权利的,可以使该晚辈直系血亲在共同财产中的应有部分受相应的限制。"

外国民事诉讼法译丛

德国民事诉讼法

第三节　对不动产的强制执行

第八百六十四条【不动产执行的标的】

(1)对不动产的强制执行,除适用于土地外,适用于所有适用关于土地规定的权利、登记于船舶登记簿中的船舶、登记于造船登记簿或可以登记于造船登记簿中的建造中船舶。

(2)对于土地的一部分、第一款规定的权利、船舶或建造中船舶的各部分,只在该部分是共有人的份额时,或债务人的请求权是以该部分作为一部分而担负的权利为根据时,方可强制执行。

第八百六十五条【扣押所及的范围】

(1)对不动产的强制执行,关于土地与权利的情形,包括抵押权所及的标的物;关于船舶与建造中船舶的情形,包括船舶抵押权所及的标的物。

(2)前款所述标的物是从物时,不得扣押。在其他情形,如不能以对不动产实施强制执行的方式实施扣押时,可对之实施对动产的强制执行。

第八百六十六条【对土地的强制执行的种类】

(1)对土地强制执行,以登记债权上的担保抵押权、强制拍卖与强制管理的方式实施。

(2)债权人可以要求,只实施前款所述措施之一,或者并用几种措施。

(3)只有对于超过 750 欧元的款项,才能登记担保抵押权(第一款);利息如作为附属请求而提出时,不予考虑。根据同一债权人的数个债权名义,可以登记一个单一的担保抵押权。

第八百六十七条【强制抵押权】

(1)担保抵押权,依债权人的申请,登记于土地登记簿;此项登记应将有执行力的名义明确记载。抵押权经登记而成立。应由债务人负担的登记费用,也应由土地负担。

(2)在债务人的数块土地上设定抵押权时,应将债权数额分配于各个土地之上。各份的比重由债权人决定,对于各份,准用第八百六十六条第三款第一句的规定。

(3)通过强制拍卖以土地登记所记明的有执行力的名义得到满足即可。

第八百六十八条【所有人取得强制抵押权】

(1)应执行的裁判或其假执行被有执行力的裁判所撤销,或强制执行被宣告为不合法,或命令停止执行时,土地的所有人取得抵押权。

(2)法院以裁判命令暂时停止执行,同时撤销已实施的执行措施,或者为免除执行而提供已准许的担保或进行提存时,亦同。

第八百六十九条【强制拍卖与强制管理】

强制拍卖与强制管理,另以法律规定。[①]

第八百七十条【与土地同等的权利】

对于适用关于土地的规定的权利的强制执行,准用关于对土地强制执行的规定。

第八百七十条之一【对船舶或建造中船舶的强制执行】

(1)对于已登记的船舶,或已登记于造船登记簿或可以登记造船登记簿的建造中船舶的强制执行,以就债权登记船舶抵押权的方式或强制拍卖的方式实施。

(2)第八百六十六条第二款、第三款与第八百六十七条准用。

(3)应执行的裁判或其假执行被有执行力的裁判所撤销,或强制执行被宣告为不合法,或命令停止执行时,船舶抵押权即行消灭;此时适用1940年11月15日《对于已登记的船舶和在建船舶的权利的法律》第五十七条第三款的规定。法院以裁判命令暂时停止强制执行,同时撤销已实施的执行措施,或者为免除执行而提供已准许的担保或进行提存时,亦同。

第八百七十一条【关于铁路的州法】

如果各州法律规定,铁路或轻便铁路的所有人以外的人,根据自己的收益权而经营铁路时,对其收益权与供营业的标的物实施强制执行,属于对不动产的强制执行,而且州法中有其他与联邦法律不同的规定时,州法的规定保留其效力。

第四节　分配程序

第八百七十二条【要件】

在动产强制执行中,提存的金额不足以清偿有关债权人时,应进行分配。

第八百七十三条【债权的计算】

管辖法院(第八百二十七条、第八百五十三条、第八百五十四条)在收

---

① 即《强制拍卖与强制管理法》,具体内容参见本书附录三。

到有关事件的报告后,应即时催告有关债权人,在两周内提出债权的原本、利息、费用与其他附属债权的债权计算书。

第八百七十四条【分配计划】

(1)在两周期间届满后,法院应立即制作分配计划书。

(2)程序费用的数额,由总额中预先扣除。

(3)分配计划书完成前,不按法院催告办理的债权人的债权,依其陈报与其证据书状计算。对此计算,以后不得追补。

第八百七十五条【指定期日】

(1)法院应指定期日,对分配计划书加以说明并进行分配。分配计划书应当至少在期日前三天陈列于书记科,供关系人阅览。

(2)送达应于外国进行或应以公示送达进行时,不必传唤债务人于期日到场。

第八百七十六条【说明与分配的期日】

在期日内,对分配计划书没有提出异议的,即依计划书实施。如有异议的,有利害关系的各债权人应即时说明。如关系人认为异议有理由,或以其他方法取得协议时,即对分配计划书作相应的修改。对于异议如不能得出结果,只就无异议的部分进行分配。

第八百七十七条【迟误期日的结果】

(1)债权人既不在期日到场,又未在期日前向法院提出异议时,视为同意分配计划的实施。

(2)在期日不到场的债权人与另一债权人所提出的异议有利害关系时,视为不到场的债权人不承认该异议有理由。

第八百七十八条【分配异议之诉】

(1)声明异议的债权人应不待催告,在自该期日起的一个月期间内,向法院提出自己已向有关债权人提出诉讼的证明。过此期间而不起诉时,法院即不考虑该项异议而命令实施分配计划。

(2)对分配计划有异议的债权人有权对依分配计划受领款项的债权人以诉的方式主张优先权利,此项权利不因迟误期间与实施计划而受影响。

第八百七十九条【异议之诉的管辖】

(1)异议之诉应向分配法院提出,如诉讼标的不属初级法院管辖时,向分配法院所在地区的州法院提出。

(2)如按异议的内容以及在期日尚未解决的异议,州法院就一诉有管辖权时,即对所有的诉讼有管辖权,但有关债权人全体同意分配法院就所有异议裁判时不在此限。

第八百八十条【判决的内容】

对提出的一项异议所作的裁判应同时确定,总额中有争议部分的款项应向哪一债权人支付以及应付给的数额。如认为此种确定不适当时,应即时在判决中命令制作新的分配计划并进行另一分配程序。

第八百八十一条【缺席判决】

对于提出异议的债权人所作出的缺席判决应宣告,异议视为撤回。

第八百八十二条【判决后的程序】

分配法院应根据已宣告的判决,命令支付或进行其他分配程序。

第五节 对公法上法人的强制执行

第八百八十二条之一【对金钱债权的执行】

(1)根据金钱债权,对联邦或州进行强制执行时,以并非涉及物权者为限,应自债权人将其强制执行的意图向有代理债务人的权限的官厅陈报之日起,如强制执行是对另一官厅所管理的财产实施时,向主管的财政部长陈报的证明。在此种情形,如强制执行应由执行员实施时,执行员由执行法院依债权人的申请指定。

(2)债务人履行公共职务所不可少的物,或物的转让有悖于公共利益时,对该物不得强制执行。对具备此项要件与否有争议时,依第七百六十六条裁判。在裁判前应讯问主管部长。

(3)第一款与第二款的规定,适用于对公法上的社团、公益组织与公法上的基金会的强制执行,但第一款规定的官厅改为法定代理人。第一款与第二款规定的限制不适用于公法上的银行及信用社。

(4)(废除)

(5)关于假处分的执行,不必遵守第一款与第三款通知强制执行与遵守等待期间的规定。

第六节 债务人名簿

第八百八十二条之二【债务人名簿的内容】

(1)第八百八十二条之八第一款规定的中心执行法院应当记载(债务人名簿)下列人员:

1.执行员依据第八百八十二条之三的规定记入名簿的债务人;

2.执行机构依据《税法》第二百八十四条第九款的规定记入名簿的债务人;执行机构依据联邦法律或州法律的相同规定记入名簿的债务人;

3.破产法院依据《破产法》第二十六条第二款的规定记入名簿的债务人。

(2)债务人名簿应当载明下列各项:

1.债务人的姓、名、出生姓氏,债务人在在商业登记处登记的公司名称、登记编号;

2.债务人的出生日期和出生地;

3.债务人的住所地或注册地;

包括发生变化的个人资料。

(3)债务人名簿还应载明:

1.案件文号,负责强制执行或破产程序的法院或执行机构;

2.在第一款第一项规定的情形中,载明作出记入债务人名簿决定的日期,和第八百八十二条之三规定的记入名簿的理由;

3.在第一款第二项规定的情形中,载明作出记入债务人名簿决定的日期,和《税法》第二百八十四条第九款规定的理由或第一句第二项后半句所指法律中规定的理由;

4.在第一款第三项规定的情形中,载明作出记入债务人名簿决定的日期,以及对债务人资产开启破产程序的要求因资产不充足被驳回的决定。

第八百八十二条之三【将债务人记入债务人名簿的决定】

(1)主管执行员应当依职权将债务人记入债务人名簿,如果:

1.债务人没有履行提供财产报告的义务;

2.根据财产清单的内容,基于债权人申请到的或获取到的财产报告的执行明显不能实现对债权人的完全清偿;

3.债务人提供财产报告后一个月内,或被告知依据第八百零二条之四第一款第二句的规定交付财产清单后一个月内,债务人未能向执行员证实基于债权人申请到的或获取到的财产报告,债权人已得到完全清偿。依据第八百零二条之二的规定确定了支付计划且该计划尚未失效的,不适用上述规定。

(2)执行员应当简要地记载将债务人记入债务人名簿的理由。理由应当向债务人送达,除非债务人已经被口头告知,且该理由已被记入记录(第七百六十三条)。

(3)将债务人记入债务人名簿的决定应当载明第八百八十二条之二第二款和第三款规定的信息。执行员不掌握债务人名簿应包含的相关信息的,通过第七百五十五条第一款、第二款第一句第一项规定的机构或商业登记处获取上述信息。

第八百八十二条之四【将债务人登入债务人名簿的执行】

(1)对依第八百八十二条之三的规定作出的将债务人记入债务人名簿的决定,债务人可以自决定作出之日起两周内向主管执行法院提出异议。提出异议不中断记入的执行。第一句中规定的期间届满的,执行员应立即向第八百八十二条之八第一款规定的中心执行法院发送决定的电子件。中心执行法院安排将债务人记入债务人名簿。

(2)债务人提交申请的,执行法院暂缓将债务人记入债务人名簿。提交的执行决定的正本载明暂缓将债务人记入债务人名簿的,第八百八十二条之八第一款规定的中心执行法院停止将债务人记入债务人名簿。

(3)决定将债务人记入债务人名簿的,应告知债务人第一款和第二款中规定的救济方式。法院对救济作出裁定的,向第八百八十二条之八第一款规定的中心执行法院发送裁定的电子件。

第八百八十二条之五【注销】

(1)自决定将债务人记入债务人名簿之日起满三年的,第八百八十二条之八第一款规定的中心执行法院将记入注销。在第八百八十二条之二第一款第三项规定的情形下,注销期为法院拒绝请求的裁定发布之日起满五年。

(2)对根据第一款的规定进行的注销提出反对或拒绝的,由法院书记官作出决定。可以依据第五百七十三条的规定对该决定提出异议。

(3)在下列情况下,可以根据第八百八十二条之八第一款规定的中心执行法院的决定提前注销记入,此时不适用第一款的规定:

1.已向中心执行法院证明,债权人得到了完全的清偿;

2.将债务人记入债务人名簿的理由不存在或不复存在;

3.提交的执行决定的正本表明,将债务人记入债务人名簿的决定已被撤销或决定暂缓记入。

(4)如果第八百八十二条之八第一款规定的执行法院发现记入的内容自始存在错误,则书记官应当修改记入。债务人或第三人反对修改记入的,可以依据第五百七十三条的规定对该决定提出异议。

第八百八十二条之六【查看债务人名簿】

经证实需要第八百八十二条之二规定的信息的人,可以查看债务人名簿:

1.为强制执行的目的;

2.为履行法定的资信审查义务;

3.审查是否具备给予公共福利的条件;

4.为避免债务人不履行支付义务导致的经济不利;

5.为刑事诉讼和执行判决的目的;

6.为获取关于本人的记入信息。

使用信息只能基于其被提供的目的;目的实现的,信息应予以删除。信息提供给非公共机构的,应就上述规定作出提示。

第八百八十二条之七【发给复本】

(1)依申请,可以将债务人名簿制成打印文本发给关系人,也可传输仅供以机器读取的格式。在后一种情况中,适用各州司法机关关于数据传输的规定。

(2)复本发给:

1.工业与商业公会以及公法团体,依法隶属于其下的某一职业(公会);

2.申请人使用复本建立和更新非公共性、集中管理的债务人名簿;

3.许可申请人查看州债务人名簿的个人记入信息或发给申请人第五款中规定的表册仍然无法完全满足申请人合法利益的。

(3)复本应予以保密,不得提供给第三人。执行终结后,复本应立即销毁,信息不得再行查询。

(4)公会可将信息提供给其会员或其他公会的会员。其他复本的接收方可以在其业务范围内依法发给信息。第三款的规定于此准用。信息也可以在自动检索程序中使用,如果该程序有利于实现利害关系方的利益保护,及有权检索机构的业务目的。

(5)公会可以自行或委托第三方将复本集合成册;公会应对第三方执行任务加以监督。依申请,表册可发给有利害关系的公会成员。第二款第三项和第三款的规定于此准用。表册的收受者只能向依法或依合同被其代表利益的人提供信息。

(6)第八百八十二条之五第一款的规定准用于复本、表册,以及在处理复本、表册或关于债务人名簿的信息的过程中作出的有关记入债务人名簿的记录。提前注销的(第八百八十二条之五第三款),应在一个月内通知复本的接收人。复本接收人应当立即通知表册的其他接收人(第五款第二句)。应立即删除根据复本和表册作出的记录中相关的记入。新表册取代旧表册时,旧表册应立即予以销毁。

(7)在第二款第二项、第三项、第五款的情形,对非公共部门也适用《联邦资料保护法》第三十八条的规定,此时监督机构得对涉及个人资料的处理和使用进行监督。非公共部门从第二款规定的机构处获取信息的,适用上述规定。

(8)对下列事项,联邦司法部在得到联邦议院的批准后,有权发布法律性命令:

1.为第一款和第二款规定的使用复本及批准程序,第五款规定的使用表册制定规则;

2.规定依第四款第四句建立和安排自动检索系统的细节,特别是为实现资料保护的目的而将检索情况予以记录;

3.详细规定债务人名簿复本的发给和保管,表册的制作、使用和再发给,注销的通知与执行以及禁止发给表册,以便依法处理传送,防止不当使用并及时注销记入;

4.为在撤销批准时贯彻销毁和注销的义务而规定罚金;每次的罚金不得超过25000欧元。

第八百八十二条之八 【主管;债务人名簿的管理】

(1)债务人名簿由各州中心执行法院持有。通过连接各州数据库的中央查询网络可以查看债务人名簿的内容。各州可授权州主管机关收取和分配查询费用,并进行其他与查询相关的行政管理。

(2)州政府发布法律性命令,确定第一款中规定的中心执行法院。第八百零二条之十一第三款第二句、第三句的规定于此准用。州司法机关应对债务人名簿进行管理。

(3)联邦司法部,在得到联邦议院的批准后,有权发布法律性命令,对下述法规涉及形式和传输的内容规定细则:第八百八十二条之二第一款规定的记入决定,第八百八十二条之四第三款第二句规定的决定,第八百八十二条之二第一款第二项后半句规定的相似法律的规定,《税法》第二百八十四条第十款第二句的规定;有权对债务人名簿的内容以及查看债务人名簿的方式规定细则。法律性命令应确立适当的规则,以确保数据保护和数据安全。特别是确保数据:

1.不会在第一款规定的向中心执行法院传输的过程中,或在第二款第二句规定的向其他机构传输的过程中发生第三人的无权查看；

2.复制完整；

3.可以随时发给来源处；

4.只能由明确使用目的的注册用户检索,且每次检索均被记录,用户不当检索或使用数据造成权利滥用的,取消其查看数据的资格。

只能为第三句第四项规定的目的而使用用户的资料。

第三章　关于物的交付及作为不作为的强制执行

第八百八十三条【特定动产的交付】

(1)债务人应交付动产或一定数量的特定动产时,由执行员将物从债务人处取去并交与债权人。

(2)应交付的物不在时,债务人依债权人的申请,应作出保证记入记录以代宣誓,保证他并未占有该物,也不知悉物之所在。第八百零二条之五规定的适格执行员传唤债务人并安排代宣誓保证。第四百七十八条至第四百八十条、第四百八十三条、第八百零二条之六第四款、第八百零二条之七至第八百零二条之九、第八百零二条之十第一款和第二款的规定于此准用。

(3)法院可以根据情况改变代宣誓的保证。

(4)(废除)

第八百八十四条【代替物的给付】

债务人应给付一定数量的代替物或有价证券时,准用第八百八十三条第一款的规定。

第八百八十五条【土地与船舶的交付】

(1)债务人应交付、让与、迁出不动产或已登记的船舶或建造中船舶时,执行员应解除债务人的占有,并使债权人取得占有。执行员应要求债务人提供书状送达的地址,或指定授权受送达人。

(2)非强制执行标的的动产,应由执行员将之另行取出并交与债务人,如债务人不在时,交与债务人的代理人、其成年家属、佣人、共同居住人,或置于这些人的支配之下。

(3)如债务人和上述人均不在场,或拒不受领时,执行员以债务人的费用将第二款中规定的物运往质物寄存处或以其他的方法交付保管。保管中不能换价的动产应予毁弃。

（4）在迁出后一个月的期间内，债务人不赎回的，执行员可以将物出售而提存其卖得的款项。一个月的期间内债务人要求返还，但迁出后两个月的期间内未支付费用的，适用上述规定。第八百零六条、第八百一十四条和第八百一十七条的规定于此准用。不能换价的物应予毁弃。

（5）不得扣押的物与不能期待取得换价收入的物，依债务人的要求，应予以返还。

第八百八十五条之一【有限的执行委任】

（1）执行委任可以限定在第八百八十五条第一款规定的范围内。

（2）执行员应当对执行时所见的动产进行记录（第七百六十二条）。在记录中可以添加电子格式的图像。

（3）债权人可随时将非执行标的的动产移除，并使其得到保管。债权人可随时毁弃保管中不能换价的动产。在第一款和第二款规定的措施中，债权人仅对其故意或重大过失行为承担责任。

（4）债权人占有后一个月的期间内，如果债务人没有赎回，债权人可以将物换价。《民法典》第三百七十二条至三百八十条、第三百八十二条、第三百八十三条、第三百八十五条①的规定于此准用。无须告知物的拍卖。不能换价的物应予毁弃。

（5）不得扣押的物，不能期待取得换价收入的物，依债务人的要求，应予以返还。

（6）执行员在对迁出日进行告知时，应告知债权人和债务人第二款至第五款的规定。

（7）第三款至第四款的费用视为强制执行费用。

第八百八十六条【第三人保管的物的交付】

应交付的物由第三人保管时，依债权人的申请，按照关于金钱债权的扣押与转付的规定，将债务人的物的交付请求权转付于债权人。

第八百八十七条【可以代替的作为】

（1）债务人不履行某种行为，而此项作为是第三人可以实行的，第一

---

① 《民法典》第三百七十二条至第三百八十条分别规定了提存的要件，同时给付，提存地及通知义务，邮递时的溯及力，取回权，取回权的不可扣押性，在排除取回的情形下提存的效果，在不排除取回的情形下提存的效果，以及受领权证明。第三百八十二条及第三百八十三条分别规定了提存中债权人权利的消灭，以及不可提存物的拍卖。第三百八十五条规定了任意出卖。

审受诉法院依申请授权债权人,以债务人的费用实行。

(2)债权人可以同时申请,判令债务人预付实行该项作为的费用,如实行该项作为支出超额费用时,有权再次请求。

(3)本条规定不适用于对物的交付或给付的强制执行。

第八百八十八条【不可代替的作为】

(1)一种作为不能由第三人实行,而且是完全取决于债务人的意思时,第一审受诉法院依申请可以宣告,债务人如不实行该项作为时,将处以强制罚款;如仍不实行,将处以强制拘留。一次罚款的数额不得超过25000欧元。关于强制拘留,准用第二章中关于拘留的规定。

(2)不得以强制手段威吓。

(2)本条规定不适用于判令结婚、判令同居以及根据雇佣契约判令给付劳务的情形。

第八百八十八条之一【前两条的例外】

在第五百一十条之二的情形,判令被告支付损害赔偿时,不得依第八百八十七条与第八百八十八条的规定实施强制执行。

第八百八十九条【依民法的代宣誓保证】

(1)根据民法规定,判令债务人作出代宣誓保证时,债务人应在执行法院作出保证。执行法院为债务人在国内的住所所在地的初级法院,无住所时,为在国内的居所所在地的初级法院。否则,第一审受诉法院所在地的初级法院为执行法院。第四百七十八条至第四百八十条、第四百八十三条的规定于此准用。

(2)债务人未于作出代宣誓的期日到场时,或拒绝作出代宣誓的保证时,执行法院应依第八百八十八条的规定处理。

第八百九十条【对不作为与容忍的强制要求】

(1)债务人违反其不作为或容忍某种作为的义务时,第一审受诉法院应依债权人的申请因每一次违反行为对债务人处以违警罚款,如仍不遵行,处以六个月以下的违警拘留。一次违警罚款的数额不得超过25000欧元,违警拘留不得超过两年。

(2)在宣告义务的判决中如未对被告进行警诫时,第一审受诉法院应依申请在判处之前,预先进行相应的警诫。

(3)法院依债权人的申请,根据债务人以后所为违反义务的行为发生的损害,判令债务人在一定期间提供担保。

第八百九十一条【程序；讯问债务人】

依第八百八十七条至第八百九十条所作的裁判可以不经言词辩论作出。在裁判前应讯问债务人。关于费用的裁判，准用第九十一条至第九十三条、第九十五条至第一百条、第一百零六条、第一百零七条的规定。

第八百九十二条【债务人的抵抗】

债务人对于依第八百八十七条、第八百九十条的规定应当容忍的行为进行抵抗时，债权人为排除抵抗可以使执行员来查看，执行员应依第七百五十八条第三款与第七百五十九条的规定办理。

第八百九十二条之一（废除）

第八百九十三条【利益给付之诉】

(1)债权人请求给付利益的权利不因本章规定而受影响。

(2)债权人应以诉的方式向第一审受诉法院主张其给付利益的请求权。

第八百九十四条【拟制的意思表示】

债务人受到判决，应作出一定意思表示的，判决确定时视为已作出意思表示。意思表示需待作出对待给付时，依第七百二十六条、第七百三十条将确定判决的有执行力的正本交付时，发生效力。

第八百九十五条【假执行判决的意思表示】

债务人受到假执行判决应作出一定的意思表示以便据此在土地登记簿、船舶登记簿或造船登记簿中登记时，视为对于预先登记或异议登记已表示同意。如该项判决经有执行力的裁判撤销时，该项预先登记或异议登记均失效。

第八百九十六条【向债权人付与证书】

根据补充债务人的意思表示的判决，在公共簿册或登记簿中进行登记时，如果第七百九十二条中规定的证书为进行登记所必须，债权人可以代债务人请求付给此项证书。

第八百九十七条【移转或设定权利】

(1)判令债务人移转动产所有权或在动产上设定某种权利时，执行员为将动产付与债权人而取走该动产时，视为该动产已经交付。

(2)判令债务人设定抵押权、土地债务或定期土地债务，或判令债务人让与或负担抵押债权、土地债务或定期土地债务时，关于抵押权、土地债务或定期土地债务的证书的交付，也适用前款的规定。

第八百九十八条 【善意的取得】

依第八百九十四条、第八百九十七条而取得的权利,适用民法中为从无权利人处取得权利的人的利益所作的规定。

第四章 代宣誓的保证与拘留

第八百九十九条至第九百一十五条之八(废除)

第五章 假扣押与假处分

第九百一十六条 【假扣押请求权】

(1)为保全根据金钱债权或根据可以换成金钱债权的请求权对动产或不动产的强制执行,可以实行假扣押。

(2)请求权虽附有条件或附有期限,仍得实行假扣押,但附有条件的请求权,因条件成就的可能性甚微而无现在的财产价额的,不在此限。

第九百一十七条 【物的假扣押的理由】

(1)如不实行假扣押,判决即无法执行或极难执行时,方可实施对物的假扣押。

(2)判决必须在外国执行时,德国与该国没有相互保证的,即为有充足的假扣押理由。对船舶进行强制执行中的假扣押无须理由。

第九百一十八条 【限制债务人人身自由的理由】

只有在对债务人财产的强制执行受到危险,需要保全时,才能限制债务人的人身自由。

第九百一十九条 【假扣押法院】

关于假扣押命令,由审判本案的法院,以及假扣押标的物所在地的法院,或人身自由应受限制的人所在地的法院管辖。

第九百二十条 【假扣押的申请】

(1)申请假扣押,应提出请求权并说明其金额或以金钱计算的价额,并说明假扣押理由。

(2)对请求权与假扣押理由应予以说明。

(3)申请,可以向书记科说明,使之作成记录。

第九百二十一条 【对假扣押申请的裁判】

对对方当事人可能受到的损害提供担保的,即使就请求权或假扣押理由未能说明,法院也可以命令实行假扣押。即使对请求权和假扣押理由已经说明,法院可以命令于提供担保后实行假扣押。

第九百二十二条【假扣押判决与假扣押裁定】

(1)对假扣押申请的裁判,如经过言词辩论,则法院作出终局判决。否则作出裁定。命令假扣押的裁判需在国外主张的,裁判应附理由。

(2)命令假扣押的裁定,应由申请假扣押的当事人送达。

(3)驳回假扣押申请的裁定,或命令提供担保的裁定,不必通知对方当事人。

第九百二十三条【假扣押的免除】

在假扣押命令内,应记载债务人要求停止假扣押时以及债务人申请撤销已执行的假扣押时所应提存的金额。

第九百二十四条【异议】

(1)对于命令假扣押的裁定,可以提出异议。

(2)提出异议的当事人应在异议中陈述他提出撤销假扣押的理由。法院应依职权指定言词辩论期日。假扣押法院是初级法院时,异议应以书面形式向书记科提出,由其作成记录,并应说明请求撤销假扣押的理由。

(3)假扣押的执行并不因提出异议而停止。但法院可以依第七百零七条发暂时命令;此时不适用第七百零七条第一款第二句的规定。

第九百二十五条【对异议的裁判】

(1)提出异议后,应以终局判决对假扣押合法与否作出裁判。

(2)法院可以准许、变更或撤销假扣押的全部或一部分,也可于提供担保后准许、变更或撤销。

第九百二十六条【起诉命令】

(1)本案尚未系属时,假扣押法院应依申请,不经言词辩论,命令申请发给假扣押命令的当事人在规定期间内起诉。

(2)不遵从此项命令时,应依申请以终局判决宣布撤销假扣押。

第九百二十七条【因情况变更而撤销】

(1)即使在准许假扣押后,如果情况变更,特别是假扣押理由消灭,或申请提供担保时,也可以申请撤销假扣押。

(2)对前款申请的裁判,以终局判决作出;判决由命令假扣押的法院作出,本案已系属时,由本案法院作出。

第九百二十八条【假扣押的执行】

除以下各条另有规定外,对于假扣押的执行,准用关于强制执行的规定。

第九百二十九条【执行条款；执行期间】

（1）假扣押如对假扣押命令内所记载的债权人以外的人执行，或对假扣押命令内所记载的债务人以外的人执行时，必须有执行条款。

（2）自假执行命令宣告之日起，或命令送达于申请假扣押的当事人之日起，已逾一月的，不得再执行假扣押。

（3）执行假扣押，可以在将假扣押命令送达于债务人之前进行。但如在执行后已满一周时，或在前款所定期间已经届满时还未送达的，其执行不发生效力。

第九百三十条【对动产与债权的执行】

（1）对动产的假扣押，以扣押的方法实施。此种扣押，依与其他各种扣押相同的原则实施，并且发生具有第八百零四条所规定的效力的质权。扣押债权时，假扣押法院系有管辖权的执行法院。

（2）被扣押的金钱与在分配程序中归属于债权人的卖得金，应提存。

（3）有体动产明显有价额减少的危险时，或保管此项动产需要过多的费用时，执行法院可以依申请命令该项动产拍卖而提存其卖得金。

（4）对在途未入港的未登记的远洋船舶，不得实施假扣押。

第九百三十一条【对登记船舶的执行】

（1）对已登记的船舶或建造中船舶执行假扣押，除下列各款规定外，依对扣押动产的规定以扣押的方法实施。

（2）扣押后，在扣押的船舶与建造中船舶上发生质权；此种质权在与其他权利的关系上赋予债权人与船舶抵押权同样的权利。

（3）扣押由作为执行法院的假扣押法院依债权人的申请实施；法院应同时嘱托登记法院将保全假扣押质权的登记记入船舶登记簿与造船登记簿；如假扣押不实施时，登记失效。

（4）执行员在实施扣押时，应对船舶或建造中船舶予以监视或保管。

（5）执行假扣押时，如将船舶或建造中船舶强制拍卖，在此程序中所实施的船舶或建造中船舶的扣押视为第八百二十六条中的第一次扣押；扣押记录的副本应送交执行法院。

（6）假扣押质权应依债权人的申请登记于船舶登记簿或造船登记簿；第九百二十三条所确定的金额应记为船舶或建造中船舶所负担的最高额。此外，在无其他规定时，准用第八百六十七条与第八百七十条之一第三款的规定。

（7）对在途未入港的已登记的远洋船舶,不得实施假扣押。

第九百三十二条【假扣押抵押权】

（1）对于土地或对于适用关于土地的规定的权利执行假扣押,以登记债权上的担保抵押权的方式实施;依第九百二十三条确定的金额应记明为土地或权利所负担的最高额。《民法典》第一千一百七十九条之一或第一千一百七十九条之二①的请求权不属于债权人或土地登记簿中所登记的担保抵押权的债权人。

（2）其他事项,适用第八百六十六条第三款第一句与第八百六十七条第一款与第二款、第八百六十八条的规定。

（3）抵押权登记的申请,视为第九百二十九条第二款、第三款的规定的假扣押命令的执行。

第九百三十三条【限制债务人人身自由的执行】

限制债务人的人身自由,如用拘留的方法,依第八百零二条之七,第八百零二条之八,第八百零二条之十第一款、第二款的规定实施;如用其他限制人身自由的方法,依假扣押法院所发以拘留限制为标准的特别命令实施。拘留命令中,应记载依第九百二十三条确定的金额。

第九百三十四条【假扣押执行的撤销】

（1）如将假扣押命令中确定的金额提存,执行法院应立即撤销已执行的假扣押。

（2）如继续实施需要特殊的费用,而申请假扣押的当事人又不预交必要的款项时,执行法院可以命令撤销假扣押。

（3）本条所定各种裁判以裁定作出。

（4）对于撤销假扣押的裁定,可以提起即时抗告。

第九百三十五条【关于争议标的物的假处分】

如现状变更将使当事人的权利不能实现,或难于实现时,准许对于争议标的物实施假处分。

第九百三十六条【假扣押规定的适用】

除以下各条有特别规定外,关于假处分的命令与其他程序,准用关于假扣押命令与假扣押程序的规定。

---

① 该两条分别规定了在具有抵押权的情形下,在他人权利下的涂销请求权和在自己权利下的涂销请求权。

第九百三十七条【管辖法院】

（1）假处分，属于本案法院管辖。

（2）在急迫情形，以及在驳回发出假处分的申请时，可以不经言词辩论确定管辖。

第九百三十八条【假处分的内容】

（1）为达到假处分的目的所必要的命令，由法院依自由裁量决定。

（2）实施假处分，可以交付保管人保管，或命令对方当事人作出一定行为或禁止对方当事人作出一定行为，特别是禁止对土地、已登记的船舶或建造中船舶进行让与、设置负担或抵押。

第九百三十九条【提供担保后的撤销】

只有在特殊情形，可以提供担保而撤销假处分。

第九百四十条【规定暂时状态的假处分】

为避免重大损害或防止急迫的强暴行为，或因其他理由，对于有争议的法律关系，特别是继续的法律关系，有必要规定其暂时状态时可以实施假处分。

第九百四十条之一【迁出房屋】

（1）只有在他人非法干扰或危及生命健康时，才能以假处分命令迁出房屋。

（2）如果有执行力的搬迁令对承租人作出，且出租人在言词辩论终结后方知晓第三人占有房屋的，可以以假处分命令承租第三人迁出房屋。

（3）因付款迟延提起迁出房屋之诉的，如果被告在本案中没有履行法院关于提供担保的裁定（第二百八十三条之一），可以以假处分命令迁出房屋。

（4）在第二款和第三款规定的情形中，法院在作出搬迁令前应听取对方当事人的意见。

第九百四十一条【嘱托登记】

根据假处分应在土地登记簿、船舶登记簿或造船登记簿中登记时，法院有权嘱托土地登记机关或船舶登记机关进行登记。

第九百四十二条【争议标的物所在地初级法院的管辖权】

（1）在急迫情形，管辖争议标的物所在地的初级法院，可以命令实施假处分，同时命令申请人在一定期间内向管辖本案诉讼的法院申请传唤对方当事人，就应否实施假处分进行言词辩论。

（2）即使在非急迫的情形，管辖土地所在地的初级法院，管辖船舶的船籍港或船籍地、管辖建造中船舶的建造地的初级法院,可以发出假处分,准许在土地登记簿、船舶登记簿或造船登记簿上就其内容的正确性登记异议;船舶的船籍港不在国内时,此项假处分由汉堡初级法院发出。此时只有经对方当事人申请后,才能规定第一款中的期间。

(3)期间经过后而未起诉者,初级法院应依申请撤销假处分。

(4)初级法院依本条规定所作的裁判以裁定作出。

第九百四十三条【本案法院】

(1)本章各条所指的本案法院,系指第一审法院,如本案系属于控诉审时,系指控诉法院。

(2)第一百零九条所规定的命令,专属于本案现在系属的或曾经系属的法院管辖。

第九百四十四条【审判长在急迫情形时的裁判】

在急迫情形时,审判长可以代替法院就本章所定的申请作出裁判,但以不需言词辩论的裁判为限。

第九百四十五条【损害赔偿义务】

假扣押或假处分的命令经判明自始为不合法时,或者依第九百二十六条第二款或第九百四十二条第三款发出的命令被撤销时,请求发出命令的当事人,对于对方当事人因执行该命令而受到的损害,或因免除执行或撤销处分而提供担保发生的损害,负赔偿责任。

第九编　公示催告程序

第九百四十六条至第一千零二十四条(删除)①

第十编 仲裁程序

第一章 通则[①]

第一千零二十五条【适用范围】

（1）本编规定适用于依第一千零四十三条第一款的仲裁地在德国的仲裁程序。

（2）仲裁程序的地点在外国或者尚未确定的,第一千零三十二条、第一千零三十三条与第一千零五十条仍予以适用。

（3）仲裁程序的地点尚未确定的,如果被告或原告的所在地或居所地在德国时,德国法院即有权行使第一千零三十四条、第一千零三十五条、第一千零三十七条与第一千零三十八条所规定的法院的任务。

（4）关于外国仲裁裁决的承认与执行,适用第一千零六十一条至第一千零六十五条的规定。

第一千零二十六条【法院干预的范围】

对于第一千零二十五条至第一千零六十一条规定的事项,只有在本编有规定时,法院才能参与其活动。

第一千零二十七条【责问权的丧失】

对于本编中当事人可以不遵守的规定,或者仲裁程序中当事人约定的要件,当事人未遵守时,对于此种情形未立即提出责问或者未在规定期间内提出责问的,以后不得再主张责问。但当事人对此情形不知悉时除外。

第一千零二十八条【当事人地址不详时书面文件的接受】

（1）当事人一方或有权代为接受的人所在不明时,如双方当事人未另行约定,只要将书面文件以通常附回执的挂号方式,或以其他方式,送到收件人的已知的最后通讯地点或营业地点或居住地,即以其送到之日视

---

① 对于受德国法规制的仲裁程序,法律仅规定了较少的普遍性强制规则。除此之外,法律授权当事人自由地对程序规则进行约定。没有约定或约定不明确的,法律辅助性地规定了程序进程中几个重要的基本问题。如果法律也没有作出相关规定,则仲裁庭依据自由裁量决定程序。

为收到之日。

（2）前款规定不适用于司法程序中的通知。

第二章　仲裁协议

第一千零二十九条【仲裁协议】

（1）仲裁协议是当事人愿意将双方之间现已发生的或将来发生的属于合同的或非合同的一定的法律关系的全部或个别的争议提交仲裁庭裁判的协议。

（2）仲裁协议可以采用单独协议的形式（仲裁协议书），或者采用合同中的条款的形式（仲裁条款）。

第一千零三十条【可仲裁性】

（1）任何涉及经济利益的请求均可以成为仲裁协议的对象。如果仲裁协议是关于不涉及经济利益的请求，则其在当事人有权就争议问题达成和解协议的范围内具有法律效力。

（2）有关德国境内住宅租赁合同关系存在与否的争议的仲裁协议是无效的。但其涉及德国《民法典》第五百四十九条第二款第一项至第三项①所指的住宅种类除外。

（3）根据本编以外其他成文法的规定，某些争议不得提交仲裁或在特定情况下才能提交仲裁，此类规定不受本编影响。

第一千零三十一条【仲裁协议的形式】

（1）仲裁协议应包括在当事人签署的文件或交换的信件、电传、电报或其他可提供协议记录的电子文书交换中。

（2）如仲裁协议已包括在一方传递给另一方或第三方传递给双方的文件中，且各方在合理期限内并未就此提出异议，则其内容根据惯例将被视为合同的一部分，并被视为符合第一款规定的形式要件。

（3）如符合第一款或第二款的形式要件的合同中引用包含有仲裁条款的文件，而该引用是为了使仲裁条款成为合同的一部分，则该引用构成仲裁协议。

（4）（废除）

（5）如消费者是仲裁一方当事人，则仲裁协议应包括在当事人亲自签

---

①　参见第二十九条之一的注释。

署的文件之中。前句中提到的书面签署文件的形式也可以根据德国《民法典》第一百二十六条之一①的规定由电子签署文件的形式予以代替。除诉诸仲裁的协议外,此类书面签署的文件或电子签署的文件中不应包含有其他的协议,公证员对此文件进行公证的情形除外。

(6)参与仲裁程序并对争议实质问题进行讨论即弥补了仲裁协议形式要件上的任何缺陷。

第一千零三十二条【仲裁协议与诉讼】

(1)就仲裁协议的标的向法院提起诉讼,如被告在对争议实体予以聆讯之前提出异议,则法院应以不可受理为理由驳回起诉,除非法院认定仲裁协议是自始无效、后确认无效或者无法履行的。

(2)在仲裁庭组成之前,可以申请法院决定是否允许仲裁。

(3)提起本条第一款和第二款中所指诉讼或申请后,在法院对该问题未决的期间,仲裁程序仍然可以开始或继续,直至作出仲裁裁决。

第一千零三十三条【仲裁协议和法院采取的临时措施】

在仲裁程序开始前或进行之中,法院应当事人请求就仲裁标的采取临时保全措施,并不与仲裁协议相抵触。

第三章 仲裁庭的组成

第一千零三十四条【仲裁庭的组成】

(1)当事人可以自由决定仲裁员的人数。如无此类决定,仲裁员应为三人。

(2)在仲裁庭的组成上,如仲裁协议赋予一方当事人占优势的权利,使得另一方当事人居于不利的地位,则另一方当事人可以请求法院不依据已作出的提名或原已同意的提名程序委任仲裁员。该请求最迟应当在当事人得知仲裁庭组成资料后两周内向法院提出。第一千零三十二条第三款于此准用。

---

① 《民法典》第一百二十六条之一就文书的电子形式作出了规定:"(1)法定书面形式应由电子形式代替的,作出表示的人必须将其名字附加于该表示,并依《签名法》将合格的电子签名加到电子文件上。(2)在合同的情形下,双方当事人必须以第一款所规定的方式分别对内容相同的文件加以电子签名。"

第一千零三十五条 【仲裁员的指定】

(1)当事人可以自由就指定仲裁员的程序达成一致。

(2)除非当事人另有约定,在一方当事人指定仲裁员且该指定通知送达另一方当事人后,指定方应接受该仲裁员指定的约束。

(3)当事人如就仲裁员的指定未能达成一致,且不能就独任仲裁员的指定达成一致,则经一方当事人的请求,法院应当指定独任仲裁员。在三名仲裁员进行仲裁的情形下,每方当事人应各指定一名仲裁员,因此而获指定的两名仲裁员应委任第三名仲裁员作为仲裁庭的首席仲裁员。如一方在收到另一方要求其指定仲裁员之日起的一个月内未能指定仲裁员,或两名仲裁员无法在其获指确定后的一个月内就第三名仲裁员的委任达成一致,则经一方当事人请求,法院应指定此仲裁员。

(4)当事人如已约定委任程序,而一方当事人不按照约定的程序要求行事,或者如果当事人或两名仲裁员未能按照约定程序达成一致,或者第三名仲裁员不能履行按约定程序交付给他的职能,任何一方当事人可以请求法院采取必要的措施,除非当事人约定的指定程序中已就保证指定有所规定。

(5)法院在指定仲裁员的时候,应注意当事人的协议中对仲裁员资格的要求,以及其他确保指定独立公正的仲裁员的因素。在指定独任仲裁员或首席仲裁员的情形下,法院应当同时考虑指定当事人国籍以外其他国籍的仲裁员的适当性。

第一千零三十六条 【仲裁员的回避】

(1)在被问及有关其可能被指定为仲裁员之事时,被询问人应当披露可能对其公正性或独立性引起正当的怀疑的任何情况。仲裁员从被指确定时起直至在整个仲裁程序进行期间,应毫不迟延地向当事各方披露任何此类情况,除非其已将此情况告知当事各方。

(2)仅因存在对仲裁员的公正性或独立性引起正当的怀疑的情况或其不具备当事各方商定的资格时,方可对仲裁员提出回避。当事一方只有根据其作出指定后知悉的理由方可对其所指定的或参加指定的仲裁员提出回避。

第一千零三十七条 【申请回避的程序】

(1)当事各方有权对仲裁员提出回避的程序达成协议,但需服从本条第三款的规定。

(2)如未达成此种协议,拟对仲裁员提出回避的当事一方,应在他得知仲裁庭组成或得知第一千零三十六条第二款所指的任何情况后十五天内向仲裁庭提出书面陈述,说明提出回避的理由。除非其要求回避的仲裁员辞职或当事他方同意所提出的异议,否则仲裁庭应就回避事宜作出决定。

(3)如根据当事各方协议的任何程序或本条第二款的程序提出的回避不成功,提出回避的一方当事人可以在收到驳回其所提出的回避的决定通知后三十天内请求法院就该回避作出决定;当事人也可以就该期限另行约定。在等待对该请求作出决定的同时,仲裁庭包括被提出回避的仲裁员可以继续进行仲裁程序和作出裁决。

第一千零三十八条【未履行职责或履职不能】

(1)某一仲裁员在法律上或事实上不能行使其职权或因为其他原因不及时履行职责的,如果他辞去职务或当事人双方同意终止其职务,则其职务即行终止。如该仲裁员没有离职,或当事人未能就终止委任达成一致,任何一方当事人都可以请求法院决定终止对其的仲裁员的指定。

(2)如果某一仲裁员根据本条第一款或第一千零三十七条第二款规定离职或一方当事人同意终止指定其为仲裁员,并不意味着承认本条第一款或第一千零三十六条第二款所述之离职理由成立。

第一千零三十九条【指定替代仲裁员】

(1)根据第一千零三十七条或第一千零三十八条或因其他缘故而离职或因当事人协议而撤销指定,导致仲裁员任职的终止,则应指定一名替代的仲裁员。该指定应按照指定被替换的仲裁员时适用的规则进行。

(2)当事人可以就替代仲裁员的指定另行约定。

第四章　仲裁庭的管辖权

第一千零四十条【仲裁庭对其管辖权作出裁定的权力】

(1)仲裁庭可以决定自己的管辖权并同时对仲裁协议的存在和效力作出决定。为此,构成合同一部分的仲裁条款应被视为独立于合同其他条款之外的一项协议。

(2)有关仲裁庭无权管辖的抗辩不得在提出答辩书之后提出。当事人并不因其已指定或参与指定仲裁员而被剥夺提出上述抗辩的权利。在仲裁程序中,抗辩仲裁庭超越其授权范围应在声称超越授权范围的事项时立即提出。无论哪种情况,仲裁庭如认为迟延有正当理由,可准许推迟提出抗辩。

(3)如仲裁庭认为其有管辖权,则其对本条第二款所述抗辩一般应以初步裁定的形式作出决定。在此种情况下,当事人可以在收到该裁定的书面通知后的一个月内请求法院决定该事项。在该请求尚属未决期间,仲裁庭仍可以继续仲裁程序并作出仲裁裁决。

第一千零四十一条【临时保全措施】

(1)除非当事人另有约定,经一方当事人请求,仲裁庭可以就争议事项决定其认为必要的临时保全措施。仲裁庭可以要求任一方当事人提供有关此项措施的任何担保。

(2)经一方当事人请求,仲裁庭可以准许执行第一款所述措施,除非当事人也已向法院申请相应的临时措施。法院认为执行此项临时措施确有必要时,可以作出与请求不同的裁定。

(3)经请求,法院可以撤销或修改第二款所指裁定。

(4)如第一款所指措施经证实一开始就没有正当理由,则得以执行该措施的当事人应补偿另一方当事人因执行该措施或为避免执行该措施提供担保而产生的损失。此种补偿请求可以在该仲裁程序中提出。

第五章　仲裁程序的进行

第一千零四十二条【一般程序规则】

(1)各方当事人应得到平等对待。每一方均应得到充分陈述案情的机会。

(2)不得禁止授权律师担任代理人。

(3)除本编有强制性规定外,当事人可以自由决定或援引一套仲裁规则以决定程序规则。

(4)如当事人没有约定,且本编也没有规定,则仲裁庭应以其认为适当的方式进行仲裁。仲裁庭有权决定取证的可采纳性,有权取证并自由裁量此类证据。

第一千零四十三条【仲裁地】

(1)当事人可以自由约定仲裁地。如未能达成一致,仲裁庭应考虑到案件的具体情况包括当事各方的便利来确定仲裁地点。

(2)虽有本条第一款的规定,除非当事人另有约定,仲裁庭可以在任何其认为合适的地点进行会面,询问证人、鉴定人或当事人,合议或者检查财产或文件。

第一千零四十四条【仲裁程序的开始】

除非当事人另有约定,有关特定争议的仲裁程序应从被申请人收到将该争议提交仲裁的请求之日开始。申请应记明当事人的名称、争议事项以及所援引的仲裁协议。

第一千零四十五条【仲裁语言】

(1)当事人可自由约定仲裁程序中所使用的一种或多种语言。如未能达成一致,则由仲裁庭予以决定。除非另有规定,上述约定或决定应适用于当事人提交的任何书面陈述、开庭审理、仲裁裁决、决定或其他通讯。

(2)仲裁庭可以命令任何书面证据随附当事人约定的或仲裁庭确定的语言的译本。

第一千零四十六条【请求陈述与答辩陈述】

(1)在当事人一致同意或仲裁庭确定的期限内,申请人应陈述其请求及所依据的事实,被申请人应就请求及相关事实作出答辩。当事人可以将其认为相关的文件或者援引其将提供的其他证据一并提交。

(2)在仲裁过程中,任何一方当事人均可修改或补充其任何请求、答辩或相关陈述,除非当事人另有约定,或仲裁庭认为当事人没有正当理由而不接受其迟延提出的修改或补充。

(3)对反请求类准用本条第一款和第二款的规定。

第一千零四十七条【开庭和书面审理程序】

(1)除非当事人另有约定,仲裁庭应决定是否进行开庭审理或仅依据文件或其他材料进行仲裁。如当事人没有约定不进行开庭审理,经一方当事人请求,仲裁庭应在仲裁程序进行的适当阶段开庭审理。

(2)任何开庭和仲裁庭为了检查货物、其他财产或文件而举行的会议,均应当及时通知当事人。

(3)一方当事人向仲裁庭提交的所有陈述书、文件及其他通知均应送交给对方当事人。仲裁庭在作出决定时可能依赖的鉴定意见或证据性文件也应当送交各方当事人。

第一千零四十八条【仲裁程序中的一方不履行】

(1)如申请人不根据第一千零四十六条第一款的规定提交其请求陈述书,仲裁庭应终止程序。

(2)如被申请人不根据第一千零四十六条第一款的规定提交其答辩陈述书,仲裁庭应继续仲裁程序,但不得将被申请人此种行为本身视为对申请人主张的认同。

（3）如任何一方当事人未出庭或在规定的期限内未提供书面证据，仲裁庭可继续进行程序并根据已有的证据作出裁决。

（4）仲裁庭可忽略其认为具有正当理由的不履行行为。除此之外，当事人还可以另行约定不履行的后果。

第一千零四十九条【仲裁庭聘任的鉴定人】

（1）除非当事人另有约定，仲裁庭可以聘任一名或多名鉴定人就仲裁庭确定的某个特定问题提供报告，仲裁庭还可以要求当事人向鉴定人提供任何相关的材料，或出示或让其接触任何相关的文件或财产，以供检验。

（2）除非当事人另有约定，经当事人请求或仲裁庭认为确有必要，鉴定人应在提供书面或口头报告后参加言词辩论。在言词辩论时，当事人双方可以向鉴定人提出问题，或者使自己的鉴定人对争议的问题加以证明。

（3）第一千零三十六条和第一千零三十七条第一款、第二款的规定准用于仲裁庭聘任的鉴定人。

第一千零五十条【法院协助取证及其他司法行为】

仲裁庭或经仲裁庭准许的一方当事人可以向法院申请协助进行仲裁庭无权进行的取证或其他司法行为。除非认为申请不可接受，法院应根据其取证或其他司法行为方面的程序规定执行此项申请。仲裁员有权参与任何司法取证并且进行讯问。

第六章　裁决的作出与程序的终止

第一千零五十一条【适用于争议实体的规则】

（1）仲裁庭应根据当事人选择的适用于争议实体的法律规范对争议作出决定。除非另有明文约定，对一个国家的法律或法律制度的选定应认为是直接指向该国的实体法，而非其冲突规范。

（2）当事人如对适用法律规范未作选择，仲裁庭应适用与争议事项有最密切关系的国家的法律。

（3）仲裁庭仅在当事人明示授权时，才按照公平善意原则裁决争议或进行友好调解。在仲裁庭作出裁决前，当事人可以作此授权。

（4）在任何情况下，仲裁庭应根据合同条款并结合考虑适用该项交易的商业惯例作出决定。

第一千零五十二条【仲裁庭合议】

（1）在超过一个仲裁员的仲裁程序中，除非当事人另有约定，仲裁庭的任何决定应按其全体成员的多数作出。

（2）如某仲裁员拒绝参加对决定的表决，则除非当事人另有约定，其他仲裁员可以在其缺席的情况下作出决定。当事人应提前得到通知，仲裁庭拟在拒绝参与表决的仲裁员缺席的情况下作出裁决。在其他决定的情况下，当事人应在决定作出之后得到有关仲裁员拒绝参与表决的通知。

（3）如经当事人或仲裁庭的其他成员授权，首席仲裁员可以单独就程序上的单个问题作出决定。

第一千零五十三条【和解】

（1）在仲裁程序中，如当事人达成和解，仲裁庭应终止仲裁程序。经当事人请求，其应按当事人达成一致的条款以仲裁裁决的形式记录当事人的和解，除非和解的内容有悖公共秩序。

（2）按当事人达成一致的条款作出的裁决应当根据第一千零五十四条的规定作出并应在裁决中注明其为仲裁裁决。此类裁决和其他就案件实体作出的裁决具有同等效力。

（3）如声明需经公证才能生效，则在按当事人达成一致的条款作出裁决的情况下，可以在裁决中记录当事人的声明来代替。

（4）经当事人同意，按当事人达成一致的条款作出的裁决也可以交由公证人宣告是可执行的。该公证人的办公地点应当位于依第一千零六十二条第一款或第二款有权宣告裁决可执行的法院所在地区。如本条第一款第二句未被遵守，该公证人应拒绝作出可执行性宣告。

第一千零五十四条【裁决的形式和内容】

（1）裁决应以书面形式作出，且应由仲裁员签名。在具有一个以上仲裁员的仲裁程序中，如已注明某仲裁员不签署裁决的理由，则多数仲裁员的签名已经足够。

（2）除非当事人同意作出不附具理由的裁决或裁决系第一千零五十三条所述按当事人达成一致的条款作出，裁决应注明其所依据的理由。

（3）裁决应载明作出的日期以及根据第一千零四十三条第一款确定的仲裁地点。裁决应视为在该日和该地作出。

（4）仲裁员签署的裁决书应当送达每一位当事人。

第一千零五十五条【裁决的效力】①

仲裁裁决在当事人之间产生的效力等同法院的确定判决。

第一千零五十六条【仲裁程序的终止】

(1)仲裁程序在仲裁终局裁决作出之后或按本条第二款仲裁庭的裁定作出后终止。

(2)仲裁庭将在下列情况作出确认仲裁程序终止的裁定：

1.申请人：

A.没有根据第一千零四十六条第一款陈述其请求且第一千零四十八条第四款所指情形不存在；

B.撤回其请求,除非被申请人提出异议且仲裁庭确认争议的最终解决为被申请人的合法利益；

2.当事人就终止程序达成一致；

3.尽管仲裁庭提出要求,但当事人双方对仲裁程序的继续进行不作为或基于另外的理由程序继续进行已不可能。

(3)仲裁庭的授权随仲裁程序的终止而终止,但第一千零五十七条第二款、第一千零五十八条和第一千零五十九条第四款的规定除外。

第一千零五十七条【关于费用的裁定】

(1)除非当事人另有约定,仲裁庭应以裁决的方式决定仲裁费用在当事人之间的分担,该费用包括当事人因进行适当的请求或答辩而产生的必要费用。仲裁庭应遵照其遵循义务的裁量权作出决定且考虑到案件的具体情况,特别是仲裁的结果。

(2)在确定的仲裁费用的范围内,仲裁庭还应决定各方承担的数额。如费用尚未确定或其仅在仲裁程序终止时方可确定,则上述决定应以单独裁决的方式作出。

第一千零五十八条【裁决的更正和解释及补充裁决】

(1)任何一方当事人均可请求仲裁庭：

1.更正裁决的计算错误、书写、印刷错误或其他类似性质的错误；

2.就裁决中特定的部分作出解释；

---

① 仲裁庭以仲裁裁决对当事人提交的法律争议进行判断,从功能上看,仲裁裁决相当于法院的判决。因此仲裁裁决在当事人之间具有生效法院判决的效力。但如果授权具有严重形式瑕疵或者内容瑕疵,则仲裁裁决可以由法院撤销。仲裁裁决在法院进行可执行宣告之后方成为执行名义。

3.就仲裁程序中提出但在裁决中遗漏的请求作出补充裁决。

（2）除当事人对期限另有约定外，上述请求应在收到裁决后的一个月内提出。

（3）仲裁庭应在一个月内作出更正和解释，在两个月内作出仲裁裁决。

（4）仲裁庭也可以主动对其错误作出更正。

（5）第一千零五十四条适用于裁决的更正、解释或补充。

第七章　对裁决的追诉权

第一千零五十九条【申请撤销裁决】

（1）不服仲裁裁决而向法院提出追诉的，只能依照本条第二款、第三款的规定申请撤销仲裁判决。

（2）裁决仅在下列情形下可被撤销：

1.申请方有充分理由证明：

A.第一千零二十九条和第一千零三十一条所指的仲裁协议的当事人有某种无行为能力情形，或者根据各方当事人所同意遵守的法律，或在未指明法律的情况下根据德国法，该仲裁协议是无效的；

B.其并未得到委任仲裁员或者进行仲裁程序的适当通知或因其他缘故无法陈述案情；

C.裁决涉及仲裁协议未规定或未涵盖的事项，或包含超越仲裁协议范围的事项的决定；如提交仲裁事项的决定可以与未提交仲裁事项的决定划分开，则仅包含提交仲裁事项部分的决定可被撤销；

D.仲裁庭的组成或仲裁程序违反本编规定，或者不符合当事人之间合法的约定，并且确已影响仲裁裁决。

2.法院认为：

A.争议事项根据德国法不能以仲裁方式解决；

B.裁决的承认或执行导致的结果有悖公共秩序。

（3）除非当事人另有约定，向法院提出撤销裁决的申请必须在三个月内提出。该期间应从提出申请的当事人收到裁决之日起算。如根据第一千零五十八条提出请求，该期间从收到对此申请的决定起至多可延长一个月。一旦裁决经德国法院宣告可以执行，则不可再提出撤销裁决的申请。

外国民事诉讼法译丛　德国民事诉讼法

（4）经申请撤销，如法院认为适当且当事人提出申请，可将裁决撤销并将案件发回仲裁庭重审。

（5）在存有异议时，撤销仲裁裁决使仲裁协议对争议标的重新生效。

第八章　裁决的承认与执行

第一千零六十条【国内裁决】

（1）仲裁裁决经法院宣告可以执行后，方可强制执行。

（2）如存在第一千零五十九条规定的撤销裁决的理由，则宣告裁决可执行性的申请应被拒绝，并且裁决应同时被撤销。如提出宣告可执行性的申请时，撤销裁决的申请已经确定被驳回的，则其所依据的理由不予考虑。如第一千零五十九条第三款规定的期限已过而反对申请执行的当事人并没有申请撤销裁决，则第一千零五十九条第二款第一项所规定的理由也不予以考虑。

第一千零六十一条【外国裁决】

（1）外国裁决的承认与执行应根据 1958 年 6 月 10 日的《承认与执行外国仲裁裁决公约》进行。其他有关承认与执行仲裁裁决的条约不受影响。

（2）如宣告裁决可执行性的申请被驳回，法院应裁定该仲裁裁决在国内不被承认。

（3）如裁决宣告可以执行后在国外被撤销，则可以向法院提出撤销可执行性宣告的申请。

第九章　法院程序

第一千零六十二条【管辖】

（1）仲裁协议中指定的州高等法院或无此指定时仲裁地的州高等法院，有权对有关下列事项的申请作出决定：

1.仲裁员的指定（第一千零三十四条、第一千零三十五条）、仲裁员的回避（第一千零三十七条）或仲裁员授权的终止（第一千零三十八条）；

2.是否交付仲裁的决定（第一千零三十二条）或仲裁庭在初步裁定中确认其权限的决定（第一千零四十条）；

3.执行、撤销或修改仲裁庭作出的临时保全措施的裁定（第一千零四

十一条);

4.撤销裁决(第一千零五十九条)或宣告裁决的可执行性(第一千零六十条)或撤销该宣告(第一千零六十一条)。

(2)在第一款第二项第一选择项、第三项或第四项所指的情况下,如仲裁地不在德国境内,则反对申请的一方当事人的营业所在地或惯常居所地,或该方当事人的财产所在地或争议财产所在地或临时措施涉及的财产所在地的州高等法院有权管辖。如无此类地点,则由柏林高等法院管辖。

(3)在第一千零二十五条第三款所指情况下,由申请人或被申请人的营业所在地或惯常居所地的州高等法院管辖。

(4)在协助取证或采取其他司法行为(第一千零五十条)的情况下,司法行为进行地的初级法院有权管辖。

(5)如一州有数个州高等法院,则该州政府可以通过法令将权限交给某个州高等法院或州最高法院。州政府也可以通过法令将此种权限转移给有关州的司法部。各州可以就某一州高等法院跨越边界的权限达成协议。

第一千零六十三条【一般规定】

(1)裁判以裁定作出。裁判前应讯问对方当事人。

(2)申请撤销裁决或者申请承认或宣告裁决的可执行性时,如存在第一千零五十九条第二款所述的撤销理由,法院应命令进行言词辩论。

(3)民事法庭的主审法官可在未听取反对申请的当事人陈述意见的情况下,裁定申请人在有关请求的决定最终作出前强制执行或依据第一千零四十一条所述采取临时保全措施。执行裁决时,其执行范围不应超过保全措施的范围。反对提出上述申请的当事人可以通过提供相当数额的担保阻却执行。

(4)在不进行言词辩论时,当事人可以向书记官提出申请或作出陈述,由其作成记录。

第一千零六十四条【执行仲裁裁决的特别要求】

(1)申请宣告裁决的可执行性时应提供裁决书或经认证的裁决书副本。认证可以由代表当事人参与司法程序的律师作出。

(2)宣告裁决可执行性的裁定应宣告假执行。

(3)除非条约另有规定,第一款和第二款也适用于外国裁决。

第一千零六十五条【上诉】

(1)对第一千零六十二条第一款第二项、第四项规定的裁判,如果这些裁判是以终局判决作出,而对之可以提起上告时,可以向联邦最高法院提出法律抗告。此外,对第一千零六十二条第一款中规定的程序中的裁判不得声明不服。

(2)联邦法院仅可审查裁定是否违反国家订立的条约或其他法律。第七百零七条、第七百一十七条于此准用。

第十章　合同外的仲裁庭

第一千零六十六条【第十编规定的适用】

依法律许可的方式,以临终的处分行为或合同以外的其他处分行为组织的仲裁庭,准用本编规定。

第十一编　欧盟内的司法合作[①]

第一章　依欧盟第 1393/2007 号条例送达

第一千零六十七条【由领事或公使送达】

　　如果文书的受送达人是文件发出国的公民,可以依据欧盟第 1393/2007 号条例第十三条的规定在联邦德国境内进行送达。

第一千零六十八条【邮寄送达】

　　(1)依欧盟第 1393/2007 号条例第十四条的规定,回执或类似的证明可以证明文书已经送达。

　　(2)欧盟第 1393/2007 号条例第七条第一款规定的,有关德国代收机构的受送达或送达,可以通过附回执的挂号信进行。

第一千零六十九条【主管】

　　(1)在国外送达时,下列主体作为欧盟第 1393/2007 号条例第二条第一款规定的德国的传递机构:

　　1.司法文书,由相关法院送达;

　　2.非司法文书,由送达人所在地或经常居住地的初级法院送达;公证文书,由公证员办公所在地的初级法院送达;州政府可以发布法律性命令,授权数个初级法院中的某一法院作为传递机构统一送达。

　　(2)在联邦德国送达时,受送达地所在的初级法院为欧盟第 1393/2007 号条例第二条第二款规定的德国的接收机构。州政府可以发布法律性命令,授权数个初级法院中的某一法院作为传递机构统一送达。

　　(3)州政府可以发布法律性命令,指定欧盟第 1393/2007 号条例第三条规定的德国在各州的中心代理机构。各州只能有一个指定的中心代理机构。

　　(4)州政府也可以将第一款第二项、第二款第二句、第三款第一句所规定的权限转授给州最高权力机关。

――――――――――

　　① 2004 年 1 月 1 日,本法新增第十一编,专门规定欧盟送达条例和执行条例等司法协助内容,主要就欧盟内民事司法统一的相关举措进行规定。随着相关条例的增加,本编内容不断得到调整和丰富。

第一千零七十条(废除)

第一千零七十一条(废除)

第二章　依欧盟第 1206/2001 号条例调查证据

第一千零七十二条【在欧盟成员国调查证据】

依欧盟第 1206/2001 号条例(欧盟官方公告 L174,第 1 页)调查证据的,法院可以:

1.直接请求欧盟成员国主管法院调查证据;

2.依欧盟第 1206/2001 号条例第十七条规定的条件,请求在欧盟成员国直接调取证据。

第一千零七十三条【参与权】

(1)被请求调查证据的法院进行调查时,作出请求的被授权的德国法院或法院成员,可以在欧盟第 1206/2001 号条例规定的申请范围内要求出席和参与。当事人、代理人、鉴定人在德国有权参与证据调查的,也可参与相关程序。

(2)依欧盟第 1206/2001 号条例第十七条第三款的规定在国外直接调查证据的,由法院成员或法院指派的鉴定人进行。

第一千零七十四条【欧盟第 1206/2001 号条例规定的主管】

(1)在联邦德国调查证据时,以调查行为地的初级法院为欧盟第 1206/2001 号条例第二条第一款规定的受请求法院。

(2)州政府可以发布法律性命令,授权数个初级法院中的某一法院作为受请求法院。

(3)州政府可以发布法律性命令,指定各州机构:

1.作为欧盟第 1206/2001 号条例第三条第一款所规定的德国中心机构;

2.作为欧盟第 1206/2001 号条例第十七条第一款规定的直接调查证据的受请求机构。

第一项和第二项中规定的机构,各州只能指定一个。

(4)州政府也可以将第二款、第三款第一句所规定的权限转授给州最高权力机关。

第一千零七十五条【请求的语言】

国外机构依欧盟第 1206/2001 号条例的规定提交调查证据和进行传

送请求的,请求应以德语书写,或附德语译本。

第三章 依理事会第 2003/8/EC 号 指令提供诉讼费用救助

第一千零七十六条【适用的法规】

除非另有规定,依 2003 年 1 月 27 日就跨国纠纷司法程序中关于法律援助最低共同标准的建立进行规定的理事会第 2003/8/EC 号指令(欧盟官方公告 L26,第 41 页,官方公告 L23,第 15 页)中规定的欧盟领域内的跨国纠纷的诉讼费用救助,适用第一百一十四条至第一百二十七条之一的规定。

第一千零七十七条【国外诉讼费用救助的申请】

(1)申请人住所地或居住地所在的初级法院,是接收和传输跨国纠纷中个人诉讼费用救助申请的主管法院。州政府可以发布法律性命令,授权数个初级法院中的某一法院作为传输机构。州政府也可以发布法律性命令,将权限转授给州司法机关。《恢复与保持外交关系法》第二十一条第一句的规定于此不受影响。

(2)联邦司法部在得到联邦议院的批准后,有权发布法律性命令,颁布标准格式适用于理事会第 2003/8/EC 号指令第十六条第一款规定的跨国纠纷中诉讼费用救助及救助申请传输。颁布了上述格式的,申请人和传输机构必须适用。

(3)如果申请明显缺乏依据,或不属于理事会第 2003/8/EC 号指令规定的范围,传输机构可以裁定拒绝传输申请的全部或一部分。作出裁定的,传输机构依职权准备外语译本附于申请中。对于上述裁定,可以依第一百二十七条第二款第二句和第三句的规定提起即时抗告。

(4)传输机构依职权按下列方式准备诉讼费用救助申请以及辅助文件的译本:

1.译为主管接收机关所在的欧盟成员国官方语言之一,该语言应当是欧盟官方语言之一;

2.译为该成员国接受的其他语言。

传输机构应审查申请的完整程度,决定是否准许申请需要辅助文件时,应审阅所附的辅助文件。

(5)传输机构应将申请和所附的辅助文件发给欧盟成员国法院所在

地或执行所在地的主管接收机构,不予以附带法律认证或者类似文件。依第四款的规定作出译本之日起十四日内应予以传输。

(6)如果欧盟成员国的主管机构依申请人的个人情况和经济情况不予以准许诉讼费用救助的申请,或表示将不许准许诉讼费用救助的申请,而在德国的相关程序中,申请人依第一百一十五条第一款和第二款的规定被视为需要救助的,则传输机构依申请作出贫困确认书。第四款第一句的规定准用于确认书的翻译。传输机构应将贫困确认书发给欧盟成员国的接收机构以变更原诉讼费用救助的申请。

第一千零七十八条【德国诉讼费用救助的申请】

(1)受诉法院或执行法院处理跨国纠纷中诉讼费用的救助问题。申请需以德语填写且所附辅助文件需为德文译本。无须提交法律认证或者类似手续。

(2)法院依第一百一十四条至第一百一十六条的规定确定是否准许救助。决定的副本发给传输机构。

(3)如果申请人能够证明其不能负担进行诉讼的费用,或仅能负担一部分,或仅能分期支付,或由于其在欧盟成员国内的住所地和经常居住地费用的差异而不能负担,则法院也可以准许申请人获得跨国纠纷中的诉讼费用救助。

(4)准许跨国纠纷中诉讼费用救助的,在各审级中对申请人或被告适用。法院应使申请人证明其符合特定审级准许诉讼费用救助的条件。

第四章 欧盟第 805/2004 号条例规定的执行决定

第一节 将国内执行决定认证为欧盟执行决定

第一千零七十九条【主管】

有权作出有执行力的执行名义的法院、公共机构或公证人,依 2004年 4 月 21 日欧盟第 805/2004 号条例(官方公告 L143,第 15 页)第六条第二款、第三款、第九条第一款、第二十四条第一款、第二十五条第一款的规定作出欧盟执行决定认证。

第一千零八十条【决定】

(1)作出欧盟第 805/2004 号条例第六条第三款、第九条第一款、第二十四条第一款、第二十五条第一款的规定的认证，无须听取债务人的意见。执行认证应依职权送达债务人。

（2）申请认证被驳回的，准用对发给执行条款声明不服的规定。

第一千零八十一条【重新认证和撤销认证】

（1）依欧盟第 805/2004 号条例第十条第一款的规定申请重新认证或撤销认证的，向作出认证的法院提交申请。法院就申请作出裁判。申请对公证认证或者公共机构作出的认证进行重新认证或撤销认证的，向作出认证的主体提交申请。公证人或公共机构应当立即向其办公所在地的初级法院传输该申请，并请求法院裁判。

（2）债务人在一个月的期间内可以申请撤销认证。认证在国外送达的，期间为两个月。该期间为不变期间，自认证送达起计算；最早自认证参考的执行名义送达起计算。撤销申请应载明认为认证明显错误的理由。

（3）第三百一十九条第二款、第三款的规定准用于重新认证和撤销认证。

第二节　欧盟执行决定在德国的强制执行

第一千零八十二条【执行名义】

依欧盟第 805/2004 号条例将执行名义认证为可在成员国执行的欧盟执行决定的，该执行名义可以在德国强制执行，而无须法院的执行条款。

第一千零八十三条【译本】

债权人提交欧盟第 805/2004 号条例第二十条第二款第三项规定的译本的，以德文译本提交，并由欧盟成员国有资质的人进行认证。

第一千零八十四条【欧盟第 805/2004 号条例第二十一条和第二十三条规定的申请】

（1）初级法院是执行法院的，对欧盟第 805/2004 号条例第二十一条和第二十三条规定的申请强制执行的拒绝、停止和限制有管辖权。第八编中关于执行法院管辖的规定于此准用。第一句和第二句所定的管辖为专属管辖。

（2）对欧盟第 805/2004 号条例第二十一条规定的申请的裁判，以裁定作出。第七百六十九条第一款和第三款、第七百七十条的规定准用于强制执行的终止和取消。取消执行也可不提供担保。

（3）对欧盟第 805/2004 号条例第二十一条规定的停止执行或限制执行进行裁判的，以暂时命令作出。对命令不得声明不服。

第一千零八十五条【强制执行的终止】

依欧盟第 805/2004 号条例第六条第二款的规定提交执行力欠缺的证明的，适用第七百七十五条和第七百七十六条的规定，停止或限制强制执行。

第一千零八十六条【执行异议】

（1）在第七百六十七条规定的执行异议之诉中，债务人住所所在地法院有专属管辖权，债务人在德国没有住所地的，执行地的法院有专属管辖权。社团或法人的所在地视为住所地。

（2）第七百六十七条第二款的规定准用于法院和解和公文书。

第五章　欧盟第 1896/2006 号条例规定的欧盟督促决定

第一节　通则

第一千零八十七条【主管】

对依关于欧盟督促程序的欧盟第 1896/2006 号条例（官方公告L399，第 1 页）申请作出、审查、执行欧盟督促决定的程序，柏林舒勒堡初级法院有专属管辖权。

第一千零八十八条【机械方法】

（1）如果法院认为机读格式适于法院处理，则申请欧盟督促决定和提出异议可以传输仅供以机器读取的格式。第一百三十条之一第三款的规定于此准用。

（2）柏林州议院有权发布法律性命令，不经联邦议院的批准，决定柏林舒勒堡初级法院在何种情况下以机械方法办理督促程序；州议院也可以通过法律性命令将权限转授给柏林议院的司法机关。

第一千零八十九条【送达】

（1）欧盟督促决定在德国送达时，适用依职权送达的规定。第一百八十五条至第一百八十八条的规定于此不适用。

（2）欧盟督促决定在其他欧盟成员国送达时，准用欧盟第 1393/2007 号条例以及本法第一千零六十八条第一款、第一千零六十九条第一款的规定。

第二节　对欧盟督促决定的异议

第一千零九十条【异议程序】

（1）在欧盟第 1896/2006 号条例第十七条第一款规定的情形中，法院应要求申请人指明对异议进行裁判的主管法院，在通知中应载明欧盟第 1896/2006 号条例第十七条第一款规定的信息。法院应依情况为申请人确定一个期间，并告知申请人法院仍需对管辖权进行判断。请求也应通知被申请人。

（2）收到第一款的第一句规定的通知后，作出欧盟督促决定的法院应当将案件移交给申请人指明的法院。第六百九十六条第一款第三句至第五句，第六百九十六条第二款、第四款和第五款，第六百九十八条的规定于此准用。

（3）如果支付决定以第一款第一句规定的方式，在第一款第二句规定的期间内传输，则欧盟督促决定送达时，异议发生系属。

第一千零九十一条【异议程序开始】

第六百九十七条第一款至第三款的规定于此准用。

第三节　特殊情况下欧盟督促决定的审查

第一千零九十二条【程序】

（1）对欧盟第 1896/2006 号条例第二十条第一款或第二款规定的申请审查欧盟督促决定进行裁判，应以裁定的形式作出。对该裁定不可声明不服。

（2）被申请人应说明撤销欧盟督促决定基于的事实。

（3）法院裁定欧盟支付决定无效的，欧盟第 1896/2006 号条例规定的程序终止。

（4）欧盟第 1896/2006 号条例第十六条第二款规定的期间不得回复。

第四节　欧盟督促决定的强制执行

第一千零九十三条【法院执行条款】

依欧盟第 1896/2006 号条例作出的欧盟督促决定在德国可以强制执行，无须法院执行条款。

第一千零九十四条【译本】

债权人提交欧盟第 1896/2006 号条例第二十一条第二款第二项规定

的译本的,以德文译本提交,并由欧盟成员国有资质的人进行认证。

第一千零九十五条【执行保护;对在德国作出的欧盟督促决定的执行异议】

(1)依欧盟第 1896/2006 号条例第二十条的规定申请对在德国作出的欧盟督促决定进行审查的,准用第七百零七条的规定。对依第七百零七条的规定提交的申请进行裁判的法院,有权对依欧盟第 1896/2006 号条例第二十条提交的申请进行裁判。

(2)欧盟督促决定送达后方出现异议理由,因此无法依据欧盟第 1896/2006 号条例第十六条提出异议的,方可提出关于债权的异议。

第一千零九十六条【欧盟第 1896/2006 号条例规定的申请;执行异议】

(1)第一千零八十四条第一款和第二款的规定准用于欧盟第 1896/2006 号条例第二十二条第一款规定的申请拒绝强制执行。第一千零八十四条第一款和第三款的规定准用于欧盟第 1896/2006 号条例第二十三条规定的申请停止或限制强制执行。

(2)第一千零八十六条第一款的规定适用于欧盟第 1896/2006 号条例第二十二条第十二款规定的申请拒绝强制执行。第一千零八十六条第一款和第一千零九十五条第二款的规定准用于第七百六十七条规定的执行异议。

第六章 欧盟第 861/2007 号条例规定的欧盟小额诉讼程序

第一节 判决的送达程序

第一千零九十七条【程序的开始和实施】

(1)提交欧盟第 861/2007 号条例(官方公告 L199,第 1 页)规定的标准诉讼表格,以及其他申请或声明,可以采用书面形式、电传形式或第一百三十条之一规定的电子文档形式。

(2)在欧盟第 861/2007 号条例第四条第三款规定的情形下,法院不适用欧盟第 861/2007 号条例的规定。

第一千零九十八条【因文书语种不予接收】

依欧盟第 861/2007 号条例第六条第三款的规定不予接收书状的期间为一个星期。此期间为不变期间,自书状被送达起计算。应告知受送达人不遵守期间的法律后果。

第一千零九十九条【反诉】

(1)反诉不符合欧盟第861/2007号条例规定的,以不合法驳回反诉,欧盟第861/2007号条例第五条第七款第一句规定的情形除外。

(2)在欧盟第861/2007号条例第五条第七款第一句规定的情形下,法院不适用欧盟第861/2007号条例的规定。反诉提起时的程序予以适用。

第一千一百条【言词辩论】

(1)法院可以允许当事人、诉讼代理人和辅佐人在言词辩论期间置身于其他地点并实施程序行为。第一百二十八条之一第一款第二句、第三款的规定于此不受影响。

(2)不适用言词辩论先期首次期日的规定(第二百七十五条)。

第一千一百零一条【调查证据】

(1)法院可以以其认为合适的方式调查证据,欧盟第861/2007号条例第九条第二款和第三款作出其他规定的除外。

(2)法院可以允许证人、鉴定人、当事人在讯问期间置身于其他地点。第一百二十八条之一第二款第二句、第三句,第三款的规定于此不受影响。

第一千一百零二条【判决】

判决无须宣示。判决以送达代宣示。

第一千一百零三条【迟误】

如果一方当事人没有在期间内作出陈述,或没有出席言词辩论,则法院依现存记录进行裁判。第二百五十一条之一的规定于此不适用。

第一千一百零四条【被告非因过失迟误时的程序】

(1)满足欧盟第861/2007号条例第十八条第一款规定的条件时,程序继续;诉讼回复到判决作出前的状态。法院依申请以裁定对判决无效作出裁判。

(2)被告应证明其满足欧盟第861/2007号条例第十八条第一款规定的条件。

第二节　强制执行

第一千一百零五条【以国内执行名义强制执行】

(1)判决应宣告无须担保的假执行。第七百一十二条、第七百一十九条第一款第二句和第七百零七条的规定于此不适用。

（2）对欧盟第 861/2007 号条例第十五条第二款和第二十三条规定的申请限制强制执行，本案的受诉法院有管辖权。法院对申请作出提前裁判。对该裁判不可声明不服。当事人应向法院释明欧盟第 861/2007 号条例第二十三条规定的事实方面的要件。

第一千一百零六条【国内执行名义的认证】

（1）有权发给有执行力的执行名义的法院，有权作出欧盟第 861/2007 号条例第二十条第二款规定的认证。

（2）执行认证前，应听取债务人的意见。申请认证被驳回的，准用对法院发给执行条款的决定声明不服的程序。

第一千一百零七条【外国执行名义】

依欧盟第 861/2007 号条例在欧盟成员国发给的执行名义在德国可以强制执行，无须法院执行条款。

第一千一百零八条【译本】

债权人依欧盟第 861/2007 号条例第二十一条第二款第二项的规定提交译本的，以德文译本提交，并由欧盟成员国有资质的人进行认证。

第一千一百零九条【欧盟第 861/2007 号条例第二十二条和第二十三条规定的申请；执行异议】

（1）欧盟第 861/2007 号条例第二十二条规定的申请，准用第一千零八十四条第一款和第二款的规定。第一千零八十四条第一款和第三款的规定准用于欧盟第 861/2007 号条例第二十三条规定的申请。

（2）第一千零八十六条的规定于此准用。

附　表①

（附于第八百五十条之三）

表 1

每月纯所得			各种受扶养人数的扣押数额					
			0	1	2	3	4	5 人及 5 人以上
			单位：欧元					
939.99			—	—	—	—	—	—
940.00	至	949.99	7.00	—	—	—	—	—
950.00	至	959.99	14.00	—	—	—	—	—
960.00	至	969.99	21.00	—	—	—	—	—
970.00	至	979.99	28.00	—	—	—	—	—
980.00	至	989.99	35.00	—	—	—	—	—
990.00	至	999.99	42.00	—	—	—	—	—
1000.00	至	1009.99	49.00	—	—	—	—	—
1010.00	至	1019.99	56.00	—	—	—	—	—
1020.00	至	1029.99	63.00	—	—	—	—	—
1030.00	至	1039.99	70.00	—	—	—	—	—
1040.00	至	1049.99	77.00	—	—	—	—	—
1050.00	至	1059.99	84.00	—	—	—	—	—
1060.00	至	1069.99	91.00	—	—	—	—	—
1070.00	至	1079.99	98.00	—	—	—	—	—
1080.00	至	1089.99	105.00	—	—	—	—	—
1090.00	至	1099.99	112.00	—	—	—	—	—
1100.00	至	1109.99	119.00	—	—	—	—	—
1110.00	至	1119.99	126.00	—	—	—	—	—
1120.00	至	1129.99	133.00	—	—	—	—	—

---

①　本法第八百五十条之三规定了对债权及其他财产权进行强制执行时不得扣押的范围。以上表格作为附表，用以查阅各种受扶养人数劳动所得中可以扣押的金额。三表格分别为劳动所得按月支付表，劳动所得按周支付表，劳动所得按日支付表，每期支付的金额见表中每月纯所得、每周纯所得、每日纯所得栏内。

每月纯所得			各种受扶养人数的扣押数额					
			0	1	2	3	4	5 人及 5 人以上
			单位:欧元					
1130.00	至	1139.99	140.00	—	—	—	—	—
1140.00	至	1149.99	147.00	—	—	—	—	—
1150.00	至	1159.99	154.00	—	—	—	—	—
1160.00	至	1169.99	161.00	—	—	—	—	—
1170.00	至	1179.99	168.00	—	—	—	—	—
1180.00	至	1189.99	175.00	—	—	—	—	—
1190.00	至	1199.99	182.00	—	—	—	—	—
1200.00	至	1209.99	189.00	—	—	—	—	—
1210.00	至	1219.99	196.00	—	—	—	—	—
1220.00	至	1229.99	203.00	—	—	—	—	—
1230.00	至	1239.99	210.00	—	—	—	—	—
1240.00	至	1249.99	217.00	—	—	—	—	—
1250.00	至	1259.99	224.00	—	—	—	—	—
1260.00	至	1269.99	231.00	—	—	—	—	—
1270.00	至	1279.99	238.00	—	—	—	—	—
1280.00	至	1289.99	245.00	—	—	—	—	—
1290.00	至	1299.99	252.00	5.00	—	—	—	—
1300.00	至	1309.99	259.00	10.00	—	—	—	—
1310.00	至	1319.99	266.00	15.00	—	—	—	—
1320.00	至	1329.99	273.00	20.00	—	—	—	—
1330.00	至	1339.99	280.00	25.00	—	—	—	—
1340.00	至	1349.99	287.00	30.00	—	—	—	—
1350.00	至	1359.99	294.00	35.00	—	—	—	—
1360.00	至	1369.99	301.00	40.00	—	—	—	—
1370.00	至	1379.99	308.00	45.00	—	—	—	—
1380.00	至	1389.99	315.00	50.00	—	—	—	—
1390.00	至	1399.99	322.00	55.00	—	—	—	—
1400.00	至	1409.99	329.00	60.00	—	—	—	—
1410.00	至	1419.99	336.00	65.00	—	—	—	—

每月纯所得			各种受扶养人数的扣押数额					
			0	1	2	3	4	5 人及 5 人以上
			单位:欧元					
1420.00	至	1429.99	343.00	70.00	—	—	—	—
1430.00	至	1439.99	350.00	75.00	—	—	—	—
1440.00	至	1449.99	357.00	80.00	—	—	—	—
1450.00	至	1459.99	364.00	85.00	—	—	—	—
1460.00	至	1469.99	371.00	90.00	—	—	—	—
1470.00	至	1479.99	378.00	95.00	—	—	—	—
1480.00	至	1489.99	385.00	100.00	2.00	—	—	—
1490.00	至	1499.99	392.00	105.00	6.00	—	—	—
1500.00	至	1509.99	399.00	110.00	10.00	—	—	—
1510.00	至	1519.99	406.00	115.00	14.00	—	—	—
1520.00	至	1529.99	413.00	120.00	18.00	—	—	—
1530.00	至	1539.99	420.00	125.00	22.00	—	—	—
1540.00	至	1549.99	427.00	130.00	26.00	—	—	—
1550.00	至	1559.99	434.00	135.00	30.00	—	—	—
1560.00	至	1569.99	441.00	140.00	34.00	—	—	—
1570.00	至	1579.99	448.00	145.00	38.00	—	—	—
1580.00	至	1589.99	455.00	150.00	42.00	—	—	—
1590.00	至	1599.99	462.00	155.00	46.00	—	—	—
1600.00	至	1609.99	469.00	160.00	50.00	—	—	—
1610.00	至	1619.99	476.00	165.00	54.00	—	—	—
1620.00	至	1629.99	483.00	170.00	58.00	—	—	—
1630.00	至	1639.99	490.00	175.00	62.00	—	—	—
1640.00	至	1649.99	497.00	180.00	66.00	—	—	—
1650.00	至	1659.99	504.00	185.00	70.00	—	—	—
1660.00	至	1669.99	511.00	190.00	74.00	—	—	—
1670.00	至	1679.99	518.00	195.00	78.00	—	—	—
1680.00	至	1689.99	525.00	200.00	82.00	3.00	—	—
1690.00	至	1699.99	532.00	205.00	86.00	6.00	—	—
1700.00	至	1709.99	539.00	210.00	90.00	9.00	—	—

续表

每月纯所得			各种受扶养人数的扣押数额					
			0	1	2	3	4	5人及5人以上
			单位:欧元					
1710.00	至	1719.99	546.00	215.00	94.00	12.00	—	—
1720.00	至	1729.99	553.00	220.00	98.00	15.00	—	—
1730.00	至	1739.99	560.00	225.00	102.00	18.00	—	—
1740.00	至	1749.99	567.00	230.00	106.00	21.00	—	—
1750.00	至	1759.99	574.00	235.00	110.00	24.00	—	—
1760.00	至	1769.99	581.00	240.00	114.00	27.00	—	—
1770.00	至	1779.99	588.00	245.00	118.00	30.00	—	—
1780.00	至	1789.99	595.00	250.00	122.00	33.00	—	—
1790.00	至	1799.99	602.00	255.00	126.00	36.00	—	—
1800.00	至	1809.99	609.00	260.00	130.00	39.00	—	—
1810.00	至	1819.99	616.00	265.00	134.00	42.00	—	—
1820.00	至	1829.99	623.00	270.00	138.00	45.00	—	—
1830.00	至	1839.99	630.00	275.00	142.00	48.00	—	—
1840.00	至	1849.99	637.00	280.00	146.00	51.00	—	—
1850.00	至	1859.99	644.00	285.00	150.00	54.00	—	—
1860.00	至	1869.99	651.00	290.00	154.00	57.00	—	—
1870.00	至	1879.99	658.00	295.00	158.00	60.00	1.00	—
1880.00	至	1889.99	665.00	300.00	162.00	63.00	3.00	—
1890.00	至	1899.99	672.00	305.00	166.00	66.00	5.00	—
1900.00	至	1909.99	679.00	310.00	170.00	69.00	7.00	—
1910.00	至	1919.99	686.00	315.00	174.00	72.00	9.00	—
1920.00	至	1929.99	693.00	320.00	178.00	75.00	11.00	—
1930.00	至	1939.99	700.00	325.00	182.00	78.00	13.00	—
1940.00	至	1949.99	707.00	330.00	186.00	81.00	15.00	—
1950.00	至	1959.99	714.00	335.00	190.00	84.00	17.00	—
1960.00	至	1969.99	721.00	340.00	194.00	87.00	19.00	—
1970.00	至	1979.99	728.00	345.00	198.00	90.00	21.00	—
1980.00	至	1989.99	735.00	350.00	202.00	93.00	23.00	—
1990.00	至	1999.99	742.00	355.00	206.00	96.00	25.00	—

每月纯所得			各种受扶养人数的扣押数额					
			0	1	2	3	4	5 人及 5 人以上
			单位:欧元					
2000.00	至	2009.99	749.00	360.00	210.00	99.00	27.00	—
2010.00	至	2019.99	756.00	365.00	214.00	102.00	29.00	—
2020.00	至	2029.99	763.00	370.00	218.00	105.00	31.00	—
2030.00	至	2039.99	770.00	375.00	222.00	108.00	33.00	—
2040.00	至	2049.99	777.00	380.00	226.00	111.00	35.00	—
2050.00	至	2059.99	784.00	385.00	230.00	114.00	37.00	—
2060.00	至	2069.99	791.00	390.00	234.00	117.00	39.00	—
2070.00	至	2079.99	798.00	395.00	238.00	120.00	41.00	1.00
2080.00	至	2089.99	805.00	400.00	242.00	123.00	43.00	2.00
2090.00	至	2099.99	812.00	405.00	246.00	126.00	45.00	3.00
2100.00	至	2109.99	819.00	410.00	250.00	129.00	47.00	4.00
2110.00	至	2119.99	826.00	415.00	254.00	132.00	49.00	5.00
2120.00	至	2129.99	833.00	420.00	258.00	135.00	51.00	6.00
2130.00	至	2139.99	840.00	425.00	262.00	138.00	53.00	7.00
2140.00	至	2149.99	847.00	430.00	266.00	141.00	55.00	8.00
2150.00	至	2159.99	854.00	435.00	270.00	144.00	57.00	9.00
2160.00	至	2169.99	861.00	440.00	274.00	147.00	59.00	10.00
2170.00	至	2179.99	868.00	445.00	278.00	150.00	61.00	11.00
2180.00	至	2189.99	875.00	450.00	282.00	153.00	63.00	12.00
2190.00	至	2199.99	882.00	455.00	286.00	156.00	65.00	13.00
2200.00	至	2209.99	889.00	460.00	290.00	159.00	67.00	14.00
2210.00	至	2219.99	896.00	465.00	294.00	162.00	69.00	15.00
2220.00	至	2229.99	903.00	470.00	298.00	165.00	71.00	16.00
2230.00	至	2239.99	910.00	475.00	302.00	168.00	73.00	17.00
2240.00	至	2249.99	917.00	480.00	306.00	171.00	75.00	18.00
2250.00	至	2259.99	924.00	485.00	310.00	174.00	77.00	19.00
2260.00	至	2269.99	931.00	490.00	314.00	177.00	79.00	20.00
2270.00	至	2279.99	938.00	495.00	318.00	180.00	81.00	21.00
2280.00	至	2289.99	945.00	500.00	322.00	183.00	83.00	22.00

续表

每月纯所得			各种受扶养人数的扣押数额					
			0	1	2	3	4	5人及 5人以上
			单位:欧元					
2290.00	至	2299.99	952.00	505.00	326.00	186.00	85.00	23.00
2300.00	至	2309.99	959.00	510.00	330.00	189.00	87.00	24.00
2310.00	至	2319.99	966.00	515.00	334.00	192.00	89.00	25.00
2320.00	至	2329.99	973.00	520.00	338.00	195.00	91.00	26.00
2330.00	至	2339.99	980.00	525.00	342.00	198.00	93.00	27.00
2340.00	至	2349.99	987.00	530.00	346.00	201.00	95.00	28.00
2350.00	至	2359.99	994.00	535.00	350.00	204.00	97.00	29.00
2360.00	至	2369.99	1001.00	540.00	354.00	207.00	99.00	30.00
2370.00	至	2379.99	1008.00	545.00	358.00	210.00	101.00	31.00
2380.00	至	2389.99	1015.00	550.00	362.00	213.00	103.00	32.00
2390.00	至	2399.99	1022.00	555.00	366.00	216.00	105.00	33.00
2400.00	至	2409.99	1029.00	560.00	370.00	219.00	107.00	34.00
2410.00	至	2419.99	1036.00	565.00	374.00	222.00	109.00	35.00
2420.00	至	2429.99	1043.00	570.00	378.00	225.00	111.00	36.00
2430.00	至	2439.99	1050.00	575.00	382.00	228.00	113.00	37.00
2440.00	至	2449.99	1057.00	580.00	386.00	231.00	115.00	38.00
2450.00	至	2459.99	1064.00	585.00	390.00	234.00	117.00	39.00
2460.00	至	2469.99	1071.00	590.00	394.00	237.00	119.00	40.00
2470.00	至	2479.99	1078.00	595.00	398.00	240.00	121.00	41.00
2480.00	至	2489.99	1085.00	600.00	402.00	243.00	123.00	42.00
2490.00	至	2499.99	1092.00	605.00	406.00	246.00	125.00	43.00
2500.00	至	2509.99	1099.00	610.00	410.00	249.00	127.00	44.00
2510.00	至	2519.99	1106.00	615.00	414.00	252.00	129.00	45.00
2520.00	至	2529.99	1113.00	620.00	418.00	255.00	131.00	46.00
2530.00	至	2539.99	1120.00	625.00	422.00	258.00	133.00	47.00
2540.00	至	2549.99	1127.00	630.00	426.00	261.00	135.00	48.00
2550.00	至	2559.99	1134.00	635.00	430.00	264.00	137.00	49.00
2560.00	至	2569.99	1141.00	640.00	434.00	267.00	139.00	50.00
2570.00	至	2579.99	1148.00	645.00	438.00	270.00	141.00	51.00

每月纯所得			各种受扶养人数的扣押数额					
			0	1	2	3	4	5 人及 5 人以上
			单位:欧元					
2580.00	至	2589.99	1155.00	650.00	442.00	273.00	143.00	52.00
2590.00	至	2599.99	1162.00	655.00	446.00	276.00	145.00	53.00
2600.00	至	2609.99	1169.00	660.00	450.00	279.00	147.00	54.00
2610.00	至	2619.99	1176.00	665.00	454.00	282.00	149.00	55.00
2620.00	至	2629.99	1183.00	670.00	458.00	285.00	151.00	56.00
2630.00	至	2639.99	1190.00	675.00	462.00	288.00	153.00	57.00
2640.00	至	2649.99	1197.00	680.00	466.00	291.00	155.00	58.00
2650.00	至	2659.99	1204.00	685.00	470.00	294.00	157.00	59.00
2660.00	至	2669.99	1211.00	690.00	474.00	297.00	159.00	60.00
2670.00	至	2679.99	1218.00	695.00	478.00	300.00	161.00	61.00
2680.00	至	2689.99	1225.00	700.00	482.00	303.00	163.00	62.00
2690.00	至	2699.99	1232.00	705.00	486.00	306.00	165.00	63.00
2700.00	至	2709.99	1239.00	710.00	490.00	309.00	167.00	64.00
2710.00	至	2719.99	1246.00	715.00	494.00	312.00	169.00	65.00
2720.00	至	2729.99	1253.00	720.00	498.00	315.00	171.00	66.00
2730.00	至	2739.99	1260.00	725.00	502.00	318.00	173.00	67.00
2740.00	至	2749.99	1267.00	730.00	506.00	321.00	175.00	68.00
2750.00	至	2759.99	1274.00	735.00	510.00	324.00	177.00	69.00
2760.00	至	2769.99	1281.00	740.00	514.00	327.00	179.00	70.00
2770.00	至	2779.99	1288.00	745.00	518.00	330.00	181.00	71.00
2780.00	至	2789.99	1295.00	750.00	522.00	333.00	183.00	72.00
2790.00	至	2799.99	1302.00	755.00	526.00	336.00	185.00	73.00
2800.00	至	2809.99	1309.00	760.00	530.00	339.00	187.00	74.00
2810.00	至	2819.99	1316.00	765.00	534.00	342.00	189.00	75.00
2820.00	至	2829.99	1323.00	770.00	538.00	345.00	191.00	76.00
2830.00	至	2839.99	1330.00	775.00	542.00	348.00	193.00	77.00
2840.00	至	2849.99	1337.00	780.00	546.00	351.00	195.00	78.00
2850.00	至	2851.00	1344.00	785.00	550.00	354.00	197.00	79.00

超过 2851.00 欧元时扣押全部

表 2

每周纯所得			各种受扶养人数的扣押数额					
			0	1	2	3	4	5 人及 5 人以上
			单位：欧元					
0.00	至	219.99	—	—	—	—	—	—
220.00	至	222.49	1.75	—	—	—	—	—
222.50	至	224.99	3.50	—	—	—	—	—
225.00	至	227.49	5.25	—	—	—	—	—
227.50	至	229.99	7.00	—	—	—	—	—
230.00	至	232.49	8.75	—	—	—	—	—
232.50	至	234.99	10.50	—	—	—	—	—
235.00	至	237.49	12.25	—	—	—	—	—
237.50	至	239.99	14.00	—	—	—	—	—
240.00	至	242.49	15.75	—	—	—	—	—
242.50	至	244.99	17.50	—	—	—	—	—
245.00	至	247.49	19.25	—	—	—	—	—
247.50	至	249.99	21.00	—	—	—	—	—
250.00	至	252.49	22.75	—	—	—	—	—
252.50	至	254.99	24.50	—	—	—	—	—
255.00	至	257.49	26.25	—	—	—	—	—
257.50	至	259.99	28.00	—	—	—	—	—
260.00	至	262.49	29.75	—	—	—	—	—
262.50	至	264.99	31.50	—	—	—	—	—
265.00	至	267.49	33.25	—	—	—	—	—
267.50	至	269.99	35.00	—	—	—	—	—
270.00	至	272.49	36.75	—	—	—	—	—
272.50	至	274.99	38.50	—	—	—	—	—
275.00	至	277.49	40.25	—	—	—	—	—
277.50	至	279.99	42.00	—	—	—	—	—
280.00	至	282.49	43.75	—	—	—	—	—
282.50	至	284.99	45.50	—	—	—	—	—
285.00	至	287.49	47.25	—	—	—	—	—
287.50	至	289.99	49.00	—	—	—	—	—
290.00	至	292.49	50.75	—	—	—	—	—
292.50	至	294.99	52.50	—	—	—	—	—
295.00	至	297.49	54.25	—	—	—	—	—
297.50	至	299.99	56.00	—	—	—	—	—
300.00	至	302.49	57.75	0.75	—	—	—	—
302.50	至	304.99	59.50	2.00	—	—	—	—

每周纯所得			各种受扶养人数的扣押数额					
			0	1	2	3	4	5人及5人以上
			单位:欧元					
305.00	至	307.49	61.25	3.25	—	—	—	—
307.50	至	309.99	63.00	4.50	—	—	—	—
310.00	至	312.49	64.75	5.75	—	—	—	—
312.50	至	314.99	66.50	7.00	—	—	—	—
315.00	至	317.49	68.25	8.25	—	—	—	—
317.50	至	319.99	70.00	9.50	—	—	—	—
320.00	至	322.49	71.75	10.75	—	—	—	—
322.50	至	324.99	73.50	12.00	—	—	—	—
325.00	至	327.49	75.25	13.25	—	—	—	—
327.50	至	329.99	77.00	14.50	—	—	—	—
330.00	至	332.49	78.75	15.75	—	—	—	—
332.50	至	334.99	80.50	17.00	—	—	—	—
335.00	至	337.49	82.25	18.25	—	—	—	—
337.50	至	339.99	84.00	19.50	—	—	—	—
340.00	至	342.49	85.75	20.75	—	—	—	—
342.50	至	344.99	87.50	22.00	—	—	—	—
345.00	至	347.49	89.25	23.25	0.60	—	—	—
347.50	至	349.99	91.00	24.50	1.60	—	—	—
350.00	至	352.49	92.75	25.75	2.60	—	—	—
352.50	至	354.99	94.50	27.00	3.60	—	—	—
355.00	至	357.49	96.25	28.25	4.60	—	—	—
357.50	至	359.99	98.00	29.50	5.60	—	—	—
360.00	至	362.49	99.75	30.75	6.60	—	—	—
362.50	至	364.99	101.50	32.00	7.60	—	—	—
365.00	至	367.49	103.25	33.25	8.60	—	—	—
367.50	至	369.99	105.00	34.50	9.60	—	—	—
370.00	至	372.49	106.75	35.75	10.60	—	—	—
372.50	至	374.99	108.50	37.00	11.60	—	—	—
375.00	至	377.49	110.25	38.25	12.60	—	—	—
377.50	至	379.99	112.00	39.50	13.60	—	—	—
380.00	至	382.49	113.75	40.75	14.60	—	—	—
382.50	至	384.99	115.50	42.00	15.60	—	—	—
385.00	至	387.49	117.25	43.25	16.60	—	—	—
387.50	至	389.99	119.00	44.50	17.60	—	—	—
390.00	至	392.49	120.75	45.75	18.60	0.45	—	—

续表

每周纯所得			各种受扶养人数的扣押数额					
			0	1	2	3	4	5 人及 5 人以上
			单位:欧元					
392.50	至	394.99	122.50	47.00	19.60	1.20	—	—
395.00	至	397.49	124.25	48.25	20.60	1.95	—	—
397.50	至	399.99	126.00	49.50	21.60	2.70	—	—
400.00	至	402.49	127.75	50.75	22.60	3.45	—	—
402.50	至	404.99	129.50	52.00	23.60	4.20	—	—
405.00	至	407.49	131.25	53.25	24.60	4.95	—	—
407.50	至	409.99	133.00	54.50	25.60	5.70	—	—
410.00	至	412.49	134.75	55.75	26.60	6.45	—	—
412.50	至	414.99	136.50	57.00	27.60	7.20	—	—
415.00	至	417.49	138.25	58.25	28.60	7.95	—	—
417.50	至	419.99	140.00	59.50	29.60	8.70	—	—
420.00	至	422.49	141.75	60.75	30.60	9.45	—	—
422.50	至	424.99	143.50	62.00	31.60	10.20	—	—
425.00	至	427.49	145.25	63.25	32.60	10.95	—	—
427.50	至	429.99	147.00	64.50	33.60	11.70	—	—
430.00	至	432.49	148.75	65.75	34.60	12.45	—	—
432.50	至	434.99	150.50	67.00	35.60	13.20	—	—
435.00	至	437.49	152.25	68.25	36.60	13.95	0.30	—
437.50	至	439.99	154.00	69.50	37.60	14.70	0.80	—
440.00	至	442.49	155.75	70.75	38.60	15.45	1.30	—
442.50	至	444.99	157.50	72.00	39.60	16.20	1.80	—
445.00	至	447.49	159.25	73.25	40.60	16.95	2.30	—
447.50	至	449.99	161.00	74.50	41.60	17.70	2.80	—
450.00	至	452.49	162.75	75.75	42.60	18.45	3.30	—
452.50	至	454.99	164.50	77.00	43.60	19.20	3.80	—
455.00	至	457.49	166.25	78.25	44.60	19.95	4.30	—
457.50	至	459.99	168.00	79.50	45.60	20.70	4.80	—
460.00	至	462.49	169.75	80.75	46.60	21.45	5.30	—
462.50	至	464.99	171.50	82.00	47.60	22.20	5.80	—
465.00	至	467.49	173.25	83.25	48.60	22.95	6.30	—
467.50	至	469.99	175.00	84.50	49.60	23.70	6.80	—
470.00	至	472.49	176.75	85.75	50.60	24.45	7.30	—
472.50	至	474.99	178.50	87.00	51.60	25.20	7.80	—
475.00	至	477.49	180.25	88.25	52.60	25.95	8.30	—
477.50	至	479.99	182.00	89.50	53.60	26.70	8.80	—
480.00	至	482.49	183.75	90.75	54.60	27.45	9.30	0.15
482.50	至	484.99	185.50	92.00	55.60	28.20	9.80	0.40

每周纯所得			各种受扶养人数的扣押数额					
			0	1	2	3	4	5人及 5人以上
			单位:欧元					
485.00	至	487.49	187.25	93.25	56.60	28.95	10.30	0.65
487.50	至	489.99	189.00	94.50	57.60	29.70	10.80	0.90
490.00	至	492.49	190.75	95.75	58.60	30.45	11.30	1.15
492.50	至	494.99	192.50	97.00	59.60	31.20	11.80	1.40
495.00	至	497.49	194.25	98.25	60.60	31.95	12.30	1.65
497.50	至	499.99	196.00	99.50	61.60	32.70	12.80	1.90
500.00	至	502.49	197.75	100.75	62.60	33.45	13.30	2.15
502.50	至	504.99	199.50	102.00	63.60	34.20	13.80	2.40
505.00	至	507.49	201.25	103.25	64.60	34.95	14.30	2.65
507.50	至	509.99	203.00	104.50	65.60	35.70	14.80	2.90
510.00	至	512.49	204.75	105.75	66.60	36.45	15.30	3.15
512.50	至	514.99	206.50	107.00	67.60	37.20	15.80	3.40
515.00	至	517.49	208.25	108.25	68.60	37.95	16.30	3.65
517.50	至	519.99	210.00	109.50	69.60	38.70	16.80	3.90
520.00	至	522.49	211.75	110.75	70.60	39.45	17.30	4.15
522.50	至	524.99	213.50	112.00	71.60	40.20	17.80	4.40
525.00	至	527.49	215.25	113.25	72.60	40.95	18.30	4.65
527.50	至	529.99	217.00	114.50	73.60	41.70	18.80	4.90
530.00	至	532.49	218.75	115.75	74.60	42.45	19.30	5.15
532.50	至	534.99	220.50	117.00	75.60	43.20	19.80	5.40
535.00	至	537.49	222.25	118.25	76.60	43.95	20.30	5.65
537.50	至	539.99	224.00	119.50	77.60	44.70	20.80	5.90
540.00	至	542.49	225.75	120.75	78.60	45.45	21.30	6.15
542.50	至	544.99	227.50	122.00	79.60	46.20	21.80	6.40
545.00	至	547.49	229.25	123.25	80.60	46.95	22.30	6.65
547.50	至	549.99	231.00	124.50	81.60	47.70	22.80	6.90
550.00	至	552.49	232.75	125.75	82.60	48.45	23.30	7.15
552.50	至	554.99	234.50	127.00	83.60	49.20	23.80	7.40
555.00	至	557.49	236.25	128.25	84.60	49.95	24.30	7.65
557.50	至	559.99	238.00	129.50	85.60	50.70	24.80	7.90
560.00	至	562.49	239.75	130.75	86.60	51.45	25.30	8.15
562.50	至	564.99	241.50	132.00	87.60	52.20	25.80	8.40
565.00	至	567.49	243.25	133.25	88.60	52.95	26.30	8.65
567.50	至	569.99	245.00	134.50	89.60	53.70	26.80	8.90
570.00	至	572.49	246.75	135.75	90.60	54.45	27.30	9.15
572.50	至	574.99	248.50	137.00	91.60	55.20	27.80	9.40
575.00	至	577.49	250.25	138.25	92.60	55.95	28.30	9.65

每周纯所得			各种受扶养人数的扣押数额					
			0	1	2	3	4	5 人及 5 人以上
			单位:欧元					
577.50	至	579.99	252.00	139.50	93.60	56.70	28.80	9.90
580.00	至	582.49	253.75	140.75	94.60	57.45	29.30	10.15
582.50	至	584.99	255.50	142.00	95.60	58.20	29.80	10.40
585.00	至	587.49	257.25	143.25	96.60	58.95	30.30	10.65
587.50	至	589.99	259.00	144.50	97.60	59.70	30.80	10.90
590.00	至	592.49	260.75	145.75	98.60	60.45	31.30	11.15
592.50	至	594.99	262.50	147.00	99.60	61.20	31.80	11.40
595.00	至	597.49	264.25	148.25	100.60	61.95	32.30	11.65
597.50	至	599.99	266.00	149.50	101.60	62.70	32.80	11.90
600.00	至	602.49	267.75	150.75	102.60	63.45	33.30	12.15
602.50	至	604.99	269.50	152.00	103.60	64.20	33.80	12.40
605.00	至	607.49	271.25	153.25	104.60	64.95	34.30	12.65
607.50	至	609.99	273.00	154.50	105.60	65.70	34.80	12.90
610.00	至	612.49	274.75	155.75	106.60	66.45	35.30	13.15
612.50	至	614.99	276.50	157.00	107.60	67.20	35.80	13.40
615.00	至	617.49	278.25	158.25	108.60	67.95	36.30	13.65
617.50	至	619.99	280.00	159.50	109.60	68.70	36.80	13.90
620.00	至	622.49	281.75	160.75	110.60	69.45	37.30	14.15
622.50	至	624.99	283.50	162.00	111.60	70.20	37.80	14.40
625.00	至	627.49	285.25	163.25	112.60	70.95	38.30	14.65
627.50	至	629.99	287.00	164.50	113.60	71.70	38.80	14.90
630.00	至	632.49	288.75	165.75	114.60	72.45	39.30	15.15
632.50	至	634.99	290.50	167.00	115.60	73.20	39.80	15.40
635.00	至	637.49	292.25	168.25	116.60	73.95	40.30	15.65
637.50	至	639.99	294.00	169.50	117.60	74.70	40.80	15.90
640.00	至	642.49	295.75	170.75	118.60	75.45	41.30	16.15
642.50	至	644.99	297.50	172.00	119.60	76.20	41.80	16.40
645.00	至	647.49	299.25	173.25	120.60	76.95	42.30	16.65
647.50	至	649.99	301.00	174.50	121.60	77.70	42.80	16.90
650.00	至	652.49	302.75	175.75	122.60	78.45	43.30	17.15
652.50	至	654.99	304.50	177.00	123.60	79.20	43.80	17.40
655.00	至	657.49	306.25	178.25	124.60	79.95	44.30	17.65
657.50	至	658.00	308.00	179.50	125.60	80.70	44.80	17.90

超过 658.00 欧元时扣押全部

表 3

每日纯所得			各种受扶养人数的扣押数额					
			0	1	2	3	4	5 人及 5 人以上
			单位:欧元					
0.00	至	43.99	—	—	—	—	—	—
44.00	至	44.49	0.35	—	—	—	—	—
44.50	至	44.99	0.70	—	—	—	—	—
45.00	至	45.49	1.05	—	—	—	—	—
45.50	至	45.99	1.40	—	—	—	—	—
46.00	至	46.49	1.75	—	—	—	—	—
46.50	至	46.99	2.10	—	—	—	—	—
47.00	至	47.49	2.45	—	—	—	—	—
47.50	至	47.99	2.80	—	—	—	—	—
48.00	至	48.49	3.15	—	—	—	—	—
48.50	至	48.99	3.50	—	—	—	—	—
49.00	至	49.49	3.85	—	—	—	—	—
49.50	至	49.99	4.20	—	—	—	—	—
50.00	至	50.49	4.55	—	—	—	—	—
50.50	至	50.99	4.90	—	—	—	—	—
51.00	至	51.49	5.25	—	—	—	—	—
51.50	至	51.99	5.60	—	—	—	—	—
52.00	至	52.49	5.95	—	—	—	—	—
52.50	至	52.99	6.30	—	—	—	—	—
53.00	至	53.49	6.65	—	—	—	—	—
53.50	至	53.99	7.00	—	—	—	—	—
54.00	至	54.49	7.35	—	—	—	—	—
54.50	至	54.99	7.70	—	—	—	—	—
55.00	至	55.49	8.05	—	—	—	—	—
55.50	至	55.99	8.40	—	—	—	—	—
56.00	至	56.49	8.75	—	—	—	—	—
56.50	至	56.99	9.10	—	—	—	—	—
57.00	至	57.49	9.45	—	—	—	—	—
57.50	至	57.99	9.80	—	—	—	—	—
58.00	至	58.49	10.15	—	—	—	—	—
58.50	至	58.99	10.50	—	—	—	—	—
59.00	至	59.49	10.85	—	—	—	—	—
59.50	至	59.99	11.20	—	—	—	—	—
60.00	至	60.49	11.55	—	—	—	—	—
60.50	至	60.99	11.90	—	—	—	—	—

外国民事诉讼法译丛

德国民事诉讼法

续表

每日纯所得			各种受扶养人数的扣押数额					
			0	1	2	3	4	5人及5人以上
			单位:欧元					
61.00	至	61.49	12.25	0.25	—	—	—	—
61.50	至	61.99	12.60	0.50	—	—	—	—
62.00	至	62.49	12.95	0.75	—	—	—	—
62.50	至	62.99	13.30	1.00	—	—	—	—
63.00	至	63.49	13.65	1.25	—	—	—	—
63.50	至	63.99	14.00	1.50	—	—	—	—
64.00	至	64.49	14.35	1.75	—	—	—	—
64.50	至	64.99	14.70	2.00	—	—	—	—
65.00	至	65.49	15.05	2.25	—	—	—	—
65.50	至	65.99	15.40	2.50	—	—	—	—
66.00	至	66.49	15.75	2.75	—	—	—	—
66.50	至	66.99	16.10	3.00	—	—	—	—
67.00	至	67.49	16.45	3.25	—	—	—	—
67.50	至	67.99	16.80	3.50	—	—	—	—
68.00	至	68.49	17.15	3.75	—	—	—	—
68.50	至	68.99	17.50	4.00	—	—	—	—
69.00	至	69.49	17.85	4.25	—	—	—	—
69.50	至	69.99	18.20	4.50	—	—	—	—
70.00	至	70.49	18.55	4.75	0.20	—	—	—
70.50	至	70.99	18.90	5.00	0.40	—	—	—
71.00	至	71.49	19.25	5.25	0.60	—	—	—
71.50	至	71.99	19.60	5.50	0.80	—	—	—
72.00	至	72.49	19.95	5.75	1.00	—	—	—
72.50	至	72.99	20.30	6.00	1.20	—	—	—
73.00	至	73.49	20.65	6.25	1.40	—	—	—
73.50	至	73.99	21.00	6.50	1.60	—	—	—
74.00	至	74.49	21.35	6.75	1.80	—	—	—
74.50	至	74.99	21.70	7.00	2.00	—	—	—
75.00	至	75.49	22.05	7.25	2.20	—	—	—
75.50	至	75.99	22.40	7.50	2.40	—	—	—
76.00	至	76.49	22.75	7.75	2.60	—	—	—
76.50	至	76.99	23.10	8.00	2.80	—	—	—
77.00	至	77.49	23.45	8.25	3.00	—	—	—
77.50	至	77.99	23.80	8.50	3.20	—	—	—
78.00	至	78.49	24.15	8.75	3.40	—	—	—

每日纯所得			各种受扶养人数的扣押数额					
			0	1	2	3	4	5人及 5人以上
			单位:欧元					
78.50	至	78.99	24.50	9.00	3.60	—	—	—
79.00	至	79.49	24.85	9.25	3.80	0.15	—	—
79.50	至	79.99	25.20	9.50	4.00	0.30	—	—
80.00	至	80.49	25.55	9.75	4.20	0.45	—	—
80.50	至	80.99	25.90	10.00	4.40	0.60	—	—
81.00	至	81.49	26.25	10.25	4.60	0.75	—	—
81.50	至	81.99	26.60	10.50	4.80	0.90	—	—
82.00	至	82.49	26.95	10.75	5.00	1.05	—	—
82.50	至	82.99	27.30	11.00	5.20	1.20	—	—
83.00	至	83.49	27.65	11.25	5.40	1.35	—	—
83.50	至	83.99	28.00	11.50	5.60	1.50	—	—
84.00	至	84.49	28.35	11.75	5.80	1.65	—	—
84.50	至	84.99	28.70	12.00	6.00	1.80	—	—
85.00	至	85.49	29.05	12.25	6.20	1.95	—	—
85.50	至	85.99	29.40	12.50	6.40	2.10	—	—
86.00	至	86.49	29.75	12.75	6.60	2.25	—	—
86.50	至	86.99	30.10	13.00	6.80	2.40	—	—
87.00	至	87.49	30.45	13.25	7.00	2.55	—	—
87.50	至	87.99	30.80	13.50	7.20	2.70	—	—
88.00	至	88.49	31.15	13.75	7.40	2.85	0.10	—
88.50	至	88.99	31.50	14.00	7.60	3.00	0.20	—
89.00	至	89.49	31.85	14.25	7.80	3.15	0.30	—
89.50	至	89.99	32.20	14.50	8.00	3.30	0.40	—
90.00	至	90.49	32.55	14.75	8.20	3.45	0.50	—
90.50	至	90.99	32.90	15.00	8.40	3.60	0.60	—
91.00	至	91.49	33.25	15.25	8.60	3.75	0.70	—
91.50	至	91.99	33.60	15.50	8.80	3.90	0.80	—
92.00	至	92.49	33.95	15.75	9.00	4.05	0.90	—
92.50	至	92.99	34.30	16.00	9.20	4.20	1.00	—
93.00	至	93.49	34.65	16.25	9.40	4.35	1.10	—
93.50	至	93.99	35.00	16.50	9.60	4.50	1.20	—
94.00	至	94.49	35.35	16.75	9.80	4.65	1.30	—
94.50	至	94.99	35.70	17.00	10.00	4.80	1.40	—
95.00	至	95.49	36.05	17.25	10.20	4.95	1.50	—
95.50	至	95.99	36.40	17.50	10.40	5.10	1.60	—
96.00	至	96.49	36.75	17.75	10.60	5.25	1.70	—

续表

每日纯所得			各种受扶养人数的扣押数额					
			0	1	2	3	4	5 人及 5 人以上
			单位:欧元					
96.50	至	96.99	37.10	18.00	10.80	5.40	1.80	—
97.00	至	97.49	37.45	18.25	11.00	5.55	1.90	0.05
97.50	至	97.99	37.80	18.50	11.20	5.70	2.00	0.10
98.00	至	98.49	38.15	18.75	11.40	5.85	2.10	0.15
98.50	至	98.99	38.50	19.00	11.60	6.00	2.20	0.20
99.00	至	99.49	38.85	19.25	11.80	6.15	2.30	0.25
99.50	至	99.99	39.20	19.50	12.00	6.30	2.40	0.30
100.00	至	100.49	39.55	19.75	12.20	6.45	2.50	0.35
100.50	至	100.99	39.90	20.00	12.40	6.60	2.60	0.40
101.00	至	101.49	40.25	20.25	12.60	6.75	2.70	0.45
101.50	至	101.99	40.60	20.50	12.80	6.90	2.80	0.50
102.00	至	102.49	40.95	20.75	13.00	7.05	2.90	0.55
102.50	至	102.99	41.30	21.00	13.20	7.20	3.00	0.60
103.00	至	103.49	41.65	21.25	13.40	7.35	3.10	0.65
103.50	至	103.99	42.00	21.50	13.60	7.50	3.20	0.70
104.00	至	104.49	42.35	21.75	13.80	7.65	3.30	0.75
104.50	至	104.99	42.70	22.00	14.00	7.80	3.40	0.80
105.00	至	105.49	43.05	22.25	14.20	7.95	3.50	0.85
105.50	至	105.99	43.40	22.50	14.40	8.10	3.60	0.90
106.00	至	106.49	43.75	22.75	14.60	8.25	3.70	0.95
106.50	至	106.99	44.10	23.00	14.80	8.40	3.80	1.00
107.00	至	107.49	44.45	23.25	15.00	8.55	3.90	1.05
107.50	至	107.99	44.80	23.50	15.20	8.70	4.00	1.10
108.00	至	108.49	45.15	23.75	15.40	8.85	4.10	1.15
108.50	至	108.99	45.50	24.00	15.60	9.00	4.20	1.20
109.00	至	109.49	45.85	24.25	15.80	9.15	4.30	1.25
109.50	至	109.99	46.20	24.50	16.00	9.30	4.40	1.30
110.00	至	110.49	46.55	24.75	16.20	9.45	4.50	1.35
110.50	至	110.99	46.90	25.00	16.40	9.60	4.60	1.40
111.00	至	111.49	47.25	25.25	16.60	9.75	4.70	1.45
111.50	至	111.99	47.60	25.50	16.80	9.90	4.80	1.50
112.00	至	112.49	47.95	25.75	17.00	10.05	4.90	1.55
112.50	至	112.99	48.30	26.00	17.20	10.20	5.00	1.60
113.00	至	113.49	48.65	26.25	17.40	10.35	5.10	1.65
113.50	至	113.99	49.00	26.50	17.60	10.50	5.20	1.70
114.00	至	114.49	49.35	26.75	17.80	10.65	5.30	1.75

每日纯所得			各种受扶养人数的扣押数额					
			0	1	2	3	4	5人及 5人以上
			单位:欧元					
114.50	至	114.99	49.70	27.00	18.00	10.80	5.40	1.80
115.00	至	115.49	50.05	27.25	18.20	10.95	5.50	1.85
115.50	至	115.99	50.40	27.50	18.40	11.10	5.60	1.90
116.00	至	116.49	50.75	27.75	18.60	11.25	5.70	1.95
116.50	至	116.99	51.10	28.00	18.80	11.40	5.80	2.00
117.00	至	117.49	51.45	28.25	19.00	11.55	5.90	2.05
117.50	至	117.99	51.80	28.50	19.20	11.70	6.00	2.10
118.00	至	118.49	52.15	28.75	19.40	11.85	6.10	2.15
118.50	至	118.99	52.50	29.00	19.60	12.00	6.20	2.20
119.00	至	119.49	52.85	29.25	19.80	12.15	6.30	2.25
119.50	至	119.99	53.20	29.50	20.00	12.30	6.40	2.30
120.00	至	120.49	53.55	29.75	20.20	12.45	6.50	2.35
120.50	至	120.99	53.90	30.00	20.40	12.60	6.60	2.40
121.00	至	121.49	54.25	30.25	20.60	12.75	6.70	2.45
121.50	至	121.99	54.60	30.50	20.80	12.90	6.80	2.50
122.00	至	122.49	54.95	30.75	21.00	13.05	6.90	2.55
122.50	至	122.99	55.30	31.00	21.20	13.20	7.00	2.60
123.00	至	123.49	55.65	31.25	21.40	13.35	7.10	2.65
123.50	至	123.99	56.00	31.50	21.60	13.50	7.20	2.70
124.00	至	124.49	56.35	31.75	21.80	13.65	7.30	2.75
124.50	至	124.99	56.70	32.00	22.00	13.80	7.40	2.80
125.00	至	125.49	57.05	32.25	22.20	13.95	7.50	2.85
125.50	至	125.99	57.40	32.50	22.40	14.10	7.60	2.90
126.00	至	126.49	57.75	32.75	22.60	14.25	7.70	2.95
126.50	至	126.99	58.10	33.00	22.80	14.40	7.80	3.00
127.00	至	127.49	58.45	33.25	23.00	14.55	7.90	3.05
127.50	至	127.99	58.80	33.50	23.20	14.70	8.00	3.10
128.00	至	128.49	59.15	33.75	23.40	14.85	8.10	3.15
128.50	至	128.99	59.50	34.00	23.60	15.00	8.20	3.20
129.00	至	129.49	59.85	34.25	23.80	15.15	8.30	3.25
129.50	至	129.99	60.20	34.50	24.00	15.30	8.40	3.30
130.00	至	130.49	60.55	34.75	24.20	15.45	8.50	3.35
130.50	至	130.99	60.90	35.00	24.40	15.60	8.60	3.40
131.00	至	131.49	61.25	35.25	24.60	15.75	8.70	3.45
131.50	至	131.58	61.60	35.50	24.80	15.90	8.80	3.50
超过 131.58 欧元时扣押全部								

德国调解法

2012 年 7 月 21 日颁布

第一条【定义】

(1)调解是当事人借助一个或多个调解员的帮助,以自愿和自我负责的方式,为和好一致地解决他们之间争议所实施的保密的框架程序。

(2)调解员是引领双方当事人进行调解的,独立、中立且不拥有裁判权限的人员。

第二条【程序;调解员的任务】

(1)调解员由双方当事人选任。

(2)调解员需核实双方当事人确已理解调解的原则和程序,并系自愿参加调解。

(3)调解员有义务平等对待所有当事人。调解员应当促进当事人之间的交流,并确保当事人以适当且公平的方式参与调解。调解员可以在各方均同意的情况下与当事人分别进行谈话。

(4)所有当事人均同意时,第三人方可参与调解。

(5)当事人可以随时终结调解。调解员可以随时终结调解,特别是当他认为不能期待进行自我负责的沟通或者当事人达成一致无望时。

(6)当事人达成一致的,调解员应确保当事人系在明了案情的情形下达成协议并理解协议的内容。调解员必须向未利用专业咨询的调解参与人说明:其在必要时可以使外部咨询人员对协议进行审查。经当事人一致同意,调解员可以通过最终协议的形式记录所达成的一致。

第三条【披露义务;活动限制】

(1)调解员应当向当事人披露影响其独立性与中立性的一切事项。存在这种事项的,不得作为调解员从事活动,当事人明确同意的除外。

(2)调解前在同一案件中为一方当事人从事过活动的人,不得担任调解员。调解员亦不得在调解中和调解后在同一案件中为一方当事人从事活动。

(3)与调解前在同一案件中为一方当事人从事活动的人处于同一职业活动团体或者办公团体的其他人员亦不得担任调解员。这一其他人员也不得在调解中或调解后在同一案件中为一方当事人从事活动。

（4）在具体案件中，如果相关当事人在获知详尽信息后表示同意，且该同意无损于司法利益，则不适用第三款的规定。

（5）经要求，调解员有义务将其专业背景、培训情况和调解经验向当事人说明。

第四条【保密义务】

调解员和与实施调解相关的人员负有保密义务，法律另有规定的除外。这一业务涉及他们在实施调解过程中获悉的一切信息。除非法律另有涉及保密义务的规定，否则下列情形不适用保密义务：

1.为转化或执行协议，需要公开在调解程序中达成的协议内容；

2.出于优先的公共秩序的原因必须公开，特别是为了防止危害儿童福利，或为了防止严重损害个人的身心健康；

3.众所周知的事实或从其意义上看无须保密的事实。

调解员应当将其保密义务的范围告知当事人。

第五条【调解员的培训与进修；认证调解员】

（1）调解员本着其负责的精神通过适当培训与定期进修确保自身掌握理论知识与实践经验，以便能以内行的方式引导当事人进行调解。适当的培训尤其应当传授如下内容：

1.调解的基础知识、有关调解进程与框架条件的知识；

2.谈判与沟通的技巧；

3.冲突解决能力；

4.调解法知识以及法律在调解中的作用；

5.实践训练、角色模拟和监督管理。

（2）依据本法第六条规定的法律性命令完成了培训的调解员，可以使用"认证调解员"的称号。

（3）认证调解员必须按照本法第六条规定的法律性命令参加进修。

第六条【授权发布法律性命令】

无须经联邦参议院批准，联邦司法部有权发布法律性命令对认证调解员的培训、进修以及培训与进修机构的资质作出详细规定。第一句中规定的法律性命令尤其可规定下列内容：

1.关于培训内容的详细规定，应当包括第五条第一款第二句规定的认证调解员的培训内容，以及要求具有必要的实践经验；

2.对进修内容进行详细规定；

3.培训与进修的最低学时数；

4.进修的时间间隔;

5.对培训与进修机构配置的师资力量作出要求;

6.对培训与进修机构向参加培训与进修课程发放认证以及以何种方式发放认证作出规定;

7.关于培训结业的规定;

8.对本法生效前就已作为调解员从事活动的人员作出过渡性规定。

第七条 【科研计划;对调解的财政资助】

(1)联邦可以与各州协商制定科研计划,对向各州提供的调解财政资助进行调查研究。

(2)在研究计划范围内,经权利寻求人的申请可以批准向其提供资助,如果该人依照其个人与经济状况不能支付调解的费用、只能支付部分费用或仅能分期支付,并且他所诉求的法律后果或者法律防御不是轻率的。对该申请,由对程序享有管辖权且实施研究计划的法院进行裁定。对此项裁定不可声明不服。其细节由联邦与各州根据第一款达成的协议作出规定。

(3)联邦政府在科研计划结束后就所收集的经验与获得的成果向德国联邦议会报告。

第八条 【评估】

(1)联邦政府在 2017 年 7 月 26 日前,考虑各州成文法的开放性条款,向联邦议员报告本法对德国调解制度的发展所产生的影响,并对调解员培训与进修的情况进行报告。在报告中尤其应当检查与评估,出于质量保证及消费者保护的原因,是否有必要出于质量保证及消费者保护的目的,在调解员的培训与进修领域采取进一步的立法措施。

(2)如果报告认为有必要采取立法措施,联邦政府应当对此提供建议。

第九条 【过渡性条款】

(1)法院在 2012 年 7 月 26 日之前对民事案件提供的由非拥有裁判权限的法官在法院内程序中实施的调解,可以继续实施至 2013 年 8 月 1 日。

(2)第一款的规定准用于行政法院、社会法院、财税法院和劳动法院管辖范围内的调解。

德国法官法

1972 年 4 月 19 日颁布

最后一次修改：2011 年 12 月 6 日

第一章　联邦和各州的法官职务

第一节　一般规定

第一条【职业法官和名誉法官】

司法权由职业法官和名誉法官行使。

第二条【适用】

除本法另有规定外，本法的规定仅适用于职业法官。

第三条【服务对象】

法官服务于联邦或者某一个联邦州。

第四条【冲突职责】

(1)法官在履行司法职责时，不得同时履行立法或者行政职责。

(2)但法官在履行司法职责之外，还可以承担下列任务：

1.法院管理任务；

2.法律分配给法院或者法官的其他任务；

3.学术型高校、公共授课机构或者官方授课机构中的研究和教学任务；

4.考试事务；

5.《联邦人事代表法》第一百零四条第二句规定的机构或者相应独立机构的主席。

第二节　法官资格

第五条【法官资格】

(1)大学法学专业毕业后即参加见习服务并且结业的人员，取得法官资格，大学法学教育以第一次司法考试毕业，见习服务以第二次国家司法考试结业；第一次司法考试由专业科目大学考试和必修科目国家考试组成。

(2)大学教育和见习服务培训在内容安排上应当相互协调一致。

第五条之一 【大学教育】

(1)大学教育的最低学制为四年;能够证明自己已取得参加专业科目大学考试和必修科目国家考试所必需的所有成绩的,上述时间也可以少于四年。在申请人的大学教育中,至少应当有两年是在本法适用范围内的大学完成的。

(2)大学教育的内容是必修科目和申请人自选的专业科目。除此之外,申请人还应当证明自己成功参加了一门外语法学课程或者一门针对法学的语言课程;州法可以规定,外语能力也可以通过其他方式证明。必修科目是指民法、刑法、公法和程序法的核心领域,包括相关的欧洲法、法学方法以及哲学、历史和社会基础。专业科目是大学教育的补充和相关必修科目的深化,同时还传授法律跨学科和国际化方面的知识。

(3)大学教育的内容兼顾司法、行政和法律咨询实务,同时包括从事上述实务活动所必需的审理、谈话、修辞、争议解决、调解、审讯、交流能力等核心能力。实习在假期进行,总计不得少于三个月。州法可以规定,实习应当在同一个实习机构连贯地进行。

(4)州法对大学教育作出进一步的规定。

第五条之二 【见习服务】

(1)见习服务的时间为两年。

(2)见习服务培训分别在下列法定培训机构:

1.普通法院的民事庭;

2.检察院或者法院的刑事庭;

3.行政机关;

4.律师;

和一个或者多个能够提供专业培训的自选培训机构进行。

(3)培训可以在适当范围内在超国家、国家间、外国培训机构或者外国律师事务所进行。大学法学院和德国施派尔行政学院的培训可以折算。州法可以规定,第二款第一项的培训可以部分地在劳动法院进行,第二款第三项规定的培训可以部分地在行政法院、财政法院或者社会法院进行。

(4)每个法定培训机构的培训时间至少为三个月,在律师事务所的培训时间至少为九个月;州法可以规定,第二款第四项规定的培训可以部分地在公证处、企业、协会或者其他能够提供专业法律咨询培训的机构进行,但该部分不得超过三个月。在个别情形,可以基于令人信服的事由延长见习服务,但成绩不够不得作为延长事由。

(5)培训期间可以设置一定的培训课程,培训课程的时间总计不得超过三个月。

(6)州法对见习服务作出进一步的规定。

第五条之三【职业培训的折算】

(1)中级司法职务培训或者非技术性中级行政职务培训结业的人员,可以申请将其完成的培训折算成上一条规定的培训,折算的时间总计不得超过十八个月。其中,折算成见习服务的时间不得超过六个月。

(2)州法对职业培训的折算作出进一步的规定。

第五条之四【考试】

(1)国家考试和大学考试都兼顾司法、行政和法律咨询实务,同时考查本法第五条之一第三款第一句规定的从事实务活动所必需的核心能力;外语能力也可以作为考查的内容,本法第五条之一第二款第二句的规定不受影响。考试要求与成绩评定之间的一致性应当予以保证。联邦司法部根据本法的授权制定法律确定所有考试单项成绩和总成绩的成绩等级和分数评定标准,该授权立法应当经联邦参议院的许可。

(2)专业科目大学考试和必修科目国家考试在内容安排上应当以四个半学年完成大学法学教育为准。专业科目大学考试至少应当包括一份笔试作业。必修科目国家考试应当包括笔试和口试;州法可以规定,考试可以在大学教育期间进行,但不得在前两个半学年进行。第一次司法考试证书记载考生所通过的专业科目大学考试和必修科目国家考试的结果和考试总成绩,在考试总成绩中,必修科目国家考试的成绩占70%,专业科目大学考试的成绩占30%;考生通过必修科目国家考试所在的州负责向其颁发司法考试证书。

(3)第二次国家考试中的笔试最早可以在培训的第十八个月完成,最迟应当在培训的第二十一个月完成。它至少应当考查法定培训的内容。如果州法在闭卷考试之外还规定了课外作业,该州法还可以规定,课外作业应当在最后一个阶段的培训结束之后完成。口试考查全部培训的内容。

(4)在国家考试中,考试主管机关如果根据总体印象认为可以更准确地评定候选人的成绩时,就可以在决定考试成绩时对计算出来的总成绩进行一定的调整,但调整不得对候选人是否能够通过考试有影响;第二次国家考试中的调整应当考虑候选人在见习服务中取得的成绩。调整的幅度不得超过成绩等级平均分数段的三分之一。口试成绩在总成绩中的比重不得超过 40％。在见习服务中取得的成绩不得计入第二次国家考试总成绩。

（5）必修科目国家考试可以重考一次。及早报名参加必修科目国家考试并且完整地参加了规定的所有部分的申请人，如果未能通过，视为未参加该考试。尤其是关于报名期限、在国外接受大学教育的时间、病假和休假时间折算成大学教育的时间以及中断考试的法律后果，由州法作出进一步的规定。州法可以对为提高成绩而重考国家考试作出规定。

（6）州法对考试作出进一步的规定。

第六条【考试的认证】

（1）不得仅仅因为申请人的专业科目大学考试或者必修科目国家考试（本法第五条）是在本法适用范围内的其他州参加的，就不准其在本州参加见习服务。在本法适用范围内的任何一个州的见习服务时间，都可以在德国的任何一个其他州进行折算。

（2）在本法适用范围内的任何一个州取得了第五条规定的法官资格，就意味着在联邦和任何一个德国联邦州均取得了法官资格。

第七条【大学教授】

本法适用范围内任何一所大学的法学教席教授都具有法官资格。

第三节　法官关系

第八条【法官职务的法律形式】

法官只能以终身法官、任期法官、试用法官或者代理法官的法律形式任命。

第九条【任职条件】

只有具备下列条件的人员方可被任命为法官：

1.《基本法》第一百一十六条规定的德国人；

2.保证随时为《基本法》所规定的自由民主的基本秩序而努力；

3.具备法官资格（第五条至第七条）；

4.具备必要的社会能力。

第十条【终身法官的任命】

（1）取得法官资格后担任法官职务三年以上的，才能被任命为终身法官。

（2）从事下列工作的时间可以折算成第一款规定的任职时间：

1.担任高级行政官员；

2.担任德国公职或者在国家间或者超国家机构任职，但上述工作的类型和意义应与高级行政官员的工作相当；

3.取得教授资格后在德国的学术型高校担任法学教师；

4.在律师事务所或者公证处担任律师、公证员或者候补文官；

5.从事其他职业，但从事该职业在传授担任法官职务所必需的知识和经验方面应当与第一项至第四项规定的工作相当。

从事上述工作两年以上的折算应当以被提名人具备特殊知识和经验为前提。

第十一条【任期法官的任命】

只有符合联邦议会制定的法律所规定的条件并且为了完成联邦议会制定的法律所规定的任务，才能任命任期法官。

第十二条【试用法官的任命】

（1）终身法官和检察官在任职之前，可以先被任命为试用法官。

（2）试用法官最迟在任职满五年之时，应当被任命为终身法官或者终身检察官。如果在任职期间有不带薪休假，上述期间应当相应地延长。

第十三条【试用法官的任用】

只有在法院、法院管理机构或者检察院任用试用法官才不需要征得法官本人的同意。

第十四条【代理法官】

（1）终身公务员或者任期公务员在被任用为终身法官之前，可以被任命为代理法官。

（2）（废除）

第十五条【公务员关系的效力】

（1）代理法官任职之前的职务继续保留。薪俸和福利仍然按照之前的职务确定。在代理法官关系存续期间，其他基于公务员关系的权利和义务中止，但保密义务和禁止收受礼物的义务除外。

（2）如果法官关系是与另一个服务对象建立的，那么该服务对象也有支付薪俸的义务。

第十六条【代理法官的任用期限】

（1）代理法官最迟在任职满两年之时，应当被任命为终身法官或者作为候选人推荐给法官选举委员会。代理法官如果不接受任命，其代理法官关系终止。

（2）关于代理法官的任用，适用试用法官的规定。

第十七条【以委任状任命】

（1）法官通过授予委任状任命。

（2）下列情形应当任命法官：

1.建立法官关系；

2.不同种类的法官关系（本法第八条）之间的转换；

3.授予基本薪俸不同的其他职务。

（3）建立法官关系的委任状应当载明"任命担任法官"，并附加"终身"、"任期"、"试用"或者"代理"等文字。在建立任期法官关系时，委任状还应当载明任期。

（4）对于不同种类的法官关系之间的转换，委任状应当根据转任的法官类型载明第三款规定的文字，对于第一次授予职务或者授予基本薪俸不同或者职务称号不同的其他职务，委任状应当载明该职务称号。

第十七条之一

对于放弃法官职位谋求德国联邦议会席位的法官，不得向其授予更高薪俸的其他职务。

第十八条【无效任命】

（1）没有任命权限的机构的任命无效。任命不得事后追认。

（2）除此之外，如果在任命之时存在下列情形，任命无效：

1.被任命的人员不是《基本法》第一百一十六条规定的德国人；

2.（废除）

3.被任命的人员不具有担任公职的资格。

（3）只有在法院作出有法律效力的认定后，才能主张终身法官或者任期法官的任命无效。

第十九条【任命的撤回】

（1）下列情形，应当撤回任命：

1.被任命的人员不具备法官资格；

2.法官选举委员会未依法参与任命程序并且事后拒绝追认任命；

3.基于强迫、恶意欺诈或者贿赂的任命；

4.任命时未发现被任命的人员实施了可能使其不配被任命为法官的犯罪行为，并且因此已经或者后来被生效判决判处刑罚。

（2）如果在任命时未发现被任命的人员在刑事诉讼中已经被停职或

者已经被判决剥夺退休金,应当撤回该任命。

(3)只有基于法院的生效判决才能撤回终身法官或者任期法官的任命,除非该法官书面同意撤回任命。

第十九条之一【职务称号】

(1)终身法官和任期法官的职务称号是"法官"、"庭长"、"主任法官"、"副院长"或者"院长",上述职务名称前还应当附加所在法院的名称"某某法院法官""某某法院庭长""某某法院主任法官""某某法院副院长""某某法院院长"。

(2)代理法官在履行职务时使用"法官"的称号,该称号前还应附加所在法院的名称"某某法院法官"。

(3)试用法官使用"法官"的称号,检察院中的试用法官使用"检察官"的称号。

第二十条【一般工龄】

法官的一般工龄从其担任法官职务之日起算。法官如果在之前就已经担任其他法官职务或者担任拥有相同或者更高基本薪俸的其他职务,其一般工龄从担任该职务之日起算。

第二十一条【免职】

(1)法官出现下列情形之一,当然被免职:

1.丧失《基本法》第一百一十六条规定的德国人身份;

2.更换公法公务关系或者职务关系中的服务对象,但法律另有规定的除外;

3.被任命为职业军人或者有服役期限的军人。

在第二项规定的情形,法官的最高职务主管机关在征得新的服务对象和法官本人的同意后可以决定法官关系与新的公务或者职务关系并存。

(2)法官出现下列情形之一,应当被免职:

1.拒绝宣读法官誓词(第三十八条);

2.在被任命为法官之时为联邦议会或者州议会议员,并且在最高职务主管机关确定的合理期限内不放弃其席位;

3.到达退休年龄后被任命为法官;

4.书面要求免职;

5.到达退休年龄或者丧失工作能力,又不能以退休的方式终止职务关系;

6.未经最高职务主管机关的同意在国外取得住所或者长期居留权。

（3）只有基于法院的生效判决才能免除终身法官或者任期法官的职务，但该法官书面同意被免职的除外。只有在法院作出具有法律效力的认定后，根据第一款对终身法官或者任期法官的免职才生效。

第二十二条【试用法官的免职】

（1）试用法官任职满六个月、十二个月、十八个月或者二十四个月时，可以免除其职务。

（2）试用法官任职满三年或者四年时，可以基于下列原因之一免除其职务：

1.不适于担任法官职务；

2.法官选举委员会拒绝接受其担任终身法官或者任期法官。

（3）除此之外，试用法官可以因为违纪行为而被免职，但该行为应当对终身法官来说也是会在法院的纪律处分程序中受到纪律处分的行为。

（4）如果在任职期间有不带薪休假情形，上述期间应当相应地延长。

（5）在第一款和第二款规定的情形，免职决定最迟应当在免职生效的六周前通知相关法官。

第二十三条【代理法官的免职】

关于试用法官免职的规定适用于代理法官的免职。

第二十四条【以法院判决终止职务关系】

如果本法适用范围内的法院以判决的形式确认一名法官具有下列情形之一：

1.故意实施犯罪行为被判处一年以上有期徒刑；

2.故意实施危害和平、叛乱、危害民主法治国家罪或者叛国、外患罪而被判处有期徒刑；

3.被剥夺担任公职的资格；

4.根据《基本法》第十八条丧失任何一项基本权利。

那么该法官的职务关系自上述法院判决生效时终止，不需要再就终止法官关系作出其他法院判决。

第四节　法官独立

第二十五条【基本原则】

法官独立，只服从于法律。

第二十六条 【职务监督】

(1)对法官的职务监督不得妨碍法官独立。

(2)在确保第一款的前提下,职务监督权限还包括批评法官违法执行公务行为的权限和责令其合法、及时完成公务的权限。

(3)如果法官主张职务监督措施妨碍了其独立性并提出申请,法院就应当按照本法作出裁判。

第二十七条 【担任法官职务】

(1)终身法官和任期法官应当担任某一特定法院的法官职务。

(2)如果法律允许,终身法官和任期法官还可以担任其他法院的法官职务。

第二十八条 【在法院任职的终身法官】

(1)除非联邦议会制定的法律另有规定,只有终身法官才能以法官的身份在法院工作。

(2)只有法官才能担任法院的庭长。由一名以上的法官组成的法庭,应当由一名终身法官担任庭长。

第二十九条 【在法院任职的试用法官、代理法官和派遣法官】

在作出同一判决的法官中,试用法官、代理法官或者派遣法官不得超过一名。试用法官、代理法官或者派遣法官担任法官职务的,应当在业务分配方案中写明。

第三十条 【调任和撤职】

(1)未经终身法官和任期法官书面同意,不得将其调任其他职务或者撤职,除非:

1.经过法官弹劾程序(《基本法》第九十八条第二款和第五款);

2.经过法院纪律处分程序;

3.为维护司法利益(本法第三十一条);

4.由于法院组织的变更(本法第三十二条)。

(2)除第一款第四项规定的情形以外,只有基于法院的生效判决才能宣布法官的调任或者撤职。

(3)对于担任多个法官职务的法官,针对其中一个职务的撤职等同于调任。

第三十一条 【为维护司法利益的调任】

如果法官工作范围以外的事实表明,为避免司法受到重大妨碍需要对法官采取调任措施,则可以让终身法官或者任期法官:

1.担任基本薪俸相同的其他职务；

2.暂时退休；

3.退休。

第三十二条【法院组织的变更】

(1)在变更法院机构或者辖区时,可以让该院的终身法官或者任期法官担任其他法官职务。如果担任基本薪俸相同的其他法官职务是不可能的,也可以让其担任基本薪俸较低的法官职务。

(2)如果担任其他法官职务是不可能的,也可以免除其法官职务。因法院组织变更而被免除法官职务的人员随时可以担任新的法官职务,新法官职务的基本薪俸也可以低于原法官职务。

(3)担任其他法官职务(第一款)和免职(第二款)的决定不得在法院组织变更生效三个月后宣布。

第三十三条【保留全部薪俸】

(1)在本法第三十二条规定的情形,法官在调任或者免职之前的基本薪俸,包括长俸津贴和非临时岗位津贴,保留不变,调任或者免职之前的级别工龄也继续计算。关于其他薪酬,适用薪酬法的一般规定。如果薪酬数额取决于职务地点,薪酬数额就根据被免职(本法第三十二条第二款第一句)前的最后一个职务地点确定。

(2)在适用关于中止支付退休金和多种退休金并存的规定时,被免职的法官视为退休法官。

第三十四条【因丧失工作能力而退休】

只有基于法院的生效判决才能以丧失工作能力为由让终身法官或者任期法官退休,但该法官书面同意被免职的除外。关于限制工作能力的判决准用第一句的规定。

第三十五条【临时禁止执行职务】

在本法第十八条第三款、第十九条第三款、第二十一条第三款、第三十至三十四条规定的处理程序中,法院可以根据申请暂时禁止相关法官执行职务。

第三十六条【人民代表和政府成员】

(1)接受提名竞选德国联邦议会议员或者州立法机构成员的法官如果提出申请,可以在选举日之前两个月获得必要的休假准备选举。

(2)法官如果当选为德国联邦议会议员或者州立法机构成员并且接受了该选举结果,或者被任命为联邦政府或者州政府的成员并且接受了该任命,那么其基于担任法官职务的权利和义务自动终止,无须法院根据其他法律规定作出判决。

第三十七条【派遣】

(1)未经终生法官或者任期法官同意,不得派遣其担任其他职务。

(2)派遣决定应当确定派遣时间。

(3)派遣终生法官或者任期法官代理本系统其他法院的法官职务,可以不经被派遣法官同意,但每年派遣的时间总共不得超过三个月。

第五节　法官的特别义务

第三十八条【法官誓词】

(1)法官应当在法院的公开会议上宣读下列誓词:

"我谨宣誓,依据《德意志联邦共和国基本法》和法律执行法官职务,判决时忠勤尽力,一视同仁,查明事实真相,维护公平正义,愿上帝助我。"

(2)宣誓时可以不宣读"愿上帝助我"。

(3)州法官誓词的内容可以包含对州宪法的义务,法官也可以不在法院,而是以其他方式公开宣读。

第三十九条【法官独立性的维护】

法官无论是在执行职务之时,还是执行职务之外,包括从事政治活动之时的任何行为都不应当危害人民对其独立性的信赖。

第四十条【仲裁员和调解员】

(1)法官只有受仲裁合同双方当事人共同委托或者经中立机构提名,才能获准兼任仲裁员或者仲裁鉴定人。负责决定是否批准法官兼任某一案件仲裁员或者仲裁鉴定人的法官或者按照所在法院的业务分配规定可能负责仲裁案件的法官,不得兼任该案的仲裁员或者仲裁鉴定人。

(2)关于法官兼任组织之间或者组织与个人之间争议的调解员,适用第一款的规定。

第四十一条【法律鉴定】

(1)法官不得在职务之外出具法律鉴定,也不得有偿提供法律意见。

(2)同时担任法官职务的法学或者政治学公职教授出具法律鉴定和提供法律意见,应当经法院管理最高主管机关批准。如果教授从事的法官工作未超出兼职的范围并且出具法律鉴定和提供法律意见不会妨害其职务目的,就可以一般性地或者就具体个案批准其出具法律鉴定和提供法律意见。

第四十二条【司法兼职】

只有在司法领域或者法院管理领域,法官才有义务从事兼职(兼职职务、兼职工作)。

第四十三条【会议秘密】

对于合议和表决的过程,法官即使是在其职务关系终止之后,也应当保守秘密。

第六节　名誉法官

第四十四条【名誉法官的任命和撤职】

(1)只有基于议会制定的法律并且符合法律规定的条件,才能在法院就任名誉法官。

(1A)名誉法官的选举、委任或者聘任应当适当考虑男女性别比例。

(2)在任期届满之前,只有满足法律规定的条件,才能将名誉法官撤职,撤职应当基于法院的生效判决,但该名誉法官同意撤职的除外。

第四十四条之一【不得担任名誉法官的情形】

(1)下列人员不得担任名誉法官职务:

1.违反人道原则或者法治国家原则的;

2.由于曾经担任 1991 年 12 月 20 日通过的《斯塔西档案法》(《联邦法律公报》第一卷第 2272 页)第六条第四款规定的前德意志民主共和国国家安全部的全职或者非官方工作人员或者担任《斯塔西档案法》第六条第五款规定的与上述人员相当的工作人员而不适合担任名誉法官的人员。

(2)负责任命名誉法官的机构可以出于该目的要求被推荐担任名誉法官的人员以署名的形式声明其不具备第一款规定的情形。

第四十四条之二【名誉法官的撤职】

(1)事后发现名誉法官具备本法第四十四条之一第一款规定的情形,应当予以撤职。

(2)除非第三款和第四款另有规定,第一款规定的撤职程序根据该类名誉法官撤职的一般规定。

(3)如果已经提出撤职申请或者已经依职权启动撤职程序,并且存在具备本法第四十四条之一第一款规定的情形的重大嫌疑,负责撤职的法院可以命令相关名誉法官在是否撤职的决定作出之前不得执行职务。该命令不得撤销。

（4）关于是否撤职的决定不得撤销。在撤职决定生效一年之内，被撤职的名誉法官可以申请确认其不具备本法第四十四条之一第一款规定的情形。上级法院以不可撤销的裁定对上述申请作出判决。如果上级法院是一所最高法院或者撤职的决定就是由一所最高法院作出的，应当由作出撤职决定的法院以外的其他审判机构负责对上述确认申请作出判决。如果根据第三句和第四句的规定无法确定管辖的法院，撤职决定是在哪所高等法院辖区内作出的，就由哪所高等法院对上述确认申请作出判决。

第四十五条【名誉法官的独立性和特别义务】

（1）名誉法官在独立性上与职业法官一致。名誉法官应当保守合议秘密（本法第四十三条）。

（1A）任何人不得因为担任或者执行名誉法官职务而受到限制，也不得因为担任或者执行名誉法官职务而受到歧视。名誉法官在执行职务期间，雇主应当减免其工作任务。任何人不得因担任或者执行名誉法官职务而被解除劳动关系。州法的其他规定不受影响。

（2）在名誉法官第一次履行职务之前，庭长应当让其在法院公开会议上宣誓。宣誓针对整个任期有效，连任时，也对紧接着的下一个任期有效。宣誓人在宣誓时应当举起右手。

（3）名誉法官宣誓时宣读下列誓词：

"我谨宣誓，依据《德意志联邦共和国基本法》和法律履行名誉法官义务，判决时忠勤尽力，一视同仁，查明事实真相，维护公平正义，愿上帝助我。"

宣誓时可以不宣读"愿上帝助我"。对此，宣誓人在宣誓之前应当告知庭长。

（4）名誉法官如果指出，他由于信仰或者良知的原因不愿宣誓，可以宣读下列诺言：

"我谨承诺，依据《德意志联邦共和国基本法》和法律履行名誉法官义务，判决时忠勤尽力，一视同仁，查明事实真相，维护公平正义。"

上述承诺等同于誓词。

（5）名誉法官如果指出，他作为某个宗教或者教派团体的成员希望采用该团体的宣誓惯用语，也可以在上述誓词或者承诺中附加该惯用语。

（6）财政法院的名誉法官宣誓，依据《德意志联邦共和国基本法》和法律履行名誉法官义务,保守税务秘密,判决时忠勤尽力,一视同仁,查明事实真相,维护公平正义。

上述规定也适用于诺言。

(7)州法院名誉法官誓词的内容也可以附加对州宪法的义务。

(8)关于名誉法官对其职务的义务应当记录在案。

(9)除此之外,关于名誉法官的权利和义务,适用各法院系统的规定。

第四十五条之一【名誉法官的称号】

刑事法院系统名誉法官的称号为"陪审员",商事法庭名誉法官的称号为"商事法官",其他名誉法官的称号为"名誉法官"。

第二章　联邦法官

第一节　一般规定

第四十六条【联邦公务员法的适用】

在特别规定出台之前,联邦法官的法律关系适用联邦公务员的规定,本法另有规定的除外。

第四十七条【联邦人力资源委员会的法官事务】

联邦司法部的人事部门主管以联邦人力资源委员会常任正式委员的身份参与处理联邦法官事务,司法部的另一名官员担任该正式委员的候补委员。四名法官担任非常任正式委员;非常任正式委员以及各自的候补委员必须是联邦终身法官。担任人力资源委员会委员的司法部官员和法官由联邦司法部长在征得相关联邦部门同意后推荐;其中三名法官委员以及各自的候补委员(的推荐)应当基于法官协会领导机构的提名。

第四十八条【退休】

(1)终身法官在年满退休年龄的月份结束后退休。终身法官年满六十七周岁退休(一般退休年龄)。

(2)不得推迟退休。

(3)1947年1月1日之前出生的终身法官年满六十五周岁退休。1946年12月31日之后出生的终身法官的退休年龄按照下列方法提高:

出生年份	提高的退休年龄 （单位为月）	退休年龄	
		年	月
1947	1	65	1
1948	2	65	2
1949	3	65	3
1950	4	65	4
1951	5	65	5
1952	6	65	6
1953	7	65	7
1954	8	65	8
1955	9	65	9
1956	10	65	10
1957	11	65	11
1958	12	66	0
1959	14	66	2
1960	16	66	4
1961	18	66	6
1962	20	66	8
1963	22	66	10

（4）终身法官年满六十二周岁并且已经成为《社会法典》第九编第二条第二款规定的残疾人，可以申请退休。1952 年 1 月 1 日之前出生的终身法官年满六十周岁并且已经成为《社会法典》第九编第二条第二款规定的残疾人，就可以申请退休。1951 年 12 月 31 日之后出生的终生法官，如果已经成为《社会法典》第九编第二条第二款规定的残疾人，（申请）退休的年龄按照下列方法提高：

出生年月	提高的退休年龄（单位为月）	退休年龄	
		年	月
1952			
1 月	1	60	1
2 月	2	60	2
3 月	3	60	3
4 月	4	60	4
5 月	5	60	5
6 至 12 月	6	60	6
1953	7	60	7
1954	8	60	8
1955	9	60	9
1956	10	60	10
1957	11	60	11
1958	12	61	0
1959	14	61	2
1960	16	61	4
1961	18	61	6
1962	20	61	8
1963	22	61	10

（5）终身法官年满六十三岁可以申请退休。

（6）《联邦公务员法》第一百四十七条第三款适用于上述情形。

第四十八条之一【由于家庭原因的非全职工作和休假】

（1）如果法官事实上照顾或看护一个以上未满十八周岁的子女或者经医生鉴定需要看护的其他亲属，那么就应当批准其下列申请：

1.工作时间不低于正常工作时间一半的非全职工作；

2.三年的可延长不带薪休假。

（2）第一款规定的休假和本法第四十八条之二规定的休假总共不得超过十二年。延长非全职工作或者延长休假的申请最迟应当在原减免许可到期前六个月提出。

（3）提出第一款第一项规定的申请的法官，只有同时同意在开始非全职工作时或者在变更非全职工作的工作时间和恢复全职工作时到本法院系统的其他法院工作，其申请才能获得批准。提出第一款第二项规定的申请的法官,只有同时同意担任本法院系统的其他法官职务,其申请才能获得批准。

(4)在第一款规定的工作减免期间,只有不违背减免目的的兼职才能获得批准。

(5)法官在获准从事非全职工作期间申请变更工作时间或者申请恢复全职工作的,由其职务主管机关受理并作出决定。在存在特殊困难的情形时,如果要求法官以目前的工作时间从事非全职工作是不合理的,就应当允许其变更工作时间或者恢复全职工作。在存在特殊困难的情形时,如果要求法官继续休假是不合理的,职务主管机关可以允许提前终止休假。第二款第二句适用于上述情形。

(6)在第一款第二项和第二款第一句规定的休假期间,不带薪休假的法官有权准用关于带薪法官津贴的规定请求给付疾病救济金。成为津贴领取人近亲属或者根据《社会法典》第五编第十条享有家庭救济金请求权的法官,不适用上述规定。

第四十八条之二【由于劳动市场原因的休假】

(1)在劳动市场出现劳动力过剩,为了重大公共利益应当扩大公务人员的录用规模时,年满五十五周岁的法官申请不带薪休假直至退休的,应当予以批准。

(2)法官只有声明休假期间不从事有偿兼职工作或者声明有偿从事本法第四十六条和《联邦公务员法》第一百条第一款规定的工作以不违反全职法官的职务义务为限,其休假申请才能获得批准。过错违反上述义务的,应当撤回其休假许可。法官根据第一句作出声明之后,职务主管机关仍然可以批准其从事兼职工作,但该兼职工作不得违背批准休假的目的。在存在特殊困难的情形时,如果要求法官继续休假是不合理的,职务主管机关可以提前终止休假。

(3)对于在 1997 年 7 月 1 日以前获准第一款规定的休假的法官,本法规定的退休时间根据 1997 年 6 月 30 日以前版本的第四十八条第三款第一句第一项确定。

(4)至 2004 年 12 月 31 日止,年满五十周岁就可以获准第一款规定的休假。包括第四十八条之一规定的休假在内,休假的时间总共不得超过十五年。

第四十八条之三【非全职工作】

对于从事非全职工作十五年以上并且年满五十周岁的法官,如果不符合第四十八条之一第一款规定的条件并且要求其恢复全职工作是不合理的,可以批准其继续从事非全职工作,但工作时间不得低于正常工作时间的四分之三。

第四十八条之四【非全职工作,休假和职业发展】

本法第四十八条之一或者第四十八条之三规定的非全职工作和休假不得妨碍法官的职业发展;只有具备不得已的正当事由,才允许区别对待非全职法官和全职法官。

第二节 法官代表

第四十九条【法官委员会和评议委员会】

联邦法院设立下列法官代表机构:

1.法官委员会参与决定法官的一般事务和社会事务;

2.评议委员会参与任命法官。

第五十条【法官委员会的组成】

(1)法官委员会由下列委员组成:

1.从联邦最高法院和联邦专利法院分别选举产生五名法官委员;

2.从联邦行政法院、联邦财政法院、联邦劳动法院和联邦社会法院分别选举产生三名法官委员。

(2)专门针对军事法院法官设立的法官委员会由三名选举产生的法官委员组成。

(3)法院院长以及常务副院长不得成为法官委员会委员。

第五十一条【法官委员会的选举】

(1)法官委员会委员以及相同数量的候补委员以秘密和直接选举的方式产生,任期四年。

(2)法院院长召集全体法官大会准备法官委员会的选举,但军事法院全体法官大会由最年长的法官负责召集。全体法官大会在最年长法官的主持下决定选举程序。

第五十二条【法官委员会的职责】

关于法官委员会的权限和责任,准用 1974 年 3 月 15 日通过(《联邦法律公报》第一卷第 693 页)的《联邦人事代表法》第二条第二款、第六十六至七十四条、第七十五条第二款和第三款第一款至第五项以及第十一款至第十六项、第七十六条第二款、第七十八条第一款第一项、第二项以及第二款至第四款、第八十至八十一条。

第五十三条 【法官委员会和人事代表机构的共同职责】

（1）对于法官委员会和人事代表机构共同参与的事务，法官委员会派出一定数量的委员到人事代表机构共同决定。

（2）派出的法官委员会委员的人数和全体法官人数之间的比例应当与人事代表人数和全体公务员、职员和工人人数之间的比例相当。但派出的法官委员会委员不得少于《人事代表法》第十七条第三款和第五款第一句确定的人数。

第五十四条 【评议委员会的组成】

（1）联邦层级各最高法院均设立评议委员会。联邦行政法院的评议委员会同时负责军事法院。评议委员会的组成如下：

1.联邦最高法院的评议委员会由院长、常务副院长、从院长会议成员中选举产生的两名委员以及三名其他委员组成，其中院长担任主席；

2.联邦层级其他最高法院的评议委员会由院长、常务副院长，从院长会议成员中选举产生的一名委员以及两名其他委员组成，其中院长担任主席。

如果没有常务副院长，由资历最深的庭长代替，如果资历相同，由年龄最长的庭长代替。其他委员由设立评议委员会的法院的全体法官秘密、直接选举产生。本法第五十一条第二款适用于上述情形。

（2）涉及军事法院的法官事务时，联邦行政法院法官选举产生的两名评议委员由军事法院法官选举产生的两名评议委员代替；第一款第五句和第六句适用于上述情形。

（3）联邦专利法院设立专门的评议委员会；委员会由院长、常务副院长、从院长会议成员中选举产生的两名委员以及三名其他委员组成，其中院长担任主席。第一款第五句和第六句适用于上述情形。

（4）评议委员会的任期为四年。

第五十五条 【评议委员会的职责】

评议委员会参与本院所有法官的任命和选举。到另一法院系统的法院担任法官职务，同样适用前句的规定。

第五十六条 【参与程序的启动】

（1）最高职务主管机关负责征求评议委员会的意见。征求意见的申请应当附上候选人的材料、身份和能力证明。向评议委员会提交个人档案应当征得候选人或者法官的同意。

（2）只要有一名法官选举委员会委员提出要求，最高职务主管机关就应当征求评议委员会的意见。

第五十七条【评议委员会的表态】

（1）评议委员会应当就申请人或者法官的个人和专业能力出具书面意见和理由。评议委员会的表态应当记入人事档案。

（2）评议委员会应当在一个月之内表态。

（3）法官的任命和选举只有在评议委员会表态之后或者第二款规定的期限届满之后才能进行。

第五十八条【事务管理，委员的法律地位】

（1）法官代表机构应当制定议事规则，规范其决议程序和内部管理。

（2）法官代表机构的支出计入法院的财政预算。法院管理机构负责提供办公场所和办公用品。

（3）法官代表机构成员为名誉职务。委员的权利和义务准用《联邦人事代表法》第八条至第十一条、第四十六条第三款至第七款、第四十七条第二款。

第五十九条【派遣法官】

（1）被派遣到联邦法院超过三个月的法官，才享有接受派遣法院法官委员会选举的选举权。被派遣到其他法院或者行政机关超过三个月的联邦法官，丧失派遣法院法官委员会选举的选举权。

（2）派遣法官不得担任接受派遣的联邦法院的评议委员；也没有该院评议委员会选举的选举权。担任评议委员的联邦法官在被派遣的同时丧失其委员身份；但其选举权不受影响。

第六十条【法官代表事务的诉讼】

关于法官代表机构的组成和工作的法律争议由行政法院负责受理。对于涉及法官委员会和人事代表机构共同职责（本法第五十三条第一款）的法律纠纷，行政法院判决的程序和人员根据《联邦人事代表法》第八十三条第二款和第八十四条确定。

第三节　联邦职务法庭

第六十一条【职务法庭的组成】

（1）联邦职务法庭是联邦最高法院专门负责联邦法官事务的特别法庭。

（2）联邦职务法庭的审理和判决由一名庭长、两名常任陪审法官和两名非常任陪审法官负责。庭长和常任陪审法官由联邦最高法院法官担任,非常任陪审法官由涉案法官所属法院系统的终身法官担任。所有法院的院长和常务副院长不得担任职务法庭成员。

(3)联邦最高法院院长会议确定庭长和陪审法官以及各自的代理人员,庭长和陪审法官任期五年。非常任陪审法官应当按照联邦层级各最高法院院长会议出具的推荐名单中的顺序任命。

(4)职务法庭视为《法院组织法》第一百三十二条规定的民事庭。

第六十二条【职务法庭的管辖】

(1)联邦职务法庭针对下列事务作出终审裁判:

1.包括退休法官在内的所有法官的纪律处分案件;

2.为维护司法利益的调任;

3.终身法官和任期法官的下列事务:

a)任命的无效;

b)任命的撤回;

c)免职;

d)因丧失工作能力而退休;

e)因部分丧失工作能力而限制法官的任用。

4.下列措施的撤销:

a)因法院组织的变更而采取的措施;

b)本法第三十七条第三款规定的法官派遣;

c)涉及试用法官和代理法官的免职、撤回任命或者确认任命无效或者因丧失工作能力勒令退休的决定;

d)指派兼职;

e)因本法第二十六条第三款规定的原因而采取的职务监督措施;

f)本法第四十八条之一至第四十八条之三规定的减轻工作任务或者勒令休假的决定。

(2)联邦职务法庭还负责各州职务法庭判决的复审。

第六十三条【纪律处分程序】

(1)关于法官的纪律处分程序,准用《联邦纪律处分法》的规定。

(2)职务法庭根据最高职务主管机关的申请裁定暂时停止职务和扣留薪俸以及裁定撤销上述措施。裁定应当送达最高职务主管机关和相关法官。

(3)只要在联邦职务法庭的纪律处分程序中可以准用关于上诉程序诉讼费的规定,就可以适用《联邦纪律处分法》第七十八条。在诉讼费方面,针对上级纪律处分的诉讼程序与职务法庭的罚款程序相当。在诉讼费方面,申请暂时停止职务和扣除薪俸的程序适用申请中止上述措施的程序规定。

第六十四条【纪律处分措施】

(1)纪律处分仅包括训诫。

(2)对联邦层级各最高法院的法官仅能施以训诫、罚款或者撤职的处罚。

第六十五条【调任程序】

(1)为维护司法利益而调任的司法程序调任程序准用《行政法院法》的规定。

(2)调任程序以最高职务主管机关提出申请启动。不设置前置程序。联邦行政法院的联邦利益代表不参与调任程序。

(3)法院宣布本法第三十一条规定的措施合法或者驳回申请。

第六十六条【复核程序】

(1)本法第六十二条第一款第三项、第四项规定事项的司法程序复核程序准用《行政法院法》的规定。联邦行政法院的联邦利益代表不参与该程序。

(2)只有本法第六十二条第一款第四项规定事项的司法程序才设置前置程序。

(2)本法第六十二条第一款第三项规定事项的司法程序以最高职务主管机关提出申请启动,第四项规定事项的司法程序以法官提出申请启动。

第六十七条【复核程序的判决形式】

(1)在本法第六十二条第一款第三项字母 a 下规定的情形,法院确认无效或者驳回申请。

(2)在本法第六十二条第一款第三项字母 b 至 d 下规定的情形,法院确认措施或者免职合法或者驳回申请。

(3)在本法第六十二条第一款第四项字母 a 至 d 下规定的情形,法院确认撤销措施或者驳回申请。

(4)在本法第六十二条第一款第四项字母 e 下规定的情形,法院确认措施违法或者驳回申请。

第六十八条【程序的中止】

(1)如果职务监督措施由于本法第二十六条第三款规定的原因被撤

销并且判决结果取决于法官关系的存在与否，而法官关系的存在与否又是另一程序的标的，则在该程序完成以前，职务法庭应当中止审理。中止审理裁定时应当说明理由。

（2）如果其他法院的程序尚未启动，职务法庭可以在中止审理裁定中确定一个启动程序的合理期限。如果程序在该期限届满时仍未启动，职务法庭无须其他实质审查即可作出驳回申请的判决。

（3）如果非职务法庭的判决取决于职务监督措施是否由于本法第二十六条第三款规定的原因违法，则在职务法庭的程序完成以前，非职务法庭应当中止审理。中止审理裁定时应当说明理由。第二款准用于上述情形。

第四节　联邦宪法法院法官

第六十九条【适用本法的限制】

本法的规定只有与《基本法》和《联邦宪法法院法》规定的联邦宪法法院法官的特殊法律地位相一致，才能适用于联邦宪法法院法官。

第七十条【作为联邦宪法法院法官的联邦法官】

（1）联邦层级各最高法院法官只要成为联邦宪法法院的成员，其作为各最高法院法官的权利和义务中止。

（2）联邦宪法法院法官在根据《联邦宪法法院法》第九十八条终止职务时，如果申请以联邦层级最高法院法官的身份退休，应当予以批准。

第三章　州法官

第七十一条【《公务员法律地位法》的效力】

在特别规定出台之前，州法官的法律地位适用《公务员法律地位法》，本法另有规定的除外。

第七十一条之一【《公务员供给法》的适用】

《公务员供给法》第一章至第八章适用于州法官的退休，本法另有规定的除外。

第七十二条【法官委员会的组成】

各州设立法官委员会。委员由全体法官从法官中直接、秘密选举产生。

第七十三条【法官委员会的职责】

法官委员会的职责至少应当包括：

1.参与法官的一般和社会事务;

2.与人事代表机构共同参与涉及法官和法院工作人员的一般和社会事务。

第七十四条【评议委员会的组成】

(1)每个法院系统设立一个评议委员会。法律也可以规定多个法院系统共同设立一个评议委员会。

(2)评议委员会主席由一名法院院长担任,其他评议委员由法官担任,在其他评议委员中,至少一半评议委员应当由法官选举产生。

第七十五条【评议委员会的职责】

(1)在任命法官担任基本薪俸高于初始职务的职务时,评议委员会应当参与任命程序。评议委员会就法官的个人和专业能力提交书面意见和理由。

(2)评议委员会还可以承担其他职责。

第七十六条【退休年龄】

(1)终身法官在达到退休年龄后退休(一般退休年龄)。

(2)法律可以规定,法官达到特定年龄后可以申请退休。

第七十六条之一【非全职工作】

法官可以从事非全职工作。

第七十七条【职务法庭的设立】

(1)各州组建职务法庭。

(2)职务法庭由一名庭长、数名常任陪审法官和数名非常任陪审法官组成,其中,常任陪审法官和非常任陪审法官的人数应当相等。职务法庭的所有成员都应当由终身法官担任。非常任陪审法官应当由涉案法官所属法院系统的法官担任。

(3)职务法庭成员由所属法院院长会议确定。州立法机关可以规定,该院院长会议应当按照其他法院院长会议出具的推荐名单任命。法院院长和常务副院长不得担任职务法庭成员。

(4)州法律可以作出与第一款第二句不同的规定,规定来自律师界的名誉法官也可以担任职务法庭的常任陪审法官。只有当选为律师协会理事的律师才能被任命为职务法庭成员。职务法庭成员不得同时担任律师协会理事或者律师代表大会代表,也不得在律师协会和律师代表大会从事全职或者兼职工作。职务法庭的律师成员由职务法庭所属法院院长会议任命,任期五年;任期届满后可以连任。院长会议在任命律师担任常任陪审法官时受律师协会理事会出具的推荐名单约束。如果在职务法庭辖区内存在多个律师协会,来自各律师协会的职务法庭成员人数在比例上应当与各律师协会会员人数的比例相当。院长会议确定职务法庭中的律师成员人数。推荐名单中的人数至少应当是任命人数的 1.5 倍。州法对于职务法庭律师成员的任命程序作出进一步规定。

第七十八条【职务法庭的管辖】

职务法庭针对下列事务作出判决:

1.包括退休法官在内的所有法官的纪律处分案件;

2.为维护司法利益的调任;

3.终身法官和任期法官的下列事务:

a)任命的无效;

b)任命的撤回;

c)免职;

d)因丧失工作能力而退休;

e)因部分丧失工作能力而限制法官的任用。

4.下列措施的撤销:

a)因法院组织的变更而采取的措施;

b)本法第三十七条第三款规定的法官派遣;

c)涉及试用法官和代理法官的免职、撤回任命或者确认任命无效或者因丧失工作能力勒令退休的决定;

d)指派兼职;

e)因本法第二十六条第三款规定的原因而采取的职务监督措施;

f)减轻工作任务或者勒令休假的决定。

第七十九条【审级】

(1)职务法庭的诉讼程序至少应当包括两审。

(2)对于本法第七十八条第二项、第三项、第四项规定案件,诉讼参加人可以根据本法第八十条提请联邦职务法庭复审。

(3)对于本法第七十八条第一项规定的案件,州立法机构可以规定由联邦职务法庭复审。

第八十条【调任程序和复核程序中的复审】

(1)调任程序和复核程序中的复审准用《行政法院法》的规定。联邦行政法院中的联邦利益代表不参与上述程序。

(2)复审申请都应当予以批准。

（3）只能以判决未适用或者未正确适用某一法律规范为由申请复审。

第八十一条【纪律处分程序中复审的批准】

（1）如果州立法机构规定在纪律处分程序中可以在联邦职务法庭复审，经州职务法庭批准后就可以提起复审，但第三款规定的情形除外。具备下列情形之一，州职务法庭应当批准复审：

1.法律案件具有基础意义；

2.判决与联邦职务法庭的判决不同并且正是基于该不同作出的。

（2）在判决送达后两周之内，当事人可以提起申诉，请求撤销不准复审的决定。申诉应当向作出申诉人要求撤销的决定的法院提出。申诉书应当说明案件的基础意义或者指明与其要求撤销的判决不同的联邦职务法庭的判决。申诉具有中止判决生效的效力。如果不能满足申诉人的请求，由联邦职务法庭作出裁定。如果联邦职务法庭法官一致同意不予受理或者驳回申诉，那么裁定无须说明理由。联邦职务法庭驳回申诉之时，判决生效。如果申诉获准，复审期限自申诉裁定送达之日起算。

（3）如果存在下列重大程序瑕疵，复审无须批准：

1.法庭的组成不符合法律的规定；

2.依法不得履行法官职务或者由于可能偏袒一方已被申请回避的法官参与了判决；

3.判决未说明理由。

第八十二条【纪律处分程序中的复审】

（1）复审申请应当在判决送达后或者批准复审的决定送达后两周内向作出被要求撤销的判决的法院以书面形式或者口头声明的方式提出，以口头声明的方式提出复审申请的，法院办公室应当制作笔录，复审申请提出两周之内，申请人应当提交理由。在提交的理由中，申请人应当说明判决的哪些内容应当被撤销，哪些内容应当被改判，以及申请撤销或者改判的理由。本法第八十条第三款适用于上述情形。

（2）联邦职务法庭应当尊重被要求撤销的判决所认定的事实，但当事人针对该事实认定提出了合法的、有依据的复审理由的除外。

（3）《行政法院法》第一百四十四条第一款和第一百五十八条第一款准用于上述情形。复审判决驳回复审申请或者撤销原判决。

第八十三条【程序规定】

关于州法官的纪律处分程序、调任程序和复核程序，应当根据本法第六十三条第二款、第六十四条第一款、第六十五条至第六十八条作出相应的规定。州立法机构可以针对州法官纪律处分案件的诉讼费用作出规定。

第八十四条【宪法法官】

本法在何种程度上适用于州宪法法院成员，由州法规定。

第四章　过渡规定和补充规定

第一节　联邦法律的修订

第八十五条至第一百零三条（废除）

第一百零四条【废除条款的援引】

如果其他法律和条例援引已被本法废止的规定或者名称，就以本法中相应的规定或者名称代替。

第二节　法律关系的过渡

第一百零五条【终身法官和任期法官的过渡规定】

（1）在本法生效之前取得终身公职或者任期公职的专职法官，自动取得本法规定的终身法官和任期法官的法律地位。

（2）在本法生效之前未取得法官资格就在法院任职的人员，可以根据本法生效前的规定继续在法院任职。

（3）在1945年5月8日后为担任法官职务已经宣誓的人员，可以免除其宣誓（本法第三十八条）义务。

第一百零六条【试用法官、代理法官和派遣法官的过渡规定】

（1）在本法生效之前取得试用公职并且履行法官职务的人员，自动取得试用法官的法律地位。本法第十二条第二款和第二十二条第一款和第二款规定的期间自实际任职之时起算。

（2）终身或者任期公务员如果在本法生效之前就已经代理履行法官职务，可以在本法生效后一年内继续履行该职务。在此之后，该人员只能根据本法的规定在法院任职。

第一百零七条（废除）

第一百零八条（废除）

第一百零九条【法官资格】

在2003年7月1日就已经具备法官资格的，继续保留这一资格。

第一百一十条【高级行政官员资格】

本法生效以前在完成三年以上大学法学教育和三年以上公职培训以后参加法律规定的考试取得高级行政官员资格的人员,在本法生效以后也可以被任命为宪法法院系统、行政法院系统和社会法院系统的法官。本法第十九条适用于上述情形。

第一百一十一条【劳动法院和社会法院的庭长】

(1)符合本法生效以前版本的《劳动法院法》第十八条第三款和《社会法院法》第九条第二款规定的条件的人员,在本法生效后两年之内仍然可以被任命为劳动法院和社会法院的庭长;本法第十九条第一款第一项适用于上述情形。在本法生效后两年之内,劳动法院的庭长仍然可以被任命为任期法官。本法生效以前版本的《劳动法院法》第十八条第四款和第十九条适用于任期法官。

(2)根据《社会法院法》第二百零七条第一款基于州法任命庭长,适用前款规定。

第一百一十二条【国外考试的认证】

(1)《联邦难民法》关于考试认证的规定以及州法关于专业科目大学考试认证的规定不受本法的影响。

(2)《统一协议》第三条规定的区域内的德国人在 1990 年 10 月 3 日以前在国外参加的司法考试可以认证为本法第五条第一款规定的第一次国家考试,但该考试在德意志民主共和国根据与苏联或者与中、东欧的苏联盟国签署的国际条约或者根据法律规定应当相当于法律专业硕士毕业或者相当于第一次国家考试。

(3)《专业资格确定法》于此不适用。

第一百一十二条之一【与法律见习服务资格考试相当的考试】

(1)具有欧盟成员国、《欧洲经济区协定》其他成员国或者瑞士国籍的人员,如果在上述任何一个国家获得大学法学文凭并且根据《欧洲律师在德国执业法》第一条有资格在该国参加大学毕业后的职业培训,其在德国参加见习服务的申请可以予以批准,但其知识和能力应当相当于通过本法第五条第一款规定的必修科目国家考试所代表的知识和能力。

(2)第一款规定必须具备的知识和能力的审查涉及大学的文凭和出具的证明,尤其是学业证书、考试证书、其他能力证明和从事相关职业的经历证明。如果考试与本法第五条第一款规定的必修科目国家考试不等价或者只是部分等价,可以根据当事人的申请进行资格考试。

（3）资格考试是以德语进行的国家考试，内容涉及必要的德国法知识，考查申请人是否有能力成功完成法律见习服务。考试科目为民法、刑法和公法以及各自的程序法。在第二句规定的各法律领域中，申请人应当针对在第二款第一句规定的审查范围内尚未证实的已经充分掌握的法律领域，在资格考试中完成必修科目国家考试中涉及该领域的笔试。

（4）符合下列条件的，通过了资格考试：

1.申请人通过的笔试的场数达到考试所在州的法律所规定的通过必修科目国家考试所需要通过的笔试场数，但不得低于必修科目国家考试全部笔试场数的一半；

2.在第三款第二句规定的法律领域中，申请人至少通过了其中两个领域的笔试，并且其中至少包括一场民法领域的笔试。

在第三款第二句规定的法律领域中，对于在第二款第一句规定的考查中证实申请人已经充分掌握的法律领域，该领域的笔试视为已经通过。

（5）未通过资格考试的，可以重考一次。

（6）根据第一款所确认的等价性具有通过本法第五条第一款规定的第一次司法考试的效力。

（7）等价性审查和资格考试由州司法行政机关或者根据州法举办必修科目国家考试的其他机构负责。两个以上的州可以通过签署协议设立共同的机构，负责等价性审查和资格考试。

第一百一十三条至第一百一十八条（废除）

第三节　补充规定

第一百一十九条（废除）

第一百二十条【联邦专利法院的技术成员】

符合《专利法》第六十五条第二款规定的条件的人员，也具有联邦专利法院法官的资格。本法第十九条第一款第一项适用于上述情形。

第一百二十条之一【关于职务称号的特别规定】

本法关于职务称号的规定不适用于联邦宪法法院的法官。

第一百二十一条【联邦法官担任州立法机构成员】

关于 1978 年 6 月 1 日以后选入州立法机构的联邦法官的法律地位，适用 1977 年 2 月 18 日通过的《议员法》（《联邦法律公报》第二卷第 297 页）第五条至第七条、第二十三条第五款和第三十六条第一款针对选入德国联邦议会的法官的规定。法官如果由于担任立法机构成员而不享有生活费性质的补偿，其之前薪俸的 50％应当继续保留，基于《联邦薪俸法》第十四条的普通加薪应当予以考虑。

第一百二十二条【检察官】

（1）只有具备法官资格（本法第五条至第七条）的人员才能被任命为检察官。

（2）检察官职务相当于本法第十条第一款规定的法官职务。

（2）本法第四十一条适用于检察官。

（4）针对检察官的纪律处分诉讼程序，由法官的职务法庭作出判决。职务法庭的非常任陪审法官应当由终身检察官担任。联邦职务法庭非常任陪审法官由联邦司法部长任命。州职务法庭非常任陪审法官的任命由州立法机构规定。

（5）第一款至第四款和本法第一百一十条第一句适用于联邦行政法院的联邦利益代表、联邦军纪检察官、州行政法院系统各法院的检察官；联邦职务法庭非常任陪审法官由联邦司法部长在征得主管部长的同意后任命。

第一百二十三条【律师职业法庭的组成】

1959 年 8 月 1 日通过（《联邦法律公报》第一卷第 565 页）的《联邦律师法》第九十四条第一款和第一百零一条第三款不受本法的影响。担任律师法庭庭长或者律师法院院长的名誉法官宣誓就职的法院，由州司法行政机关确定。

第一百二十四条【职业转换】

（1）根据 1990 年 8 月 31 日《统一协议》附件一第三章第一主题第三节第八项和 1990 年 9 月 23 日通过（《联邦法律公报》1990 年第二卷第 885 页）的法律的第一条而具有职业法官资格的法官只要具备一定的资格和能力，即使在被任命为终身法官之后，也可以被任命为终身公务员担任检察官，但该任命应当征得相关法官的书面同意。

（2）前款规定的资格和能力通过在检察院的两年试用来证明，并在职务评价中予以确定。

（3）如果在第二款规定的职务评价中不能确定法官具备担任检察官的资格和能力，该法官继续担任试用之前已经取得的职务。

（4）根据 1990 年 8 月 31 日《统一协议》附件一第三章第一主题第三节第八项字母 z 双字母 cc 下和 1990 年 9 月 23 日通过（《联邦法律公报》1990 年第二卷第 885 页）的法律的第一条而具有检察官资格的检察官，

在被任命为终身公务员担任检察官之后又被任命为法官的，也适用第一款至第三款。法官在检察院试用期间的职务称号是"检察官"。

第一百二十五条(废除)

第一百二十六条【生效】

本法自 1962 年 7 月 1 日生效。但第一百一十四条至第一百一十六条自公布之次日生效。

附录三

德国强制拍卖与强制管理法

1897 年 3 月 24 日颁布

最后一次修改:2011 年 12 月 7 日

第一章　强制执行中的土地强制拍卖与强制管理

第一节　通则

第一条

(1)土地所在地的初级法院作为执行法院对该土地的强制拍卖与强制管理拥有管辖权。

(2)为相关程序的推动和程序的较快终结所必需而合并管辖的,联邦州政府经授权可以通过法令将强制拍卖或者强制管理的标的物指定诸初级法院辖区内的某一个初级法院管辖。联邦州政府也可以将该授权转移给联邦州司法行政机关。

第二条

(1)土地位于诸不同初级法院辖区或者在考虑到地区边界时管辖法院不明确的,上级法院须确定由哪一个初级法院作为执行法院;准用《民事诉讼法》第三十六条第二款和第三款、第三十七条的有关规定。

(2)位于不同初级法院辖区的多宗土地的强制拍卖和强制管理可以在同一程序中进行,也适用上述规定。被指定为执行法院的初级法院应将此决定通知其他法院。

第三条

送达依职权进行。送达可以以附回执的挂号信进行。该回执足以作为送达的证明。

第四条

对既没有居住在住所地也没有居住在执行法院辖区内的受送达人,其未向法院告知指定的居住在上述区域的诉讼代理人或者送达代理人的,可以通过邮寄送达。邮寄须以挂号信形式进行。

第五条

只要土地登记部门知晓对送达代理人的指定,该指定同样也适用于执行法院的程序。

第六条

（1）执行法院不知道受送达人及送达代理人居住地点的，或者由于其他原因（《民事诉讼法》第一百八十五条）出现公告送达前提的，法院须为受送达人指定送达代理人。

（2）此规定同样适用于在邮寄送达的情况下邮件因无法投递而被退回的情形。被退回的邮件应交付给指定的送达代理人。

（3）对于无诉讼能力人可以送达其监护机构，对于可能被起诉或者控告的法人或者团体则送达其监督机构的，可以不再指定代理人。

第七条

（1）受送达人不明的，向送达代理人送达。

（2）送达代理人有义务查找并通知被代理人，且可要求获得报酬及其支出补偿。报酬和支出的补偿，由执行法院确定。

（3）送达代理人可能难以向被代理人主张补偿的，债权人应承担支付补偿的义务；债权人负担的支出费用属于以从土地中受偿为目的的法律追索行为的费用。

第八条

对于向债务人送达启动强制执行或者准许债权人加入程序的裁定，不适用第四条至第七条的规定。

第九条

除债权人和债务人外，下列人员在拍卖程序中视为参与人：

1.登记拍卖标注时，在土地登记簿中登记其权利或者通过登记担保其权利的人。

2.在执行法院申报并应法院或者某参与人的要求证明以下权利的权利人：与强制执行相对抗的权利、针对土地或者为土地设定负担的权利、有权从土地中受偿的债权、基于该权利而向其移转土地的使用租赁权利和用益租赁权利。

第十条

（1）从土地中受偿的权利按下列顺位确定，同一顺位中按金额的比例受偿：

1.启动强制管理的债权人对其维护和必要改善土地的支出的补偿请求权，在强制拍卖中仅指管理持续到拍卖成交时并且支出不能从土地使用中受偿的情况；

1A.在强制拍卖中启动对债务人财产的支付不能程序的情况下,属于支付不能财团的针对为确定拍卖涉及的动产的支出的补偿请求权;这些支出仅能在指定支付不能管理人的情况下收取并且将依第七十四条之一第五款第二句确定的动产总价值的 4％予以提存;

2.在房屋所有权执行中,对依据《房屋所有权法》第十六条第二款、第二十八条第二款和第五款的规定对共同所有和特殊所有的负担和支出的金额的支付请求权,包括预支和准备金及对单个房屋所有权人的追索权。该优先权包括扣押当年及最近两年的当前和未清结的费用,包括所有给付在内的优先权不得超过依第七十四条之一第五款确定的房屋价值的5％。诸房屋所有权人作为共同申报人进行债权申报。单个房屋所有权人的偿还请求权由其自行申报;

3.因最近四年未清结款项而针对土地的公共负担的偿付请求权;定期给付,尤其是土地税、利息、附加费或者定期金给付,以及用于逐步清偿利息附加费债务的款项,仅就当前数额及最近两年的未清结款项享有优先权。不论该土地的公共负担是基于联邦的权利还是州的权利,均处于本顺位。在此不得违反 1952 年 8 月 14 日的《负担补偿法》(《联邦法律公报》第一卷,第 446 页)第一百一十二条第一款和第一百一十三条、第一百一十六条的规定;

4.不因查封而对债权人无效的基于对土地的权利而享有的债权,包括针对用于逐步清偿利息附加费债务的款项的债权;对定期给付,尤其是利息、附加费、管理费或者定期金给付的请求权,仅就当前数额及最近两年的未清结款项数额享有本顺位的优先权;

5.未在之前的顺位中受偿的债权人的债权;

6.第四顺位中因查封而对债权人无效的债权;

7.第三顺位中因更早时期的未清结款项而存在的债权;

8.第四顺位中因更早时期的未清结款项而存在的债权。

(2)对手通知终止的费用和以从土地中受偿为目的的法律追索,也享有从土地中受偿的权利。

(3)对于依第一款第二项的顺位的执行,在该条款中提及的数额必须超过依《房屋所有权法》第十八条第二款第二项的规定确定的滞纳金数额。对于该执行,其执行名义中只需说明债务人支付的义务、方式和债权涉及的时间及到期日。在执行名义中对债权的方式和涉及的时间及到期日不明的,须通过其他适当的方式证明。

第十一条

（1）基于各种不同权利而享有的债权依第十条第四项、第六项或者第八项的规定而在同一顺位中受偿的，按照诸权利中的位次关系进一步确定受偿顺序。

（2）在第五顺位的诸债权中，按照采取查封措施的先后顺序受偿。

第十二条

基于相同或者相类似权利而享有的债权，彼此间依照下列顺序确定：

1. 对第十条第二款所列费用的补偿请求权；

2. 对定期给付和其他从给付的债权；

3. 主债权。

第十三条

（1）定期给付的当前金额为在扣押前已到期的最后金额及之后即将到期的金额。先前的款项为未清结款项。

（2）不论定期给付的请求权是基于公共权利还是私人权利，是基于联邦还是州的权利，也不论法律法规是否规定了不同于第十条第一款第三项和第四项中确定的期间，均适用第一款的规定；短于第十条第一款第三项和第四项中所规定期限的期间，自查封前最后一个到期日向前计算。

（3）在最近两年内没有到期日的，以查封时间为准。

（4）存在多个查封的，以第一个为准。强制管理持续到查封时的，在强制拍卖中将为强制管理而实施的查封视为首个查封。

第十四条

不确定金额的债权视为附停止条件，依其条件成就的情况确定债权金额。

第二节　强制拍卖

一、拍卖的启动

第十五条

土地的强制拍卖，由执行法院依申请进行。

第十六条

（1）申请中应注明土地、所有权人、债权和执行名义。

（2）申请中还应附加启动强制执行所需的证书。

第十七条

（1）只有债务人作为土地所有权人或者继受人被登记入册的，方可启动强制拍卖。

(2)登记以土地登记部门的证明为依据。执行法院和土地登记部门同属一个初级法院的,只需土地登记簿而无须土地登记部门的证明即可。

(3)继承顺序如非为法院明显所知的,须通过证书予以证明。

第十八条

多宗土地的强制拍卖在下列情况下可在同一程序中进行:强制拍卖是基于针对同一债务人的债权;基于对多宗土地均享有权利;诸土地所有权人为共同债务人的债权。

第十九条

(1)法院在启动强制拍卖的同时:须请求土地登记部门将该拍卖程序的启动登记在土地登记簿中。

(2)土地登记部门在登记拍卖标注后须向法院提供经认证的土地登记簿页和土地登记簿中涉及的证书的复印件,同时还须注明由其指定的送达代理人并说明其所知晓的登记入册的参与人的居住地和住所及他们的代理人。土地档案或者证书的附录足可替代提供经公证的证书复印件。

(3)土地登记部门应当将启动强制拍卖的标注登记后的其他土地登记簿登记通知法院。

第二十条

(1)基于有利于债权人考虑,启动强制拍卖程序的裁定视为对土地的查封。

(2)查封的效力及于在土地上设定抵押所涉及的标的物。

第二十一条

(1)土地的农林产品与土地相连或者作为土地的附着物的,查封的效力及于该土地的农林产品及基于该产品保险而产生的债权。

(2)查封的效力不及于使用租赁债权和用益租赁债权及由于与土地所有权相关联的对定期给付的权利而产生的债权。

(3)查封的效力不及于承租人对产品收益的权利。

第二十二条

(1)对土地的查封,自启动强制拍卖的裁定送达债务人时生效。在请求记录拍卖标注的申请送达土地登记部门并据此申请完成登记后,该查封亦开始生效。

(2)查封涉及债权的,法院须依据债权人的申请禁止第三债务人向债务人进行支付。只有在查封为第三债务人所知悉或者禁止支付令送达第三债务人时,该查封才对第三债务人生效。在此准用《民事诉讼法》第八百四十五条的相关规定。

第二十三条

(1)查封具有禁止转让的效力。查封涉及动产的,在符合法律规定的经营活动范围内,债务人可对抗债权人而占有单个的物品。

(2)如果依照《民法典》第一百三十五条第二款的规定可以对抗查封的处分取决于该占有的受益人是否知晓查封的,对拍卖申请的知晓视为对查封的知晓。只要已进行拍卖标注登记的,对于共同用于偿付的动产而言也视为知晓查封。

第二十四条

债务人所保留的土地的管理与使用,仅限于法律规定的经营活动范围内。

第二十五条

担心债务人的行为会危及法律规定的经营活动的,执行法院可以依债权人的申请采取阻止危害所需的措施。未预交采取进一步措施所需费用的,法院可以终止采取措施。

第二十六条

基于某项登记权利享有的债权而启动强制拍卖的,在查封后所进行的土地让与并不影响针对债务人的程序的继续进行。

第二十七条

(1)强制拍卖启动后又有人对该土地申请强制拍卖的,无须作出拍卖裁定,只需作出批准申请人加入程序的决定即可。上述决定无须在土地登记簿中进行登记。

(2)被批准加入的债权人享有与基于申请而启动拍卖程序相同的权利。

二、程序的终止与暂时中止

第二十八条

(1)对于从土地登记簿中明显知晓对抗强制拍卖或者程序进行的权利的,执行法院须立即终止拍卖程序,或者在债权人举证证明其抗辩的一定期间内暂时中止程序。在后一种情况下,债权人在规定的期间内无法举证证明的,该期间届满后程序终止。

(2)处分的限制或者执行的瑕疵为执行法院所知晓的,适用第一款的规定。

第二十九条

债权人撤回拍卖申请的,程序终止。

第三十条

(1)债权人申请中止的,拍卖程序暂时中止。债权人可重复申请中止拍卖程序。程序经债权人申请已二次中止的,新的一次中止申请视为撤回拍卖申请。

(2)债权人申请取消拍卖期日的,视为其申请中止程序。

第三十条之一

(1)对于通过中止程序有避免拍卖可能的,或者依据债务人的身份、经济状况及债的类型中止程序能够有利于债务清偿的,可以依据债务人的申请给予不超过六个月的暂时中止。

(2)申请执行的债权人基于自身经济状况不希望暂时中止的,尤其是暂时中止拍卖程序会给其带来非正当的不利,或者鉴于土地的特性或者其他状况而推定推迟拍卖会导致实质性收益减少的,法院应驳回中止申请。

(3)债务人对其在暂时中止期间的到期债权在该债权到期后两周内未提出清偿要求的,暂时中止失效。其抵押权和土地债务占土地价值十分之七以内的债权人启动强制拍卖的,法院仅能就以下情况不予以暂时中止拍卖程序:该中止决定是依据案件的特殊情况为恢复债务人有序的经济状况而作出,但基于债权人总体的经济状况尤其是其本人的利息支付义务而言是过分要求该债权人的。

(4)法院可以进一步规定债务人必须在确定的期日支付定期给付的欠款。

(5)法院最终还可以将其他条件下的暂时中止拍卖程序与上述条件未能成就时不予以暂时中止拍卖程序联系起来。

第三十条之二

(1)暂时中止申请须在两周的规定期间内提出。期间从为债务人说明并指出中止申请的权利、期间开始和期间无果届满的法律后果的决定送达时起开始计算。上述说明应尽可能与启动强制拍卖的裁定同时送达。

(2)对于申请拍卖程序暂时中止的裁判,以裁定形式作出。在作出裁判之前,应当听询债务人和申请拍卖债权人的意见;对于某些适宜的案件,法院可以口头指定审理案件的期日。债务人与申请拍卖债权人必须应法院的要求证明自己的陈述。

(3)可以立即对裁判提出异议;在裁判前须听询异议人的意见。

(4)拍卖的期日,应当在不予批准暂时中止拍卖的裁定生效后予以公布。

第三十条之三

曾依据第三十条之一的规定暂时中止拍卖的,还可以依据第三十条之一的规定再次中止该拍卖,除非债权人基于自身总体经济状况不希望暂时中止。在此准用第三十条之二的规定。

第三十条之四

(1)启动针对债务人财产的支付不能程序的,在下列情况下可根据支付不能管理人的申请暂时中止强制拍卖:

1.依据《支付不能法》第二十九条第一款第一项的规定,支付不能程序中的报告期日即将临近;

2.依据《支付不能法》第二十九条第一款第一项的规定,支付不能程序中的土地对于该企业的继续经营或者对于该企业的转让或者诸多标的物的整体转让的事先准备是必需的;

3.拍卖会危害到之前所制定的支付不能方案的实施;

4.通过拍卖会从根本上增加合理使用支付不能财团的难度。

债权人基于自身经济状况不希望暂时中止拍卖的,须驳回暂时中止拍卖的申请。

(2)债务人已经制定了支付不能方案且该方案并非是依据《支付不能法》第二百三十一条的规定被驳回的,在第一款第一句第三项、第二句所规定的前提下,经债务人申请暂时中止强制拍卖。

(3)支付不能管理人取代债务人提出暂时中止拍卖的申请及暂时中止拍卖的前提被证实的情况下而暂时中止强制拍卖的,准用第三十条之二第二款至第四款的规定。

(4)在支付不能程序开始之前已经指定了临时支付不能管理人的,在证明暂时中止拍卖有利于防止债务人财产状况恶化的情况下,可以经该管理人的申请暂时中止强制拍卖。指定了临时管理人的,债务人有权提出申请。

第三十条之五

(1)《支付不能法》第二十九条第一款第一项规定的报告期日之后,在支付不能财团到期后的两周内依现行利率已向申请强制拍卖的债权人支付所欠利息的,暂时中止拍卖。在支付不能程序开始前拍卖程序已经依第三十条之四第四款的规定暂时中止的,最迟从首次中止后的第三个月开始支付利息。

(2)土地作为支付不能财团的,依申请强制拍卖的债权人的申请,法院须继续命令从支付不能财团中向债权人持续支付补偿由于拍卖程序的暂时中止所产生的价值减损。

(3)第一款、第二款的规定,不适用于依据债权的数额及土地的价值和其他负担而使债权人无法从拍卖价款中受偿的情形。

第三十条之六

(1)暂时中止拍卖程序的前提消失的,或者依第三十条之五的规定所作出的命令未得到遵循的,或者支付不能管理人、第三十条之四第二款所规定的债务人同意撤销暂时中止拍卖程序的,依债权人的申请撤销第三十条之四第一款至第三款规定的情形下作出的暂时中止拍卖程序。支付不能程序结束的,依债权人的申请须撤销暂时中止。

(2)启动支付不能程序的申请被撤回或者被驳回的,依据第三十条之四第四款所作出的暂时中止拍卖须经债权人申请予以撤销。此外,可以准用第一款第一句的规定。

(3)法院在作出裁判之前,须听询支付不能管理人、第三十条之四第二款所规定的债务人的意见。准用第三十条之二第三款的规定。

第三十一条

(1)已暂时中止拍卖的,除法律另有规定外,该拍卖程序仅能经债权人申请继续进行。债权人未能在六个月内提出申请的,程序终止。

(2)第一款第二句所规定的期间:

1.在第三十条所规定的情形下,自拍卖中止时开始;

2.在第三十条之一所规定的情形下,自中止实施时开始;

3.在第三十条之六第一款所规定的情形下,自支付不能程序终止时开始;在第三十条之六第二款所规定的情形下,自启动支付不能程序的申请被撤回或者被驳回时开始;

4.中止命令由审判法院作出的,自再次取消该命令时开始或者自中止以其他方式解决时开始。

(3)执行法院应当在关于期间无果届满的法律后果的通知中向债权人指明期间的开始;期间自上述关于期间无果届满的法律后果的通知送

达债权人起开始。

第三十二条

终止或者暂时中止拍卖程序的裁定,应送达债务人、债权人。终止或者中止程序是由第三人申请的,还应送达该第三人。

第三十三条

存在拍卖终止或者中止及期日取消原因的,在拍卖结束后仅能以拒绝拍卖成交的方式作出上述裁判。

第三十四条

在拍卖终止的情形下,须请求土地登记部门涂销拍卖标注。

三、拍卖期日的确定

第三十五条

拍卖由执行法院组织实施。

第三十六条

(1)拍卖期日应在查封土地及通知土地登记部门后确定。

(2)没有特殊原因的,从期日的确定至期日的到来,不应超过六个月。拍卖程序暂时中止的,上述期限不得超过两个月,但不得少于一个月。

(3)在拍卖期日,可依法院的决定在法院或者法院辖区内的其他地点举行拍卖。

第三十七条

期日决定书必须包括:

1.对土地的描述;

2.拍卖期日的时间和地点;

3.对该拍卖属强制拍卖的说明;

4.如果存在登记拍卖标注时在土地登记簿中不明确的请求和权利,须最迟于拍卖期日应价前申报,并针对债权人的异议予以证明,否则在确定保留价时将不予考虑这些权利且在分配拍卖价款时也将其排位在债权人的债权及其他权利之后;

5.如果存在对抗拍卖的权利人,须在作出拍卖成交前申请终止或者暂时中止拍卖程序,否则对于上述权利的拍卖价款可取代拍卖标的物。

第三十八条

(1)期日决定书中应当包括关于土地的土地登记簿所在页、土地的大小及交换价值。在前次的拍卖期日中依据第七十四条之一第一款或者第八十五条之一第一款所规定的事由而拒绝拍卖成交的,应当将上述情况在本次期日决定书中予以说明。

（2）法院可在其指定的电子类信息或者交流系统中对外公开价值鉴定及估价。

第三十九条

（1）期日决定书必须刊登在法院公告所指定的刊物或者法院指定的电子类信息或者交流系统的显著位置予以公告。

（2）该土地价值微小的，法院可决定不进行依据第一款规定所作出的刊登或者公开；在此种情形下，期日决定书须张贴于土地所在地官方指定地点予以公告。

第四十条

（1）期日决定书应当在法院公告栏内张贴。该法院是依据第二条第二款的规定被指定为执行法院的，还需在其他法院同样进行张贴。期日决定书依据第三十九条第一款的规定通过法院指定的电子类信息或者交流系统对外公开的，可以不在法院公告栏内张贴。

（2）法院有权进行其他形式的公开，也可以重复公开；在行使上述权利时应当特别考虑本地区习惯。

第四十一条

（1）期日决定书须送达参与人。

（2）在期日到来前的第四周，应当告知所有的参与人此次拍卖是基于谁的申请以及因为哪些债权而进行。

（3）对于尚需证明其所申报权利的人，亦视为参与人。

第四十二条

（1）任何人均可审查发给土地登记部门的通知及相关的申报。

（2）上述规定同样适用于其他由参与人递交的与土地相关的证明，尤其适用于估价。

第四十三条

（1）期日决定书未在期日到来六周前公告的，拍卖期日取消并重新确定。程序曾经暂时中止的，可于期日到来两周前进行公告。

（2）未在期日到来前四周将拍卖所依据的裁定送达债务人以及将期日决定书送达所有在确定期日时已为法院所知的参与人的，上述规定同样适用；未遵循期间的当事人同意拍卖的除外。

四、保留价拍卖条件

第四十四条

（1）在拍卖中仅允许作出使优先于债权人债权的权利及自拍卖价款中提取的用于拍卖程序的费用得以满足的应价（保留价）。

（2）拍卖程序是由不同顺位的诸债权而启动，如果基于优先债权而作出的裁定在拍卖期日前四周已送达债务人的，应将优先债权作为确定保留价的基础。

第四十五条

（1）某项权利在土地登记簿中进行登记拍卖标注时已经明确，如果该项权利及时申报且针对债权人的异议予以证明的，在确定保留价时须依据土地登记簿的内容额外考虑该项权利。

（2）对于依据土地登记簿的内容须清偿的定期给付，当前的款项无须申报，未清结的款项无须证明。

（3）第十条第一款第二项所规定的房屋所有权人的债权，在申报时须通过相关的执行名义或者通过房屋所有权人的决议记录及其附件或者其他合适的方式予以证明。在所出示证据中须含有债权的支付义务、方式、起始时间及到期日。

第四十六条

对于非以金钱形式存在的定期给付，法院须确定一个金钱额度，即使该金钱额度未作申报。

第四十七条

规律性的定期给付的当前款项，须在拍卖期日到来后的两周内偿付。非规律性的定期给付，须依据期间到来前清偿的款项予以确定。

第四十八条

附条件的权利与不附条件的权利、通过异议登记或者预告登记予以担保的权利，视为登记的权利，同样须予以考虑。

第四十九条

（1）保留价中用于支付拍卖程序费用及第十条第一款第一项至第三项和第十二条第一项、第二项所列举债权的部分，最高应价中超过保留价数额的部分须在分配期日前由买受人支付（现金应价）。

（2）现金应价须自拍卖成交时起计息。

（3）现金应价须及时通过汇款或者现金存入法院账户实现支付，以便在分配期日之前将法院账户的款项计入待分配款项中，并在期日当天出示相关的证明。

（4）买受人在分配期日证明已交价款且未撤回价款的，可通过该价款的交存而免除义务。

第五十条

（1）在确定保留价时考虑到的抵押权、土地债务和定期土地债务不复存在的，买受人须在现金应价之外另行支付被考虑到的本金。对于生息、利率、支付时间、通知终止及支付地点而言，与被考虑到的权利相关的裁判具有终局性。

（2）此规定同样适用于以下情形：

1.权利是附条件的且停止条件消失或者解除条件出现的；

2.权利还存在于其他土地上，并且依据关于整体抵押的特别规定其在该拍卖土地上消灭的。

（3）买受人在第二款第二项所规定的情形下同时提供个人担保的，只要买受人未得利，则可不提高支付数额。

第五十一条

（1）被考虑到的权利并非抵押权、土地债务和定期土地债务的，适用第五十条的相关规定。买受人在通知终止后三个月内无须支付土地本金，但须支付土地增值额，并从拍卖成交时开始支付利息。

（2）上述款项应由法院在确定保留价时确定。

第五十二条

（1）某项权利在确定保留价时已被考虑到但未通过偿付得以清偿的，该权利始终存在。除此之外，其他的权利均消灭。

（2）在确定保留价时未考虑《民法典》第九百一十二条至第九百一十七条规定的请求某一项定期金的权利的，该项权利依旧存在。第一句的规定同样适用于：

1.在依据《地上权法》第九条第三款的规定将地上建筑物的租金的存续作为土地负担内容时的地上建筑物的租金；

2.依据第十条第一款第二项所规定的顺位对房屋所有权进行执行的，抵押在土地上与之成为整体的地役权和限制人役权，并且在此没有第四顺位的其他启动强制拍卖的权利优先于上述地役权和限制人役权。

第五十三条

（1）在存续的抵押中债务人同时宜行提供担保的，竞买人仅承担抵押数额部分的债务；《民法典》第四百一十六条的规定仅在债务人在法律规定的意义上被视为让与人的情况下方可适用。

（2）债务人对某一存续的土地债务或者定期土地债务自行提供担保的，只要其最迟于拍卖当日在应价之前申报针对他的债权的数量和理由并据法院或者某一参与人的要求予以证明的，可适用上述规定。

第五十四条

（1）债权人向所有权人或者所有权人向债权人宣布解除抵押权、土地债务和定期土地债务，仅在最迟于拍卖当日应价之前作出并向法院申报的情况下方对买受人有效。

（2）此规定同样适用于土地登记簿中不明的但基于其可在上述时间前主张债权的事实。

第五十五条

（1）土地拍卖的效力及于所有扣押依旧有效的物品。

（2）拍卖也可涉及第三人所有但由债务人或者新加入程序的所有权人占有的附属物，除非该第三人依据第三十七条第五项的规定主张其权利。

第五十六条

土地灭失的风险随着拍卖成交移转给买受人；对其他标的物，灭失的风险随着拍卖的结束移转给买受人。自拍卖成交时起，买受人可行使使用权并承担相应的费用。不得提出担保请求权。

第五十七条

土地让与于承程人的，《民法典》第五百六十六条、第五百六十六条之一、第五百六十六条之二和第五百六十六条之四的规定参照本法第五十七条之一、第五十七条之二的规定适用。

第五十七条之一

买受人有权在遵守法定期限的情况下解除使用租赁和用益租赁关系。未在首个允许的期限内解除的，该解除权消灭。

第五十七条之二

（1）依据《民法典》第五百六十六条之二第一款、第五百六十六条之三和第五百六十六条之四关于处分及法律行为对使用租赁和用益租赁的效力的规定将所有权的移转纳入考虑的，在此对土地的查封具有决定性的效力。启动强制拍卖的裁定送达承租人的，查封随着送达也视为被承租人所知晓；依据债权人的申请应当向其所列举的人员进行送达。在裁定中应增加关于查封对承租人的重要性的告诫。法院须经债权人的申请查清土地的承租人;该任务可委托给执行员或者其他公务人员,也可请求相关的地方机构提供其知悉的承租人。

(2)以强制管理为目的的查封持续至拍卖成交的,与以强制拍卖为目的的查封具有同等效力。禁止向债务人支付的裁定送达承租人的,该查封随着送达视为被承租人所知晓。

(3)上述规定不适用于强制管理人的处分和法律行为。

第五十七条之三(删除)

第五十七条之四(删除)

第五十八条

为作出拍卖成交的裁定所产生的相关费用,由买受人承担。

第五十九条

(1)每位参与人最迟于拍卖当日应价前可申请作出与法律法规不同的关于保留价和拍卖条件的决定。该申请最迟可于第一句所规定的时间撤回。上述不同于法律法规的行为可能损害其他参与人权利的,须征得其同意。

(2)不能确定该不同是否会损害其他参与人权利的,土地须以申请的不同条件及正常条件两种形式拍卖。

(3)依第五十二条应消灭的权利却被确定为继续存在的,无须征得其后顺位的参与人的同意。

第六十条(废除)

第六十一条(废除)

第六十二条

法院于拍卖期日前可敦促参与人商议保留价和拍卖条件,为此还可以专门确定一个期日。

第六十三条

(1)在同一程序中拍卖的多宗土地须逐个拍卖。同一建筑物附着的多宗土地可整体拍卖。

(2)每位参与人最迟于拍卖当日应价前申请在单个拍卖外将所有的土地整体拍卖(团体拍卖)。一个或者与之相同的权利在几宗土地上设定负担的,每位参与人也可要求将这些土地共同拍卖(团体拍卖)。法院依申请也可在其他情况下将几宗土地整体拍卖(团体拍卖)。

(3)在对多宗土地中的某一土地的单独拍卖中,提交的最高应价高于土地保留价的,在整体拍卖中须在保留价中增加上述高出部分的价额。

只有当整体拍卖的最高应价高于单独拍卖中的应价总和时方可作出整体拍卖的拍卖成交。

(4)出席拍卖的其权利在确定保留价时未予考虑的参与人弃权的,不得进行单独拍卖。最晚于应价前须声明弃权。

第六十四条

(1)多个被优先于债权人债权的整体抵押设定负担的土地在同一程序中被拍卖的,依申请在确定单宗土地的保留价时仅就与该单宗土地价值和整个土地价值比例相应的部分考虑整体抵押;价值须在扣除顺位中优先于整体抵押并存续的负担后进行计算。有权提出申请的人为债权人、所有权人和每个与抵押权人顺位相同或者后于其顺位的参与人。

(2)有人提出第一款所述申请的,抵押权人可在拍卖当日至竞价结束时申请在确定保留价时仅考虑优先于他债权的其他权利;在此情况下也可以以申请的不同保留价和拍卖条件拍卖土地。在拍卖后尽管法院催告但抵押权人仍未声明究竟哪个拍卖对拍卖成交具有决定意义的,依第一款确定的保留价依旧有效。

(3)土地被一个或者相同的土地债务或者定期土地债务设定负担的,适用上述规定。

第六十五条

(1)依申请,法院应将某项债权或者某个动产从土地拍卖中分离出来并专门进行拍卖。依申请也可进行其他形式的变价,尤其是可为债权的实现指定代理人或者在参与人同意的情况下替代支付而将债权移转给该参与人。在此准用《民事诉讼法》第八百一十七条、第八百二十条、第八百三十五条的相关规定。价款须作提存。

(2)专门的拍卖或者其他方式的变价仅在达到保留价时方可进行。

五、拍卖

第六十六条

(1)在拍卖当日,列出拍卖标的物的名称后应公布与土地相关的说明、启动拍卖程序的债权人及其债权、查封的时间、由法院确定的土地的价值及已进行的申报,并且依据对在座的参与人意见的听询,必要时可借助会计报告,在指明诸单个权利的情况下确定保留价和拍卖条件,并将确定的结果予以宣布。

(2)上述事宜进行完毕之后,法院须指出即将排除下一步的其他申报,随后须应价。

第六十七条

（1）参与人在其权利通过应价可能无法得到满足而受损的情况下,可要求缴纳保证金;该要求须在提出应价后立即提出。此要求对同一应价人的进一步应价同样有效。

（2）竞买人取得某项通过应价可全部或者部分满足的抵押权、土地债务和定期土地债务的,其只需应债权人的要求缴纳保证金。上述规定不适用于债务人的应价或者某个新加入程序的所有权人的应价。

（3）对于联邦、德意志联邦银行、德意志合作银行、德意志票据交易所（德意志地方银行）及某个州的应价,不得要求缴纳保证金。

第六十八条

（1）保证金数额须在拍卖期日决定书中所提出,否则即为确定的交换价值的十分之一。从拍卖价款中提取的程序费用的数额低于上述金额的,须依此数额确定保证金。依第一句缴纳的保证金高于现金应价的,高于部分可予以免除。通过向法院账户汇款缴纳保证金的,法院应返还超出部分。

（2）依第五十二条,其权利存续的参与人可额外要求缴纳的保证金的数额须达到为满足优先于其权利的债权所支付的数额。

（3）债务人或者某个新加入程序的土地所有权人进行应价的,债权人可额外要求缴纳的保证金数额须达到为满足其债权所支付的数额。

（4）最迟须于作出拍卖成交裁判时缴纳依据第二款和第三款的规定而提高的保证金。

第六十九条

（1）禁止以现金缴纳保证金。

（2）最早于拍卖期日前第三个工作日出具的联邦银行支票和汇票可用于缴纳保证金。上述规定仅适用于由某个在银行业从业法律规范适用范围内授权的信贷机构或者联邦银行所出具的并在国内可兑现的支票和汇票。本规定所指的经授权的信贷机构是依据 1977 年 12 月 12 日欧洲经济共同体理事会为协调信贷机构准入与从业的法律法规和管理制度而制定的第 77/780 号准则中的第三条第七款和第十条第二款（《欧共体公报》,第 L322,第 30 页）所规定的准入信贷机构名录中所列举的信贷机构。

（3）保证义务须在国内履行的,第二款所规定的信贷机构提供的无期限的、无条件的并且自愿承担偿付责任的担保可被允许视为保证金的缴纳。此规定不适用于债务人或者新加入程序的所有权人应价的情况。

（4）在拍卖期日前在法院账户将款项记入贷方并可在拍卖期日出示相关证明的，可通过汇款至法院账户的方式缴纳保证金。

第七十条

（1）法院须立即对保证金的缴纳作出决定。

（2）法院宣布保证金为必需的，须立即予以缴纳。在拍卖期日前须将保证金以汇款方式汇入法院账户。未缴纳保证金的，驳回其应价。

（3）允许不提供保证金而应价并且要求提供保证金的参与人对此并未立即提出反对的，视为撤回保证金要求。

第七十一条

（1）对无效的应价须予以驳回。

（2）应价的效力取决于代理竞买人应价者的代理权或者其他人、机构的确认的，只要该代理权或者确认不为法院明显所知悉且不能立即通过公证证书予以证明的，须驳回应价。

第七十二条

（1）有更高的应价被采纳且没有参与人表示反对的，前一应价作废。该更高应价未被当即驳回的，即视为采纳。

（2）应价被驳回且竞买人或者参与人未对驳回当即表示反对的，该应价作废。

（3）上述规定同样适用于拍卖暂时中止或者拍卖期日被取消的情况。

（4）依据第六十八条第二款和第三款的规定，须对被采纳的更高应价提供保证金而直到作出拍卖成交裁判时仍未提供的，前一应价仍然有效。

第七十三条

（1）在应价与涉及所有待拍卖土地的拍卖结束之间须留有三十分钟的时间。拍卖须持续到尽管法院还在应价却不再有应价提交时为止。

（2）法院须宣布最终应价及拍卖的结果。应在三次喊价后宣布最终的应价。

第七十四条

拍卖结束后须听询在座参与人对拍卖成交的意见。

第七十四条之一

（1）提交的最高应价包括依拍卖条件而存续的权利的本金价值低于土地价值的十分之七的，最高应价不能全部或者部分满足其债权但在某一应价中大概可能达到上述比例的权利人可申请否定拍卖成交。启动程序的债权人对上述申请表示反对并证明对拍卖成交的否定可能给其带来不合理损害的,须驳回该申请。

(2)对拍卖成交的否定申请仅能在围绕拍卖成交所进行的竞价结束时提出;此规定同样适用于表示反对的情况。

(3)拍卖成交依第一款被否定的,须以官方的名义确定一个新的拍卖期日。只要是并非依据个别情况的特殊情势而出现其他应价的,两次期日之间至少间隔三个月,但不得超过六个月。

(4)在新的拍卖期日不得出于第一款或者第八十五条之一第一款的原因而否定拍卖成交。

(5)土地的价值(交换价值)由执行法院必要时依据鉴定人的意见进行确定。拍卖所涉及的动产价值须考虑所有情况后自由评定。对确定土地价值的裁定可以以立即抗告申请撤销。不得以未正确评估土地价值为由申请撤销拍卖成交或者拒绝拍卖成交。

第七十四条之二

最高应价是由需从土地中受偿的权利人所提交的,如果该应价,包括依拍卖条件存续的权利的资产价值及最高应价人在价款分配时所占的数额达到土地价值的十分之七且该参与分配数额在顺位中紧接在最后一个可通过应价受偿的份额之后的,则不适用第七十四条之一的规定。

第七十五条

债务人在拍卖期日出示银行或者储蓄机构的存款或者汇款证明或者其他公文书足以证明债务人或者经授权对债权人进行偿付的第三人已向法院账户支付用于清偿及偿付程序费用所需金额的,拍卖程序中止。

第七十六条

(1)在多宗土地的拍卖中,对其中一宗或者几宗土地的应价即可满足债权人债权的,应暂时中止对其他土地的拍卖;中止不利于债权人的正当利益的,不得中止拍卖程序。

(2)拍卖程序暂时中止的,如果债权人对此有正当利益,特别是其在价款分配期日不能受偿的,可要求拍卖程序继续进行。债权人未在拍卖期随后三个月内提出继续拍卖程序申请的,视为其撤回拍卖申请。

第七十七条

(1)没有提交应价的或者总应价被取消的,拍卖程序暂时中止。

(2)在第二次拍卖期日依然流拍的,应终止拍卖程序。存在启动强制管理程序前提条件的,法院可依债权人申请继续进行强制管理程序。在此情况下因强制拍卖而进行的查封的效力依旧存续;对于强制拍卖的费用,不适用第一百五十五条第一款的规定。

第七十八条

在拍卖期日对拍卖成交的裁判过程及考虑到参与人权利的过程,须以记录的形式记载;对是否拍卖成交及以哪个应价拍卖成交存有争议的,须将客观情况连同提出的申请一并记录。

六、拍卖成交裁判

第七十九条

在作出拍卖成交裁定时,法院不受之前作出的裁判的限制。

第八十条

在作出拍卖成交裁判时,对在记录中未明确记载的拍卖当日的过程不予考虑。

第八十一条

(1)须对最高应价人作出拍卖成交。

(2)最高应价人将最高应价中的权利让与他人且受让人接受最高应价中的义务的,如果在拍卖期日予以声明或者事后通过公证证书予以证明的,则不对最高应价人而对该受让人作出拍卖成交。

(3)最高应价人在拍卖期日或者事后在公证证书中声明其代他人应价的,如果最高应价人的代理权或者被代理人的认可为法院明显所知悉或者通过公证证书可证明的,则不对最高应价人而对该他人作出拍卖成交。

(4)一旦拍卖成交,最高应价人与买受人成为共同债务人。

第八十二条

在拍卖成交的裁定中须记录土地、买受人、应价及拍卖条件;在第六十九条第三款规定的情形下,保证人在其债务数额的声明范围内承担连带责任;在第八十一条第四款规定的情形下,最高应价人承担连带责任。

第八十三条

在下列情形下不得作出拍卖成交:

1.第四十三条第二款的规定或者关于确定保留价或者拍卖条件的规定未能得到遵循的;

2.在多宗土地的拍卖中,与第六十三条第一款、第二款第一句、第四款的规定相违背而未作出单独应价或者整体应价的;

3.在第六十四条第二款第一句、第三款规定的情形下,抵押权、土地债务、定期土地债务或者优先于债权人的同顺位或者后顺位的参与人的权利未能通过单独应价的总和受偿的;

4.未考虑到第六十六条第二款的规定而驳回在应价后的权利申报或者权利证明的;

5.某参与人的权利阻碍强制拍卖或者程序的继续进行的;

6.由于其他原因而未允许强制拍卖或者程序的继续进行的;

7.第四十三条第一款或者第七十三条第一款的任何一条规定未得到遵循的;

8.直至作出拍卖成交裁判时都未缴纳依第六十八条第二款和第三款的规定所要求提供的保证金的。

第八十四条

(1)参与人的权利并未因拍卖成交而受损或者参与人认可该拍卖程序的,第八十三条第一项至第五项规定的不予拍卖成交的事由不能限制作出拍卖成交决定。

(2)对拍卖程序的认可必须通过公证证书予以证明。

第八十五条

(1)在竞价结束前,其权利可能会因为拍卖成交受损但不属于第七十四条之一第一款所规定的权利人范围的参与人申请重新确定拍卖期日并承诺赔偿拒绝拍卖成交所产生的损失且应其他参与人的要求缴纳保证金的,不得作出拍卖成交。在此适用第六十七条第三款和第六十九条的规定。提供的保证金数额应达到分配期日现有最高应价中已支付的部分。

(2)新的期日决定书须送达最高应价人。

(3)对于再次拍卖,现有的最高应价连同最高应价中已支付部分的利息加上须从拍卖价款中扣除的多出的费用,一并视为参与人提交的一个应价。

(4)在再次进行的拍卖程序中不适用第一款的规定。

第八十五条之一

(1)提交的最高应价包括依拍卖条件存续权利的资产价值不及土地价值一半的,须继续拒绝拍卖成交。

(2)在此适用第七十四条之一第三款、第五款的规定。在新的拍卖期日不得以第一款或者第七十四条之一第一款的规定为由拒绝拍卖成交。

(3)最高应价是由从土地中受偿的某一权利人提出的,如果应价包括依拍卖条件存续的权利的资产价值连同最高应价人在价款分配中分得的份额不及土地价值一半的,不适用第一款的规定。

第八十六条

拍卖程序被允许继续进行的,具有法律效力的拒绝拍卖成交等同于暂时中止的效力,否则等同于拍卖程序终止的效力。

第八十七条

(1)作出拍卖成交或者拒绝拍卖成交的裁定,须在拍卖期日或者在另一个当即决定的期日予以宣布。

(2)确定宣布期日的时间不应超过一周。期日决定书须宣布并通过法院公告栏的张贴予以公告。

(3)事实和证据在事后才出示的,应当在宣布期日时听询在座参与人的意见。

第八十八条

拍卖成交的裁定须送达既未在拍卖期日也未在宣布期日出现的参与人、买受人以及第六十九条第三款所规定情形下承担连带责任的保证人和第八十一条第四款所规定情形下的最高应价人。须证明其申报权利的人也被视为参与人。

第八十九条

拍卖成交自宣布时起生效。

第九十条

(1)只要是并非在抗告过程中废止拍卖成交裁定的法律效力,买受人就因拍卖成交而成为土地所有权人。

(2)随着土地,买受人同时也获得拍卖所涉及标的物的使用权。

第九十一条

(1)通过拍卖成交,在第九十条第一款所规定的前提条件下,依拍卖条件不应存续的权利消灭。

(2)某项针对土地的权利在权利人与买受人之间达成一致并且在分配期日予以声明或者在土地登记部门进行土地登记簿的修改前通过公证证书予以证明的,该项权利可存续。

(3)在第二款规定的情形下,最高应价中已支付的部分须扣除应当支付上述权利人的数额。此外,该协议具有与权利人从土地中受偿相同的效力。

(4)某项权利的权利人在该权利消灭时依据《民法典》第一千一百七

十九条之一的规定可申请存续的抵押权、土地债务和定期土地债务进行清偿的,该权利的消灭并不导致债权的消灭。权利人从土地中受偿的,债权消灭。

第九十二条

(1)非以支付本金为目的的权利因拍卖成交而消灭的,以拍卖价款中等值补偿的债权代替上述权利。

(2)对用益物权、限制人役权及无固定期限的土地负担,须通过支付与上述权利的年收益等值的货币定期金予以补偿。该补偿数额须提前预支三个月。对定期金的权利在三个月期满前消灭的,权利人依旧保留对已到支付期的债权。

(3)对于可解除的权利,可通过解约金确定补偿款的数额。

第九十三条

(1)基于拍卖成交的裁定可对土地或者某项共同拍卖的标的物的占有人实施搬出和交出占有物的强制措施。占有人基于某项不因拍卖成交而消灭的权利所实施占有的,不得采取强制措施。依旧采取强制措施的,占有人可依据《民事诉讼法》第七百七十一条的规定提起诉讼。

(2)买受人不承担对拍卖成交前使用标的物的补偿。

第九十四条

(1)根据期待从现金应价中受偿的参与人的申请,只要买受人未支付价款或者提供保证金的,由买受人承担风险的土地须由法院管理。此申请可在拍卖期日提出。

(2)对于管理人的指定及其权利义务的规定,参照强制管理的相关规定。

七、抗告

第九十五条

对在拍卖成交裁定作出前有关程序启动、终止、暂时中止或者继续进行的裁判的抗告,须立即提出。

第九十六条

除第九十七条至第一百零四条另有规定外,对拍卖成交裁判的抗告,参照《民事诉讼法》抗告的规定。

第九十七条

(1)对拍卖成交的抗告应由参与人及买受人和被宣告为有支付义务的第三人提出,对拒绝拍卖成交的抗告由债权人提出,在上述两种情况中也可由其应价未消灭的竞买人以及依据第八十一条的规定代表该竞买人的人提出。

（2）在第九条第二项规定的情形下，向抗告法院提出的权利申报和证明即可作为抗告。

第九十八条

对执行法院作出的拒绝拍卖成交的裁定的抗告，自该裁定宣布起开始计算抗告期间。作出拍卖成交的，该时效计算的规定也适用于在拍卖期日或者宣布期日出现的参与人。

第九十九条

（1）抗告法院认为抗告是必需的，须确定抗告的相对方。

（2）诸抗告间须相互关联。

第一百条

（1）在违背第八十一条、第八十三条至第八十五条之一的规定或者拍卖成交是基于其他作为拍卖条件所作出的前提下，可提出抗告。

（2）不得以涉及其他人权利的理由提出抗告，也不得申请驳回抗告。

（3）抗告法院须以官方名义考虑第八十三条第六项、第七项所规定的拒绝拍卖成交的理由。

第一百零一条

（1）抗告理由成立的，抗告法院须在废止被撤销的决定的情况下对案件自行裁判。

（2）拍卖成交的裁定被废止但根据权利抗告该拍卖成交的裁定理由成立的，须在抗告法院废止裁定的情况下驳回针对拍卖成交的抗告。

第一百零二条

抗告法院在拍卖价款分配后才废止拍卖成交裁定的，拍卖价款分配人有权经抗告法院同意提出权利抗告。

第一百零三条

被撤销的裁定被废止或者变更的，抗告法院的裁定须送达所有的参与人、拒绝或者主张拍卖成交的竞买人、第六十九条第三款规定的情形下承担连带责任的保证人和第八十一条第二款、第三款所规定情形下的最高应价人。抗告被驳回的，只需向控告人及其他参与抗告的相对人送达裁定。

第一百零四条

抗告法院对拍卖成交的裁定，自送达买受人起生效。

八、拍卖价款分配

第一百零五条

（1）拍卖成交后，法院须确定拍卖价款分配的期日。

（2）拍卖价款分配的期日决定书，须送达参与人、买受人以及第六十九条第三款规定情形下承担连带责任的保证人和第八十一条第二款、第三款规定情形下的最高应价人。尚在证明其已申报权利的权利人也被视为参与人。

（3）期日决定书应当张贴于法院的公告栏。

（4）期日决定书未在期日前两周送达买受人、第六十九条第三款规定情形下承担连带责任的保证人和第八十一条第二款、第三款规定情形下的最高应价人的，只要是并非拍卖程序所许可，期日取消并重新确定新的期日。

第一百零六条

在分配程序的准备中，法院可在期日决定书中要求参与人在两周内提交其债权的数额。在此情形下，法院可于期间届满后制作分配方案，并最迟于期日三日前将分配方案存放于书记官处，供参与人查阅。

第一百零七条

（1）在分配期日须确定可供分配的数额。第六十五条规定情形下特别拍卖的物品或者以其他方式变价的物品的价款，也属于上述数额。

（2）买受人须于分配期日向法院支付价款。准用第四十九条第三款的规定。

（3）买受人为应价而存入法院账户的保证金计入第二款第一句所规定的价款中。

第一百零八条（删除）

第一百零九条

（1）除因程序的启动或者债权人的加入或者因拍卖成交或者事后的分配商议而产生的费用外，其他程序费用均可从拍卖价款中优先受偿。

（2）剩余部分用于分配给需通过价款支付受偿的权利。

第一百一十条

因未考虑第三十七条第四项规定的催告而未及时申报或者证明的权利，在分配的时候列于其他权利之后。

第一百一十一条

到期债权被视为应予支付。债权为无息债权的，应当向债权人支付与债权等额的金额以及自应当支付之日起至实际支付之日期间的法定利息;实际支付时间不确定的,债权即视为附停止条件。

第一百一十二条

(1)多宗土地的拍卖系基于整体应价而拍卖成交,且有必要就每宗土地单独分配价款的,应当首先从拍卖价款中留出用于偿付程序费用和使在确定保留价时考虑到的并通过支付可受偿的权利受偿的费用,对上述权利多宗土地已为其作出整体担保。

(2)剩余部分将根据其价值比例分配到每宗土地上。依据第九十一条的规定未消灭的权利的数额补充计入剩余部分中。在某一土地上存续的权利的数额计入分摊至该土地的价款份额中。存在针对多个被拍卖土地的权利的,在诸宗土地中仅将与土地价值相当的数额部分计入其中一个。

(3)依据第二款的规定分配至每宗土地中的价款份额不足以偿付根据保留价可受偿或者通过在单独应价中针对某一土地的最高应价可受偿的债权的,应在分配份额中补充计入未受偿部分的数额。

第一百一十三条

(1)法院在分配期日听询了在座参与人的意见后,必要时也可借助于会计报告,制定出最终的分配方案。

(2)在分配方案中也须确认依据第九十一条的规定未消灭的权利。

第一百一十四条

(1)债权的数额或者其最高数额在土地登记簿中登记拍卖标注时已明确,且债权最迟于拍卖期日申报的,可根据土地登记簿的内容将上述债权另行纳入分配方案中。只要债权人的债权出现在拍卖申请中,该债权就视为已申报。

(2)依据土地登记簿的内容须清偿的定期给付的现行款项,无须申报。

第一百一十四条之一

对某个需要从土地中受偿的权利人以包含依拍卖条件而存续的权利的资产总值而低于土地价值十分之七的应价作出拍卖成交的,则在下述范围内也视为买受人从土地中受偿,即其债权未能通过提交的最高应价受偿,但在某次应价中其十分之七的债权数额得以受偿。在此消灭的效力优先或者等同于买受人债权的权利,均不纳入考虑。

第一百一十五条

(1)分配方案须立即予以商议。商议及异议的处理和方案的实施,参照《民事诉讼法》第八百七十六条至八百八十二条的规定。

（2）在分配期日前申报的债权未能依据其申请纳入分配方案的，该申报视为对分配方案的异议。

（3）债务人针对可执行的债权的异议，可以依据《民事诉讼法》第七百六十七条、七百六十九条、七百七十条的规定处理。

（4）只要债务人通过缴纳保证金或者提存价款可阻止上述债权受偿，且已缴纳保证金或者提存价款的，可不实施分配方案。

第一百一十六条

买受人或者第六十九条第三款规定的情形下承担连带责任的保证人以及第八十一条第二款、第三款规定的情形下的最高应价人申请延迟实施分配方案的，该分配方案应当延迟至拍卖成交生效时实施。

第一百一十七条

（1）拍卖价款以货币方式支付的，可通过向债权人支付价款来实施分配方案。价款支付须以非现金方式进行。

（2）对于在分配期日未到场的权利人的支付，须以官方名义进行。支付的方式依地方法律确定。无法支付的，应提存该笔属于权利人的款项。

（3）在提存价款的情况下，无须支付而代之以标示出提存的价款。

第一百一十八条

（1）买受人未支付现金应价的，通过将执行法院针对买受人的债权移转给权利人以及将在第六十九条第三款规定的情形下承担连带责任的保证人的债权一并移转给权利人的方式来实施分配方案；移转与共同移转均由法院实施。

（2）移转即产生与从土地中受偿同等的效力。在三个月期间内权利人向法院声明放弃基于移转的权利或者申请强制拍卖的，在第一款规定情形下的权利移转不生效力。撤回强制拍卖申请或者依据第三十一条第二款的规定终止拍卖程序的，视为未提出申请。在上述弃权的情况下，法院应向买受人以及因弃权而使债权移转到其名下的人告知上述声明。

第一百一十九条

将某款项分配给某个附条件的债权的，须通过分配方案确定该项债权如被取消应如何进一步分配该款项。

第一百二十条

（1）债权为附停止条件的，须为相关权利人提存价款。价款未予以支付的，针对买受人的债权应移转给权利人。在相应的条件下可为每一个权利人提存价款或者移转债权。

（2）在条件成否未定期间，有关提存价款的存放、移转债权的解除和收及收取资金的存放，均适用《民法典》第一千零七十七条至第一千零七十九条的规定；所附条件不成就的，由上述款项的支付对象确定存放的方式。

第一百二十一条

（1）在第九十二条第二款规定情形下的补偿请求权的数额与其他所有将来的定期给付的数额相当并且不超过其年给付的 25 倍的，须将该补偿请求权的数额纳入分配方案；同时须确定在到期支付时将单独的给付从利息和价款中扣除。

（2）在此适用第一百一十九条、第一百二十条的规定；价款提存的方式首先由权利人确定。

第一百二十二条

（1）为某参与人的债权提供担保的诸宗土地在同一程序中拍卖的，在不违反《民法典》第一千一百三十二条第一款第二句规定的情况下，对每一单宗土地仅将依据价款情况而定的数额纳入分配方案。价款计算前需扣除效力优先于上述参与人的债权的数额。

（2）无须向参与人的债权分配价款的，在每宗土地中的债权均以其数额纳入分配方案中。

第一百二十三条

（1）只要未向以某宗其他土地为其设定担保的债权支付分配给该债权价款的，须通过分配方案确定的，如果依据有关整体抵押的特别规定从分配价款中受偿的权利消灭应如何进一步分配上述价款。

（2）通过在相应条件下将针对买受人的债权移转即可实现分配。

第一百二十四条

（1）对分配方案存有异议且该异议被裁定为合理的，须通过分配方案确定如何分配有争议的款项。

（2）在此适用第一百二十条的规定；存放方式由主张债权者确定。

（3）此规定同样适用依第一百一十五条第四款的规定不予实施分配方案的情形。

第一百二十五条

（1）除最高应价中已支付部分外，买受人还应根据第五十条、第五十一条的规定继续支付一定数额的，须通过分配计划确定该笔款项应分配的对象。分配可通过将针对买受人的债权移转来实现。

（2）对是否继续支付价款尚不确定或者存有争议的，在相应条件下方可进行分配和移转。在此不适用《民事诉讼法》第八百七十八条至第八百八十二条的规定。

第一百二十六条

（1）相对于某项用于分配的价款而言权利人不明的，尤其是在抵押权、土地债务和定期土地债务中无法出示证明文书的情况下，须通过分配方案确定无法查明权利人时如何分配该笔价款。

（2）须为不明权利人提存价款。买受人未支付价款的，须将针对买受人的债权移转给权利人。

第一百二十七条

（1）有关因拍卖而消灭的抵押权、土地债务或者定期土地债务的证明文书已出示的，法院必须使其失效。权利仅是部分消灭的，须在证明文书上予以标注。未出示证明文书的，法院可向权利人索要证明文书。

（2）在出示有关某项参与分配的债权的执行名义时，法院须在执行名义上标注出在何种范围内通过支付、提存或者移转进行分配。

（3）标注的事项须作成记录。

第一百二十八条

（1）对某项债权实施了针对买受人债权移转的，须为该针对买受人的债权进行与前述债权顺位相同的对土地的保全抵押。依据土地登记簿的内容第三人的权利在债权所基于的某项权利上设定负担的，应就该第三人的权利作为针对该债权的权利一并登记入册。

（2）针对买受人的债权未予以分配的，需为拍卖成交时的土地所有人进行保全抵押登记。

（3）入册登记即产生抵押。抵押权与所有权混同于同一个人的，上述权利不得在损害存续的权利或者依据第一款、第二款的规定登记入册的保全抵押的情况下主张抵押权。

（4）土地被重新拍卖的，须考虑到作为现金应价的一部分的清偿抵押权所需的数额。

第一百二十九条

不得在损害存续的权利以及其他依据第一百二十八条第一款、第二款的规定登记入册的保全抵押的情况下，主张针对第十条第一项至第三项所列的债权、第十条第四项中所列的对定期给付的债权以及第十条第二款中所述的程序费用的保全抵押,除非在登记后的六个月期间前抵押权人申请对土地进行强制拍卖。强制拍卖申请被撤回或者程序依据第三十一条第二款被终止的,视为未提出申请。

第一百三十条

(1)在分配方案予以实施以及拍卖成交具有法律效力的情况下,土地登记部门须将买受人登记为所有权人并涂销拍卖标注以及因拍卖成交而消灭的权利,同时还须登记针对买受人债权的保全抵押。在进行抵押登记时应当在土地登记簿中注明此项登记系源于强制拍卖程序。

(2)对于确定保留价时已考虑到的权利并未产生或者已消灭的,须申请涂销此项权利。

(3)买受人在其被登记为所有权人之前欲在被拍卖的土地上登记某项权利的,该登记不得在第一款所述的登记行为实现之前进行。

第一百三十条之一

(1)依据《民法典》第一千一百七十九条之一的规定预告登记对某项已消灭的权利的债权人产生对抗存续的抵押权、土地债务和定期土地债务效力的,该效力因第一百三十条所述的申请被受理而失效。

(2)依据《民法典》第一千一百七十九条之一的规定,在上述权利中涂销请求权对抗某项存续权利而不依第九十一条第四款第二句的规定消灭的,根据请求权人最迟于分配期日提出的申请依据第一百三十条的规定作出的请求中还须提出:在存续权利中为该权利人就基于消灭的抵押权、土地债务和定期土地债务而出现的涂销请求权的保全予以预告登记。该预告登记自《民法典》第一千一百七十九条之一第一款第三句生效时起为涂销请求权提供担保。因预告登记而受损者在其权利消灭时尚无权请求涂销存续的权利或者在上述请求权实现时可能未获得进一步受偿的,受损者可要求权利人同意涂销预告登记;涂销预告登记以及相应所需声明的费用均由为其进行预告登记的人承担。

第一百三十一条

在第一百三十条第一款规定情形下就抵押权、土地债务和定期土地债务的涂销,在第一百二十八条规定情形下就保全抵押的优先权登记,均无须出示权利证明文书。本规定同样适用于依据第一百三十条之一第二款第一句的规定所进行的预告登记。

第一百三十二条

(1)分配方案实施后,针对买受人的债权、在第六十九条第三款规定的情形下针对承担连带责任的保证人的债权、在第八十一条第四款规定的情形下针对共同承担债务的最高应价人的债权，以及基于保全抵押的针对买受人和其后的每位所有权人的债权，均可执行。买受人依据第五十条、第五十一条的规定须进一步支付价款的，不适用该规定。

（2）强制执行以拍卖成交的裁定的可执行的官方文件为基础。在执行附录中须说明权利人及债权的数额；在此无须送达有关债权移转的证书。

第一百三十三条

针对买受人的土地强制执行，无须送达执行名义或者第一百三十二条规定的执行附录；即使买受人尚未被登记为所有权人，也可进行上述强制执行。只要土地登记部门未收到关于登记的申请，就无须提供第十七条第十二款所列的证据。

第一百三十四条（废除）

第一百三十五条

就某项分配价款而言权利人本人不明的，执行法院须就查找权利人指定一名代理人。此处准用第七条第二款的规定。代理人的支出费用，须预先从分配价款中扣除。

第一百三十六条

权利人的证明有赖于提供有关抵押权、土地债务和定期土地债务的证明文书的，在权利已涂销的情况下，可在公示催告程序中宣布此证明文书失效。

第一百三十七条

（1）事后查明权利人的，该分配方案继续实施。

（2）对债权存有异议的，须向异议人通知查明权利人事项。《民事诉讼法》第八百七十八条规定的提出异议的期间，自上述通知送达之日起开始计算。

第一百三十八条

（1）未能在自分配期日起的三个月期间内查明权利人的，法院可依申请授权以其他方式参与分配的参与人申请启动旨在排除不明权利人从分配价款中受偿的公示催告程序。

（2）在授权后查明权利人的，法院须就此事通知被授权人。授权因通知而消灭。

第一百三十九条

(1)在事后查明权利人的情况下,法院可就分配方案的进一步实施确定一个期日。期日决定书须送达权利人及其代理人、以其他方式参与分配的参与人和拍卖成交时的土地所有权人。

(2)对债权存有异议的,还须将期日决定书送达异议人。《民事诉讼法》第八百七十八条规定的提出异议的期间,自上述期日起开始计算。

第一百四十条

(1)执行法院负责管辖公示催告程序。

(2)申请人须在陈述申请理由时说明其所知的查明的最后权利人的继受人。

(3)在公示催告中须要求不明权利人最迟于催告期间申报其权利,否则将排除其从分配价款中受偿。

(4)公示催告须送达查明的最后权利人、指定的权利继受人及不明权利人的代理人。

(5)在执行程序中进行的申报,也适用公示催告程序。

(6)申请人可要求从分配价款中获得因该程序而支出的费用。

第一百四十一条

在除权判决公布之后,法院须确定进一步实施分配方案的期日。期日决定书须送达申请人、在判决书中被保留权利的人、不明权利人的代理人及拍卖成交时的土地所有权人。

第一百四十二条

并非有权受领提存价款的权利人在三十年期间内到提存地申报权利的,在第一百一十七条第二款和第一百二十条、第一百二十一条、第一百二十四条、第一百二十六条所规定的情形下对提存价款的权利的时效为三十年;拍卖成交时的土地所有权人有权提起诉讼。三十年期间自提存日起开始计算,在第一百二十条、第一百二十一条规定的情形下自提存条件成就时开始计算。

第一百四十三条

通过公文书或者公证证书向法院证明参与人已就价款分配达成合意的,可不通过法院进行价款分配。

第一百四十四条

(1)买受人或者第六十九条第三款规定情形下承担连带责任的保证人通过公文书或者公证证书向法院证明其已经使需从应价中获得清偿的

债权人受偿的,或者其已被上述权利人视为唯一债务人的,应法院的命令须将证书连同买受人或者承担连带责任的保证人的声明一并存放在书记官处以供参与人查阅。同时须通知参与人存放一事并要求其于两周内提出抗议。

(2)未在两周期间内提出抗议的,分配程序仅限于对第六十五条规定情形下特别拍卖的物品或者以其他方式变价的物品的价款进行分配。

第一百四十五条

在第一百四十三条、第一百四十四条规定的情形下适用第一百零五条第二款第二句和第一百二十七条、第一百三十条至第一百三十三条的规定。

九、以外币为货币单位的土地质权

第一百四十五条之一

对于以《土地登记条例》第二十八条第二句规定所认可的外币为货币单位的抵押权、土地债务和定期土地债务设定负担的土地的强制拍卖,适用以下特殊规定:

1.期日决定书中必须包含关于以《土地登记条例》第二十八条第二句规定所认可的外币为货币单位的抵押权、土地债务和定期土地债务为土地设定负担的说明和该外币的名称。

2.在强制拍卖期日,在应价前须确定并公布以《土地登记条例》第二十八条第二句规定所认可的外币为货币单位进行登记的抵押权、土地债务和定期土地债务依官方最后公布的汇率换算为欧元的价值。在继续进行的程序中以该汇率价格为准。

3.以欧元确定现金应价的数额。以欧元为货币单位应价。

4.以欧元为货币单位制定分配方案。

5.以《土地登记条例》第二十八条第二句规定所认可的外币为货币单位进行登记的抵押权、土地债务和定期土地债务的债权人未能完全受偿的,须以外币为货币单位确定其债权的未受偿部分。对于共同被设定负担的标的物的担保、对于债务人本人的义务以及对于在支付不能程序中提出支付不能的,上述确定具有终局性。

第三节　强制管理

第一百四十六条

(1)除第一百四十七条至第一百五十一条另有规定外,强制管理的启动均适用强制拍卖启动的规定。

(2)在收到第十九条第二款规定的土地登记部门的通知后,须通知参与人强制管理程序已启动。

第一百四十七条

(1)第十七条第一款所规定的前提条件不存在且债务人实际占有土地的,也可以基于登记权利的请求权而实施强制管理。

(2)只要占有不为法院明显所知悉的,须提供证书予以证明。

第一百四十八条

(1)土地查封的效力及于第二十一条第一款、第二款所列的标的物。在此不适用第二十三条第一款第二句的规定。

(2)查封使债务人丧失对土地的管理和使用。

第一百四十九条

(1)查封时债务人居住于土地上的,须为其家庭保留必需的居住空间。

(2)债务人或者其家庭成员的行为危及土地或者其管理的,法院依申请可向债务人收回土地上的居住空间。

(3)在农业土地、林业土地和园艺业土地的强制管理中,强制管理人须从土地收益和价款中为债务人提供满足其本人及其家庭所必需的费用。有关争议,由执行法院在听询债权人、债务人和强制管理人的意见后作出决定。有关裁定,可随即提出抗告。

第一百五十条

(1)管理人由法院指定。

(2)法院通过司法执行员或者其他公务人员向管理人移交土地或者授权管理人自行实施占有。

第一百五十条之一

(1)在土地管理中,某公开的实体、国家监管的机构、抵押银行和《国家房地产法》规定的房地产公司归属于参与人的,参与人可在法院为其确定的期间内推荐一名旗下的从业人员作为管理人。

(2)由参与人承担依第一百五十四条第一句所规定的管理人的责任且基于管理人本人及其管理方式而对被推荐人不存在顾虑的,法院须将被推荐人指定为管理人。该被推荐人不得因管理行为获得报酬。

第一百五十条之二

(1)在农业土地、林业土地和园艺业土地的强制管理中,须指定债务人为管理人。债务人不愿被指定为管理人或者依情势债务人不能从事法定的管理的,不必指定其为管理人。

(2)在指定前,须听取申请强制管理的债权人和可能的参与人对第一百五十条之一所述方式及下级管理机构的意见。

(3)仅在债务人未被指定为管理人的情况下,须考虑依第一百五十条之一所作出的建议。

第一百五十条之三

(1)债务人被指定为强制管理人的,法院需指定一名监管人。监管人可以是行政机关或者法人。

(2)对于监管人,适用第一百五十三条第二款和第一百五十四条第一句的规定。送达给管理人的法院决定,也须送达监管人。在第一百五十三条规定的指令颁布前,须听询监管人的意见。

(3)债务人违背其作为管理人义务的,监管人须立即向法院报告。

(4)债务人在监管人的监管下进行管理。债务人有义务随时向监管人通报有关土地、经营和与管理相关的法律关系的情况并确保监管人能审阅已有的记录。凡涉及超出现有管理范围的经营,债务人须及时取得监管人的确认。

第一百五十条之四

债务人作为管理人只能在不违背第一百五十五条至第一百五十八条的规定并取得监管人认可的情况下方可支配土地的收益和价款。债务人有权无须监管人的同意自行收取查封所涉及的债权;债务人也有义务依法院最新的指令立即将当前不必要的用于支付的款项予以提存。

第一百五十条之五

债务人作为管理人不能取得报酬。如有必要,法院可依据监管人的听询决定债务人可以利用土地的收益和价款以满足其本人及其家庭所必需的范围。

第一百五十一条

(1)管理人依据第一百五十条的规定实现对土地的占有时,查封即生效。

(2)允许债权人加入的裁定,应送达管理人;管理人已占有土地的,从有利于债权人的角度,查封也因上述送达而生效。

(3)应管理人的申请,法院须向第三人颁发禁止支付令。

第一百五十二条

(1)管理人有权利也有义务采取必要措施维持土地的经济现状并依法使用;管理人必须主张查封所涉及的债权并将管理不需要利用的物品予以变现。

(2)土地在查封前已交付承租人的,使用租赁合同和用益租赁合同具有对抗管理人的效力。

第一百五十二条之一

德国联邦司法部长有权经联邦参议院同意通过法规进一步规定强制管理人的地位、任务、经营及其报酬(费用和支出)。报酬的数额应以管理任务的类型和范围及强制管理人的管理成效为准。须预先对最低和最高的报酬数额作出规定。

第一百五十三条

(1)法院须依对债权人和债务人的听询为管理人提供必需的确定其报酬和监管其经营的管理指南;在适当的情况下,可启用鉴定人。

(2)法院有权要求管理人缴纳保证金,对其进行强制性罚款并可以解除其管理人的职务。须预先对管理人提出有强制性罚款的警告。

第一百五十三条之一

在债务人被指定为强制管理人的情况下,依该地区通行的风俗属于农业经营物的牲畜不作为土地的附属物的,执行法院可依据第一百五十三条的规定发布命令确定债务人须向分配财团支付多少款额用于补偿从土地收益中支出的牲畜饲养费以及如何确保该义务得以履行。

第一百五十三条之二

(1)在针对债务人财产的支付不能程序开始的情况下,支付不能管理人证明强制管理的继续进行会给支付不能财产的经济性有效利用带来实质性妨碍的,应支付不能管理人的申请可全部或者部分中止强制管理。

(2)通过支付不能财团的当前支付可以弥补因强制管理中止给启动强制管理的债权人利益带来不利的,可中止强制管理。

(3)在作出裁判前,法院须听询强制管理人以及启动强制管理的债权人的意见。

第一百五十三条之三

(1)在下列情况下法院可应启动强制管理的债权人的申请取消暂时中止的命令:中止的前提条件消失;未遵循第一百五十三条之二第二款所规定的条件;支付不能管理人同意取消。

（2）在作出裁判前，须听询支付不能管理人的意见。未取消的，中止的效力至支付不能程序终结时消灭。

第一百五十四条

管理人就履行其强制义务而对所有的参与人负责。（管理人必须每年向债权人和债务人提供账目，直至管理结束）账目须提交法院并由法院出示给债权人和债务人。

第一百五十五条

（1）除因程序的启动或者某个债权人的加入而产生的费用外，须从土地的收益中预先支付管理的支出和程序的费用。

（2）剩余的部分，分配给第十条第一款第一项至第五项所列的债权。在此，于第二、第三和第四顺位中也仅仅考虑针对当前定期给付和定期土地付的债权以及针对为逐步清偿作为计息附加费的债权所缴纳的款项的债权。只要不计息债务的分期偿还数额不超过最初债务数额的 5％，可将其视同当前的定期给付予以考虑。

（3）启动强制管理的债权人为房屋建筑的修缮、补建和改建工作预支的费用，依照欧洲中央银行最高再融资短期资金借贷利率的 50％ 计息。在强制管理与强制拍卖中，该利息享有与预支本身相同的优先权。

（4）强制管理人或者被指定为强制管理人的债务人经监管人同意，在现有的经营方式的框架内购置了依法维持经营所需的肥料、种子和饲料的，上述管理人因这些购置而拥有第十条第一款第一项中所规定的顺位的债权。此规定同样适用于为支付这些购置而以此种经营通行的方式所进行的贷款。

第一百五十六条

（1）对于公共费用的当前款额，无须进一步程序授权而由管理人缴纳。此规定同样适用于在房屋所有权的执行中对支付依《房屋所有权法》第十六条第二款、第二十八条第二款和第五款而产生的共有财产和特殊所有的财产需缴纳和支出的费用，包括预支和准备金的支付及单个房屋所有权人的请求偿还权的支付。在此不适用第十条第一款第二项第三句的规定。

（2）有望实现对其他债权的支付的，可在第十九条第二款所规定的土地登记部门发布通知后确定分配期日。在分配期日应制定出整个程序过程中的分配方案。期日决定书须送达参与人和管理人。在此适用第一百零五条第二款第二句、第一百一十三条第一款和第一百一十四条、第一百一十五条、第一百二十四条、第一百二十六条的相关规定。

第一百五十七条

（1）在确定分配方案后,法院须依方案安排将款项支付给权利人;事后有债权人被允许加入分配程序的,须对上述安排进行补充。凡可供分配的资金足够的,可在其到期时由管理人进行支付。

（2）为未知的权利人提存待分配价款的,须依第一百三十五条至第一百四十一条的规定进行。在此适用第一百四十二条的规定。

第一百五十八条

（1）法院须为支付抵押权和土地债务的本金以及支付定期土地债务的清偿额确定时间。由管理人对确定期日提出申请。

（2）权利人受偿的,法院须请求土地登记部门涂销该项债权,须附上记录的文书;在涂销时无须出示权利的证明文书。

（3）此外可适用第一百一十七条、第一百二十七条的相关规定。

第一百五十八条之一

对于以《土地登记条例》第二十八条第二句所允许的货币为单位的抵押权、土地债务和定期土地债务设定负担的土地的强制管理适用以下特别规定:

1.在分配方案中须以登记的货币确定分配到以外币为货币单位的登记权利的金额。

2.支付以欧元为货币单位进行。

3.管理人依到期支付日的汇率支付定期给付。法院在支付期日依官方公布的最后汇率确定本金的支付。

第一百五十九条

（1）每位参与人均可以以诉讼方式修改分配方案,即使其未对方案提出过异议。

（2）不得因后来对方案的修改而要求归还先前依方案已进行的支付。

第一百六十条

在此适用第一百四十三条至第一百四十五条关于庭外分配的相关规定。

第一百六十一条

（1）法院可作出终止强制管理程序的裁定。

（2）债权人受偿的,强制管理程序终止。

（3）强制管理程序的继续进行需要特殊的费用并且债权人并未预支

必要金额的,法院可终止强制管理程序。

(4)此外对于强制管理程序的终止,适用第二十八条、第二十九条、第三十二条、第三十四条的相关规定。

第二章　强制执行中的船舶、在建船舶及航空器的强制拍卖

第一节　船舶和在建船舶的强制拍卖

第一百六十二条

在本法第一百六十三条至第一百七十条之一没有特别规定的情况下,对于已在船舶登记簿登记的船舶和已登记于造船登记簿或者可以登记于造船登记簿的在建船舶,准用第一章的规定。

第一百六十三条

(1)登记船舶的强制拍卖,由船舶所在地的初级法院作为执行法院管辖;准用第一条第二款的规定。

(2)对于该程序,由船舶登记簿替代土地登记簿。

(3)社会保险包括失业保险的投保人被视为参与人,即使其未申报债权。在海运船舶的强制拍卖中由海运职业协会、在内河船舶的强制拍卖中由内河航运职业协会代表其他的保险投保人与执行法院交涉。

第一百六十四条

涉及内河航运的私法法律关系在商法和本法中有特别规定的,对登记船舶的强制拍卖不适用第十七条所规定的限制;只要说明申请强制拍卖理由所需的事实不为法院明显所知悉的,须通过证书予以证明;在强制拍卖申请中须附船舶登记机关有关船舶在船舶登记簿上登记的证明。

第一百六十五条

(1)在强制拍卖程序启动的同时,法院须启动对船舶的监控和保管。查封也因拍卖程序的启动而生效。

(2)法院可在拍卖程序暂时中止的同时,在征得启动拍卖程序的债权人的同意后将监控和保管移交给法院选出的受托管理人。受托管理人接受法院的监管并受法院对其指令的约束。在征得债权人同意后,法院可授权受托管理人以债务人的名义为清算而使用船舶。由法院决定对纯收益的使用。在通常情况下,收益应当依据第一百五十五条的原则予以分配。

第一百六十六条

（1）船员基于对所有权人有效的执行名义而启动拍卖程序的，查封同时也对所有权人生效。

（2）在此种情况下，船员仅在驾驶船舶的时间内被视为参与人；某位新船员在法院进行申报并应法院和参与人的要求已证明其陈述的，将其视为参与人。

第一百六十七条

（1）在拍卖期日决定书中应当依据船舶登记簿描述船舶。

（2）在第三十七条第四项所规定的催告中须明确指明船舶债权人的权利。

第一百六十八条

（1）拍卖期日决定书也应当通过合适的航运专门刊物予以公告；对此国家司法部长可发布进一步的规定。

（2）船舶的船籍港或者船籍地位于其他法院辖区的，应当在法院为公告所指定的刊物中或者电子类信息和交流系统中公告拍卖期日决定书。

（3）不适用第三十九条第二款所作出的规定。

第一百六十八条之一（废除）

第一百六十八条之二

船舶债权人于拍卖期日决定书公告前最近六个月内在登记法院申报其权利的，则视为已在拍卖法院申报。登记法院在邮寄第十九条第二款所述的证书和通知中也须向拍卖法院移交于最近六个月内在登记法院登记的权利申报。

第一百六十八条之三

下列特别规定适用于被以外币为货币单位的船舶抵押设定负担的船舶的强制拍卖：

1.期日决定书须包含有关船舶被以外币为货币单位的船舶抵押设定负担的说明以及对此外币的描述。

2.在强制拍卖期日须在应价前确定并公告以外币为货币单位登记的船舶抵押依官方最后公布的汇率换算为欧元的价值。在继续进行的程序中以该汇率价格为准。

3.须以欧元为货币单位确定现金应价的数额。应价须以欧元为货币单位进行。

4.须以欧元为货币单位制定分配方案。

5.以外币为货币单位登记的船舶抵押的债权人未能完全受偿的,须以外币为货币单位确定其债权未受偿部分。对于共同被设定负担的标的物的担保、对于债务人本人的义务以及对于在支付不能程序中提出支付不能,上述确定具有终局性。

第一百六十九条

(1)船舶已移交给承租人的,准用《民法典》第五百七十八条之一的规定。依第五百七十八条之一第二款的规定因处分和法律行为对使用租赁和用益租赁的效力而考虑到财产移交的,船舶的查封具有代替船舶移交的作用;启动强制拍卖的裁定依债权人的申请送达承租人的,该送达视为查封为承租人所知悉。

(2)至分配期日尚未支付现金应价的,须在船舶登记簿中为针对买受人的债权对该船舶进行船舶抵押登记。登记即产生船舶抵押权,即使买受人在此期间已将船舶变卖。此外适用 1940 年 11 月 15 日制定的《对于已登记的船舶和在建船舶的权利的法律》(《联邦法律公报》第一卷,第1499 页)中关于因法律行为而产生的船舶抵押权的法规。

第一百六十九条之一

(1)对于海运船舶的强制拍卖,不适用第七十四条之一、第七十四条之二和第八十五条之一的规定;有关交换价值的说明,不适用第三十八条第一句的规定。

(2)在支付现金应价的十分之一作为保证金的前提下,可适用第六十八条的规定。

第一百七十条

(1)法院对已拍卖船舶的监控和保管代替第九十四条第一款所许可的管理。

(2)未能预支程序继续进行所需款项的,法院须终止相关的措施。

第一百七十条之一

(1)在建船舶的强制拍卖,须在在建船舶在造船登记簿中登记后方可启动。启动强制拍卖的申请,可于登记之前提出。

(2)在此按照第一百六十三条第一款、第一百六十五条、第一百六十七条第一款、第一百六十八条之三、第一百六十九条第二款、第一百七十条的立法精神适用法律。造船登记簿代替土地登记簿。另一个执行法院使用船舶登记簿的,期日决定书也应通过该法院为公告所指定的刊物予以公告。在此两星期的期间代替第四十三条第一款所规定的期间,一星期的期间代替第四十三条第二款所规定的期间。

第一百七十一条

（1）某外国船舶如系德国籍船舶，须在船舶登记簿中进行登记，但针对该外国船舶的强制拍卖无须以船舶登记簿的登记为前提条件，并且在下列规定中未作另外规定的，对该外国船舶的强制拍卖准用第一章的规定。

（2）船舶所在地的初级法院作为执行法院拥有管辖权，在此适用第一条第二款的规定。只要涉及内河航运的私法法律关系在《商法》和本法中未有特别规定的，仅在债务人自行占有船舶的情况下可启动强制拍卖；说明申请强制拍卖理由所需的事实不为法院明显所知悉的，须通过证书予以证明。

（3）拍卖期日决定书中必须催告所有的权利人，尤其是船舶债权人，最迟于拍卖期日在应价前申报其权利，同时如果有债权人提出反对的，还需证明其权利；否则在拍卖价款分配时，其权利将列于债权人的债权和其他权利之后。只要在未明显拖延程序的情况下是可行的，也应向船舶文件中明显可知的船舶债权人和其他参与人送达期日决定书；该船舶在某外国船舶登记簿中进行过登记的，也应通知该登记机构。

（4）在此不适用关于保留价的规定。最高应价须整体支付。

（5）在此适用第一百六十五条、第一百六十六条、第一百六十八条第一款和第三款、第一百六十九条之一、第一百七十条第一款的规定。只有举证证明已支付最高应价或者参与人已达成合意的，方可取消法院对船舶的监控和保管并将船舶移交给买受人。

第二节 航空器的强制拍卖

第一百七十一条之一

除第一百七十一条之二至一百七十一条之七另有规定外，对在航空器名录中登记的航空器的强制拍卖，准用第一章的规定。该规定同样适用于拍卖航空器本身已在航空器名录中涂销但其质权仍登记在登记簿中的航空器。

第一百七十一条之二

（1）联邦航空局设有办事处的区域的初级法院作为执行法院对航空器的强制拍卖拥有管辖权。

（2）对于本程序，航空器质权登记簿代替土地登记簿。

第一百七十一条之三

（1）航空器在航空器质权登记簿中进行登记后，方可启动强制拍卖。启动强制拍卖的申请，可于登记前提出。

（2）在强制拍卖启动的同时，法院须启动对航空器的监控和保管。查封也因拍卖程序的启动而生效。

（3）法院可在拍卖程序暂时中止的同时，在征得启动拍卖程序的债权人的同意后将监控和保管移交给法院选出的受托管理人。受托管理人接受法院的监管并受法院对其的指令的约束。在征得债权人同意后，法院可授权受托管理人以债务人的名义为清算而使用航空器。由法院决定对纯收益的使用，在通常情况下，收益应当依据第一百五十五条的原则予以分配。

第一百七十一条之四

（1）在拍卖期日决定书中应当依据航空器质权登记簿描述航空器。

（2）不适用第三十九条第二款所作出的规定。

第一百七十一条之五

下列特别规定适用于被以外币为货币单位的登记质权设定负担的航空器的强制拍卖：

1.期日决定书须包含有关航空器被以外币为货币单位的登记质权设定负担的说明以及对此外币的描述。

2.在强制拍卖期日须在应价前确定并公告以外币为货币单位登记的质权依官方最后公布的汇率换算为欧元的价值。在继续进行的程序中以该汇率价格为准。

3.须以欧元为货币单位确定现金应价的数额。应价须以欧元为货币单位进行。

4.须以欧元为货币单位制定分配方案。

5.以外币为货币单位登记的质权的债权人未能完全受偿的，须以外币为货币单位确定其债权未受偿部分。对于共同被设定负担的标的物的担保、对于债务人本人的义务以及对于在支付不能程序中提出支付不能的，上述确定具有终局性。

第一百七十一条之六

第一百六十九条的规定，准用于航空器。

第一百七十一条之七

（1）法院对已拍卖航空器的监控和保管，代替第九十四条第一款所许可的管理。

(2)未能预支程序继续进行所需的款额,法院须终止相关的措施。

第一百七十一条之八

除第一百七十一条之九至第一百七十一条之十四另有规定外,外国航空器的强制拍卖,准用第一百七十一条之一至第一百七十一条之七的规定。

第一百七十一条之九

(1)依据有关航空、关税和移民的规定,在第三顺位中(第十条第一款第三项)仅有公共事业费用、关税、处罚和罚金可受偿。

(2)依据1959年2月26日的《对于航空器的权利的法律》第一百零三条(《联邦法律公报》第一卷,第五十七条)的规定,在第四顺位中(第十条第一款第四项)针对权利产生的利息的债权就当前的款项以及最近三个经营年度中未清结的款项而享有该顺位的优先权。

第一百七十一条之十一

航空器在查封后被出售或者依据《对于航空器的权利的法律》第一百零三条的规定被某项权利设定负担并且依据1948年6月19日签署的《日内瓦协定》中的第Ⅵ条(《联邦法律公报》1959年第二卷,第129页)该出售和负担得到认可的,处分对债权人有效;除非债务人在处分时已经知悉查封。

第一百七十一条之十二

(1)执行法院最可行的是通过航空邮件将强制拍卖的启动通知给对航空器权利进行登记的登记机构。

(2)在确定期日和期日到来之间至少需有六个月的时间。可以邮寄方式向居住在国外的参与人送达期日决定书。邮件的投递须以挂号形式进行。最可行的应该是通过航空邮件投递。相关的债权人须至少在期日一个月前在航空器登记地依当地有效的规定公告即将到来的拍卖。

第一百七十一条之十三

针对拍卖成交的抗告须在六个月内作出。在两周的强制期间内的抗告可依据第一百条所列的理由,在此之后仅能以违反第一百七十一条之十二第二款的规定为依据。

第一百七十一条之十四

基于已签订的六个月或者更长时间的使用租赁合同而占有航空器的权利因拍卖成交而消灭的,准用有关用益权补偿的规定。

第三章 特殊案件中的强制拍卖与强制管理

第一百七十二条

由支付不能管理人提出强制拍卖或者强制管理申请,第一百七十三条、第一百七十四条未另行规定的,准用第一章和第二章的相关规定。

第一百七十三条

启动程序的裁定不视为查封。在第十三条、第五十五条规定的意义上向支付不能管理人送达裁定,视为查封。

第一百七十四条

债权人因为其针对支付不能程序的债务人的债权而拥有支付不能管理人认可的从土地中受偿的权利的,其可以在拍卖期日至竞价结束期间要求在确定保留价时仅考虑到优先于其债权的权利;在此情形下也可依据所要求的与法律法规不同的保留价和拍卖条件而出售土地。

第一百七十四条之一

支付不能管理人可以在拍卖期日至竞价结束期间要求在确定保留价时仅考虑到优先于第十条第一款第一项 A 所规定的债权的权利;在此情形下也可依据所要求的与法律法规不同的保留价和拍卖条件而出售土地。

第一百七十五条

(1)遗产债权人因其债权而拥有从属于遗产的土地中受偿的权利的,继承人可在接收遗产后申请强制拍卖。有权向遗产债权人发出公示催告申请的人也有权进行上述申请。

(2)继承人对遗产债务承担无限责任,或者遗产债权人在公示催告程序中被排除,或者依据《民法典》第一千九百七十四条、第一千九百八十九条的规定遗产债权人视同于被排除的债权人的,不适用上述规定。

第一百七十六条

依第一百七十五条申请强制拍卖的,除第一百七十七条、第一百七十八条另有规定外,准用第一章和第二章以及第一百七十三条、第一百七十四条的有关规定。

第一百七十七条

申请人在提出申请时就其权利说明的理由不为法院所明显知悉的,申请人须通过证书予以证明。

第一百七十八条

（1）已申请启动遗产支付不能程序的，不应启动强制拍卖。

（2）强制拍卖不因遗产支付不能程序的启动而终结；在继续进行的程序中将支付不能管理人视为申请人。

第一百七十九条

在确定保留价时有权要求依据第一百七十四条的规定不将其债权纳入考虑范围的遗产债权人却在确定保留价时予以考虑的，可拒绝其从剩余的遗产中受偿。

第一百八十条

（1）强制拍卖旨在终止共有关系的，除第一百八十一条至第一百八十五条另有规定外，准用第一章和第二章的规定。

（2）基于对多个共有权人相互冲突的利益的权衡，该拍卖程序的暂时中止是适当的情况，应某个共有权人的申请须将拍卖程序至多暂时中止六个月。拍卖程序可重复中止一次。准用第三十条之二的规定。

（3）某共有人启动旨在终止某个除他本人以外仅有其配偶或者其前配偶为共有人的共有关系的强制拍卖的，在暂时中止能防止他们共同的子女的利益受到严重损害的情况下，须依该配偶或者前配偶的申请暂时中止拍卖程序。拍卖程序可多次重复中止。准用第三十条之二的规定。依据情势变更的需要，法院可取消对申请的裁定或者改变该裁定。

（4）依据第二条、第三条的规定，对程序的暂时中止总共不得长于五年。

第一百八十一条

（1）无须有执行名义。

（2）申请人作为所有权人被登记在土地登记簿、船舶登记簿、造船登记簿、航空器质权登记簿，或者该申请人为登记的所有权人的遗产继承人，或其对终止共有关系可行使所有权人或者继承人的权利的，可启动对土地、船舶、在建船舶和航空器的拍卖。共有权人的监护人或者照管人仅在监管法院的许可下方能提出申请。

（3）（废除）

（4）关于申请人的继承顺序，准用第十七条第三款的规定。

第一百八十二条

（1）在确定保留价时须考虑针对土地的为申请人的份额已设定负担的或者共同设定负担的权利以及所有优先于或者等同于上述权利的

权利。

(2)据此与另一份额相比而在某份额中已考虑到更多的款额的,应将为平衡共有权人利益所需的金额增加到保留价中。

(3)(废除)

第一百八十三条

对于土地出租的情形,不适用第五十七条之一和第五十七条之二的规定。

第一百八十四条

共有权人通过其应价可全部或者部分清偿抵押权、土地债务和定期土地债务的,无须为其应价缴纳保证金。

第一百八十五条

(1)依 1961 年 7 月 28 日制定的《土地流通法》(《联邦法律公报》第一卷,第 1091 页)中第十三条第一款对农业经营物进行分配的申请的相关诉讼,若尚未审结且该申请涉及依第一百八十条已启动强制拍卖程序的土地的,可依申请对该土地中止强制拍卖程序,直至对该分配申请作出具有法律效力的决定为止。

(2)启动对多宗土地的强制拍卖但分配申请仅涉及一宗土地或者诸土地中的单独几宗土地的,执行法院可对未列入分配程序的土地作出中止强制拍卖程序的决定。

(3)分配申请被批准的,终止涉及被分配土地的强制拍卖程序,其余部分的强制拍卖继续进行。

(4)强制拍卖程序中止和终止的前提条件,须由申请人证明。

第一百八十六条

迟于 2007 年 2 月 1 日之后两天进行支付的,在本法 2006 年 12 月 22 日版本第十一条条文中所涉及的第三条、第三十条之三、第三十八条、第四十九条、第六十八条、第六十九条、第七十条、第七十二条、第七十五条、第八十二条、第八十三条、第八十五条、第八十八条、第一百零三条、第一百零五条、第一百零七条、第一百一十六条、第一百一十七条、第一百一十八条、第一百二十八条、第一百三十二条、第一百四十四条和第一百六十九条(《联邦法律公报》第一卷,第 3416 页),适用于 2007 年 2 月 1 日尚未审结的诉讼。

译 后 记

六年前的一封向齐树洁教授求教的邮件，开启了老师与我的师生缘分。于齐老师处，我是他桃李门墙之下众多学子中资质平庸的一名普通学生，但于我，齐老师却是我人生中至为重要的授业恩师。自入"齐门"以来，老师一直耐心教导学习之道，又以言行传授为人之本，每每嘱托我应以勤俭谦谨的态度戒除贪玩习性，令我渐知时时检点得失，从少入多，从无入有，勉力前行，不敢懈怠。

2014年秋季，老师布置我完成《德国民事诉讼法》的翻译工作，我八个月的"艰难征程"由此开始了。此一艰辛之过程，若非老师的鼓励与支持，委实不敢想象能够坚持至今。自翻译工作甫一开始，老师就从参考资料与文献收集方面给予我莫大的帮助，不仅推荐了诸多相关的精彩著述，更惠借家中藏书予我参考。在翻译进行到瓶颈期时，老师数次鞭策我攻坚克难，对我的疑惑问题一一点拨，教导我以百折不回之心，求万变不穷之勇。在初稿完成后的校对与修改过程中，老师不辞辛劳，数次亲自阅读、批改近30万字的书稿，对关键制度译法的把握、语句的推敲、注释的规范均提出了宝贵、翔实的意见，并多次嘱咐我：对文稿要一字、一句、一标点地反复推敲。这种事事从实地着脚、念念从处处立基的治学精神，给予了我勤学的压力和笃学的动力。思及师恩，感怀于心，唯言语所不能及。

本书的翻译得到了厦门大学法学院副教授卢正敏老师的大力支持，特此致谢。卢老师科研重任在肩，教学事务繁忙，仍然拨冗承担了本书的校对、审核工作。尤其令我感动的是，在本书定稿的春夏交替之季，卢老师感染风寒，身体抱恙，仍然多次与我连续数小时讨论译法。对卢老师奖掖后进之拳拳美意，我在此表示衷心的感谢。

谢怀栻先生所译《德意志联邦共和国民事诉讼法》于 1984 年出版，2000 年再版，为我国民事诉讼法学研究提供了宝贵资料。再版至今 15 年过去了，德国 2001 年的民事司法改革及此后的数次修法对民事诉讼制度进行了革新。在新的立法意旨和司法理念的指导下，诸多条文得到了修改与完善，法典结构也发生了重要变化。为此，译者不揣浅陋，依据德国民事诉讼法 2014 年的最新版本进行翻译，以供读者参考。

本文脚注均为译者所加。译者水平有限，若有不妥或疏漏之处，祈请方家指正。

《小窗幽记》有云："人生有书可读，有暇得读，有资能读，又涵养之如不识字人，是谓善读书者，享世间清福，未有过于此也。"愿读书之人均可达此雅识。

丁启明　谨识

2015 年 7 月 10 日于厦门大学